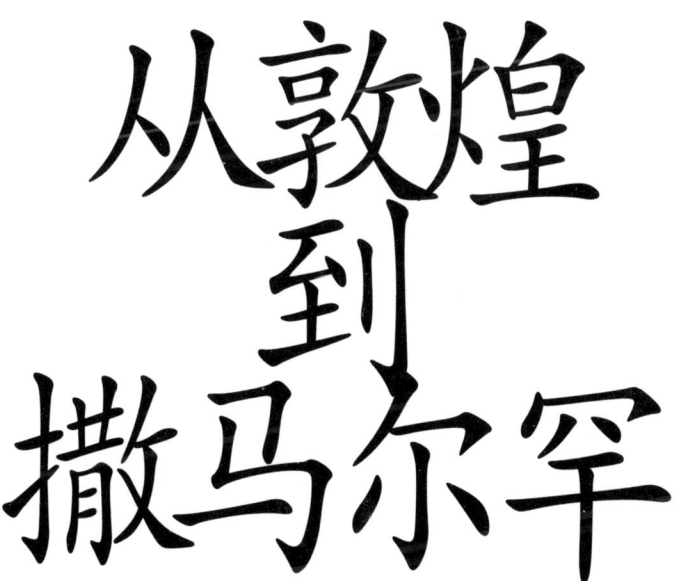

从敦煌到撒马尔罕

THE SILK ROAD: A NEW HISTORY WITH DOCUMENTS

〔美〕芮乐伟·韩森 著 张湛 译

九 州 出 版 社
JIUZHOUPRESS

中文版序言

　　2004 年 4 月，中国国家图书馆善本特藏部、北京大学中国古代史研究中心、法国科研中心中国文明研究组、法国东方与西方考古研究组、法国远东学院北京中心联合主办的"粟特人在中国——历史、考古、语言的新探索"国际学术研讨会在北京召开。会议气氛异常热烈，因为 2001 年以来在西安发现的几座粟特墓葬让所有人都激动不已。会议结束之后，我们几位外国学者约十五人前往西安。接待我们的是西安市文物保护考古所（现改名为西安市文物保护考古研究院）的孙福喜和杨军凯两位考古学家，正是他们主持发掘了史君墓。由于当时正值学期中，北京的中方教授们都脱不开身，所以我们就自己上路了。

　　在机场领登机牌时，地服人员问我们谁是带队的，我们互相看看，迷惑不已：如果拿着美国、英国、日本、法国和加拿大护照的一群人在纽约或者巴黎领登机牌，没人会问这个问题。但在中国，我们这个人数不多却成分复杂的小团需要一个带队的。我自告奋勇当头儿，结果得到了我人生中最棒的赞美：之后的三天里，大家都叫我女萨宝。萨宝是粟特语"头人"的意思。据我所知，还从没有过女性头人，也就是说我是史上第一个女萨宝！

我们在西安过得非常愉快。我们参观了史君墓（杨军凯细致入微的考古报告《北周史君墓》在 2014 年由文物出版社出版），看到了墓中出土的粟特语-汉语双语墓志（见第五章）。我们并不知道墓主人的汉语名，只知道他的粟特名字是 Wirkak。在北京的会议上，孙福喜翻译了墓志的汉语部分，吉田丰翻译了粟特语部分，而我们现在又有机会见到实物。我们还见到了该墓的围屏石椁。葛乐耐（Frantz Grenet）、黎北岚（Pénélope Riboud）与杨军凯讨论了其中尚未解明的复杂图像。看他们交换意见真是一种享受：葛乐耐对于伊朗所存的祆教艺术烂熟于心，并以其解说史君墓的围屏。更让人惊叹的是，他并非有所准备，所有解说都是即席发表。当考古学家一个个地打开石板的包裹，我们由于刺鼻的粉尘而咳嗽时，葛乐耐已经检视完石板并开始解说了，而我们其他人常常连画面的基本构成还没看清呢。讨论非常热烈（有葛乐耐在时总是如此）：他拿不准一个人物是摩尼僧还是道士，魏义天（Étienne de la Vaissière）有他自己的看法，其他人也各抒己见。这次旅行之后的几年间，他们的论争还在学术刊物上继续着。我想我会永远珍藏目睹这次论争开端的回忆：在西安考古所库房中，葛乐耐和魏义天近距离看到实物，并对他们所见进行阐释。

其他丝路学者也在场：我的研究生同学和好朋友盛余韵（Angela Sheng）、日本学者荒川正晴和森部丰、在外国学者中对于敦煌文献和中国农业最为了解的法国学者童丕（Éric Trombert）、英国语言学家辛威廉（Nicholas Sims-Williams）。

丝路研究引人入胜，因为和古代的丝绸之路一样，现如今的学术领域格外地国际化。正如同丝路绿洲的统治者们欢迎不同宗教的信仰者来自己的王国定居并供奉各自的神明一样，现代学者们自由地分享着自己对丝路文物和文书的解读。在丝路研究的第一个世纪（1895—1995 年）中，有一种不成文的分工方式。欧洲和日本的学者大体研究粟特语、吐火罗语、犍陀罗语、于阗语等死语言的材料，中国学者则主要研究汉语材料，当然季羡林是个格外引人注目的例外。但是最近几年中国学生的留学机会越来越多，比如本书译者张湛目前正师从伟大的于阗语学者施杰我（P. Oktor Skjærvø）在哈佛大学攻读博士学位。能由如此专业的译者来翻译我的书，我的确非常幸运。我也期待在不久的将来能看到他和其他在欧洲、美国、日本留学的中国博士生们的更多成果。

韩森

于耶鲁大学

2015 年 2 月 9 日

致　谢

与 2012 年的初版相比，本书增订版增加了五十多件一手史料，其中很多都是特地为本书译出的。这些新材料的加入需要特别感谢三位担任研究助理的学生。耶鲁大学历史系博士生陈元在 2014 年夏天花了很多时间定位材料、草拟译文，并为哪些史料值得收入书中提出建议。纽黑文霍普金斯学校高年级学生瑞贝卡·李（Rebecca Lee）也在那时刻苦工作，在耶鲁大学的图书馆里找材料，拟定可以帮助本科生更好地理解史料的讨论题。2016 年春从耶鲁大学毕业的凯利·吴（Kelly Wu）是我的长期研究助理，她在定稿阶段给了我不可或缺的帮助。在 2016 年春的定稿提交之前，选修了我的丝绸之路课程的耶鲁学生对本书的史料集给出了可贵的反馈。

特别感谢为本书初版慷慨与我分享研究材料和成果的同行们，我将在后文一一致谢。几位学者为这次的增订版做了特别贡献。辛威廉允许我引用他的粟特古信札译文，这原本是他为丹尼尔·沃（Daniel Waugh）办的丝绸之路西雅图网站所做的工作。

施杰我每周来耶鲁教课时，有时会跟我在华尔街比萨店见面。他会为我解答一些关于译文的问题，并且把于阗语史料翻译得让本科生更容易理解。他的博士生张湛针对他的第二封犹太波斯语信札译文也做了同样的事，这封信的英译文首次发表在本书中。还有其他给予我帮助的人，他们的名字会出现在他们翻译的史料下面。

我还要感谢宾夕法尼亚大学的艾骛德（Christopher P. Atwood）。他通读了倒数第二版书稿并提出了很多宝贵的建议，大大改进了本书。我同样要感谢南方卫理公会大学的艾宏展（Johan Elverskog）和弗吉尼亚大学的张聪，他们也通读了书稿。

在本书多年的准备过程中，很多人曾为我提供材料、解答疑问，或以其他方式提供帮助。因此，我想在这里特别提及一些人，他们给予我的帮助远远超过了学术合作的预期。

感谢耶鲁大学的葛然诺（Phyllis Granoff）和篠原亨一。感谢他们关于各种亚洲宗教传统的明智建议。

感谢法国国家科学研究中心的葛乐耐。他与我分享关于中亚艺术的知识，并让我使用他个人收藏的图片，其中有些图片是由天才的弗朗索瓦·欧里（François Ory）拍摄的。

感谢耶鲁大学的斯坦利·因斯勒（Stanley Insler）。他最先鼓励我进入这一领域，并同意和我合开一门关于丝绸之路的课程。他总是乐于在美食天堂（Gourmet Heaven）吃午饭时回答我的问题。

感谢弗吉尼亚美术馆的李建。他聘用我为代顿博物馆（Dayton Museum）的丝绸之路展览工作，并给我介绍了何家村遗宝。

感谢宾夕法尼亚大学的梅维恒（Victor Mair）。自从三十年前在一门敦煌文书研究生讨论课上教过我之后，他就一直不停地帮助我。

感谢圣彼得堡艾尔米塔什博物馆的鲍里斯·马尔沙克（Boris Marshak）。他在 2006 年去世前，通过谈话和讲座慷慨地把关于粟特人的知识与我共享。

感谢华东师范大学的牟发松。在 2005—2006 学年，他接待了我们一家，并向我举例说明他的导师唐长孺是如何做研究的。

感谢法国高等研究实践学院的乔治-让·皮诺（Georges-Jean Pinault）。感谢他在印欧语系诸语言特别是吐火罗语方面所给予的指导。

感谢北京大学的荣新江。他在这个领域造诣之深无人能比。感谢他让我借阅他个人收藏的图书和文章。

感谢麦克马斯特大学的盛余韵。感谢她给予我织物方面的专业知识以及忠诚的友谊。

感谢伦敦大学亚非学院的辛威廉和大英博物馆的厄修拉·辛姆斯-威廉姆斯（Ursula Sims-Williams）。他们二位很耐心地帮我修改了我投给《亚洲研究所集刊》（*Bulletin of the Asia Institute*）的文章中的多处错误。他们在亚洲诸语言特别是于阗语方面给了我诸多指导。

感谢哈佛大学的施杰我。多年以来，常常回答我的问题、来耶鲁大学开讲座，并让我使用他未发表的译文。

感谢法国高等研究实践学院的魏义天。他总是慷慨地回答我所有关于粟特和其他与中亚相关的问题，从不让人失望。他总是在一天之内，有时一个小时之内就回信，甚至在我交稿前的几个星期里也是这样。

感谢中国人民大学的王炳华。感谢他分享关于新疆考古，特别是尼雅、楼兰的渊博知识。

感谢大英博物馆的汪海岚（Helen Wang）。她有丰富的古钱币学知识，并帮我仔细审阅了多章书稿。

感谢京都大学文学部的吉田丰。他在粟特、于阗的历史及语言方面给了我诸多建议。

感谢我的编辑，牛津大学出版社的苏珊·菲尔波（Susan Ferber）。从十多年前签约写作时起，她就一直支持我。每一章都在她仔细的编辑之下有所改进。她欣然回答所有问题，这非常少见，也许因为她是我见过的最努力工作的人。

牛津大学出版社大学分部的查尔斯·卡瓦列雷（Charles Cavaliere）完全配得上"世上最积极者"的名声，出版一个用于教学的史料增订版就是他提出的想法。他和他的员工，特别是这一版刚刚立项时加入出版社的朱莉埃塔·卡德纳斯（Julieta Cardenas），从容不迫且高效地处理了所有事务。简·菲特（Jan Fitter）以她一贯的严谨审读了定稿，最后的成品因她的改动而改进了很多。

美国国家人文科学基金（National Endowment for the Humanities）支持我学习俄语一年，让我在阿塞尔·乌穆尔扎科娃（Asel Umurzakova）的帮助下深入了解穆格山文书。富布赖特学者计划为我 2005—2006 年度在上海华东师范大学的访学提供了经费。

所有这些年来上过丝绸之路课程的耶鲁大学本科生和研究生一直督促我更清楚地阐发自己的观点。2010 年春季丝绸之路讨论课的学生玛丽·奥古丝塔·布雷泽尔顿（Mary Augusta Brazelton）、赵元熙（Wonhee Cho）、丹尼丝·福斯特（Denise Foerster）、陈颖佳、克里斯汀·怀特（Christine Wight），以及 2011 年春季讨论课的学生阿诺·伯特兰（Arnaud Bertrand）通读了全书，并给出了很多宝贵的修改意见，比如每章以一件文书开头就是他们的主意。我的研究助理马修·安德鲁斯（Mathew Andrews）快速而充满活力地完成了多项任务，特别值得一提的是枯燥的图片处理工作，他那时还是耶鲁大学法学院的一年级学生。

宾夕法尼亚大学图书馆中文部馆员维维耶（Brian Vivier）仔细编辑了全部注释。爱丽丝·提德（Alice Thiede）和乔治·查克维塔泽（George Chakvetadze）制作了精美的地图。因为有很多不常见的地名，这项工作特别有挑战性。耶鲁大学战略计划教务长和资深副教务长帕米拉·席尔迈斯特（Pamela Schirmeister）在我交稿前几天为序章做出了颇有见地的评语。

我的丈夫吉姆·斯捷潘涅克（Jim Stepanek），以及我们的孩子布莱特（Bret）、克莱尔（Claire）和莉迪亚（Lydia）一直都快乐地支持我写作教书。毫无疑问，我最好的旅行是有家人陪伴的旅行。本书初稿截稿前最后一个月，我们全家在中国全力以赴地校对、制表、润色。本书开始写作前不久才出生的布莱特如今再也不能取笑我每天写的字数了，接下来我们要聊些什么呢？

2016 年 3 月 25 日
于纽黑文

学术惯例说明

本书中的梵语、突厥语、伊朗语人名都采用最常见的拼写，因此有时会前后不统一。同样，正文中不含附加符号（即便引文原文中有），这些符号只会分散普通读者的注意力，去掉这些符号也不至于让专家误解。注释里的作者姓名、专有名词、书名、文章标题中则包含应有的附加符号。

西方人名先名后姓，中国和日本人名则按照习惯先姓后名。有些作者以多种语言发表，姓、名顺序则取决于发表时所用的语言。

引文中有时会出现古代的重量或长度单位。在大多数情况下会先给出原始单位并将其换算为现代单位。但请读者谨记，近代以前的所有单位都未标准化，现代单位的换算只是约数。

年 表

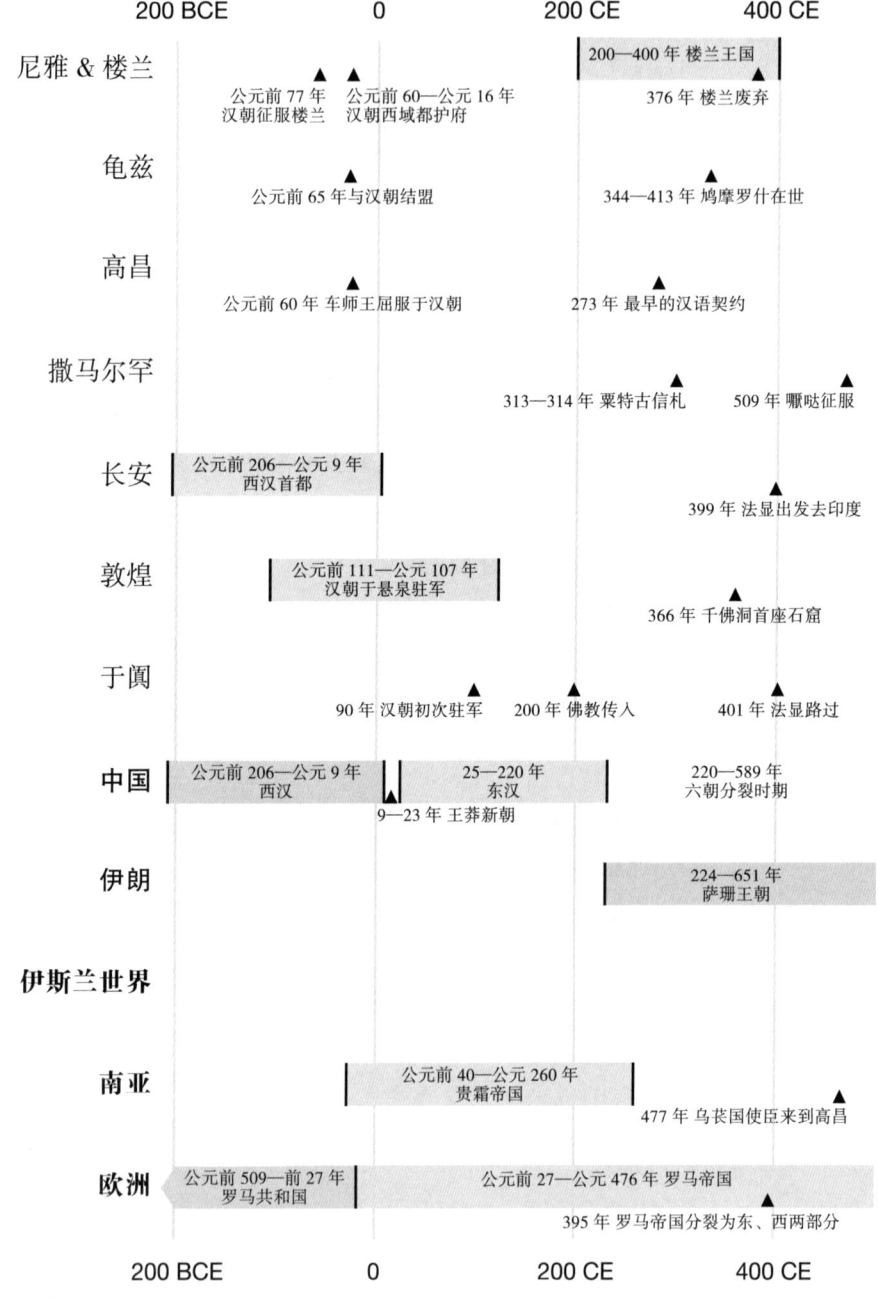

	200 BCE	0	200 CE	400 CE

尼雅 & 楼兰
公元前 77 年
汉朝征服楼兰
公元前 60—公元 16 年
汉朝西域都护府
200—400 年 楼兰王国
376 年 楼兰废弃

龟兹
公元前 65 年与汉朝结盟
344—413 年 鸠摩罗什在世

高昌
公元前 60 年 车师王屈服于汉朝
273 年 最早的汉语契约

撒马尔罕
313—314 年 粟特古信札
509 年 嚈哒征服

长安
公元前 206—公元 9 年
西汉首都
399 年 法显出发去印度

敦煌
公元前 111—公元 107 年
汉朝于悬泉驻军
366 年 千佛洞首座石窟

于阗
90 年 汉朝初次驻军
200 年 佛教传入
401 年 法显路过

中国
公元前 206—公元 9 年
西汉
9—23 年 王莽新朝
25—220 年
东汉
220—589 年
六朝分裂时期

伊朗
224—651 年
萨珊王朝

伊斯兰世界

南亚
公元前 40—公元 260 年
贵霜帝国
477 年 乌苌国使臣来到高昌

欧洲
公元前 509—前 27 年
罗马共和国
公元前 27—公元 476 年 罗马帝国
395 年 罗马帝国分裂为东、西两部分

	200 BCE	0	200 CE	400 CE

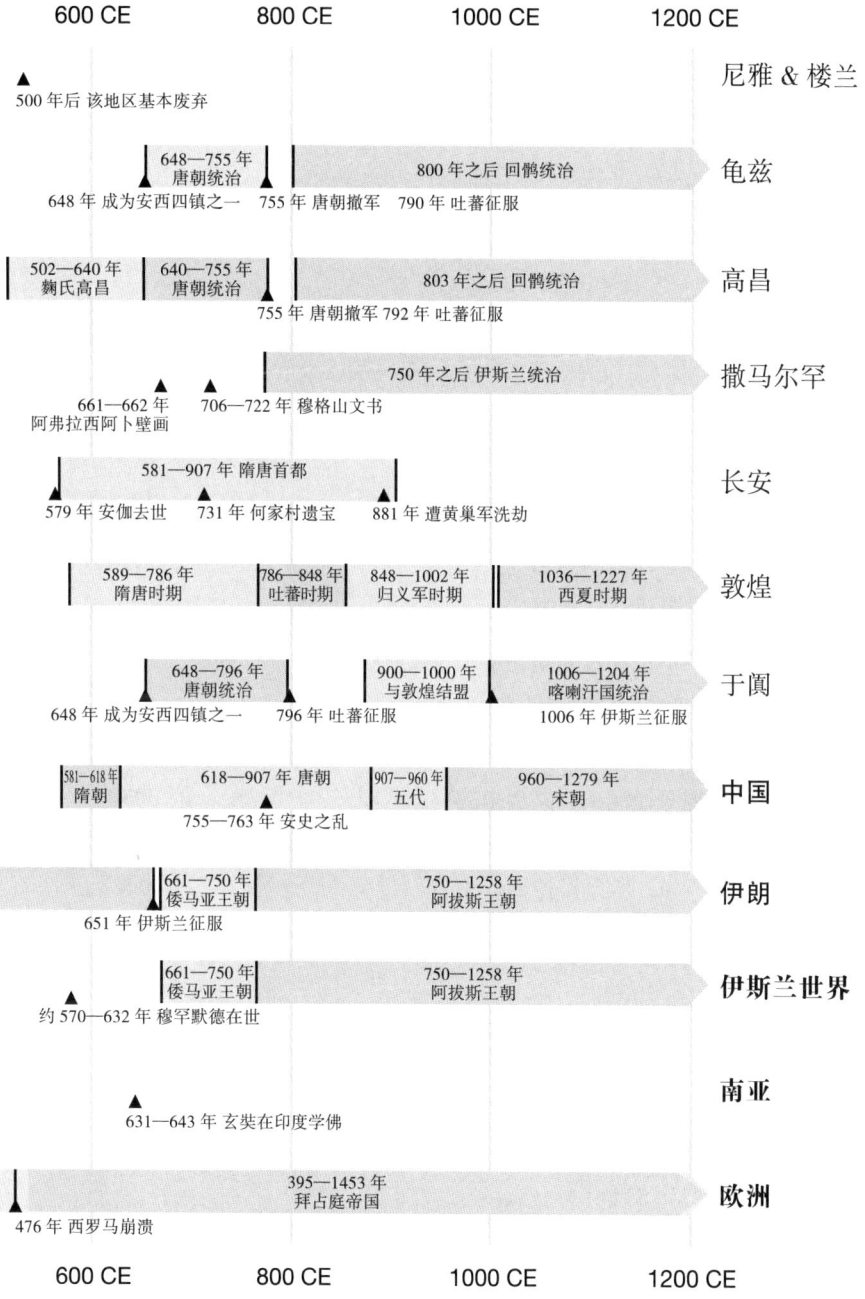

	600 CE	800 CE	1000 CE	1200 CE	

尼雅 & 楼兰
500 年后 该地区基本废弃

龟兹
648—755 年 唐朝统治
648 年 成为安西四镇之一　755 年 唐朝撤军　790 年 吐蕃征服
800 年之后 回鹘统治

高昌
502—640 年 麴氏高昌
640—755 年 唐朝统治
755 年 唐朝撤军 792 年 吐蕃征服
803 年之后 回鹘统治

撒马尔罕
750 年之后 伊斯兰统治
661—662 年 阿弗拉西阿卜壁画　706—722 年 穆格山文书

长安
581—907 年 隋唐首都
579 年 安伽去世　731 年 何家村遗宝　881 年 遭黄巢军洗劫

敦煌
589—786 年 隋唐时期　786—848 年 吐蕃时期　848—1002 年 归义军时期　1036—1227 年 西夏时期

于阗
648—796 年 唐朝统治
648 年 成为安西四镇之一　796 年 吐蕃征服
900—1000 年 与敦煌结盟
1006—1204 年 喀喇汗国统治
1006 年 伊斯兰征服

中国
581—618 年 隋朝　618—907 年 唐朝　907—960 年 五代　960—1279 年 宋朝
755—763 年 安史之乱

伊朗
661—750 年 倭马亚王朝
651 年 伊斯兰征服
750—1258 年 阿拔斯王朝

伊斯兰世界
661—750 年 倭马亚王朝
约 570—632 年 穆罕默德在世
750—1258 年 阿拔斯王朝

南亚
631—643 年 玄奘在印度学佛

欧洲
395—1453 年 拜占庭帝国
476 年 西罗马崩溃

	600 CE	800 CE	1000 CE	1200 CE	

目　录

原始史料目录

序　章

　　下页所示文书揭示了本书的主题。该文书是一件诉状，记录了公元 670 年前后生活在中国的一名胡商的证词。这名胡商要求法庭协助他追讨别人欠他亡兄的 275 匹丝绢。他对法庭说，他的兄弟把丝绸借给其中国合伙人之后，为做生意，赶着两头骆驼、四头牛和一头驴进入沙漠后失踪，现在被认定已经遇难。法庭裁决如下：该胡商作为其兄的继承人有权追讨这批丝绸。我们不清楚这个判决最后有没有被执行。

　　从这起案件可以看出整个丝路贸易的许多特点。首先，实际的贸易额相当小。在本案中，只用了七头牲口就驮了胡商的全部货物，其中两头是骆驼，另外五头包括四头牛和一头驴，都是非常重要的驮兽。胡商的出现也值得注意，因为中国的贸易伙伴并非罗马，而是处于伊朗世界东缘的撒马尔罕。此外，丝路贸易的繁盛得益于大量中国军队的存在。案件发生在 7 世纪，当时中央政府的投入对当地经济是一个强有力的刺激。

　　更有意义的是，我们之所以能获得这件诉状，是因为它写在废弃的政府公文上。这些公文被当作废纸卖掉，最后被工匠做成了给死人穿的纸衣。约一千三百年之后，中国的考古学家发掘了

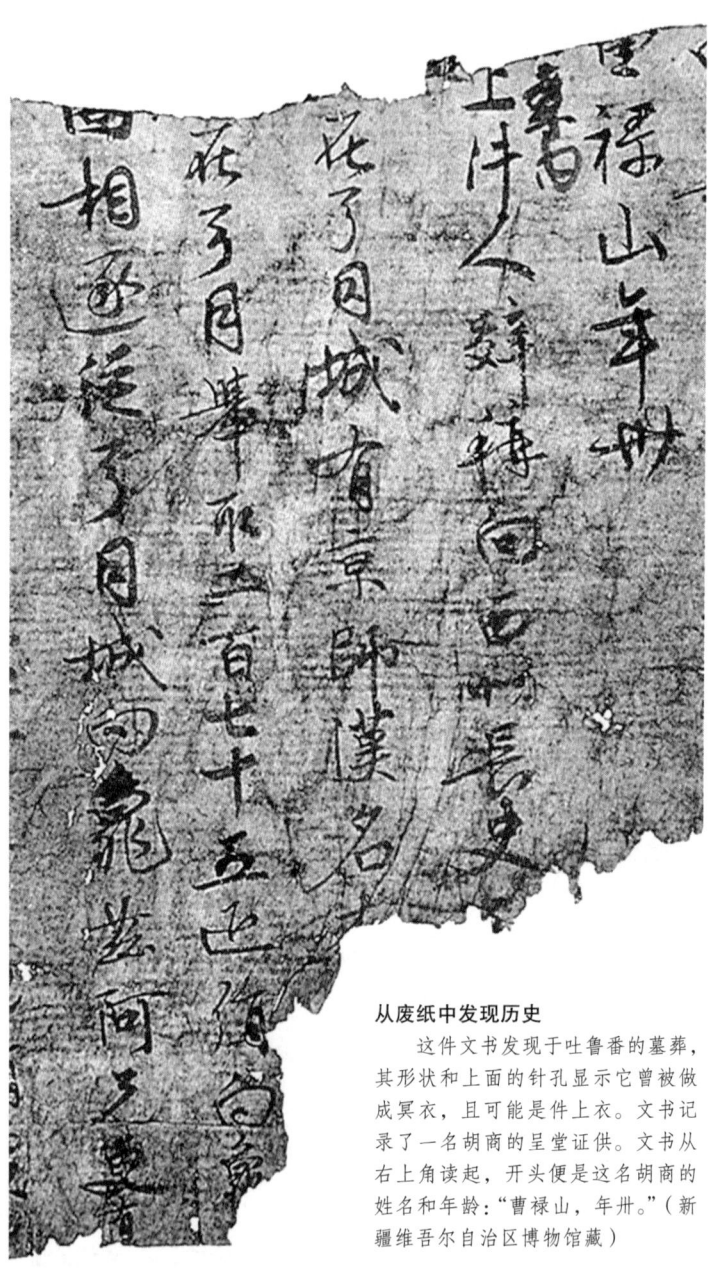

从废纸中发现历史

　　这件文书发现于吐鲁番的墓葬，其形状和上面的针孔显示它曾被做成冥衣，且可能是件上衣。文书记录了一名胡商的呈堂证供。文书从右上角读起，开头便是这名胡商的姓名和年龄："曹禄山，年卅。"（新疆维吾尔自治区博物馆藏）

吐鲁番附近的一座古墓，把散在冥衣不同部位的这件文书拼合了起来。他们拼出了整件文书，各方证词都出现了。

最近几十年来考古学家拼合了上千件类似的文书，包括契约、诉讼、收据、货单、药方，以及一件让人痛心的人口买卖合同：一名女奴在一千多年前的某个赶集的日子以 120 枚银币的价格被出售。这些文书用汉语、梵语^①，以及其他死语言写成。

很多文书能保存下来是因为纸在当时价值很高，不会被随便扔掉。废纸常常被工匠做成纸鞋、纸人等物件，充当陪葬品伴随逝者去阴间。因为废弃的文书被用来做各种各样的陪葬品，研究者需要像玩拼图游戏一样再把它拼回原样。比如之前提到的那名胡商的证词就被剪下缝起来做成了死人衣服，剪剩的一部分还留在剪裁室的地上。技术高超的历史学家会通过残片的形状和针孔的位置把整件文书复原出来。

这些文书能让我们了解做生意的商人是什么人、交易什么商品，商队的大概规模，以及贸易对当地的影响。它们还能揭示丝绸之路在更大意义上的影响。很多人由于家乡饱受战争之苦而迁入和平地区，并带入了新的信仰和技术。

丝绸之路上的聚落大多以农业而不是商业为生，也就是说大多数人是种地的而不是做生意的。人们在出生地附近繁衍生息。贸易大多发生在当地，而且多为以物易物而不是用货币交易。跟现在一样，每个聚落都有独特的身份。只有当战争和政治动荡迫使人们离开家园的时候，这些聚落才会吸纳大量难民。

迁入者带来了他们自己的宗教和语言。起源于印度的佛教

---

① 据我所知，吐鲁番没有梵语写成的世俗文书。近年和田倒是出土了一件，不过还未发表。——译注（若无特殊说明，本书脚注皆为译者所注。）

在中国拥有广泛的信众，无疑影响最大。但是摩尼教、祆教和来自叙利亚的景教也都有信徒。生活在丝绸之路上的人们对于宗教信仰在文明之间的传播、传译和变化起到了至关重要的作用。在伊斯兰教传入这个地区以前，不同族群的人们对于彼此的信仰都异常包容。个别统治者可能会特别中意某一种宗教并鼓励臣民改宗入教，但仍然允许其他人保持自己的信仰。

粟特人是丝路文化的一大贡献者。他们生活在撒马尔罕这座伟大城市及其附近，在今乌兹别克斯坦境内。中国和粟特的贸易在公元 500 年到 800 年之间达到高峰。在出土文献中出现的绝大多数商人要么来自撒马尔罕，要么其祖上来自撒马尔罕。他们操粟特语（一种伊朗语族的语言），遵奉查拉图斯特拉（约前 628—约前 551 年，希腊语译音作琐罗亚斯德）的教诲，认为讲真话是最大的美德。由于新疆特殊的气候条件有利于文书的保存，在中国发现的有关粟特人及其信仰的材料比在粟特本土的还多。

与其他主要关注艺术的丝绸之路专著不同，本书以文书为核心。因为文书能告诉我们货品是如何来到它们所在的地方的，以及是谁把它们带来的；还能向我们展示丝绸之路上令人目不暇接的各种民族、语言和文化。

并非所有在公元 200 年到 1000 年间的丝路文书（本书的核心）都写在纸上。有些文书是写在木头、丝帛、皮革或者其他材料上的。它们不仅出自古墓，有的还来自废弃的驿站、佛堂、民宅。干燥的沙漠腹地是保存文书的最佳环境，同时，艺术品、衣物、宗教文献、钙化了的食物和尸体也保存了下来（见彩图 1）。

这些文书先被遗弃，尔后被偶然发现。其独特性在于它们出自社会各阶层之手，而不仅仅来自受过教育的富有者和掌权者。

这些文书并非有意识的历史作品，也并不指望流传到后世。文书的作者不会想到有后人会来读这些东西。这些文书常常能为我们展示一个非常鲜活的过去，具有私人性、确凿性、逸闻性、随机性。没有什么比从垃圾堆中收集到的信息更有价值，因为这些信息从来没被篡改过。

我们从这些文书中所了解到的颠覆了人们通常对丝路的看法，丝"路"并非一条"路"，而是一个穿越了广大沙漠山川的、不断变化且没有标识的道路网络。事实上，在这些艰苦的商路上往来的货物量很小。但是丝路确确实实改变了东方和西方的文化。本书将利用近两百年来所发现的文书，特别是近几十年来令人吃惊的新发现，试图解释这条小小的"非路"是如何成为人类历史上最具变革力的超级"高速公路"之一的。这条路不仅传播了货物，还传播了思想、技术、图案。

"丝"比"路"更容易引人误解，因为丝绸只是丝路货物中的一种而已。矿物、香料、金属、马具、皮革制品、玻璃和纸都很常见。有些货单显示，用来助熔和鞣革的硇砂①是某些商路上最重要的货物。

另一种常见的商品是在公元前 2 世纪发明的纸。相对于主要用来做衣服的丝绸，纸对人类历史的贡献要大得多。[1] 在 8 世纪，纸通过陆路从中国进入了伊斯兰世界，然后又从穆斯林治下的西西里和西班牙进入了欧洲。阿尔卑斯山以北的人在 14 世纪晚期才独立造出了纸。[2]

"丝绸之路"这个名词是个晚近的发明。生活在这些商路上的

---

① 一种矿物，主要成分为氯化铵。

欧亚大陆主要交通要点

□ 古代遗址

注：书中地图系原文插附地图。

帕兹里克遗址

贝加尔湖

匈奴

乌鲁木齐
五堡遗址
戈
天山山脉
吐鲁番
哈密
壁
库车
悬泉
居延（内蒙古自治区额济纳旗）
塔里木盆地
楼兰
玉门关
长城
日本海
车
玉门
北京
塔克拉玛干
敦煌
黄海
沙漠
尼雅
河西走廊
兰州
长安
庆州
马
凉州
博多
京都
拉
雅
山
脉
成都
武汉
长江
良渚遗址
河
杭州
东海
泉州
太 平 洋
广州
伊洛瓦底江
南 海
孟加拉湾
吴哥
湄公河

0   500   1000 英里
0   500   1000 千米

人们并不使用这个词。他们把这条路称作撒马尔罕道（或者以另一个主要都市命名），有时称之为（沿塔克拉玛干沙漠的）"南道"或者"北道"。[3] 到了 1877 年，费迪南·冯·李希霍芬男爵（Baron Ferdinand von Richthofen）才造出"丝绸之路"这个词。此人是一位卓越的地理学家。他于 1868 年至 1872 年间在中国工作，调查煤矿和港口，并绘制了一套五卷本的地图集，在其中第一次使用了"丝绸之路"这个名词。

在他的地图（见彩图 2）上，中国与罗马时代的欧洲之间的道路被描绘成一条笔直的大道。李希霍芬读过翻译过来的汉文史料。他是第一位把汉文史书的信息绘入地图的欧洲地理学者。橙线表示来自古典地理学者托勒密和马里努斯（Marinus）的信息，蓝线则来自汉文史书。[4] 在很多方面，他的丝绸之路都像是一条横贯欧亚的铁路线。实际上，李希霍芬曾经被委任设计一条从山东起始，贯通西安附近的煤矿，一直通向德国本土的铁路线。[5]

丝绸之路这个名词逐渐被人们接受。斯文·赫定（Sven Hedin）在 1936 年出版了一本讲述他在中亚探险的书，此书在 1938 年被译成英文出版，书名就是《丝绸之路》（*The Silk Road*）。1948 年，《泰晤士报》的"炉边家庭问答：常识测验"栏目曾经刊载这样的问题："丝绸之路从哪儿到哪儿？"答案是："从中国边境到欧洲的诸多道路。"[6] 这个名词作为对横跨欧亚大陆的陆路商贸和文化交流的指称，已经基本固定下来了。

丝绸之路这个词甫一出现就被看作一条商旅往来不断的笔直大道，但实际上从来就不是这样。一百多年来的考古发掘从来没有发现过一条有明确标识的、横跨欧亚的铺就好的路。跟罗马的

阿庇亚大道 ① 完全不同，丝绸之路是一系列变动不居的小路和无标识的足迹。因为并没有明显可见的路，旅人几乎总是需要向导引领，路上如果遇到障碍就会改变路线。

这些蜿蜒的小路在绿洲城市中交会，而这些绿洲城市正是本书将要深入探索的。当我们今天飞临这一地区的时候，只要找到高山，就可以找到灌溉古代丝路城市的河流的主要源头。因为文书主要在这些城镇出土，本书将围绕八处古代丝路的遗迹展开，其中六处在中国西北，一处在北京，一处在今撒马尔罕城东。每处遗迹专辟一章来讨论。

这些城镇是塔克拉玛干沙漠上半独立的城市国家。其统治者，无论是独立的还是在中国治下的，都监管贸易并购买货物和服务。贸易一旦穿过无人管理的地区进入这些绿洲就会被高度管控起来。

当汉朝（前206—公元220年）和唐朝（618—907年）在西域驻军时更是如此。中央政府为了给士兵提供粮饷被服而进行了大量投入。在唐朝，当中央政府铸造不出与其开销等价的铜钱时，丝绸便有了另一种重要的功能。当时政府承认三种通货：铜钱、谷物和丝绸。因为货币短缺经常发生，而谷物又容易腐烂，所以很多交易都是用成匹的丝绸完成的（见彩图5）。很多西北地区的军饷是丝绸，因此丝绸在西域广泛流通。当士兵在当地市场购物时，贸易便兴盛起来。但当国内叛乱威胁到皇帝，使他不得不把军队召回勤工时，贸易便急剧衰落。

即便是有中国驻军的时期，也没有任何文献记载罗马帝国时代中国与罗马有所往来。与一般的看法相反，罗马人从未用金币

---

① Via Appia，古罗马时期建造的一条连接罗马与亚得里亚海海港布林迪西（Brindisi）的大路。

直接购买过中国丝绸。中国境内发现的年代最早的罗马金币是拜占庭的苏勒德斯金币（Solidus），同时发现的还有许多仿制品（见彩图 3）。这些金币来自 6 世纪的墓葬，此时距君士坦丁大帝（306—337 年在位）迁都君士坦丁堡①已经很久了。

从地理上讲，丝路地区的地形复杂得令人吃惊，这些地方大多很艰险。从西安向西，先要穿过河西走廊。这是一条 1000 千米的大致东西走向的路，南面是祁连山，北面是戈壁沙漠。到达甘肃省的敦煌之后有沿塔克拉玛干沙漠的南北两道可选，两道汇于喀什。②

经过敦煌，就来到了新疆。"新疆"是清朝在 18 世纪使用的地名。这一地区以前被称为西域，向西覆盖今乌兹别克斯坦和塔吉克斯坦的一部分，向东包括甘肃省和陕西省③。7 今天的新疆包括了丝绸之路在中国西部的绝大多数地区。

今天我们可以在这里看到当代新疆壮阔的景色，并且理解为什么丝绸之路不是一条而是多条。最先敢于穿越这一地区的人们学会了如何在冬天不热时穿过沙漠，在夏天雪少时越过山口。更重要的是，他们学会了沿着沙漠的边缘走，在途中饮水、休息、了解下一段旅程。在每处绿洲，他们为了下一步计划可能要停留数天、数十天，甚至更久。

---

① 君士坦丁大帝于 330 年正式迁都君士坦丁堡。
② 南道是塔里木盆地南缘之路，取道于阗。北道是塔里木盆地北缘之路，取道龟兹。后来又开辟了天山以北的草原之路成为新的北道，之前的北道就成了中道。
③ 作者对西域的理解比较独特。关于唐朝时西域的概念，可以参考：荣新江、文欣：《"西域"概念的变化与唐朝"边境"的西移——兼谈安西都护府在唐政治体系中的地位》，《北京大学学报：哲学社会科学版》2012 年第 4 期，113—119 页。

通常，这种旅行漫长而艰辛。1993 年，英国军官、探险家查尔斯·布莱克摩尔（Charles Blackmore）带领一支探险队徒步穿越塔克拉玛干沙漠。从楼兰到喀什东南的麦盖提，他的驼队走了 59 天，行程 1400 多千米，平均一天走超过 23 千米。在沙丘起伏的沙漠地区行走非常艰难，有时一天只能走不到 16 千米。而在平坦的戈壁滩上赶路时，他们一天最多能走 24 千米。[8]这些数字能够帮助我们了解很多世纪以前的行路人所经历的困苦。

一旦走出沙漠，就会面对塔克拉玛干南面和西面高耸的群山。地球上最大的几条山脉，喜马拉雅山、天山、喀喇昆仑山、昆仑山、兴都库什山汇集于此，形成了常年冰雪覆盖的帕米尔高原（古称葱岭）。走过这一段，就可以一路向西前往撒马尔罕或者向南进入印度。

很少有人从撒马尔罕穿越整个中亚到达长安（今陕西西安）。这一段路长达 3600 千米。最著名的（虽然不是最可靠的）丝路旅行者是马可·波罗（约 1254—1324 年）。他号称曾经由陆路从欧洲一直走到中国，又经海路返回。绝大多数人只是走其中一段路，从自己家乡到下一个绿洲为止，大概 500 千米。由于货物只是在小范围内贸易且经多次转手，丝路贸易大多都是涓涓细流。有上百头牲畜的长途商队在史料中很少被提及，一般只有国家间互派使团时才会出现。

今天，撒马尔罕和敦煌之间的地区吸引了很多游客，他们来参观各处有名的遗迹，包括和田附近沙漠深处的热瓦克佛寺、吐鲁番的古城，以及敦煌和库车的石窟。当地的博物馆中展示着古墓中发现的工艺品，比如金银器和织物，其设计融汇中西，生动精致。在有些地方，沙漠的干燥气候保存了一些特别生活化的东

吐鲁番出土的干馄饨、干饺子

吐鲁番干燥的环境保存了如食物等易腐败的物品。图中为四个馄饨、一个饺子,年代为7—8世纪。考古学家发现这些食物的馅里有韭菜和肉。(新疆维吾尔自治区博物馆藏)

西,令人诧异,比如丝路居民一千多年前做的北印度式烤馕和中国饺子曾同时出现在墓中。

19世纪末以前,没人知道新疆的沙漠之下保存了如此之多的古代文书和文物。1890年,英国上尉汉密尔顿·鲍尔(Hamilton Bower)来到塔克拉玛干北缘的绿洲库车调查一起谋杀案。他在当地买了一份写在五十一张桦树皮上的古代手稿,并向孟加拉皇家亚洲学会汇报了他的发现。几年之后,学者发现这是一件5世纪的医疗文书,这比当时已知的最古的梵语文书还要早近千年。[9]在亚洲的欧洲外交人员机敏地意识到这一发现的重要性,并开始收购各种手稿寄回欧洲,以便让受过训练的学者解读[①]。

① 这一阶段英俄两国都在收购手稿,英国人收集的手稿被送至加尔各答,由霍恩雷解读。

1895 年，瑞典探险家斯文·赫定揭开了新疆科学考察的大幕。4 月，他从叶尔羌河畔的麦盖提进入塔克拉玛干沙漠，试图寻找和田河的源头。十五天之后，他发现自己带的水已经不够他和四名同伴喝了。但是他并没有返回，因为他不想承认探险失败。当饮用水逐渐耗尽，他开始绝望地寻找水源。他的同伴和骆驼一个接一个地倒下，精疲力竭的赫定强迫自己沿着干涸的河床爬行，在断水的第六天终于找到了一条小溪。他喝够了之后，用靴子盛水救回了一名同伴。

在走出沙漠的路上，赫定遇上了一个四人商队，从他们那里买了三匹马、"三副驮鞍、一副坐鞍、马嚼子、一袋谷子、一袋白面、茶叶、几只水壶和碗，还有一双靴子"。[10] 这份货单说明，即便在 20 世纪初，塔克拉玛干流通的货物还跟早先一样都是当地产的必需品而不是外国进口货。走出沙漠之后，赫定得知牧羊人救起了他的另一名同伴，另外两人则死在了沙漠里（见史料 2）。

同年 12 月，逃过一劫的赫定再次进入塔克拉玛干。这次他带足了水。他从塔克拉玛干南缘的主要绿洲和田进入沙漠，发现了丹丹乌里克遗址，看到被沙丘掩埋的木头柱子和墙壁残骸中有几座佛教雕塑。赫定没有进行发掘，他之后解释道："我没有用于全面发掘的装备，再说我也不是考古学家。"[11] 欧洲的报纸大幅报道赫定在塔克拉玛干的探险，这在当时跟今天的太空探险一样危险而迷人。

其中一条新闻报道在 1897 年底被波兰一位煤矿经理寄给了自己的弟弟奥莱尔·斯坦因（Aurel Stein），此人当时正在英属印度的拉合尔（今巴基斯坦）做教育官员。[12] 斯坦因出生于匈牙利，1883 年在图宾根获得梵语研究的博士学位，之后在拉合尔跟随博学的印度学者潘迪特·哥文德·考勒（Pandit Govind Kaul）继续钻研这门语言。在整个 19 世纪，梵语都是一个非常热门的领域。很多人都想学习这门与拉丁语、古希腊语相近又比二者古老的印欧语系语言。斯坦因在德国学习期间就了解到获得最古老最完整手稿的重要性。

斯坦因立刻意识到赫定的发现对于古代手稿研究的意义。他向英国考古部门申请了去和田考察的经费。他解释道，对遗址的系统勘查，可以提供比迄今为止的探宝多得多的信息。他同时暗示，现在收集古物的国际竞争已经展开了，赫定肯定会回到这一地区，俄国人也在考虑进行考察。英属印度政府批准了他的申请。

本书讨论的遗址中许多都是斯坦因首先发现并定位的。他同时还发现了许多极为重要的文书和物品。在 1900 年到 1931 年间，他一共四次来到新疆考察，随后出版了篇幅巨大的随笔和正式报告。以今天的标准来看，他的发掘并不完美。他雇用工人挖掘，对任何发现都给予额外奖励，这种在当时很普遍的做法常会造成发掘过于仓促。其他在新疆发现过文书的人，包括法国的伯希和、德国的阿尔伯特·冯·勒柯克、日本的大谷光瑞①，很少能做出斯坦因那样细致的考古报告，这些人去过的遗址、发表的材料更是远远不及斯坦因多。

斯坦因的描述对于重建每处遗址的原始状态至关重要。他对于文书埋藏环境的解释也很重要。之后的每位学者即便有自己的解释，也都以斯坦因的说法为出发点。斯坦因及其他 19 世纪末20 世纪初的探险家的记述特别有价值，因为这些探险家，除了极

---

① 大谷光瑞实际上没有亲身参与过考察发掘。

个别人，都是以同样的交通方式沿着与古代相同的路在旅行。他们的记述填补了古代旅行者没有提到的很多细节，让我们可以想见在古代商路上旅行的种种。

这些探险家，以及很多后来者，揭露了黄沙掩埋的历史遗迹。首先，他们发现的考古证据表明，长途陆路贸易在很久以前就开始了。早在公元前 1200 年，生活在新疆的人们就已经把货物送到了中原地区。当时，商王朝（约前 1600—前 1046 年）统治着黄河下游谷地，使用着现存最早的汉字。在商王妻子妇好的豪华墓葬中，发现了一千件以上的玉器，有些是用和田特有的羊脂玉做成的。在新疆，特别是同时期的哈密五堡遗址发现了大量贝壳，证明该地区与沿海地区存在贸易。这里所说的沿海有可能是东方的中原或南方的印度，抑或是西方的地中海。[13]

其次，探险家们发现，有很多不同的民族曾经在这一地区生活。举例来说，新疆和甘肃有一些遗址的年代大概在公元前 1800 年之后，干燥的沙漠气候保存了大约五百具干尸[14]，其中很多男性的身高超过 1.8 米，比同时代的其他中国人要高出不少。这些尸体同时还有许多非汉人而更像是高加索人种的体貌特征，比如浅色的毛发和皮肤。学者们从他们的外貌推测，很多行经塔克拉玛干沙漠并定居在其周围绿洲的人的祖先是印欧语的使用者。语言学家们相信这些人大约在公元前 2000 年到公元前 1000 年间从他们的老家（很可能是黑海以北的南俄草原）移居至古代的印度和伊朗。[15]有些尸体穿着羊毛织物，这些织物的图案跟公元前 2 千纪爱尔兰织物的很像，这增加了这些人是印欧人后代的可能。[16]有些学者推测这些人操吐火罗语——一种我们在第二章会详细讨论的印欧语。然而由于这些墓葬均未出土文字资料，我们无从知晓这些人说什么语言。[17]

此外还有与北方民族贸易的发现。西伯利亚的巴泽雷克（Pazyryk）遗址的年代为公元前 5 世纪。该遗址的墓葬中出土了中国的铜镜和丝绸。[18]有一件丝织物上绣有凤凰，这很可能是中国的母题（或者是一个源自中国的母题），表明该遗址与中国文化有联系。在吐鲁番，有一件同样来自公元前 5 世纪的类似织物，在褪色了的黄丝绸背景上绣了一只漂亮的凤凰。[19]这些发现表明，陆路贸易在公元前好几个世纪就已经存在了，但是没有文书告诉我们是谁、为了什么带来了这些货物。

最早的关于丝路贸易的描述与张骞（约前 164—前 114 年）有关。他是公元前 2 世纪汉武帝（前 141—前 87 年在位）时期从长安派往西域的汉朝使节。汉武帝希望张骞能说服生活在今乌兹别克斯坦费尔干纳地区的月氏人跟汉朝结盟，以抗击他们共同的北方敌人，即以今天蒙古国为中心据点的匈奴（见史料 3）。现存最早的关于张骞的史料写于其出使约一百五十年之后，很多基本的事实，比如确切的路线，在史料中都付之阙如。

很明显，张骞是经由匈奴的地盘进入月氏领地的。张骞被匈奴囚禁十年后终于逃脱，并继续前往月氏。他在公元前 126 年左右回国，并向皇帝做了汇报。这是汉人第一次得到关于西域各民族的详细信息。[20]张骞特别惊讶地发现，汉朝商人和货物已经先他一步到达了西域。在今阿富汗北部的大夏（即巴克特里亚），张骞在市场上看到了来自千里之外的邛竹杖和蜀布。这些中国货物必定是经陆路到达的。

张骞回国以后，汉朝逐渐向西北扩张，在公元前 2 世纪末就已经控制了河西走廊和敦煌。汉朝军队每到达一个新的地区就修建烽燧，这些烽燧之间有固定的距离。每当战事发生，烽燧的守军就会燃起狼烟向邻近的烽燧报警，这样一直传到最近的可以发兵的军营。烽燧之外，汉朝军队还在新占领地区建立军营。在居延（位于内蒙古自治区额济纳旗东南约 17 千米，甘肃省金塔县东北 90 千米）和疏勒河流域（位于甘肃省酒泉和敦煌附近）出土了很多竹简，其中有军队向当地人购买衣物和谷物的记载。[21]

出土了最大量丝路早期文献的悬泉就是这样一个军营。悬泉坐落在敦煌以东 64 千米。[22] 50 米见方的夯土墙环绕着整个遗址。遗址的南部有个马厩。为公务而来的官员可以在军营换马。军营同时还有邮政的功能。遗址的北部和西部是垃圾堆，西部的垃圾坑最深处可达 1.2 米。从这里出土了 2650 件文物，其中包括钱币，农具，武器，铁制的牛车零件，梳子、筷子等日常用具，以及谷物、大蒜、核桃、杏仁、动物骨骼等食物残迹。[23]

悬泉还出土了 35000 多件废弃的文书，23000 多件有汉字的木简，12000 多件裁好大小但尚未写字的竹简。大约 2000 枚简有纪年，在公元前 111 年到公元 107 年之间，这正是军营有人驻扎的时期。

因为纸张才刚刚在西域传播，所以大量的文书都写在木简或者竹简上。中国于公元前 2 世纪发明了纸。最初纸是用来包装而不是用来书写的。正史里曾有记录，有个杀人犯在公元前 12 年用纸包的毒药自尽了。[24] 在悬泉出土了一些年代最早的纸张残片，年代为公元前 1 世纪。这些纸片上写有药名，证实了纸张最早的用途是包装。

直到四个世纪以后的 2 世纪，纸张才作为书写材料在中国广泛传播。更久以后纸张才在丝路上代替木简、竹简，成为最常用的书写材料。因为纸一直很贵，所以人们还在皮革和树皮上写字。在悬泉发现的文书大多是成捆的木简。

悬泉出土的文书中有很多是驻扎在悬泉驿的官员与附近驿站的日常通信，比如皇帝新下诏书的内容、缉拿逃犯的通告、私人信件等。悬泉的书吏把木材分为几类，高级的柏木用来书写皇帝诏书，易弯的杨木和柳木则用来书写日常文书和通信。

因为悬泉是从内地到敦煌路上的最后一站，几乎所有使节出入汉朝时都要经过这里。汉代的地理志列出了 50 多个西域国家。尽管汉文史料常常称呼这些统治者为王，但他们的疆域一般不过是一个绿洲，臣民少则几百，多不过几千。这些绿洲更像是小城邦而不是王国。[25]

这些国家无论大小都派使节前往中原王朝的都城朝贡。他们承认皇帝的权威，并从中原王朝得到回礼。最被看重的贡品是来自草原的骏马。因为这些马可以自由地在草原上觅食，它们总是比在马厩吃饲料的矮小的中国马更强壮。中国人最珍视的是来自今乌兹别克斯坦费尔干纳盆地的天马。早在汉朝便已经无法区分官方贸易和私人贸易了，所谓官方贸易是指一位使臣带来礼物（经常是马或骆驼等牲畜）并为他的宗主得到回礼，私人贸易则是指该使臣可能是自己献上同样的牲畜并把回礼归为己有。

这些王国的进贡使团大小不一。有时使团有 1000 多人，比如于阗王曾率领一个 1074 人的使团。[26] 公元前 52 年从粟特地区来的一个使团则更为典型。该使团有 2 名使臣、10 名贵族和人数不明的随从。他们带着 9 匹马、31 头驴、25 头骆驼和 1 头牛（见史料 4–1）。[27]

这些使团都按照固定路线行进并持有通行证，上面按顺序列出允许他们访问的城镇。汉朝法律基于之前的先例，要求所有经过水陆关隘的人员都必须持有通行证。这种通行证被称为"过所"（字面意思是"经过一个地方"）。[28]

有几件悬泉文书列出了从敦煌到首都的每一站。敦煌是汉朝境内的第一站。公元前 1 世纪的首都是长安，公元 1 世纪的首都是洛阳。使团不能偏离这些路线。每一站都有官员清点使团人畜，以保证其路线与过所上登记的完全一致。官员可以修改过所，也可以签发新过所。他们在使团经过悬泉前往中原时查验一遍，一般六个月之后使团回程经过悬泉时再查验一遍。对每一位客人，无论中外，悬泉的厨子对其消耗的食材都有详细的记录。他们还按官品和行路方向（东或西）来区分来客。[29]

悬泉汉简详细得令人震惊。最长的一份记录记载了公元前 39 年的一起纠纷。四名粟特使节向汉朝官员申诉，说他们卖骆驼的价钱太低了。他们坚称汉朝官员支付的是又瘦又黄的骆驼价，可他们交付的是更贵的又白又肥的骆驼。这些粟特使节不仅对市场价格了如指掌，当得到的价格低于预期时，他们也对申诉系统有着足够的信心。作为持有有效证件的使节，这些粟特人觉得自己在每一站都能得到免费食宿，可到头来他们不得不自掏腰包付饭钱。公元前 39 年，敦煌官员为这起纠纷下了定论：粟特人已经得到了合理的报偿（见史料 4-2）。如此不近人情地对待这些使节可能是因为汉朝官员一直对粟特人怀恨在心，后者和汉朝长久以来的敌人匈奴合作，因此他们故意少付钱以报复粟特人。[30]

悬泉文书展现了一个完整的世界，其中包括中国西境上的绿洲，还有的在现代中国的版图以外，在今天乌兹别克斯坦、巴基斯坦和阿富汗境内。这些西域绿洲的统治者有规律地与汉朝皇帝互派使节，而这些不同地方的使节都沿着丝绸之路来到汉朝首都。

在向汉朝皇帝进贡的众多外国使团当中，只有一个可能来自罗马。据正史记载，有一名大秦使节在 166 年由海路抵达中国。对于中国人来说，大秦在世界的最西端，具有很多乌托邦的特征。仅在少数例子中，大秦才特指罗马。大秦的特使献上了象牙和犀牛角，这些都是东南亚的特产。很多人怀疑这名使节是个冒牌货，他只是宣称自己来自一个非常遥远、没什么人知道的地方以获得贸易许可（见史料 5）。大秦使节这唯一的一次出现非常有趣，但并不是确凿无疑的。[31]

正如悬泉汉简及其他材料所揭示的那样，汉朝出于纯粹的战略考虑才开始与塔克拉玛干沿线各地展开规律的贸易，目的是开辟一条通往西域的新路以绕开一直以来的敌人匈奴。官方使节也许偶尔做做生意，但这一直只是其公差之外的副业。他们的行为从来就不是自发的，而是沿着精心策划并记录的路线展开的。悬泉汉简尽管记载了很多中原与西域绿洲之间贸易的细节，但其中从未提及贵霜帝国（位于今阿富汗、巴基斯坦一带）以西的任何地方，更不要说罗马本身了。

遗憾的是，欧洲从未出土过像悬泉汉简一样有这么多详尽细节的文书，因此对欧洲贸易的分析必须依赖于传世的希腊拉丁文献。《厄立特里亚海航行记》（*Periplus of the Erythraean Sea*）就是内容最丰富的此类史料之一。该书于 1 世纪由一位住在埃及的佚名商人以希腊语写成。[32] 在书中，作者描述了非洲东部、阿拉伯半岛和印度的各个港口，并以一段对于已知世界之外的土地的描述作结：

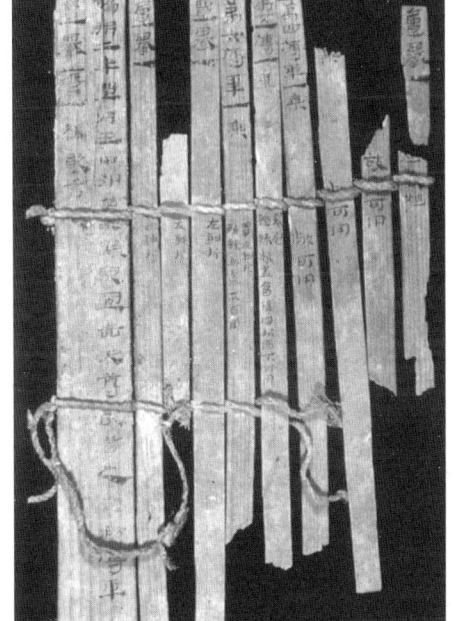

纸质文书之前的文书

虽然纸张早在公元前 2 世纪便已从中原传至*丝路*，但有些文书依旧写在木简上。纸张最早用作药材包装，直到 3 世纪才彻底成为书写材料。图中木简记载了戍堡征用的牛车。这些简用绳子编成册，卷起来储存。读的时候先从上至下再从右至左，即从右上角向下读起，读完第一枚再读第二枚，一直读到左下角结束。

那里有一座很大的内陆城市，名为希那（Thina）。生丝、纱线和绢帛从此通过陆路运来……再经恒河……希那地区不容易去，很难见到有人从那里来。[33]

Thina？这拼写倒说得过去，因为古希腊语中没有发 ch 的字母，字母 θ 的发音近似于 ts。作者尽了最大努力记录他从印度商人那里听到的不熟悉的名字。在梵语中，中国的发音是"支那"（cina，源自秦朝，公元前 221—前 206 年）。梵语词是英语 China 的来源。之后的几个世纪中，托勒密等罗马地理学家更多地了解了中亚，但学者们仍在试图把他们的记述与该地区的实际地理调和起来。[34] 在关于中国人的信息中，《厄立特里亚海航行记》的作者只对于核心性的一点非常肯定：他们用蚕茧产生丝，用生丝纺丝线，用丝线织绸子（见史料 6）。

中国人确实是世界上第一个制造出丝绸的民族。如果浙江河姆渡遗址中发现的一件刻有蚕形图案的象牙雕刻能被看作丝绸生产的证据的话，则丝绸的历史可以被追溯至公元前 4000 年。按杭州丝绸博物馆的说法，最早的丝绸年代为公元前 3650 年，来自中原省份河南。[35] 外国专家对于这个过早的定年持怀疑态度，他们认为最早的丝绸年代为公元前 2850 年到公元前 2650 年，即长江下游良渚文化（前 3310—前 2250 年）的时代。[36]

1 世纪时，即《厄立特里亚海航行记》成书的年代，罗马人并不知道丝绸是如何制作的。老普林尼（23—79 年）记载 1 世纪时丝绸已经来到罗马，但他并不清楚丝绸的生产方法。他以为丝绸是用"叶子上的白色绒毛"制成的，记载说赛里斯（Seres）人把这些毛梳下来制成了线（他的描述更像是在讲棉花）。但在另一段中他又写到了蚕（见史料 7）。[37] 现代译者常常把赛里斯翻译成中国，但是对于罗马人来说，那实际上是位于世界最北端的未知国度。

在普林尼的时代，中国人并非唯一的丝绸生产者。早在公元前 2500 年，古印度人就开始从野生蚕蛾（wild silk moth）制丝，这是与中国人驯化的桑蚕不同的一个品种。与中国人不同，印度人用的是蚕蛾破茧而出之后剩下的茧壳。[38] 与之相似，古代爱琴海东部的科斯岛出产一种科斯丝，也是用野生蚕蛾的茧壳制成的。中国人很早就知道要煮沸蚕茧把蚕虫扼杀在茧中，这样茧就不会被破坏，制出的丝线才能长而不断。即便如此，有时也很难分辨中国丝和野生丝。可能普林尼描述的是印度丝或者科斯丝，而不是中国丝。[39]

因为中国丝和科斯丝非常接近，专家必须找到中国特有的图案才能断定一块丝绸的来源。但因为所有图案都可以被模仿，所以最可靠的中国制造的证据是汉字，只有中国人才会把汉字织进布里。叙利亚帕尔米拉出土的1世纪到3世纪的织物可以说是最早到达西亚的中国丝绸。[40]中原皇帝不断派使节赏赐织物给西域统治者，这些统治者可能又把这些织物向更西方的地区传递。

绝大多数在欧洲发现的漂亮丝绸，尽管被标为"中国的"，但实际上织造于拜占庭帝国（395—1453年）。有位学者检查了7世纪到13世纪的一千件样品，发现只有一件来自中国。[41]

丝绸让普林尼非常不满，他不明白罗马人为什么要进口这种大量暴露女性身体的织物："罗马贵妇公开炫耀的透明服装竟需要如此多的劳力，牵涉到地球上如此遥远的地方。"[42]他也指责其他的进口货，比如乳香、琥珀、玳瑁等。因为在他看来，对这些商品的消费削弱了罗马的财力。[43]

如果中国与罗马之间的贸易真如普林尼所说的那样繁盛，那么或许可以在中国境内发现罗马钱币。但中国出土的年代最早的欧洲钱币来自拜占庭而非罗马，年代为530年到550年间。[44]与传言相反，中国境内从未出土过罗马钱币，这与常有罗马商人出没的南印度海岸形成鲜明对比，那里出土了成千上万枚罗马金币和银币。[45]历史学家有时讲，某一时期两地之间流通的贵金属货币，可能是因为后来被熔化重铸了才没有保存至今。但是在中国发现了很多晚于罗马时代的外国钱币，这有力地反驳了这一观点。中国出土了很多波斯萨珊王朝（224—651年）打造的银币，最多时可达几百枚（见彩图 4）。

总之，考古和文献资料都显示古罗马与汉代中国之间的接触少得令人吃惊。尽管老普林尼对于丝绸贸易的批判非常自信，但我们并没有 1 世纪罗马进出口贸易的可靠数据。[46] 如果罗马人用罗马钱币买过中国丝绸，那中国丝绸的残迹应该曾在罗马出现。从二三世纪起，一些货物开始在罗马与中国之间流通，这正是帕尔米拉丝绸的时代，也是罗马人最终确定赛里斯准确位置的时候。

中国艺术史的材料也证实了罗马与中国之间时断时续的接触在二三世纪时加速了。在汉代，中国艺术中只有很少几个例子显示出外来影响。但到了唐代，中国艺术已经融合了比汉代多得多的波斯、印度甚至希腊罗马的元素。[47] 唐代是中国对中亚影响的高峰阶段，也是丝路贸易的鼎盛时期。

本书从二三世纪讲起，这是目前可见中国与西方第一次发生接触的年代，一直讲到 11 世纪初为止，即敦煌和于阗出土文献的年代下限。本书按照时间顺序推进，每章研究一个不同的有文献出土的丝路遗址。尼雅、库车、吐鲁番、敦煌、和田在中国西北。撒马尔罕在乌兹别克斯坦，附近的穆格山遗址则跨越了边境，在今塔吉克斯坦境内。第七处是唐朝首都长安，在今天中国中部陕西省境内。第八处则是今天中国的首都——北京。

第一章从尼雅和楼兰两处遗址讲起。这两个地方都出土了大量文献，记载了当地人、汉人和一群从今阿富汗、巴基斯坦的犍陀罗地区迁来的移民之间第一次长久的文化接触。这些移民引入了自己的文字，带来了用木制文书保存书面记录的技术。他们同时还是第一批进入西域的佛教徒。虽说佛教戒律规定僧尼都要独身，但尼雅的很多佛教徒并不是像人们想象的那样住在寺庙中，而是结婚生子与家人一起生活。

第二章的主题是龟兹（今库车）。这里是中国最著名的佛经译师之一鸠摩罗什（344—413 年）的家乡，是他首次把佛经译成了易懂的汉语。鸠摩罗什从小讲龟兹的当地语言长大，孩童时期学习梵语，在被抓到凉州（今甘肃武威）做俘虏的十七年间学会了汉语。龟兹语文书的发现还引发了一次长达一个世纪的激烈争论。在争论中，语言学家们试图解释为什么西域某个民族所操语言与这一地区的其他语言差别如此之大。

在丝路往来的高峰时期，粟特人是最重要的外来族群。很多粟特人定居于丝路北道的吐鲁番，从事各种职业，包括农民、客栈老板、兽医、商人等。[48] 而吐鲁番正是第三章讨论的中心。640年，唐朝军队攻灭高昌国（位于今吐鲁番），所有高昌人都被纳入唐朝的直接统治之下。吐鲁番极度干燥的环境保存了一大批反映丝路日常生活的文书。

第四章主要讲粟特人的老家，即位于今乌兹别克斯坦和塔吉克斯坦境内的撒马尔罕及其周边地区。在公元后的第一个千年中，特别是撒马尔罕陷入穆斯林军队之手的 712 年之后，大量外国人涌入了中国。

第五章所讨论的唐朝首都长安的外国人墓葬可以说是近年来最激动人心的考古发现之一。从伊朗世界来的粟特移民带来了自己的祆教信仰。祆教徒在火坛边朝拜并向神献牲，死后由亲人为其料理后事：尸体要曝露给动物，等尸骨上的肉被吃净后再下葬，因为肉被认为会污染大地。尽管大多数粟特人信奉祆教，但在 6 世纪末 7 世纪初，生活在长安的几名粟特人选择了汉式葬俗。

这些墓葬中所描绘的祆教阴世比伊朗世界中留下的任何艺术品都要详尽。

第六章讲敦煌藏经洞。这里的约四万件文书是世界上最令人惊叹的宝藏之一，其中包括世界上最早的印刷品《金刚经》。虽然藏经洞是一座寺院的储藏室，但洞中所藏远不止佛教材料，因为在佛经的背后写着很多其他类型的文书。敦煌洞窟的壁画是中国境内的佛教遗址中保存最好、规模最大的。这些壁画由当地统治者出资请人绘制而成，见证了统治者和当地人的虔信。尽管敦煌人创造出了这些杰作，但他们不使用钱币，而是用谷物或者布匹付账。8 世纪中叶唐朝军队撤走之后，整个西域都是这样。

敦煌的统治者与和田绿洲保持着密切的关系，而后者则是第七章关注的焦点。和田位于丝路南道、尼雅以西，几乎所有现存文书都以于阗语写成。于阗语是一种有大量梵语借词的伊朗语，于阗语文献发现于敦煌及和田周边一些地方。奇怪的是，在和田绿洲本身并未发现任何这类早期文书。这些文书包括语言学习的辅助材料，它们展示了于阗人是如何学习大多数寺院中使用的梵语，以及在西域广泛通行的汉语的。于阗国在 1006 年被征服，于阗是今天新疆最先皈依伊斯兰教的城市之一。

在 13 世纪晚期到 14 世纪时，很多旅行者选择了一条不同的路线。这条路线北距塔克拉玛干沙漠数百千米，穿过草原，通达蒙古帝国在哈拉和林的都城。尽管马可·波罗是今天最著名的旅行者，但其他旅行者如鲁布鲁克的威廉（William of Rubruck）留下了更多描述性记载，另一位旅行者拉班·扫马（Rabban Sauma）则沿相反方向行走，从北京出发前往欧洲。第八章通过研究蒙古统治后的新疆地区的历史和贸易来做出总结。

　　综上所述，本书的目的是描绘每个绿洲，简述贸易的性质，最终讲出一个有血有肉的丝路故事，一个常常被写在"废纸"上的故事。

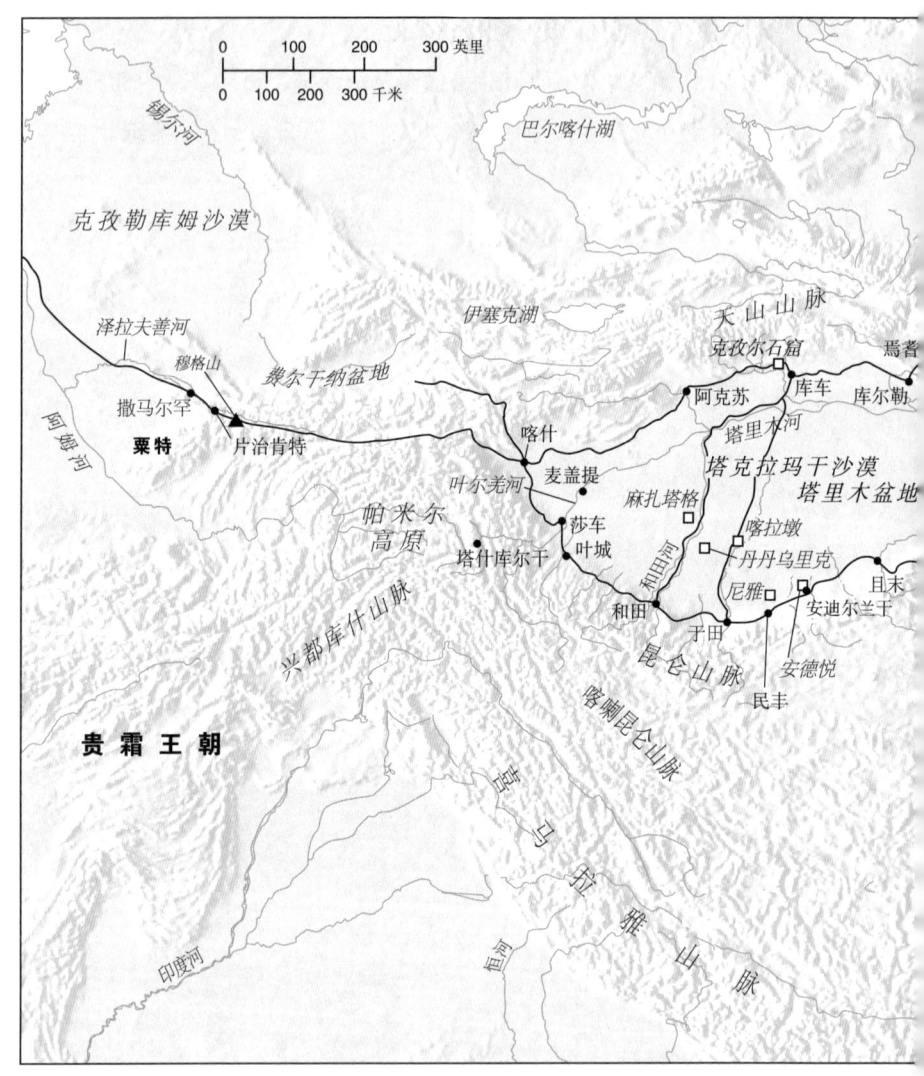

克孜勒库姆沙漠

锡尔河

巴尔喀什湖

泽拉夫善河

穆格山

伊塞克湖

天山山脉

撒马尔罕

费尔干纳盆地

克孜尔石窟

焉耆

粟特

片治肯特

阿克苏

库车

库尔勒

阿姆河

喀什

塔里木河

帕米尔高原

叶尔羌河

麦盖提

塔克拉玛干沙漠

塔里木盆地

塔什库尔干

莎车

麻扎塔格

叶城

喀拉墩

丹丹乌里克

尼雅

且末

兴都库什山脉

和田河

和田

于田

安德尔兰干

喀喇昆仑山脉

昆仑山脉

安德悦

民丰

贵霜王朝

喜马拉雅山脉

印度河

恒河

0   100   200   300 英里

0   100   200   300 千米

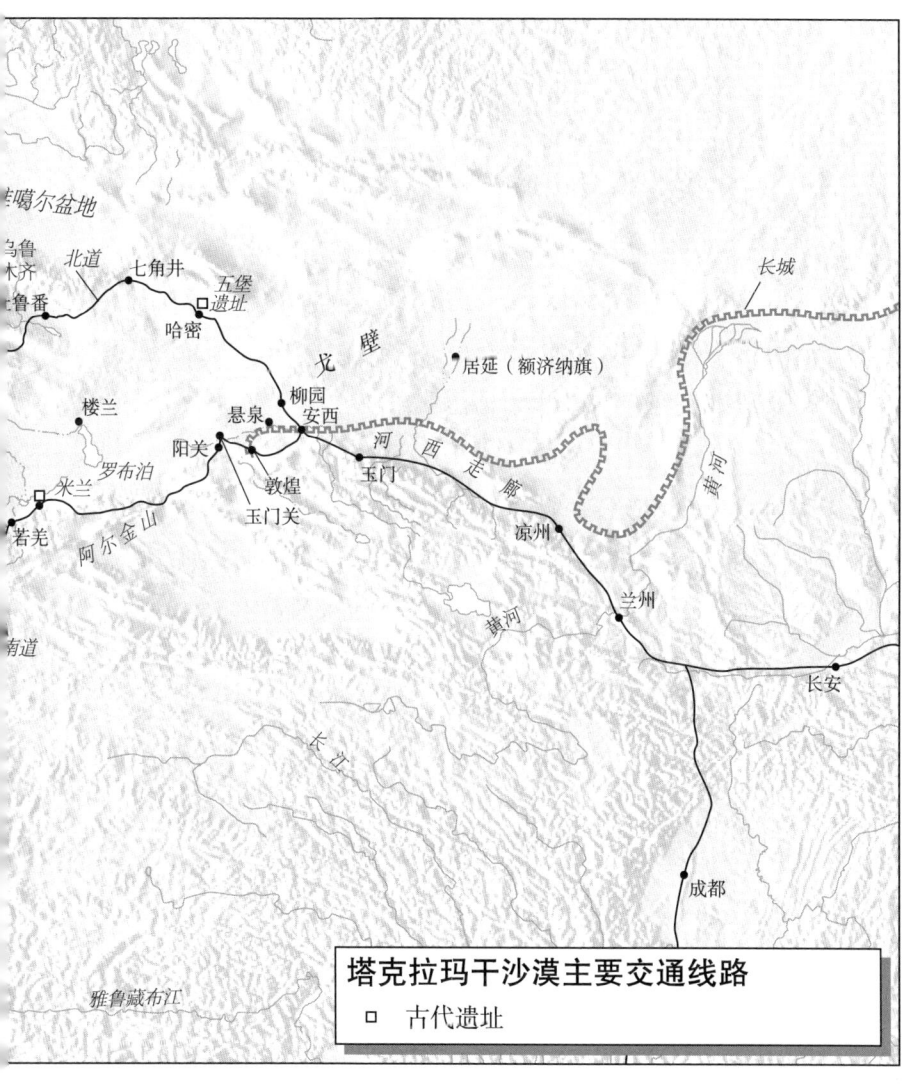

塔克拉玛干沙漠主要交通线路

□ 古代遗址

原始史料

1　穿越塔克拉玛干沙漠 [49]

1993 年，英军少校查尔斯·布莱克摩尔为慈善募款与中方合作徒步穿越塔克拉玛干沙漠。他的队伍一行 18 人，包括 5 名英国人、1 名美国人、6 名汉族人，以及负责管理骆驼的 6 名当地维吾尔族人。他的记述生动再现了现代人在沙漠中经历的欣喜与困苦。他们有哪些前人没有的装备？遇到的主要困难是什么？平均每天能走多远？

我一时兴起，便去查《大英百科全书》，越读越有兴趣："一片西域的沙漠，占据了中国新疆塔里木盆地的中央。沙漠东西长 1100 千米，最宽处 550 千米，海拔 1500 米，积沙可达 300 米之厚。"

我接着读就更有兴趣了：这里温差极大，降水量少，植被稀疏，沙丘重重叠叠，最高可达 300 多米。没有生命能在这片荒凉的废土上生活，无论是人还是其他生物。但这里的新奇与未知吸引着我进一步探寻其奥秘。我慢慢地重复沙漠的名字，塔——克——拉——玛——干，享受着音节的顿挫起伏。其中有种无形的东西，原始而粗糙。这片沙漠已经深深吸引了我。一个探险计划已基本展现在我的脑海中：我要自西向东横穿塔克拉玛干，旅程长达 1300 千米。在那几分钟里，我嗅到了我曾如此冲动寻求的挑战气息。这将会改变我的人生轨道。

…………

我计算过，从出发到麻扎塔格要走约 25 天，共需 1800 升水，每人每天 5 升以下：2 升饮用，1 升放在背包里备用，2 升公用以做饭沏茶。这没有考虑浪费，但给 37℃ 以上的日子留了足够的安全余量。我最担心的却是骆驼，能不能让它们喝到水全靠运气。除了赫定和斯坦因的零星记载，我们完全不知道沙漠中哪里能挖出水来。当地人说，他们进入沙漠捕猎时能找到水，但不确定去麻扎塔格这一路上也能随时找到水源。而我的卫星数据和地图在这件事上毫无用处。

…………

还没到下午 6 点，我们已经走了五个半小时，约 10 千米。虽然我们出发很晚而且不太顺利，但这在沙漠里已算是不错的成绩了。在一处两侧是沙丘带的平地，我让领头的骆驼停下，等后面的人赶上来。……骆驼卸载后在营地附近闲荡。行李、驼包、睡袋散落一地，像是崎岖山谷中一支游击队的物品。

太阳落下沙丘，沙色变灰，夜晚的影子在地上缓慢而放纵地伸展。我们很欢迎它。赤脚走路体会趾间沙子的清凉和温柔是一大享受。维吾尔族队员忙着挖洞找水，不一会儿就听到他们欢呼，叫我们过去。洞只挖了一人多深，没想到四壁还挺坚硬。在洞底，一小摊水已经从深色湿润的沙子中慢慢渗了出来。

"苏①！苏！"艾萨·波尔塔一边指挥着手下一边指着洞底说道。罗沙在洞底用手捧了点水，啜了一口又吐了。"亚克西！"他咧嘴笑着说。我姑且认为这是"好"的意思，至少今晚骆驼有水喝了。还不知道明天会怎样，但看到用挖洞法找水成功，我们都大受鼓舞。晚间扎营事务徐徐展开，大家都放松了下来。老赵坐在汽油炉旁炒着大煎锅里"吱吱"作响的肉。

....

上午的进展很不顺利。骆驼走得太慢，而沙丘越来越宽，我们不得不绕了很多路。骆驼之间的绳子断了太多次，我们总要停下把绳子拴起来。我们还没弄清每头骆驼最适合驮什么，中午之前就发生了三次骆驼失控把行李甩下的事件。所幸甩下的没有水箱，但两个粮袋破了，必须费劲缝好。到了第三次时，我们麻木地坐下休息，酷热下我感觉已经被晒干了。这时罗沙带着得意的笑容，从驼包里给我们掏出来一个大西瓜。这出乎我们的意料。我们满怀渴望地盯着他，看他熟练地切西瓜，看着西瓜汁像在戏弄我们似的一滴一滴落在地上立刻消失。我们假装不在乎骄阳烫沙，拿着西瓜，享受每一口红色的瓜肉，吐出瓜子，一直啃到绿色的瓜皮，每口都是幸福。我尽量让瓜在嘴里待久一点，然后再不情愿地咽下去。

....

那天我们瘫下来休息，力气和热情都消耗殆尽。无处遮阳，热浪无情地砸下来，把皮肤都要烤干了。我们全身都是细沙，头发、耳朵、眼睛、嘴里都是。总有沙粒在齿间嘎吱嘎吱作响。我

---

① 维吾尔语，意思是"水"。

们活在沙子中，那是我们生命的自然延伸。

后来由鲁伯特与我带队。那天下午我想了好几次要放弃，我不信我们能在这么严酷的环境中存活。但我们还坚持着，艰难地向东跋涉，心里知道每走一步就离目标近一步。一个小时后我们只能看到一半的骆驼了，只好停了下来。一头驮着两个水箱的骆驼往后退，撞上了另外一头，一个水箱被扎漏了。水从破洞中喷出。我们眼里看着，却行动缓慢，没精打采地勉强站起来试图去补救。每件事都极为吃力，但没有人想用掉最后一点力气，以免崩溃。我甚至想躺在热沙子上，假装什么也没发生。若真能如此，甩掉所有责任，那还挺棒的。在基斯的帮助下，我把布条缠在赶骆驼的棍子上，终于塞住了水箱的破洞。方法原始却有效。之后我们在那躺下了，累得无法思考如何才能熬过凉爽且惬意的夜晚降临前的几个小时。但是天还亮着我们就得赶路，如果不想被沙山击败就得坚决保持步速。早点休息或者延长休息时间都很容易，但那并不能帮我们快点逃离这座沙漠监狱——我们正在和迅速减少的洁净饮用水储备赛跑。

…………

负载沉重的骆驼开始了下一段路程。晨风清爽，水箱里冰块叮当作响，新的成员加入了我们——冬天先生。动起来之后我就感到重新上路真好，受伤的膝盖在慢慢恢复，我的状态也在变好。我们花了三周走了480千米，前方还有近800千米的空旷沙漠尚无人穿越。

2　1895 年的驼队 [50][①]

1895 年，斯文·赫定由于算错了用水量差点渴死在塔克拉玛干沙漠。他在沙漠中遇到了两个牧民，他们把他带回了营地。赫定在那儿恢复了气力，还遇到了三位商人，他们刚刚把水和食物给了他的一名队员伊斯兰·巴依。伊斯兰不久之后便与另外一名幸存的队员卡西姆跟赫定会合了。但让赫定一直悔恨不已的是，他的另外两名队员遇难了。赫定、伊斯兰和卡西姆在牧民营地休整的时候遇到了一个商队。赫定说他多少天没吃饭了，多少天没喝水了，这可信吗？商队卖的东西是哪里制造的？两千年前的商队会不会多多少少像现代商队一样贩卖来自远方的商品？

我觉得自己听见从河床伸出的一角里发出一声异响，便停下细听。整片林子里却一片死寂。我猜那是鸟鸣，便继续前行。

不对！一分钟后我听到了人声和牛叫！这不再是幻觉——这里有牧民！

我把靴子里的水倒空，穿上还湿着的靴子，扒开浓密的灌木丛，跨过倒下的树干奔进林子里。此刻我听到咩咩的羊叫，一群羊在林中空地里吃草。见我从林子里钻出来，那牧民愣住了。我向他问好："萨拉姆阿雷库姆！"即"平安与你同在"。他转身就跑，消失在林间。过了一会儿，他和一个年纪稍长的牧民回来了。他们在一段安全距离外站定，我便用几句话讲述了所发生的一切：

"我是欧洲人，从叶尔羌河进入沙漠。我的手下和骆驼都渴死

---

① 本译文由旅居瑞典的虞军直接从瑞典语译成汉语，并加了注释。

了，东西也全没了。十天以来除了草，我什么也没吃过。请给我一块馕一碗奶，让我在你们附近歇歇，因为我就要累死了。今后我会酬谢你们的。"

他们满脸疑惑地看着我，显然以为我在撒谎，但犹豫再三后还是让我跟着一起走向他们的窝棚。窝棚搭在一棵白杨树的树荫下面，只用四根细长的杆子撑起用枝条编成的棚顶。地上铺着一块破破烂烂的毡毯，我扑倒在上面。年轻的牧民端来一只木碗，递给我一块玉米饼。我谢过，咬了一口便立刻觉出饱的滋味。他又拿出一只木碗，倒满了最可口的羊奶。

……突然间我被人声和马蹄声吵醒，坐起身来就看到三位包着白头巾的商人骑马来到窝棚处。他们下马后走到我面前，谦逊地鞠了一躬。是我的两个牧民朋友将他们引来此处的，此时二人手中正牵着他们的马。

来人坐在沙地上，说他们前一日骑马沿河床经阿克苏去往和田，刚到西岸林坡地就看到有个人倒在坡地边上，看上去像是死了。林子里有一头白骆驼边走边吃着草。

和好心的撒马利亚人①一样，他们停下来问那人怎样了。他呻吟着："苏……苏……"于是他们让仆人带了水壶去最近的水洼打水——很可能就是救了我命的那个水洼。他们还给了那人一些馕和干果。

我立马知道了那人正是伊斯兰·巴依！他把我们旅途上的事

---

① 典出《新约·路加福音》第10章第25—37节中耶稣讲的寓言：一个犹太人被强盗打劫，受了重伤，躺在路边。有祭司和利未人路过但不闻不问。唯有一个撒马利亚人路过，不顾犹太人和撒马利亚人之间的隔阂，动了慈心照应他，在离开时还自己出钱把犹太人送进了旅店。

告诉了商人们。虽然他认为我已经死了,但还是请他们去找我。此时商人的头领玉素甫把他们的一匹马给了我,请我跟他们同去和田,好休养一番。

可我根本不想休养!刚才我还那么消沉,但他们带来的消息让我的状况有了个大转变。或许我们可以回到"死亡营地"[51],去看看留在那里的人是否还活着;说不定还能把行李都抢救出来,再配备成一支新的队伍。前途眼见光明起来。

这三位商人借给我18个银币,差不多值10克朗,还给了我一袋白面馕,然后道别而去。

············

第二天,牧民们把住地移到了另一处有牧草的地方。伊斯兰和卡西姆就在此地的两棵白杨树中间为我搭了一个舒适的草棚。那块破烂不堪的毡毯就成了我的铺盖,而枕头是装着中国白银的袋子。那头白骆驼还在林子里吃草,是我们浩荡驼队的唯一幸存者。一日三餐都是牧民们送来的奶和馕。虽然没什么可抱怨的,可我有时还会不由自主地想到鲁滨孙。

············

5月12日,我们看到一支从阿克苏来的商队沿河床向南行进。商队的主人是四位商人,伊斯兰便把这四位接来草棚。经过一番交易,我们的境况进一步得到改善。我们花了750坚戈(1坚戈等于35欧尔)买了三匹马,又买了三副驮鞍、一副坐鞍、马嚼子、一袋谷子、一袋白面、茶叶、几只水壶和碗,还给伊斯兰买了双靴子。他原来那双在沙漠里弄丢了。这下我们又有了行动的自由,想去哪儿就去哪儿。

3 汉武帝与张骞的对话[52]

如今，张骞以发现丝绸之路第一人而闻名，但他是否名副其实？有比他更早的人吗？不过他肯定是第一个向皇帝讲述在西北边疆之外（包括今天的阿富汗、乌兹别克斯坦和蒙古国）游历的人。为何皇帝会对此感兴趣？他寻求结盟是为了对抗谁？

骞曰："臣在大夏时，见邛竹杖、蜀布，问：'安得此？'大夏国人曰：'吾贾人往市之身毒国。身毒国在大夏东南可数千里。其俗土著，与大夏同，而卑湿暑热。其民乘象以战。其国临大水焉。'以骞度之，大夏去汉万二千里，居西南。今身毒又居大夏东南数千里，有蜀物，此其去蜀不远矣。今使大夏，从羌中，险，羌人恶之；少北，则为匈奴所得；从蜀，宜径，又无寇。"天子既闻大宛及大夏、安息之属皆大国，多奇物，土著，颇与中国同俗，而兵弱，贵汉财物；其北则大月氏、康居之属，兵强，可以赂遗设利朝也。诚得而以义属之，则广地万里，重九译，致殊俗，威德遍于四海。天子欣欣以骞言为然。乃令因蜀、犍为发间使，四道并出：出駹，出厓，出徙、邛，出僰，皆各行一二千里。其北方闭氏、厓，南方闭巂、昆明。昆明之属无君长，善寇盗，辄杀略汉使，终莫得通。然闻其西可千余里，有乘象国，名滇越，而蜀贾间出物者或至焉，于是汉以求大夏道始通滇国。初，汉欲通西南夷，费多，罢之。及骞言可以通大夏，乃复事西南夷。

4　有关粟特使团的悬泉汉简

4-1　来自康居的使团（前 52 年）^①

这枚汉简是公元前 52 年悬泉官员关于康居使团的报告。该使团于两天前入境，一路东行。这个使团共有几人？来自什么阶层？带着几头牲畜？从简文看，汉朝官方对使团的监管力度有多大？

⁽¹⁾ 甘露二年正月庚戌，敦煌大守千秋、库令贺兼行丞事，敢告酒泉大［守］：……^②

⁽²⁾ 罢，军候丞赵千秋上书，送康居王使者二人、贵人十人、从［者］……

⁽³⁾ 九匹、驴卅一匹、橐他廿五匹、牛一。戊申，入玉门关已。阁［下］……

4-2　关于康居使节所贡骆驼价格的争讼（前 39 年）^③

这件文书也来自悬泉，其中使节抱怨没有得到跟之前一样的

---

① 录文引自王素：《悬泉汉简所见康居史料考释》，荣新江、李孝聪主编：《中外关系史：新史料与新问题》（北京：科学出版社，2004 年），149 页。该文书共 3 行，小括号内的上标数字表示每行文字的开头。木简编号：II 90DXT0213 ③：6A。

② 录文中的［　］为可辨认部分，……为残缺部分，（？）表示存疑部分，后同。——编注

③ 录文引自王素：《悬泉汉简所见康居史料考释》，155 页。这组悬泉汉简共 7 枚，小括号内的上标数字表示每枚木简的开头。木简编号：II 90DXT0216 ②：877–883。

对待，要求官府调查。官府照办了。这揭示了汉朝官员与使节之间是怎样的一种关系？

(1) 康居王使者杨佰刀、副扁阗，苏薤王使者姑墨、副沙困，即贵人为匿等，皆叩头自言：前数为王奉献橐佗，入敦煌

(2) 关、县，次赎食。至酒泉，昆归官，大守与杨佰刀等杂平直肥瘦。今杨佰刀等复为王奉献橐佗，入关行，直不得

(3) 食。至酒泉，酒泉大守独与小吏直畜，杨佰刀等不得见所献橐佗。姑墨为王献白牡橐佗一匹、牝二匹，以为黄。及杨佰刀

(4) 等献橐佗皆肥，以为瘦。不如实，冤。

(5) 永光五年六月癸酉朔癸酉，使主客、谏大夫谓侍郎：当移敦煌大守，书到验问言状。事当奏闻，毋留，如律令。

(6) 七月庚申，敦煌大守弘、长史章、守部候脩仁行丞事谓县：写移书到。具移康居苏薤王使者杨佰刀等献橐佗食用谷数，会月廿五日，如律令。/掾登、属建、书佐政光。

(7) 七月壬戌，效谷守长合宗、守丞、敦煌左尉忠谓置：写移书到。具写传马止不食谷，诏书报会月廿三日，如律令。/掾宗、啬夫辅。

5 大秦国[53]

下文是正史中对大秦国的记载。大秦有时特指罗马城，但更常见泛指西方某处。文中的描述有没有哪处是罗马独有的？当时的中国官府是通过什么人了解西方国家的？

大秦国，一名犁鞬，以在海西，亦云海西国。地方数千里，

有四百余城。小国役属者数十。以石为城郭。列置邮亭，皆垩塈之。有松柏诸木百草。人俗力田作，多种树蚕桑。皆髡头而衣文绣，乘辎軿白盖小车，出入击鼓，建旌旗幡帜。

所居城邑，周圜百余里。城中有五宫，相去各十里。宫室皆以水精为柱，食器亦然。其王日游一宫，听事五日而后遍。常使一人持囊随王车，人有言事者，即以书投囊中，王室宫发省，理其枉直。各有官曹文书。置三十六将，皆会议国事。其王无有常人。皆简立贤者。国中灾异及风雨不时，辄废而更立，受放者甘黜不怨。其人民皆长大平正，有类中国，故谓之大秦。

土多金银奇宝，有夜光璧、明月珠、骇鸡犀、珊瑚、虎魄、琉璃、琅玕、朱丹、青碧。刺金缕绣，织成金缕罽、杂色绫。作黄金涂、火浣市。又有细布，或言水羊毳，野蚕茧所作也。合会诸香，煎其汁以为苏合。凡外国诸珍异皆出焉。

以金银为钱，银钱十当金钱一。与安息、天竺交市于海中，利有十倍。其人质直，市无二价。谷食常贱，国用富饶。邻国使到其界首者，乘驿诣王都，至则给以金钱。其王常欲通使于汉，而安息欲以汉缯彩与之交市，故遮阂不得自达。至桓帝延熹九年，大秦王安敦遣使自日南徼外献象牙、犀角、玳瑁，始乃一通焉。其所表贡，并无珍异，疑传者过焉。

6 希腊史料中印度以东的国度（1世纪）[54][①]

《厄立特里亚海航行记》概括了希腊语世界对埃及以东地区的

[①] 芝加哥大学近东系的博士生何彦霄根据希腊语原文对我的译文进行了修改。

认识。作者对中国［作者称之为希那（Thina）］的了解是否如中国人对大秦的了解一样多？

在这之后，外海在右侧，船航向东方，沿着左侧的海岸前行，不久便到达恒河流域了。附近是东方大陆的尽头克吕塞（Chryse），离此不远处有一条河，名为恒河。恒河是印度最大的河流，与尼罗河一样有涨落。河边有一座同名的贸易港口，从此处运出香叶（malabathron）[55]、恒河甘松香油、珍珠，以及最上等的棉衣，称作恒河棉……据说周围还有金矿，一种被称为卡尔提斯（Kaltis）的金币在这里流通。离河不远的海中有座岛，是人类世界的东极。它处在朝阳下，名为克吕塞，为厄立特里亚海的所有地方提供最好的玳瑁。

在这一地区之外，即最北端，大海止于某处。那里有一座很大的内陆城市，名为希那。生丝、纱线和绢帛从此通过陆路，途经巴克特里亚平原，运往巴里伽扎（Barygaza），再经恒河回到里米里卡（Limyrike）。希那地区不容易去，很难见到有人从那里来。这一地区位于小熊座之下，据说与本都王国和里海接壤，接壤的部分靠近与里海平行的玛奥提斯湖（Lake Maeotis）[①]注入海洋的地方。[56]

每年都会有一群人聚集于希那的边境，他们身材矮小、面部扁平……被称为赛萨塔人（Sesatai）……他们与妻儿一同前来，背着一包包像是用绿叶编成的席子，停留在自己与希那人边界附近的某处。他们会把席子铺在身下，举行几天盛会后返家，回到比

---

① 即今亚速海，在黑海东北，通过刻赤海峡与之相连。

希那更远的内陆。当地人也因此来到这里，收集赛萨塔人铺的席子，轻轻把叶子对折并卷成球形，再用从芦苇中抽出的纤维［被称为培特里（petroi）］绑好。这些球有三个级别：大香叶球由最大的叶子制成；中球的叶子较小；小球的叶子最小。三个级别的香叶球就这样做出，并由制作者运到印度。

由于气候苦寒、地形崎岖，或因受众神之力阻碍，这些地方以外的地区尚未探索。

7　老普林尼笔下的赛里斯与蚕（1 世纪）[57]

1 世纪时罗马人就已进口大量丝绸。作为那个时代知识最渊博的人，老普林尼记下了他所了解的丝绸产地赛里斯。很多人把赛里斯译作中国，因为他们认定赛里斯一定在中国。但老普林尼及其同时代人认为赛里斯在世界的边缘。和《厄立特里亚海航行记》的作者一样，他们对这片神秘的土地所知甚少。普林尼搞不懂制作丝绸的工艺，记录了两种迥异的制作方法。这两种方法分别是什么？哪一种如实反映了中国人的丝绸工艺？

赛里斯

（越过一大片无人区之后）最先遇到的人被称作赛里斯人，因其森林中出产的毛织物而闻名。他们把叶子浸泡在水中，之后梳下叶子上的白色绒毛，这样就给了我们的妇女一项双重任务，即把线解开再织起来。罗马贵妇公开炫耀的透明服装竟需要如此多的劳力，牵涉到地球上如此遥远的地方。赛里斯人虽然性格温和，但又像野兽一样回避与其他人类交往，只是等着别人来找他们做贸易。

蚕

这些昆虫中有一类的繁殖方式非常不同。其幼虫比较大，有两只向外突出、形状特别的触角，会变成毛虫。毛虫变成蚕茧，蚕茧又变成蛹后，在六个月内进化成蚕蛾。这类昆虫像蜘蛛一样织网，可以产出一种用于制作奢侈女装的材料——"丝绸"（bombycina）。抽出蚕丝并以之纺线的技术，最早是由科斯岛[58]的普拉提亚（Platea）之女潘菲勒（Pamphile）发明的。她发现了丝绸服装的美，它让女人穿着衣服也能展现裸体的魅力。这项荣誉毫无疑问应归于她。

也有人说蚕是科斯岛土生的。在那里，雨水打落柏树、松树、白蜡树和栎树的花。来自大地的水汽在这些掉落的花朵中创造出生命。据说这些生命一开始是没有绒毛的小蝴蝶。之后为了御寒，蝴蝶身上长出一丛丛粗毛，再用粗粝的足刮下掉落在树叶上的绒毛，从而给自己披上厚厚的外衣。它们不断用足部梳理绒毛并将之压成球状，再从中拉出丝线挂在树枝间，像梳头发一样将其梳细，最后把这些绒毛卷起来包住身体，做成一个巢。它们就是在这种状态下被人收走放在陶罐中，再被置于暖处用糠养着。不久，待它们全身长满一种特殊的绒毛后，它们被送至下一道工序：先用水把开始形成的茧弄得软而柔韧，再用芦苇做的纺锤从中抽出丝线。实际上，男人们在夏天也不羞于穿上这种材质的衣服，因为它极其轻薄。我们这个时代的风尚如此堕落，别说皮质胸甲，就连一件衣服也嫌沉。但目前，亚述蚕丝的制品只有妇女在使用。

第一章

楼 兰

西域的十字路口

1901年1月下旬，在斯坦因到达尼雅遗址之前，他的驮夫给了他两块带字的木板。斯坦因惊喜地认出这些文字是佉卢文（Kharoshthi），一种三四世纪时用来书写梵语和其他印度语言的文字。[1]下页插图中的木板就是其中之一。包含这两件文书在内的历史遗存证明，丝绸之路在语言、文化和宗教的传播中起到了至关重要的作用。这也是本书要以尼雅这座失落的古代城市开篇的原因所在。

在尼雅及其附近发现的木制文书证实，在丝路南道曾存在过一个小小的绿洲王国，其疆域从尼雅遗址一直向东延伸到盐湖罗布泊（Lop Nor），长八百多千米。这个绿洲王国就是兴盛于公元200年到400年的楼兰国。当地人的语言从未被写成文字，现在完全消失了，只有他们的名字曾被外人记录下来。

我们之所以能知道一些关于楼兰人的情况，是因为有人翻山越岭迁徙至中国西部。这些人有文字，即佉卢文。他们用这种文字写了地契、状纸、公文，并记录了成千上万件其他重要的事情。佉卢文是了解楼兰文明的关键，特别是尼雅和楼兰，前者是绝大多数文书的发现地，后者在沙漠的更深处，一度是楼兰国的首都。

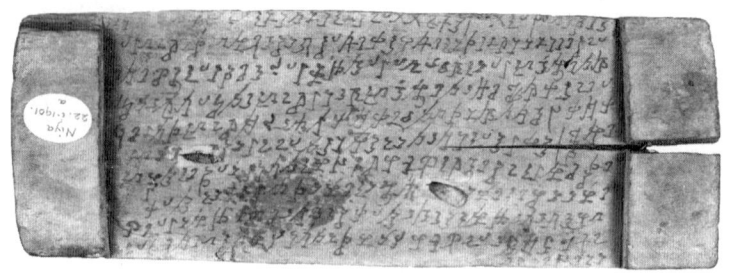

丝路文化交流的文字证据

　　来自巴基斯坦和阿富汗北部的移民，于公元200年左右将以图中木制文书为代表的全新书写技术带到了尚无自己文字的中国西北部。这种文书由一上一下两片木板制成，图中一片为下片，上片像抽屉一样插在下片上面以保护文字。木板上的佉卢文来自移民家乡。这些木制文书内容广泛，包括契约、敕令、信件、诉讼判决等，可以用来还原这些背景完全不同的人们在古代的交往。文书标签贴反了，上面写着发现的日期和发现地——尼雅。（大英图书馆供图）

汉朝时的汉文古籍记载了这个王国与中国早期诸王朝的关系，可以与出土文献相互补充，很有价值。

　　这些移民来自位于今天阿富汗、巴基斯坦的犍陀罗地区。写在木板文书上的字是2世纪晚期丝路上存在持久的文化交流的重要证据。这些移民给这个小王国取名楼兰，公元前77年，楼兰被改名为鄯善。公元200年前后，这些移民似乎已经以每批不到一百人的规模一批一批抵达这里。他们似乎从没有试图征服楼兰当地人或者推翻楼兰王，而是与当地人同化了。这些移民与当地人通婚，把自己的文字介绍给他们，作为书吏受雇，并且教当地官员制作木板文书。移民们还从印度带来了佛教，但他们对佛教戒律的解释要灵活得多。这些早期佛教徒结婚生子并且和家人住在一起。

　　楼兰国的所在地在今天非常荒凉。因为这里曾经是中国的核试验基地，除了专业考古队，不向任何人开放。但这块偏远之地早在公元前 4000 年就有人居住，汉朝时还产生了好几个绿洲国家。汉朝有时在此驻军，其统治时断时续。

斯坦因在尼雅的发现证实了他的观点，即中国新疆"是印度、中国和希腊化的西亚早期文明交流的孔道"。[2] 1897 年，当斯坦因第一次向英属印度政府申请拨款时，他许诺找出古代文化交往的实证。埋在尼雅沙漠下面的木板恰恰就是他想要的。

尽管楼兰跟今天的英国差不多大，但在斯坦因到达时，这里荒无人烟。昆仑山的冰川融化形成河水向北流，只有河床周围才有耕地。关于楼兰，我们所知的一切都来自两个重要的遗址——尼雅和楼兰。米兰和营盘这两个遗址保存下了艺术品和织物。它们都在沙漠深处，只有靠骆驼或者四轮驱动的吉普车才能到达。由于沙漠的扩张，这些遗址在今天塔克拉玛干南缘的现代高速公路以北 80 千米到 160 千米处。

楼兰国肯定是世界上最难到达的地方之一，但是斯文·赫定和斯坦因在几个月的时间里先后到达这里。1900 年 3 月，赫定沿着清澈碧绿的孔雀河[3]前行，从罗布泊向西来到楼兰，只考察了一天就又上路了。

几个月以后，斯坦因从和田出发，于 1901 年 1 月第一次抵达尼雅。他在 1906 年回到此处，之后又去了楼兰。在这些最初的探险中，赫定和斯坦因挖走了这一地区绝大部分艺术品和文书。后来的调查队，特别是 20 世纪 90 年代的中日联合探险队，也取得了重大发现。[4]

斯坦因提出了一个特别有意思的问题：成百上千在犍陀罗地区（位于今天阿富汗东部和巴基斯坦西北部，包括巴米扬、吉尔吉特、白沙瓦、塔克西拉和喀布尔）的人是如何翻过世界最高的

锡尔河

巴尔喀什湖

克孜勒库姆沙漠

泽拉夫善河

穆格山

费尔干纳盆地

伊塞克湖

天山山脉

汗腾格里
7190 米

撒马尔罕

粟特

片治肯特

阿克

贵霜王朝

帕米尔
高原

喀什

叶尔羌河

麦盖提

莎车

叶城

塔什库尔干

和田河

和田

于田

昆

巴米扬

兴都库什山脉

喀喇昆仑公路

吉尔吉特

明铁盖
山口

夏提欧

南迦帕尔
巴特峰

喀喇昆仑山脉

仑

山

脉

喀布尔

捷

陀

特拉格巴
尔山口

罗〃

布尔兹尔山口

白沙瓦

伊斯兰堡

斯利那加

塔克西拉

喜

马

拉

雅

山

脉

印度河

恒河

阿姆河

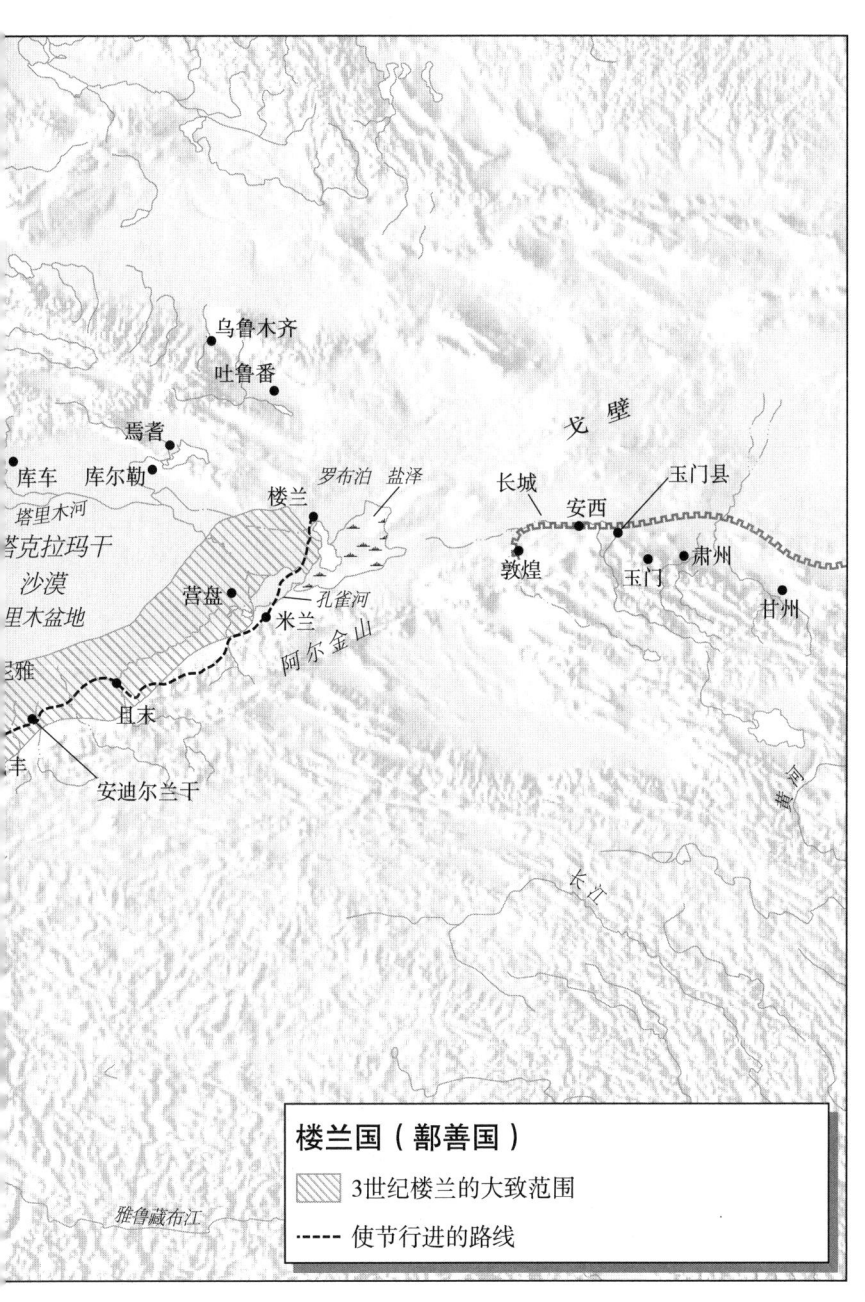

乌鲁木齐

吐鲁番

焉耆

库车　库尔勒

塔里木河

塔克拉玛干

沙漠

里木盆地

罗布泊　盐泽

楼兰

营盘

米兰

孔雀河

阿尔金山

戈　壁

长城　　　玉门县

安西

敦煌　　玉门　肃州

甘州

黄河

雅

丰

且末

安迪尔兰干

长江

雅鲁藏布江

楼兰国（鄯善国）

▨ 3世纪楼兰的大致范围

----- 使节行进的路线

山峰，跋涉 1600 千米来到这里的？

斯坦因是从印度进入塔克拉玛干沙漠地区的，与近两千年前的移民走的是同一条路。他从克什米尔的斯利那加启程，翻越帕米尔高原。这里有三十多座海拔 7600 米以上的山峰，其中包括险峻的南迦帕尔巴特峰（Nanga Parbat）。 这座世界上生长最快的山峰，每年增高 7 毫米。[5]

这些高山形成于大约四千万年前，那时印度板块和欧亚板块撞击，形成了螺旋状向四面八方伸展开来的诸多山脉，按顺时针方向分别为兴都库什山脉、帕米尔高原、昆仑山脉、喀喇昆仑山脉和喜马拉雅山脉。

斯坦因当时走了一条英国人早他十年前开通的经吉尔吉特的路线。他计算好路程，在夏天无雪时翻过了特拉格巴尔山口（Tragbal Pass，海拔 3642 米）和布尔兹尔山口（Burzil Pass，海拔 4161 米）。斯坦因沿印度河前行，途经奇拉斯时他看到了高耸入云的南迦帕尔巴特峰，之后继续沿印度河而上到达吉尔吉特河，再沿吉尔吉特河进入罕萨河谷。

这一路一点也不轻松。斯坦因一行必须走在险峻的山间小径上，小径下面是几十米深的峡谷，谷底是结着冰的河。他们在峭壁上一寸一寸地挪动，走在一种叫作 rafik 的人工栈道上。这种栈道是把树枝、石板嵌入山缝里修出来的。斯坦因雇了挑夫，因为牲口走不了这么艰险的路。他们从明铁盖山口（海拔 4629 米）进入中国，继续前行到喀什，再赴和田，最后到达尼雅。

在吉尔吉特附近的一些路段，人们可以看到古人在石墙上留下的画和字，那时人们通常必须停留数月才能继续前行。与斯坦因一样，他们必须等到夏天雪化了才能翻山，等到冬天气温下降才能取道沙漠。在等待期间，他们用锐器或石头在岩石表面刻下很短的句子，或者画下简单的画。[6]

斯坦因在路上看到了沿途石头上的涂鸦，可直到1979年连接中巴两国的喀喇昆仑公路修通时，很多人才亲眼看到这里到底留下了什么。那时一队学者沿路记录、拍摄，发现了五千条以上的题记和图画。[7]

在喀喇昆仑山口看到的第一组画约作于1世纪到3世纪，画着一个被叫作窣堵坡的圆形坟堆，画下面还有梯子。窣堵坡起源于佛陀去世的公元前400年左右。佛陀去世之后，追随者绕着埋有佛陀遗骨的土堆顺时针行走以示尊敬。这些土堆的形状慢慢发生了变化，变得越来越高，像一根柱子，最终成为中国和日本的佛塔。早期佛教艺术并不描绘佛像，但是七八世纪的画里描绘了佛陀生涯中的不同场景，以及其他的佛和菩萨。人们相信菩萨在涅槃时为了普度众生而回到了世间。祆教徒遵奉先知琐罗亚斯德的教诲，画了一些描绘火坛的画。

古人用两种印度字母留下了题记：一千条佉卢文题记，即尼雅使用的字母；四千条婆罗米文题记，这种文字于公元400年左右在西域全境取代了佉卢文。佉卢文表明有人来自犍陀罗。[8]从公元前4世纪亚历山大大帝征服犍陀罗开始，这一地区就是希腊、印度和东亚文明交汇之处。最近在阿富汗发现的一批佉卢文犍陀罗语写本显示，1世纪初佛教法藏部活跃于此地。[9]

尽管题记有数千条之多，但喀喇昆仑山口的大多千篇一律，很多只是"A的儿子B曾到过此处"，或者一种佛教变体"A的儿子B在此礼敬"。[10]有些记录了在位的王，但这些地方的小王无人知晓。因此，学者只能通过分析字母形状来给这些题记确定

喀喇昆仑公路上的佛教石刻

图中石刻坐落于巴基斯坦吉尔吉特-巴尔蒂斯坦省霍独尔镇附近的大石堆中，位于印度河上游北岸。其中绘有佛陀的墓葬堆，即窣堵坡，两边各有一佛。这是喀喇昆仑公路上的晚期图像之一，年代为 6 世纪到 8 世纪。右侧可见往来于中巴两国之间的人当年留下的涂鸦。（海德堡科学院岩石艺术档案馆供图）

年代。这种方法只能得到一个大致的时间范围，即 1 世纪到 8 世纪之间。[11]

此外，在奇拉斯下游 50 千米左右的夏提欧遗址有 550 条粟特语题记，这是一种通行于撒马尔罕的语言。其中一条题记是这样的："我，纳里萨福之子娜娜盘陀于十日来到此处，向圣地 K'rt 的神灵祈福……愿我尽快到达塔什库尔干，见到我的兄弟健康快乐。"[12] 这是吉尔吉特路上少数几条讲到目的地的题记。此人的目的地是塔什库尔干，即喀什西面山中的一个堡垒，人们可以从这里进入西域。还有一些其他语言的题记，包括汉语、藏语和其他伊朗语，其中最晚的一条题记是希伯来语的，记录了两个人的名字，这表明犹太商人也走过这条路。[13]

斯坦因确信二三世纪楼兰的印度移民跟自己一样沿着印度河、吉尔吉特河、罕萨河一路翻山越岭。在罕萨河的尽头，有好几条通往新疆的路可供选择。[14] 碑铭专家祢杰生（Jason Neelis）把这些路称作"毛细血管路"。整个路网中的大路就像是静脉和动脉，小路则像是毛细血管，穿越新疆的大山。在 19 世纪末 20 世纪初，一般人都和斯坦因一样选择走明铁盖山口，今天人们大多走喀喇昆仑公路，这条路从明铁盖山口东南的红其拉甫山口进入中国。

残留的石刻并未说明那些移民为什么离开犍陀罗。当时贵霜王朝正在衰落。贵霜王朝在公元 40 年到公元 260 年间统治了包括巴基斯坦、阿富汗在内的北印度大部分地区，并于 2 世纪初在迦腻色伽（约 120—146 年在位）治下达到顶峰。[15] 据成书于 5 世纪中期的《后汉书》记载，贵霜王朝曾几次派兵进入西域。[16] 公元 90 年，贵霜王派七万军队开赴西域。尽管这个数目太大不能当真，但显然贵霜王朝那时强大得足以派兵进入西域。

汉文史料很少提及来自印度的移民。印度裔僧人支谦的传记中提道：支谦，大月支（即贵霜）人也。祖父法度，以汉灵帝（168—189 年在位）世，率国人数百归化，拜率善中郎将。[17]

关于在尼雅讲犍陀罗语的人是来自巴基斯坦和阿富汗的这个结论，显然与汉文正史的记载相抵触。因为正史中讲月氏人原本居住在甘肃敦煌附近，公元前 175 年因为匈奴兴起才不得不离开家园向西迁徙。按照正史的说法，大月氏是创立贵霜王朝（公元 23 年左右）的五个游牧部族之一。[18] 我们有理由怀疑正史中月氏人从甘肃西迁的记载。因为该事件发生后过了好几代，正史才开始编纂。其编纂者记录了很多关于胡人的传说和故事，而且总是把中国某地说成是某种胡人的发源地。这些胡人包括匈奴人、日本人，甚至传说中在世界最西端的大秦人。最后也是最有说服力的理由是，没有任何考古材料证实这次迁徙。[19]

最合理也最简单的解释是：公元前二三世纪很多游牧民族进行了长途迁徙，我们不能指望三个世纪之后的人能精确记载这些迁徙。虽然史料给月氏人安排了一个中国故乡，但我们能确定的只是月氏人在公元前128年活跃于巴克特里亚（阿姆河和兴都库什山之间的地区，其首府是巴尔赫），因为张骞在此处见到了他们。任何关于他们之前迁徙的说法都只是推测。

斯坦因不辞艰险沿着古代移民走过的路线翻越群山，终于到达了新疆。他去了叶尔羌（今莎车）、和田、克里雅（今于田）、尼雅（今民丰）等塔克拉玛干沙漠南缘的绿洲城市，这些城市像项链上的珍珠一般连成一串。绿洲之间大多只有一天的路程。至于那些间距超过一天的路程，旅行者要自备水和给养。在克里雅，一位名叫阿卜杜拉的"可敬的老农"告诉斯坦因，自己曾在沙漠里见到过古代遗址。尼雅遗址在今天民丰县城以北120千米。县城就在今天和田到民丰的国道上。当斯坦因到达民丰时，他的驼夫遇到了一个"精力旺盛的年轻村民"，名叫易卜拉欣，此人想要卖给他一块带佉卢文的木板，即本章开头插图中的那块。

斯坦因立即雇下易卜拉欣做向导，带着他的人马沿尼雅河北行直到最后一个有人居住的村庄。此地是一个圣祠，供奉着备受尊敬的伊斯兰教法学家，什叶派伊玛目贾法尔·萨迪克（Jafar Sadik）。尼雅河在此断流，斯坦因一行沿着干河床继续向北走了39千米抵达尼雅遗址。遗址中有许多被沙子掩埋的木制房屋，以及一座佛教砖塔，或称窣堵坡（见彩图7）。

斯坦因按照习惯非常详细地记下了他对这一遗址的第一印象

（见史料 8）。由于尼雅有文明交汇的直接证据，斯坦因一共来过四次，1901 年待了十五天，1906 年待了十一天，1916 年待了五天，1931 年待了一个星期。每次他都发掘出新的房屋、佛教遗存和木板文书。

斯坦因的第四次考察没有前三次那么顺利。[20] 到了 20 世纪 30 年代，中国政府已颁布法律，规定只有中外联合的考察队才能把古物带离国境。斯坦因与英国官员合作紧密，他认为自己已经得到在新疆发掘的许可。可当他到达喀什时，当地官员却派保镖跟着他，以防他拿走任何东西。在尼雅，斯坦因在遗址里走来走去吸引看管者的注意力，他的助手阿卜杜勒·贾法尔悄悄地搜集文书。他们回到喀什时，斯坦因已经想方设法收集了 159 袋材料。

但他的考察还是失败了。中国官员不许斯坦因把任何材料寄出国去，而这些材料就此不见了踪影。这次考察留下的只有斯坦因巨细无遗的笔记和照片。斯坦因非常沮丧，他在喀什给好友帕西·斯塔福·阿伦（Percy Stafford Allen）写信道："我最后一次跟我最爱的古代遗址道别了，在那里我能触及已亡的过去，只有这最能让我感到自己活着。"[21]

斯坦因第一次到达尼雅时，他就认识到自己必须找出这个遗址的古代名称，这样才能参考汉文正史中大量的地理信息。《汉书》《后汉书》对每一个西北的小国都有简短的记载，包括至长安的距离、人口（总户数、总人数、"胜兵"数）及其历史概况。西域都护府是汉朝总管西域的机构，设于公元前 60 年，废于公元16 年，其最高官员是西域都护。西域的信息都是由西域都护提供给中央政府的。[22]

一个世纪之后的史官利用这些信息写成《西域传》。[23] 其中记载鄯善（楼兰的别称）距长安 6100 里（汉里，约合 2500 千米）。[24] 史书中给出的距离可能是用牲口一天走的距离乘以所走天数算出来的。虽然数字并不准确，但表示出了不同绿洲王国之间的相对位置。

1901 年，斯坦因发现一件木板文书上盖有一印，上书"鄯善国印"四字。此印是汉朝或者之后的朝代颁发给当地统治者的。[25] 斯坦因为尼雅还没大到可以当鄯善国的国都。他只在此发现了大约五十座建筑物遗址。（斯坦因发现的每一件物品都有详细编号，比如 N.XIV.I.1 指的是在尼雅发现的第十四座建筑物遗址中第一间屋子里发现的第一件东西，有可能是物品，也有可能是文书。）之后考古学家在此又发掘出一百座建筑物遗址，这比正史中提到的"户千五百七十，口万四千一百"还是少得多。斯坦因在 1921 年出版的《西域考古图记》中把尼雅遗址比定为古代精绝国。正史中记载精绝国有"户四百八十，口三千三百六十"（见史料 10），这些数字也还是太大了。[26] 有人说沙子下面还有房屋，但也有可能汉朝记录的西北偏远小国的人口数字并不准确。

斯坦因把尼雅比定为精绝国得到了绝大多数学者的认可。斯坦因还认为楼兰遗址是鄯善国都，这一观点尚存争议。和尼雅一样，楼兰有砖塔、木结构房屋，以及一些犍陀罗风格的木雕。汉语"楼兰"是佉卢文 Kroraina 一词的音译，该词既指楼兰国也指其都城。[27]

《汉书》记载，从公元前 108 年开始，汉朝几次派兵攻打楼兰，都没有打下来。几十年以来，楼兰王一直试图与相互为敌的汉、匈奴同时维持友好关系，并给双方都送去王子做人质。

公元前 77 年，这一策略失败了。楼兰王的弟弟告诉汉朝官员国王倾向于匈奴，汉朝派去一名特使①。此人先假装友好，然后把国王邀来自己帐中杀害。汉军随后入侵楼兰，并将其改名为鄯善。汉朝为鄯善在伊循（今新疆若羌县米兰遗址）建立新都，并安排总领西域事务的官员驻扎在楼兰。[28]

据史书记载，从公元前77年起，楼兰被占领超过五个世纪，但从考古上看不出如此长时间被占领。最能直接证明汉朝占领的证据是新铸钱币，大概出自楼兰外的汉军戍堡。斯坦因发现了211枚圆形方孔铜钱，平均分布于一个27米长、1米宽的区域内。[29]这些新铸钱币是五铢钱（铢是重量单位，五铢指钱币重五铢），年代为公元前86年到公元前1年。[30]斯坦因写道：

> 这些钱币显然是一支商队遗落的。该商队正沿着我假定的古代道路行进。肯定是串钱的绳子松了，又没人注意到，钱便一枚一枚地从一个开着的包或者箱子里面掉了出来。载着这个包或箱子的骆驼或者牛车的摆动可以充分解释上文中散落钱币的轨迹之间的距离。[31]

离最后一枚钱币大概45米处，斯坦因的雇工发现了一堆没用过的箭镞，肯定和五铢钱属于同一批军事物资。钱币和箭镞同时出现，表示汉朝付给兵卒的军饷是某一地区新币的重要来源。[32]

尼雅还有一小部分汉语文书，其时代可能与五铢钱同属早期。

---

① 傅介子（？—公元前65年）。

这些文书表明汉朝时这里还有非军事汉人存在。N.XIV 遗址有两室一厅，其中客厅长 17 米、宽 12.5 米。[33]

在客厅里，斯坦因的雇工挖开一个垃圾堆，发现十一枚两面有汉字的木简，其中八枚尚可识读。每一枚写有寄出者和接收者，包括国王、太后、王后、王子和一位大臣。[34] 比如，有一枚木简的正面写有"臣承德叩头谨以玫瑰再拜致问"，反面则写着接收者"大王"。这些木简表明，在 1 世纪初，一位汉朝顾问曾经来过或者住在精绝王廷，让当地统治者学会了在礼物上附上木简。[35] N.XIV 遗址出土的三枚木简上使用了篡位者王莽（9—23 年在位）的特殊语言。王莽建立的新朝夹在西汉和东汉之间，只有短短十四年。[36] N.XIV 遗址垃圾堆出土的其他汉语文书中提到了使节："大宛王使坐次左大月氏。"[①][37] 这些文献都表明公元前后汉朝在尼雅设有军事哨所。

根据汉朝法律，旅行者每次途经关卡都要向当地官吏提交"过所"，即旅行许可证。官吏会检验过所与其持有人是否相符。在尼雅发现过一些 3 世纪的过所，上面写着持有人的身份（是否为自由人）及其体貌特征，并说明了目的地。其中一件描述了一位 30 岁的人："中人黑色大目有髭须。"过所上还列出行程，持有人必须按照既定路线走。有两枚木简讲到，如果有人没有过所，官吏该怎么处理，但没有说这种问题出现之后实际上是怎么处理的。边境官吏是签发新过所还是惩罚这些行商？无论如何，尼雅的汉朝官吏明显知道有关过所的各项规定。[38]

如果像现存文书所示，那么这些小国的统治者是基本独立的，

---

① 木简图片在国际敦煌项目的网站上可以看到，http://idp.bl.uk/，检索 T.O.16，结果中第一件便是，读者朋友可以自己辨认一下。

尼雅 N.XXIV 遗址

1906 年，斯坦因发掘完尼雅 N.XXIV 遗址后让他的工人把支撑主室房顶的两根木架放在柱子上拍照。木雕支架是典型的犍陀罗风格，中间刻着一个装有水果鲜花的瓶子，两边是龙头马身的有翼怪兽。木架太大（2.74 米 × 0.46 米），无法直接运走，斯坦因命人将其锯成小块掏空后运回伦敦。（大英图书馆供图）

只是当地有中原王朝的军队驻扎，偶尔有顾问或者使节来访。

无论公元前后汉朝在此的统治情况如何，从尼雅 N.XIV 遗址出土的木简中很难看出此地居民的生活状况。幸运的是还发现了实物证据，可以补充汉语文书的不足。尼雅的古代居民把几根木梁合起来做成地基，在上面垂直插上柱子做墙，包上茅草和席子以防风。屋顶也是用木梁做的。这些房屋大小不等，有的只有一个小房间，有的有好几个房间，墙有五米多长。斯坦因和赫定在楼兰、尼雅发现过精美的木雕，其图案与犍陀罗地区的木制品类似，这就确认了这些木雕的制作者是从巴基斯坦、阿富汗地区迁徙至此的。

极端的干燥令尼雅、楼兰保存了大概一百具古代居民的干尸。在楼兰，斯坦因发现的一具尸体有"浅色头发"，而另一具则有"红胡子"。他和赫定都觉得这些干尸既不像汉人也不像印度人。后来发掘者在这一地区又发现了保存状况惊人完好的干尸。这些尸体有很多高加索人的体貌特征：白皮肤、黄头发、身高近1.8米。和中亚其他地方一样，楼兰国的原住民很有可能最初来自伊朗高原。[39]

尼雅、楼兰的墓葬中有死者生前最贵重的物品随葬，这能向我们揭示很多死者在世时的情况。1959年，新疆维吾尔自治区博物馆的十位考古学家组成考察队，骑骆驼进入了沙漠（他们没有沙漠车辆），走了七天才找到墓葬。他们发现一副巨大的棺材，并将其年代确定为2世纪到4世纪之间。这副棺材长两米，有四条木腿。[40]棺材里有一男一女及两根木叉。男子有一张弓和一个箭袋，袋里面有四支箭。女子有一个化妆盒、几把梳子和其他梳妆用品。死者二人的衣服凡是沾到皮肤的地方都已经腐坏，但考古学家还是成功复原了一部分，其中包括十种以上的织物，有丝制的也有棉制的。这两种织物同时存在，表明尼雅是连接中国与西方的陆路中转站。

养蚕和缫丝的技术起源于中原并向西传播，棉花则从西亚向东传到了尼雅。这件和另一件扎染的棉布是中国出土最早的棉织物。[41]《太平御览》记载，331年，大宛（费尔干纳盆地，在今乌兹别克斯坦东部）王曾向中国北方的统治者进贡棉布和玻璃，这证实了棉花西来的说法。[42]

尼雅遗址中还发现了蚕茧和桑树种子。桑叶是蚕的主要食物。当地人会纺丝，也会织平纹织物（一上一下的织法，跟编篮子一样），但他们没有复杂的织布机，织不出棺材里那种精致的锦缎。1959 年发现的锦缎包括男子的手套、袜子，以及夫妻二人的枕头。这些锦缎都是从同一块丝绸上裁下来的，上面织有"延年益寿大宜子孙"八个汉字。长寿和多子是中国人自古以来的两大愿望。这些织物和在帕尔米拉发现的一件锦缎很像。同时出土的还有一面铜镜，上有"君宜高官"四字铭文。锦缎和铜镜显然都产自中原。[43] 虽然不知道死者夫妇是否识汉字，但棺材里放有锦缎和铜镜说明这些是贵重物品。

1993 年，布莱克摩尔和他的中英联合探险队到达尼雅遗址，发现了许多建筑物遗址，正如斯坦因在五十多年前描述过的一样（见史料 9）。

1995 年的尼雅考察队发掘了八座墓葬，三座是方形棺，五座是船形棺，均由烤过并掏空的杨木制成。棺材最大的那座墓葬（M3）中有保存特别完好的一具男尸与一具女尸（见彩图 8）。与 1959 年发现的墓葬一样，死者的性别特征很明显。男子的随葬品有弓、箭、小匕首和刀鞘。女子有一个化妆盒、一面中原产的铜镜、几把梳子、针，以及几小卷布。男子尸体上有一道从耳朵一直延伸到脖子的致命的刀伤。女子尸身无明显伤痕，因此她很有可能是为了跟男子同时下葬而被勒死的。

死者衣着完整，盖着一层蓝色的锦缎，图案是风格化的红、白、棕三色舞者。

编号为 M8 的墓葬时代稍晚，墓主也是一对夫妇。其中出土了带汉字的织物和一个朴素的陶罐，陶罐上有个"王"字。[44] M3 和 M8 两座墓葬中出土的织物上有"王""侯"字样，表明这些是中原王朝给当地小王的赏赐。《后汉书》中记载，公元 48 年之后

尼雅出土的棉织物

　　尼雅墓中出土的棉织物图案与众不同，几个方框内分别印有格子、中国龙、手握丰饶角的女神。还可见某种动物的爪子和尾巴，但动物躯干已不存。龙的图案明显来自中国。女神为希腊的城市保护神堤喀（Tyche），常见于阿富汗艺术。堤喀常与赫拉克勒斯成对出现，因此残存的爪子和尾巴可能是赫拉克勒斯故事中的狮子的。

　　精绝为鄯善"所并"。[45] 因此之前是精绝国都的尼雅遗址也就成了更大的鄯善国的一部分。

　　营盘遗址（位于楼兰西南）一座同时代的墓葬跟尼雅形成了鲜明对比。死者用羊毛制品裹身，而不是棉布或者丝绸。[46] 死者为男性，身着一件红色羊皮袄，上面的图案很精致，有成对的石榴树、动物和人像。还有赤裸的小胖孩儿们挥舞着宝剑和套索相互作战。这件织物有两层，制作非常复杂，肯定不是当地所产，有可能来自远在西方的大夏。公元前 4 世纪，古希腊的元素被亚历山大大帝的军队带到大夏，并被当地工匠吸收利用。[47] 考古学家猜测过这位衣着华丽的死者的身份。新疆维吾尔自治区文物考古研究所前所长王炳华认为，此人可能是正史中提到过的另一个绿洲小国"山国"的国王，该国"东南与鄯善、且末接"。[48]

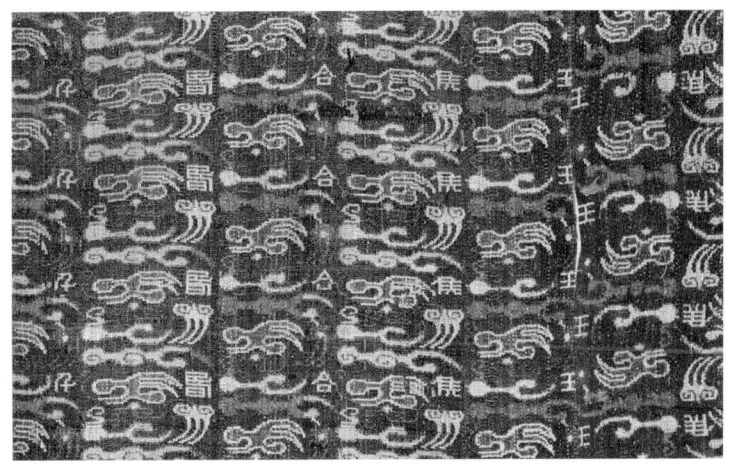

尼雅汉锦

锦缎中巧妙织入了几个汉字："王侯合昏千秋万岁宜子孙。"这是尼雅一座墓葬中出土的三十七件织物之一，也是最重要的丝路文物之一。（王炳华供图）

无论尼雅 M3 墓葬和营盘墓葬的主人是不是当地国王（是的可能性非常大），他们显然都属于当地最富裕的阶层，其墓葬生动展现了当地的经济。当地居民用粮食和果园中的水果陪葬，包括小米、小麦、大麦、葡萄、梨、桃、石榴和海枣。对当地人来说，整条羊腿是最隆重的款待，也是来世享宴中的主菜。用进口布料做成的衣服则是最适合来世的服装。

很多人认为，尼雅、营盘和楼兰出土的实物材料的年代为 2 世纪到 4 世纪，但具体时间无法确定。与之相对，楼兰出土的文字材料则明确得多。汉文和佉卢文文书都显示，3 世纪末 4 世纪初楼兰驻有中原王朝的军队。

楼兰出土的汉文文书绝大多数都在 263 年到 272 年之间。余下的几件则来自 330 年。[49] 此时鄯善国统治了尼雅和楼兰，东汉之后中国北方的几个朝代，主要是曹魏（220—265 年）和西晋

营盘墓葬
　　死者葬于木制彩棺，戴多层麻布粘成的白色面罩一件，前额上有长方形金箔一块。随葬的还有小衣服两套（可能是在阴间用的），一套在左腕处，一套在肚子上。墓葬编号M15，1995年发掘。（王炳华供图）

（265—317 年），则在楼兰驻军。楼兰出土了大概五十件佉卢文文书，但是有七百件以上的汉文文书，包括只写几个字（一般不超过十个字）的汉简和小纸片。[50] 一般民间交易都用纸做记录，戍堡的官吏则用木简。这表明民间比官方更早使用纸张。[51]

　　与汉朝一样，楼兰戍堡属于当时中原王朝的军事殖民系统——屯田。戍守的士兵除了要准备打仗，还要种地来养活自己。汉人士兵用牛、马等牲口犁田种地，作物包括小麦、大麦和小米。种地的不只有汉人，中原王朝的军队也招募当地人。屯田的士兵同时还带来了农业技术，特别值得注意的是灌溉技术。他们尝试用牛拉犁，使用新型的铁铲和镰刀，这是铁器首次在这一地区使用。[52]

　　中央政府规定，每名士兵每天可以领一斗两升（大约 2.4 公升）谷子，但是当地官吏并不总能足量供应，有时发给士兵的军粮只有定额的一半。[53] 现存文书显示，屯田收获的粮食不够时，汉人官吏会用钱币和彩绢从当地人手里购买余粮。楼兰戍堡从东边的敦煌或者凉州的上级军事单位那里获得军饷，既有钱也有绢。绢有很多种颜色，一长一短两种尺寸。1901 年斯坦因在楼兰发现了一匹平纹素绢（见彩图 5），这是那个时期以绢为钱的唯一证据。[54]

很多文书都写了钱、绢、粮这三种主要货币形式互相兑换的比率。官吏用绢给士兵买粮、马，士兵自己则用绢、粮换得衣服和鞋。价格经常在不同货币间转换。[55]

楼兰文书也记载了大额贸易。有一枚木简，年代为 330 年，记载粟特人付给当地官员一万石（一石约合 20 升）某种物品（该处词残损，最有可能是粮食）和 200 文钱。[56] 粟特人是源自撒马尔罕地区的商人。尽管木简背面有两方汉人官吏的印，但这件文书并未解释粟特人为什么要付这些东西和钱。也许是税金，也许是为中原王朝的军队提供粮草的一系列交易中的一环。另一件残片记载有人付了 319 头牲畜，换得 4326 匹彩绢[①]。[57] 这次交易似乎也是由粟特商人付给汉人官吏的。我们从斯坦因发现的两件粟特语残片可知，当时有粟特人在楼兰活动。[58] 几个世纪之后，粟特人成了中原王朝的军队给养供应的关键。他们很有可能早在 4世纪初的楼兰就已经开始这样做了。

斯坦因和赫定在楼兰发现的汉文文书只来自少数几个地点，[59] 但我们可以从中得到一个很强烈的印象：楼兰的贸易无一例外是整体的驻军或个体的士兵用粮、钱、绢从当地人手中买粮、马、衣服和鞋。总之，当地的自然经济时不时为中原王朝的军队提供本地产的商品。在大阪教育大学任教的伊藤敏雄在充分研究的基

---

① 原文为："……入三百一十九匹，今为住人买彩四千三百廿六匹。"（L.A.Ⅱ.ii 孔木 46）

础上得出结论，这些文书从未提及旨在牟利的活动。[60]有关商人的文书只有一件且非常残破，该文书显示有粟特商人为军事将领服务。

尼雅、楼兰出土的佉卢文文书比汉文文书的内容要丰富得多，其中反映了社会各阶层，从最底层的农民到国王；提到了各种事情，甚至有些鸡毛蒜皮的小事。因此，通过这些文书我们可以一窥丝路上的生活，这可是汉文文书中所没有的。

有些佉卢文文书写了当时国王的王名、统治的时长，有时还提到了其前任或可能的继任者。1920年，E. J. 拉普森（E. J. Rapson）与他的合作者用这些线索做了一份王表：五个王前后绵延大概九十年，但不知道这些国王具体于何时在位。1940年，托马斯·布娄（Thomas Burrow）翻译了所有能被解读的佉卢文文书，依旧没有确定其年代（见史料11）。

1965年，布腊夫（John Brough）宣布发现了确定佉卢文文书的年代的关键：汉语官名"侍中"对应佉卢文中的jitumgha。263年，楼兰王安归迦（Amgoka）第一次使用了这个新称号。他也许是从西晋取得该称号的，但那时离西晋建国还差两年。对统治者的称呼也有变化：在安归迦王十七年之前，书信中国王有一长串称号；在那之后，称号一下子缩短，并且包含jitumgha一词。[61]

因此，263年就是安归迦王十七年。这一年确定之后，其他年代问题也就迎刃而解了。之后发现的佉卢文文书中又出现了新的王名，因此布腊夫原来做的年代表又变长了一些。[62]也有人不同意布腊夫的定年，不过大家基本上都同意这些佉卢文文书的年代为3世纪中叶到4世纪中叶，前后误差不超过二十年。楼兰出土的汉文文书的年代为263年至330年，与佉卢文文书的年代吻合。

佉卢文文书中没有提及任何外部事件，因此很难更精确地定年。

尼雅本来没有文字，人们便用佉卢文记录当地人的名字，这些名字的发音实在很怪。佉卢文文书中大约有一千个人名和一百五十个来自尼雅当地语言的借词。当地语言与汉语、犍陀罗语完全不一样。布娄在 1935 年发表文章说，当地语言可能与丝路北道的语言，即印欧语系的吐火罗语有联系。但是他的说法未被广泛接受，也没有引起更深入的研究。[63] 似乎在移民到来之前，当地居民有自己的语言，但是没有自己的文字，因此才接纳了佉卢文。

统治者的名字大多来自当地语言，比如 Ly'ipeya。书吏的名字来自梵语，比如佛陀斯那（Buddhasena），意思是"佛军"。跟今天一样，光凭名字是看不出一个人的族属的。第一代移民总是依照新家所在地的文化给自己的孩子起名。但在丝路上能够表现某人族属的也只有名字了。

在重构拥有更发达技术的犍陀罗人迁至尼雅的历史时，一般会认为新移民可能要推翻当地统治者并建立自己的国家。有趣的是，从统治者和书吏的名字可以看出，很多书吏是犍陀罗人，而统治者一直是当地人。由此可见，难民从北印度分批迁入且每批不到一百人的推测还是比较合理的。

佉卢文文书并未记载印度移民刚到时发生了什么。后来某王命令地方官接收难民，"将其视如己出"。他还要求给难民分发土地、房屋和种子，"这样他们可以多种多收"。[64] 但并非所有难民都过得好。有些被分配给当地人做奴隶。这些有关移民的文书虽然年代稍晚却很重要，因为它们能揭示犍陀罗移民刚来时可能受到的待遇。

这些难民把自己的文字教给本地人，还教他们如何建立档案库以保管文件。1906 年，斯坦因和他的雇工鲁斯塔姆发现了第一座这样的档案库。斯坦因说鲁斯塔姆是他"1901 年那次探险中经验最丰富、最可信赖的发掘工人"。两个人回到了 N.XII 遗址，因为：

> 第一次清理时我就已经注意到，在离木板文书群最近的墙边有一大块黏土或者石膏。虽然我让人不要动它，但那时我以为这一切只是偶然。鲁斯塔姆在石膏块和墙之间挖出了一件保存完好的楔形双木板。我看他在地上急切地用手刨土，这时我的猎狐犬达什正在挖鼠洞。还没等我问，我就看到鲁斯塔姆得意扬扬地从地下 15 厘米处拿出来一件完整的长方形文书，上面的黏土印鉴完好无损，封好的文书还未打开。把洞挖大之后我们看到在墙后和奠基梁下面堆满了一层层紧密放置的类似文书。显然，我们挖开了一座隐藏的档案库。[65]

斯坦因觉得这个遗址有大块黏土或石膏做的记号，表示房主当时被迫匆匆离开，但还想回来。

这一下发现了 80 件文书，其中 26 件是被封泥完好封住的"双层方木板"。[66]斯坦因用"双层方木板"专指一种文书：这种文书像一个浅抽屉，上层木板插到下层长方形木板中间的槽里，上下两片用绳子捆住，再用泥封上。

当地官员把这些文书存档，需要的时候再取用。有一次，有一名僧人以三匹马的价格把一块地卖给了一个名叫罗没索蹉的人。二十年之后，有人想侵占罗没索蹉的地，官员便翻出早前的方木板，看看这块地到底是不是属于罗没索蹉的。[67] 在尼雅一共发现了两百多件这种木板文书。文书末尾都有一句话，讲试图更改协议内容的一方应得的惩罚，或者称此文书"终生有效，千年不变"。[68]

斯坦因怀疑不同形状的文书有不同的用途。他提出另一种文书"楔形木板"是用来写王命或者政令的。他发现了差不多三百件这类文书。这种楔形文书由两片相同大小的木板组成，18 厘米至 38 厘米长，3 厘米至 6 厘米宽，叠在一起用绳子捆好，用泥封好再盖印。印的图案是希腊众神，比如雅典娜、厄洛斯或者赫拉克勒斯。犍陀罗移民对这些很熟悉，因为他们崇拜希腊众神已经有好几个世纪了。[69] 木板的外侧写着听令人，里面则是王命的内容，开头一般都遵循同样的格式：

> 致州长索加卡。
> 威德宏大的大王写给州长索加卡的命令如下[70]：

这些命令都来自楼兰王，写给相当于刺史的当地最高长官州长（cozbo）。[71] 州长由一些基层官员协助，审理裁决地方案件。

这件楔形木板文书是发给索加卡的，他是 Cadh'ota 的州长。Cadh'ota 即佉卢文文书中精绝的名字。国王让州长审理城中某人的一件案子，此人说隔壁的士兵偷了他两头牛，吃了一头还了一头。王命一般都跟这种本地纠纷有关。

国王如果有更紧急的命令就要写在皮革上。只有很少几件这样的文书保存了下来。尼雅还有其他文书类型，比如私人信件、清单等。在京都大学教授印度语言的日本学者赤松明彦认为，佉卢文文书的不同类型源自北印度孔雀王朝（约前 322—前 185 年）

东西方相会于佉卢文文书

这件尼雅出土的木制文书完好无损，上下两片合在一起，用绳子穿过沟槽绑好后再用泥封住。左边印章上是汉字；右边印章上是西方人样貌的头像，很可能是希腊罗马的某神，这种图像常见于犍陀罗印章。这件双木板文书记录了进行一桩奴隶、牲畜、土地等交易的情况，其中还给出了记录交易的官员姓名。

的行政系统，该系统在《政事论》（*Arthashastra*）中有所记载。[72]《政事论》一书基于更早的材料，最终成形于 2 世纪到 4 世纪。[73]此书专讲统治术，相传是考底利耶（Kautilya）所作。书中以君王会通过文字向臣属下达命令为前提，列出了"好敕令的特点"和"坏敕令的缺点"。该书认为法律来自达摩（dharma，即"法"，这个梵语词一般指符合法律、习俗的正确行为，但有时特指佛法）、证据、习惯和敕令。因为敕令被认为与达摩相符，所以其地位优先于其他法律渊源。

《政事论》中列出了九类敕令，有些类型下面还分子类。这些类型虽然不能与尼雅文书一一对应起来，但可以看出二者的相似性。比如，很多尼雅佉卢文文书似乎都属于"条件式命令"一类，即"如果怎样怎样，便要怎样怎样"的命令。[74] 这种相似性并不奇怪，因为《政事论》和尼雅文书都是由熟悉南亚官僚运作的人在三四世纪写成的。

之前学者看到有这么多印度语言的文书出现，便认为贵霜王朝如正史所说在军事上征服尼雅之后，还实际占领过尼雅。晚近的解释则认为，犍陀罗移民完全可以把这套文书制作方法教给当地人，而尼雅从未受过贵霜直接统治。[75] 当地统治者的名字基本都是本地名字，而不是印度名字，似乎也支持第二种说法。

移民和当地人都饲养牲畜。他们经常以动物、毯子和粮食换取马、骆驼、牛或者奴隶。待收养的小孩处在奴隶和自由人之间的阶层。有时收养一方要付"奶钱"，通常是一匹马。如果付了奶钱，被收养的孩子就会成为新家庭的一员，与其他家庭成员拥有平等地位。如果没付奶钱，被收养的孩子就会被当作奴隶对待。[76]

妇女们深度参与经济活动。她们可以发起交易、做见证人、打官司，以及拥有土地，还可以收养孩子或把孩子送人。有个女人把儿子送给了别人并得到一头骆驼作为奶钱。后来她发现自己儿子的养父把儿子当作奴隶对待，便把儿子带了回来，还把儿子的养父告上了法庭。法官判她胜诉，却把儿子还给了养父，并要求他从此以后把这个孩子当作儿子而不是奴隶对待。[77]

尼雅人要向楼兰王纳税，但时常拖欠。一次，一群人上缴了石榴、布匹、粮食、牛、酸奶、袋子、篮子、羊、葡萄酒以抵税。所有这些东西证明当地军民用各种农产品和本地产的手工制品来付账。[78] 人们用粮食记账，说明粮食也用作货币。[79]

楼兰国流通的钱币不多，说明货币经济只是尼雅经济的一部分而已。楼兰王不铸币，使用邻国于阗和贵霜的钱币。贵霜发行过一种金币叫斯塔特（stater，亚历山大大帝的士兵在公元前 4 世纪把这种希腊货币引入了犍陀罗地区），尼雅以西240 千米的和田绿洲曾出土过一些斯塔特铜币。此外，于阗（位于今和田县）王曾经仿照斯塔特铸造过自己的铜币。这种铜币一面有汉字，一面有佉卢文，被称为汉佉二体钱。[80] 在尼雅流通的不同货币表明，该绿洲的主要贸易伙伴是于阗和贵霜，而不是有些人认为的罗马。

从楼兰国都来到尼雅征税的人想征收斯塔特，但并不是总能征到。一份报告描述了某地交来的各种税，报告中某官员举了一个例子："又有一次，王后来到这里。她要一枚金斯塔特。这里没有金子，我们给了她一张十三手长的毯子（tavastaga）。"[81] 尼雅人有时没有金币，就直接用尚未打成硬币的金块。有一次，有人用一条金项链还了债。[82] 还有一次，有个汉人用两枚斯塔特金币和两枚德拉克马银币从苏毗人手里买来一名奴隶。苏毗人是生活在于阗以南的劫掠成性的民族。这是唯一一次用到银币的尼雅交易，表明银币比金币还少见。[83]

尼雅人更愿意用粮食或者牲口而不想冒险用钱币交易，是因为这里的政局总是不稳，他们一定害怕钱币会丧失价值。官吏经常提到战争失败，包括于阗骑兵的袭击，以及外来苏毗人的劫掠，这些苏毗人常被视为"危险"分子。劫掠经常发生，以至于当地官吏一再拒绝受理关于被掠财产的案子。"法律规定，"楼兰王在一封命令里说道，"有关于阗侵略以前所得财产的纠纷不予立案。"[84]

佉卢文文书提到了少数几个生活在尼雅及其周边的汉人，他们有土地，还分到了走失的牛（见史料 11-3）。[85] 有一条王命明确提到了汉人。国王签发了一件楔形木板文书，说道：

> 目前没有汉商，因此绢债没法计算。等汉商到了再算。有纠纷就在寡人王廷解决。[86]

显然政府官员把作为通货的绢跟汉人联系了起来，并且要寻求他们的专家意见，必须等汉商来了才能解决绢的纠纷。人们肯定不经常用绢付款。如果经常用，肯定会知道绢的价值的。

只有不住在当地的外来人才把绢当钱用。有一次，有个官吏带着几匹不同的绢从国都回来，其中一匹被称为"王绢"。[87] 在国都起草的王法和僧律里都规定了犯法要罚多少绢。尼雅人则把绢换算成等价的粮食、毯子或者牲口。几种通货并行意味着在村里买东西必须决定是用钱币、金条或绢付款，还是用其他东西进行交换。

即便政局不稳，于阗王和楼兰王也一直互派使节。这些使节都带着给当地国王的礼物。文书中没有讲明是什么礼物，但很有可能是 M3、M8 等墓中出土的那种高级织物。尼雅是从于阗到楼兰路上的一站。使节一般骑骆驼随向导出行，并且带着食物、肉、葡萄酒等给养。有名使节在从且末到安迪尔兰干和从安迪尔兰干到尼雅这两段路上都有向导。但在从尼雅到于阗这最后一段路上没给他配向导。[88] 国王下令给这名使节支付路上的花费。

除了使节，还有其他人往返于楼兰和于阗之间。佉卢文文书中通常使用"逃户"（runaway）一词指代被劫掠和反劫掠弄得不得不出逃的人。[89] 一些关于盗窃的文书中记载了这些很少见诸史册的旅行者会随身携带的物品，这进一步说明了什么物品在动荡年代最能保值。有个"逃户"说自己被抢了"四件粗布衣服、三件毛布衣服、一件银饰、两千五百枚 masa（可能是汉式钱币）、两件短外衣、两件 somstamni（很可能是种衣物）、两条腰带和三件汉式长袍"。[90] 尽管是个"逃户"，他显然比那些身无分文的难民要富得多。那些难民只能仰仗于当地官员（见史料 11-7）。

另一起抢劫中有"七串珍珠（mutilata）、一面镜子、一件彩绢衣物（lastuga）和一件耳饰（sudi）"被抢。大多数珍珠都来自斯里兰卡，那里的人潜海采珠。铜镜和彩绢都产自中国。此案中，盗贼认了罪，但说他没有得到任何好处，这些赃物也不在他手里。尽管他不承认，但他肯定已经销赃了。这些东西都很轻便，很容易倒手。[91]

佉卢文文书有一千多件，其中只提到一回"商人"，就是要等汉商给绢定价那一回。[92] 那些被抢劫的人有可能是商人，也有可能不是。这是否意味着三四世纪时丝路上的陆路贸易少之又少呢？

现有文书是由于不寻常的自然环境才得以保存下来的，但它们在当年全部文书中只占极小一部分。然而，尼雅、楼兰出土的文书中没有一件是被单独发现的，都是成组被发现的。有些是特意掩埋的，有些是随意丢弃。这些文书清楚地证明有人从位于今天巴基斯坦、阿富汗的犍陀罗地区迁徙到了新疆，还显示当地国王常向邻国派出使节。但是有关民间贸易的证据非常少。这些不同的文书组只提到商人一次，其中反映的钱币使用也很有限，表明三四世纪的丝路贸易在这一地区确实少之又少。

将佉卢文文书作为一个整体来分析解读，可以看清三四世纪尼雅社会中最重要的几个群体。当地人种地、放牧,他们在州长和其他官员见证下签署契约、转让财产。国王住在楼兰国都,他经常给州长下令,指示他调查各项事务。其他人,如苏毗匪徒、于阗难民,还有逃户、使节都会来到这里,官员们试图解决由此产生的各种冲突。犍陀罗难民带来了最主要的革新,即在木板上写字,这样当地官员可以记录下各种纠纷和财产转让。与远途的奢侈品贸易有关的文书却几乎一件也没有。

除了文字,移民们还带来了佛教。这种新宗教随后在整个东亚产生了巨大影响。三四世纪抵达尼雅的犍陀罗移民已经是佛教徒了,他们中好多人都有佛教名字。文书中一般用标准佛教用语"沙门"(shramana)来称呼他们,这个词一般被翻译成"僧人"。按照佛教戒律,所有沙门都要守色戒,但尼雅的沙门显然没守。他们娶妻生子,并且跟普通人一样,也卷入诸如奶钱、养子地位之类的纠纷之中。这些佛教徒中的很多人尽管被称为沙门,却跟家人生活在一起(见史料11-8)。

另一些佛教徒则单独生活。有一条王命记载了国都僧团给尼雅僧团制定的一套规定,为了贯彻这些规定,还派了两名长老来"掌管寺院"(viharavala)。这些新规定事关布萨(posatha),即每逢初一、十五寺院里集中讲戒的活动,不出席或者"着在家人装"出席就要被罚纳绢。这种规定表明,僧团成员只在参加集体仪式时才穿僧袍。[93] 其他文书证明僧团定期集会,并且有法人身份可以见证财产转让,还可以判案。

有关尼雅佛教的很多材料都出自鲁斯塔姆发现的 N.XXIV 遗址文书群。N.XXIV 遗址是一栋大房子,有十间屋子,其中一间长 8 米、宽 6 米,显然是富人的居所。N.XXIV 遗址出土了四件非犍陀罗语文书，其语言是一种混合梵语，即古典梵语文法、词汇与其较通俗形式的混合。四件文书包括用来背教理的一个音节表、梵语大史诗《摩诃婆罗多》的一个片段、一份列出了僧人戒律的波罗提木叉（pratimoksha）文书，还有一个长木板，上面写着勤洗佛像的人会收获颇多：既有实际的好处，比如"好脸色""气味香甜的身体"；也有佛教徒的终极愿望，"跳出生死轮回"。[94]显然，僧团成员会参加浴佛等仪式。N.XXIV遗址有一间大厅和九间屋室，可能是佛教徒集会的主要场所。有人长期住在这里，不住在这里的佛教徒在仪式结束后就换上便服回家了。

有一封佉卢文信札极为有趣，引起了许多研究者的关注，因为里面提到了"大乘"一词。大乘信徒相信在家人也能成佛。而之前认为只有出家人才能达到涅槃，大乘信徒给这种说法贴上了小乘的标签，以示贬损。佛教史家近来改变了之前对大乘和小乘非黑即白、非此即彼的看法。[95]不同部派间的戒律略有差别，僧人根据所持戒律不同而归属于不同部派。在三四世纪的西域，最活跃的佛教部派是说一切有部和法藏部。受戒之后，部派中一些人选择修习大乘教法，另一些人则不。其结果是大乘信徒与不接受大乘教法的人生活在一起。

提到"大乘"的这封信札与其他许多信札一样，以颂扬收信人美德开头。此处收信人是一位名叫 Shamasena 的州长："大州长 Shamasena 足下，您人神共爱、人神共尊、有美名保佑，您阐明大乘，您的外貌让人无穷欢喜，祭司（tasuca）……向您致敬，愿您玉体健康。""阐明大乘"这个词组至少曾在另外两处碑铭中出现过。一处在新疆民丰安迪尔兰干，年代为 3 世纪中叶，内容是

尼雅方形佛塔

　　图中方形佛塔遗址于 20 世纪 90 年代发掘。塔基两米见方，绕塔一周有一条 1.1 米到 1.4 米宽的走道，其中原本饰有壁画，图中左上方的外墙上还能看到一些痕迹。（王炳华供图）

赞颂鄯善王。另一处是在阿富汗巴米扬的 4 世纪写本，内容是对迦腻色伽继承人胡维什卡（Huvishka）的赞颂。[96] 使用这一短语并不能揭示大乘信仰如何影响尼雅当地的佛教活动。从现存材料中也看不出尼雅佛教属于哪一部派。

　　佛塔崇拜显然是尼雅佛教活动的一个重点。犍陀罗移民沿着喀喇昆仑公路留下了那么多佛塔像，佛塔肯定是礼佛的焦点。尼雅最大的遗迹便是一座佛塔，其基座为方形，上半部为碗形，由土坯砖和混有草秆的泥做成（见彩图 7）。这座佛塔位于遗址中心，高 7 米，基座高 5.6 米。佛塔中心的房间本来放的是佛骨和捐给僧团的贵重物品。在斯坦因的时代，盗墓贼早已将其洗劫一空，因此佛塔有些微微下陷。

尼雅遗址还有一座佛塔，也是方形的，其遗迹由中日考察队在 N.V 遗址附近发现。类似的方形建筑也曾发现于克里雅等丝路南道遗址。[97]佛教徒右绕佛塔以表达虔信之心。尼雅佛塔周围过道的墙上画着一个个单独的佛像，没有故事场景，克里雅遗址也是如此。

米兰在尼雅以东，位于尼雅和楼兰之间。斯坦因在这里发现了更为精美的佛教建筑。[98]此处婆罗米字母、佉卢字母并行，表明其年代晚于尼雅，最有可能是公元 400 年之后不久。佛教徒在这里绕圆顶佛塔礼佛。佛塔中心柱中有佛陀遗骨，周围墙上有佛教壁画。这座圆形建筑的顶部已经坍塌，因此斯坦因必须让人清走沙子才能把原来的过道暴露出来。过道里还有很早以前信徒们放在这里的供品。

在米兰 M.Ⅲ 号遗址发现了一幅可能是信徒做的布制风景画，背景上缝着用丝绸和棉花做的花；还发现了很多块布，上面有佉卢文，写着为供养人亲属健康祈福的话。斯坦因发现的壁画格外惊人，在墙的下半部、与腰线齐平的位置以下，有十六幅有翼天使的画像，这些天使有着西方人的面部特征（见彩图 6）。天使上方的壁画只有部分保存了下来，从中斯坦因可以看出佛陀及其弟子的画像。这些壁画描绘了佛陀一生中的不同场景。这种故事画比尼雅发现的单独佛像时代要晚一些。

60 米外的另一座建筑与 M.Ⅲ 类似，也是圆顶佛塔，周围有带壁画的过道。M.V 残留的壁画比 M.Ⅲ 要多，斯坦因可以看出一个佛传故事的场景。画中佛陀是名年轻王子，正骑马离开父亲的宫殿。画师 Tita 用佉卢文签名并记下了得到的报酬。斯坦因总能很敏锐地看出来自西方的影响。他认为 Tita 是罗马画师，本名是

Titus。即使画师只是个有异国名字的西域人，但壁画中所用的形象，特别是下半部分的有翼天使和波浪形的花环，都借自罗马艺术，有可能是罗马帝国东部边境叙利亚地区的画师带来的，或者是从图册上临摹的。

楼兰人在条件恶劣的沙漠中一直居住到 5 世纪。现存文书并未解释楼兰、米兰和尼雅为什么被废弃。克里雅等丝路南道遗址被废弃时有环境恶化的明显痕迹，然而考古学家在尼雅曾发现石化了的健康树木，有些大得可以砍下做木材，其年代为 3 世纪到 4 世纪。[99]

尼雅遗址的种种迹象都表明当地人本来准备再回来。好几处地方都存有不少小米。文书也被小心掩埋，为了之后能再找得到，还在洞口做了记号。当地居民在离开前有充足的时间收拾行李。斯坦因注意到，这里几乎没有留下任何有价值的东西。也许于阗人或者苏毗人来袭，迫使他们离开，之后他们再也没能回来。

关于楼兰最后的情况只有著名求法僧法显（约 337—约 422 年）留下的材料。401 年，法显路过楼兰，有如下记载：

> 其地崎岖薄瘠。俗人衣服粗与汉地同，但以毡褐为异。其国王奉法。可有四千余僧，悉小乘学。诸国俗人及沙门尽行天竺法，但有精粗。[100]

我们无法确定他到底到了哪个城市。由于以楼兰为都的政权被另外一个本地政权取代，楼兰城在 376 年被废弃。汉文正史中提到过 5 世纪前半叶的鄯善国。此时，鲜卑人建立的北魏政权正在逐步征服中国北方的各个小政权。445 年，鄯善王臣服于北魏。

二十五年之后，漠北的部落联盟柔然占领鄯善。

5 世纪的西域动荡不断，穿越塔克拉玛干的交通停滞了。公元 500 年之后，汉文史书不再把鄯善作为目的地提及，大多数人改走塔克拉玛干北道，而这正是我们下一章的主题。[101]

[笔者之前发表过两篇关于尼雅的文章："Religious Life in a Silk Road Community: Niya During the Third and Fourth Centuries", in *Religion and Chinese Society*, ed.John Lagerwey (Hong Kong: Chinese University Press, 2004), 1:279–315; "The Place of Coins and Their Alternatives in the Silk Road Trade", 上海博物馆编：《丝绸之路古国钱币暨丝路文化国际学术研讨会论文集》（上海：上海书画出版社，2011 年），83—113 页。]

原始史料

8 1901 年的尼雅遗址 [102]

斯坦因从驮夫手中得到了两块木板文书，他受此吸引，于 1901 年 1 月第一次来到尼雅遗址。他注意到此处地形和房屋有什么特征？什么让他最感兴趣？

低沙地上露出古老果树枯萎的树干。向北行约 3 千米，不久我便看到了两座"老房子"……一番快速调查之后，我发现这些建筑物的建筑模式大体上与丹丹乌里克 [103] 的房屋相同，只是规模更大，木构件也更为精致坚固。因此我自然得出结论——这些遗迹要古老得多。这也立即得到了证实：在 N.Ⅲ 遗址的一间外室中，积沙只有约 15 厘米深，一些雕刻精美的木构件散落在地，其装饰图案无疑具有犍陀罗风格。……再向北行约 3 千米，翻过宽广的沙丘，我来到一处阿卜杜拉曾在克里雅说起并称之为"炮台"的土坯建筑遗迹。和我猜想的一样，这是一座小佛塔 [104] 的遗迹，大部分埋在一座锥形高沙丘的斜坡下。

为了方便调查分散在各处的遗址，我将营地扎在建筑群中心。

营地周边的地面显露出过度侵蚀的典型特征。大片裸露的黄土上散落着大量碎陶片、倒下的杨树和其他果树那发白扭曲的树干，以及许多一抬起就碎裂的古代朽木。至于这些木料曾所属的建筑，连最粗略的轮廓也不可能找到了。

…………

在这些古代房屋无言注视下就寝的第一个晚上，我却主要在想，易卜拉欣说他一年前"探访"遗迹时看到的那些珍贵木板文书还有多少等着被发现。

1月28日黎明，气温仍远在 –18℃ 以下，我匆匆赶往易卜拉欣一年前捡到佉卢文木板的遗迹。据他所述，他将大量木板留在了原地。我已不可能对他隐瞒我对这些文书价值的判断，后来他似乎后悔当时没拿走一大堆，所以在途中我让易卜拉欣·阿克洪看着他，以防他逃跑或干扰现场。易卜拉欣·阿克洪是克里雅按办[105]派来为我服务的，是一位出色的听差。

前往遗址的路上，期待与怀疑交织的心情很快变成了得到确认后的欢喜。在营地以东近2千米处，我看到了易卜拉欣要带我们去的遗迹……它在一块高出周围被风蚀的地面3.5米到4.5米的小台地上。我走上台地西坡……立刻就在大片的木料残迹间捡到了三块写有佉卢文的木板。这些木料残迹标志着已被完全侵蚀的建筑物构件。到达台地顶部后，我欣喜地发现更多的木板散落在附近几间房屋中的沙子里。凭借残存的墙壁，房屋轮廓尚可辨认。这些木板自一年前被易卜拉欣扔在这里之后，上面又覆盖了一层流沙。但这层流沙很薄，几乎不足以保护最上层的木板免受雪的侵蚀。背阴处的积雪有2厘米到3厘米厚，这毫无疑问就是八天前我从克里雅来尼雅路上遇到的那场雪。

看到自己的话得到证实，我许诺给他的丰厚报酬也有了保证，易卜拉欣几乎快跟我一样开心了。他马上向我指出，木板的发现地并不是这个房间（这里只是他由于完全不知其价值而将其扔掉的地方），而是东边隔壁 N.I 遗址的南角。在壁炉（暴露在沙子外面，很好辨认）和墙壁之间，有一块凹进去的地方，约 1.2 米宽。他用手挖沙寻"宝"时曾在这儿找到一堆木板。这些木板原本是按规律排列，并平放在沿房间那一侧伸出来的矮土台上的，但因为妨碍他挖土，迅速被他扔过断墙，落到隔壁房间里去了。真是万幸，在他发现之后这么短的时间内我就来到了这个遗址。因为这些薄木板现在完全暴露在风吹日晒之中，不可能像之前几个世纪安全地埋在沙子下面那样，能长久保持其字迹清晰如初。事实上，一年的日晒和雨雪，无论多小的量，已经足够使最上面的木板完全暴露在外的字迹掉色——部分文字已经看不到了。

我在散落着易卜拉欣扔的木板的那个房间安排了一个守卫，以防遭到进一步破坏或偷窃，然后让工人们清理他发现木板的 N.I 遗址。这项工作很容易，因为该室只有 4 米宽、5 米长，积沙不深。房屋西北边靠近风蚀斜坡的边缘，积沙仅约半米厚，到了里面增至约 1.2 米，因为保存较好的东南壁挡住了流沙。……构成房屋地基的是一根根剖面呈方形的白杨木，每根都贯穿几个房间，有些长度超过 12 米。方木的厚度在 15 厘米至 25 厘米之间，根据其所承受墙壁的大小与重要性而有所不同。这些方木完美的加工和装配总让我的工人们对古代木匠的技艺惊叹不已。在这种地基上立着 10 厘米到 15 厘米见方的木柱，既支撑房顶，也构成墙壁的框架。立柱之间还有些较小但同样精美的中间柱。柱子平均分布，一般相隔约 30 厘米，通过屋顶大梁和柱间小梁连成一体。……在这种框架上，一般在较小的中间柱外侧装上一种用红柳枝编的结实的斜纹席，再在框架内外两侧涂上白灰泥构成墙壁。不同建筑物的墙壁总厚度不同，大致在 15 厘米到 20 厘米之间。

9　1993 年的尼雅遗址 [106]

1993 年秋，英军少校布莱克摩尔率领的探险队（见史料 1）抵达尼雅遗址。1931 年斯坦因最后一次来到此处已是半个多世纪前的事了。探险队的探路者鲁伯特·博尔顿先用步话机跟布莱克摩尔讲述了他对遗址的印象，之后布莱克摩尔自己也见到了遗址。与史料 8 所载 1901 年斯坦因第一次来时的情形相比，尼雅遗址有没有发生什么重大变化？是什么让布莱克摩尔觉得很不寻常？

"查尔斯，我是鲁伯特。完毕。"博尔顿的声音突然从我的步话机里传了出来。

"收到，请讲。"

"我走进了一座房子。其实不是一座房子，而是天杀的一大片住宅。"

"没跟上你说的，再说一遍。完毕。"

"我发现了三座房子，房子！"他说，强调着最后那个词……

"鲁伯特，能不能具体说说？"我问道。

他描述了自己如何与卡洛琳在队伍前面带路，以及爬上沙丘之前是如何从一座长着柽柳的高高的小丘旁边绕过去的。他爬到最高处后向北望去，注意到了一个碗形谷地。谷地的外侧是沙丘，中间有一处平顶高地，表面竖着许多木头。在沙漠里，鲁伯特从没见过这种东西，因此改变了方向，多走一段路去看看这个本来要绕过的谷地。

"就那儿。不只有木桩，还有墙壁和散落各处的陶片……"

第一座房子建在一座约6米高、经历了几个世纪风蚀的黄土堆上，和鲁伯特描述的一模一样。中国队员进帐篷休息了。我独自站在竞技场一样的谷地里，马克在我身后拍着纪录片。我几乎是一口气爬上了黄土堆，小心躲着到处都是的海量陶片和骨头，最终来到了建筑遗迹跟前。

房子的构造非常清晰，四角立着大木柱，大木柱之间是10厘米见方的小木柱。小柱子之间系着斜纹藤编墙，墙还剩约50厘米高，保存完好。整个建筑12米长、6米宽，有三个房间。屋顶早已不见。最北边可能是一个院子，中间有一个大桑树桩。房子地基是用约15厘米见方的长木条铺成的，每60厘米刻有凹槽，可以和墙上的木立柱榫接。其工艺质量让我吃惊，榫接部分像是用现代工具做出来的。

斯坦因发掘了这里的主要遗址，并将其年代定在3世纪。站在一座可能在3世纪之前一直有人居住的房子里，那一刻的骄傲和欣喜无可取代。在兴盛于罗马帝国时代的文明遗迹中捡拾桃核、把玩绿珠和陶片让人感到非常快乐。

10　楼兰与精绝国[107]

《汉书》对鄯善（公元前77年以前称楼兰）及其属国精绝的

记载在正史对西北绿洲国家的记述中非常典型。《汉书》对精绝的记载只有短短几句，其中有什么信息？这类记载一般怎么开头？对楼兰的记载略长，其中有什么额外信息？与《后汉书》对大秦的记载（史料5）有何不同？在关于楼兰的记载中还包含一些历史事件，比如公元前77年，汉朝派傅介子杀了楼兰王。班固认为这很正当，楼兰当地人会这么看吗？

精绝国

　　精绝国，王治精绝城，去长安八千八百二十里。户四百八十，口三千三百六十，胜兵五百人。精绝都尉、左右将、译长各一人。北至都护治所二千七百二十三里，南至戎卢国四日行，地厄狭，西通扜弥四百六十里。

鄯善国

　　鄯善国，本名楼兰，王治扜泥城，去阳关千六百里，去长安六千一百里。户千五百七十，口万四千一百，胜兵二千九百十二人。辅国侯、却胡侯、鄯善都尉、击车师都尉、左右且渠[108]、击车师君各一人，译长二人。西北去都护治所千七百八十五里，至墨山国千三百六十五里，西北至车师千八百九十里。地沙卤，少田，寄田仰谷旁国。国出玉，多葭苇、柽柳、胡桐、白草。民随率牧逐水草，有驴马，多橐它。能作兵，与婼羌同。

　　初，武帝感张骞之言，甘心欲通大宛诸国，使者相望于道，一岁中多至十余辈。楼兰、姑师当道，苦之，攻劫汉使王恢等，又数为匈奴耳目，令其兵遮汉使。汉使多言其国有城邑，兵弱易击。于是武帝遣从票侯赵破奴将属国骑及郡兵数万击姑师。王恢数为楼兰所苦,上令恢佐破奴将兵。破奴与轻骑七百人先至,虏楼兰王遂破姑师,因暴兵威以动乌孙、大宛之属。还,封破奴为浞野侯,恢为浩侯。于是汉列亭障至玉门矣。

楼兰既降服贡献,匈奴闻,发兵击之。于是楼兰遣一子质匈奴,一子质汉。后贰师军击大宛,匈奴欲遮之,贰师兵盛不敢当,即遣骑因楼兰候汉使后过者,欲绝勿通。时汉军正任文将兵屯玉门关,为贰师后距,捕得生口,知状以闻。上诏文便道引兵捕楼兰王。将指阙,簿责王,对曰:"小国在大国间,不两属无以自安。愿徙国入居汉地。"上直其言,遣归国,亦因使候司匈奴。匈奴自是不甚亲信楼兰。

征和元年,楼兰王死,国人来请质子在汉者,欲立之。质子常坐汉法,下蚕室宫刑,故不遣。报曰:"侍子,天子爱之,不能遣。其更立其次当立者。"楼兰更立王,汉复责其质子,亦遣一子质匈奴。后王又死,匈奴先闻之,遣质子归,得立为王。汉遣使诏新王,令入朝,天子将加厚赏。楼兰王后妻,故继母也,谓王曰:"先王遣两子质汉皆不还,奈何欲往朝乎?"王用其计,谢使曰:"新立,国未定,愿待后年入见天子。"然楼兰国最在东垂,近汉,当白龙堆,乏水草,常主发导,负水儋粮,送迎汉使,又数为吏卒所寇,惩艾不便与汉通。后复为匈奴反间,数遮杀汉使。其弟尉屠耆降汉,具言状。

元凤四年,大将军霍光白遣平乐监傅介子往刺其王。介子轻将勇敢士,赍金币,扬言以赐外国为名。既至楼兰,诈其王欲赐之,王喜,与介子饮,醉,将其王屏语,壮士二人从后刺杀之,贵人左右皆散走。介子告谕以:"王负汉罪,天子遣我诛王,当更立王弟尉屠耆在汉者。汉兵方至,毋敢动,自令灭国矣!"介子遂

斩王尝归首，驰传诣阙，悬首北阙下。封介子为义阳侯。乃立尉
屠耆为王，更名其国为鄯善，为刻印章，赐以宫女为夫人，备车
骑辎重，丞相将军率百官送至横门外，祖而遣之。王自请天子曰：
"身在汉久，今归，单弱，而前王有子在，恐为所杀。国中有伊循
城，其地肥美，愿汉遣一将屯田积谷，令臣得依其威重。"于是汉
遣司马一人、吏士四十人，田伊循以填抚之。其后更置都尉。伊
循官置始此矣。

11　丝路上某聚落的日常生活（约 250 年）[109]

在丝路文书中，尼雅出土的佉卢文文书最令人着迷，因为其
中反映了绿洲的日常生活。1940 年，托马斯·布娄给每一件文书
编号，并将其译成英文。即便有了布娄高超的译文，这些文书也
不好读。人名又长又难念，有些词意义不明，所以布娄保留了原
文，且文书常有破损。但这些文书非常值得细读。读得越久就越
能了解精绝的社会生活。因为文书很多，我们将其按主题重新编
排为几组，并给出布娄的编号，以方便读者进一步查阅。

11-1　文书类别

很多佉卢文文书是楼兰王写给当地官员州长的。楼兰王先在
文书开头说谁报告了什么问题，然后让州长去跟进落实。命令的
用词表明先是有人书面或口头直接上报国王，国王再向州长发令。
因为州长就在当地，可以查明实情再上报国王。下文中国王让州

长调查什么？如果无法解决，州长该怎么办？

1 号[①]

（封牍正面）

致州长索加卡

（底牍正面）

威德宏大的大王写给州长索加卡的命令如下：

今有黎贝耶申诉，莎阇（Saca，今安迪尔兰干）士兵拿走了他的两头牛。一头已送还，另一头被他们吃了。你要亲自详细审理此案，依法做出判决。你若无法厘清此案，须将他们拘捕，

（封牍背面）

押送至此。

另外一类常见文书记录了精绝人如何解决纷争。在下面的文书中，一名僧人将一块地卖给既是税监也是书吏的罗没索蹉。这桩交易表明精绝的僧人可以拥有土地（很多地方只允许僧人拥有自己的衣物和化缘用的佛钵等小物件）。交割后，僧人请一位书吏写下契约，把两片木板绑在一起，再把多余的绳子切掉（见 70 页图），标志交易完成。之后，如果有人控告别人侵占土地，官府就会来检视早先的契约。这一例子很重要，因为这证明当地官员一直保存着这类契约的副本，可以事后核对。这些文书就保存在斯坦因及其手下发现的地下档案库。什么样的纷争会让官府去查阅早先的记录？最后事情是如何解决的？

---

① 林梅村：《沙海古卷：中国所出佉卢文书（初集）》（北京：文物出版社，1988 年），33—34 页。以下称《沙海古卷》，所引译文均略有修改。

582 号[①]

（封牍正面）

这件有关僧人夷毕耶土地的契约，应由税监罗没索蹉妥加保存。

这是奥古侯（ogu）杰耶婆多罗、且渠……及州长索加卡之印。

（底牍正面）

大王、天子、侍中安归迦陛下治下的第二十年，四月二十二日，精绝僧人夷毕耶将一块有 25 kuthala 的 misi 地[110] 卖给了税监罗没索蹉。从前该地为 misi 地，此后成为 akri 地。从税监罗没索蹉处，僧人夷毕耶已收到三匹马（?）作为地价，价值 15 目厘。这已由夷毕耶收取。双方在公平的条件下达成协议。自今以后，罗没索蹉有权对该地播种、耕种，将其作为礼物送人、交换，想做什么都可以。

本案见证人：精绝僧团，管理国土之诸长老元老伐钵，太侯迦罗没蹉，司土阿注尼耶、卡地，且末州长苏耶迷多罗、鸠罗吉耶和布基没那。

（封牍背面）

今后，无论何人对此事进行告发、产生争执或持有异议，重提此事在王廷皆属无效。此案牍是由我，司书塔玛斯帕之子司书摩加塔，奉诸长老之命所写，终生有效。此乃应僧人夷毕耶之请而写。

司土卡地断绳。

---

① 刘文锁：《沙海古卷释稿》（北京：中华书局，2007 年），33—34 页。译文略有修改。

（封牍背面后记）①

大王、天子、侍中马希利陛下治下的第四年，二月二十八日，奥古侯杰耶婆多罗、且渠凯多罗伽、监察提罗钵诃、州长索加卡及伐难多在精绝审理此案。这块地是被强行播种的。现司土布衹凯及司书罗没索蹉已提出诉讼。本木板文书有法律效力。四分之一的种子应由布衹凯拿走，归他自己所有，其余谷物及这块地应归罗没索蹉所有。

11-2　本地经济

佉卢文文书中有时会提到当地居民的职业。他们都是干什么的？什么是当地主要的经济活动？

13 号②

（封牍正面）

致州长索加卡

（底牍正面）

威德宏大的大王写给州长索加卡的命令如下：

今有布伽告诉我们，他的牧场中有骡马牲畜。有人在此狩猎，伤及骡马，牧场里还遗失了酥油。当此楔形泥封木牍到达你处时，立即亲自与誓约人、证人一起详细审理此案，依法做出判决。禁止人们再去狩猎。

---

① 墨色较黑，应是在较晚时补写的。——编注
② 《沙海古卷》，39 页。

（封牍背面）

前往牧场狩猎者有夷陀伽、乌伽……苏遮摩、梵陀、乌波格耶和支那摩。

（底牍背面）

黎贝耶之牧场（之事）。

40 号[①]

（封牍正面）

（致御牧吠尔耶梵陀，诸州长罗陀施跋、沙弥迦和鸠那罗）

（底牍正面）

威德宏大的大王写给御牧吠尔耶梵陀，诸州长罗陀施跋、沙弥迦和鸠那罗的命令如下：

无论何时王家畜群的骆驼在何州病倒不能行走，均应由当地照顾。倘若……其由于负载赶路而亡，牧驼者应赔偿。若是其自然死亡，应将饲料上交当地州邦。

（底牍背面）

关于王家畜群之事。

715 号[②]

大王、天子安归迦陛下治下的第二十四年，十一月二十五日。有制箭匠莫伽多·支莫罗及莫吉耶·莫遮父子二人。他们……卖了一块能种 3 米里马（milima）[111] 种子的 misi 地。莫伽多·支莫罗

① 《沙海古卷》，52—53 页。

② 王广智译：《中国土耳其斯坦出土的佉卢文残卷译文集（初稿）》，中国科学院新疆分院民族研究所，184 页。以下称《译文集》，所引译文均略有修改。

及莫吉耶·莫遮得九岁之骆驼一峰作为地价。当着诸长老之面，双方在公平的条件下达成协议。自今以后，这块地归百户利支克伽，他有权对该地播种、耕种，将其作为礼物送人，想做什么都可以。今后，无论何人在司土和税吏面前针对此事挑错，在王廷均属无效。

本案见证人：元老伐钵，太侯迦罗没蹉、阿注尼耶，税吏鸠那，司税卡托，甲长布基没多伽、耽没支伽，trigha 卡克伐罗，地保罗多吉耶，以及甲长舍不伽。此契约由我，司书西伽那耶之子司书罗没索蹉，奉诸长老及制箭匠莫伽多和莫吉耶之请所写。

11-3　在精绝生活的族群

虽然精绝只有区区几百户人，但他们分属不同的族群，包括原住民（有时称为"精绝人"），从西北印度迁来、常带有梵语名字的移民，以及从于阗或周边小国来的难民。文书中的难民是什么样的？他们刚来的时候谁给了他们土地和食物？除了上述族群，精绝还有什么人？苏毗人干了什么让人害怕？

292 号 [1]

（皮革文书正面）

（威德宏大的大王陛下）命令州长索加卡，你应知道我的命令。当我下令处理国事时，……应向大王我禀告，你的报告应交给信差苏齐耶……现已移交骑兵。你还报告说，kuvana 谷物已征

---

[1] 《沙海古卷》，87 页。

收，据你的报告，达 346 米里马……谷物务必征收。还有，以前被带走的精绝人……现已回到他们自己的地方，到达阿尔默·布尼地区。……务必如同自己人一样照料。你还报告了关于难民的事。必须给那些难民田地和房舍……和种子务必发给难民，好让他们耕种更多的土地。

471 号[①]

……你务必立刻亲自详细审问。他们带回来的这些人，应安置在康谷察的房屋内。边防哨兵从这些难民手里拿走的是他们的财物，应该还给这些于阗人。未经法律判决而拿取难民财物是不合法的。财产不得由边防哨兵拿取。应写一份关于此事的详细报告（silyoga）并送至王廷。涉案诸人应押送至王廷监禁。

255 号[②]

苏谷塔说，在擦加属于汉人阿丽亚撒之地。……我从这个汉人阿丽亚撒口中听他如此说道：现在无地可买。关于此地的田界，我希望……子。现该田……是苏祇耶的田园。

686 A 号[112][③]

……跑掉。

……的一头母牛跑至奥毕没多之汉人处。

……的一头母牛跑至于阗诸信使处。

---

① 《译文集》，119—120 页。
② 《译文集》，61 页。
③ 《译文集》，179—180 页。

……的一头母牛跑至且末之汉人处。

罗没伽拿了……的一头母牛。

……的一头母牛跑至多耶支处。

伽耶没陀伽的一头母牛跑至多耶支处。

……的一头母牛跑至多耶支处。

……的一头母牛跑至尼攘（？）之汉人处。

686 B 号 [①]

耽伽凯的一头母牛跑至汉人处。

奥那迦的一头母牛跑至州长鸠尼多处。

辛伽牵走了色摩伽没多的一头母牛。

鸠那的一头母牛跑至多耶支处。

鸠那的一头母牛跑至钵基处。

税监钵吉那的一头母牛跑至汉人处。

212 号 [②]

（底牍正面）

威德宏大的大王写给州长索加卡的命令如下：

今有乌波格耶于本廷起诉称：迦克和黎贝放了几匹牝马到他的田里吃草。苏毗人从那里把马牵走了。现在迦克和黎贝正在申诉要他赔马。

（底牍背面）

关于乌波格耶之事。

---

① 《译文集》，180 页。

② 《沙海古卷》，70—71 页。

11-4　女性地位

与大多数古代社会一样，精绝女性从属于男性。当地女性社会地位如何？她们能被人买下吗？什么情况下女人能挑战男权？她们能持有财产或奴隶吗？

19 号[①]

（封牍正面）

致州长克罗那耶和税监黎贝耶

（底牍正面）

威德宏大的大王写给州长克罗那耶和税监黎贝耶的命令如下：

女子驮摩施耶那在这里代替夷陀色那随畜群放牧。当这件楔形木牍到达你处时，你要立即亲自详细审理此事。倘若驮摩施耶那确实代替夷陀色那随畜群放牧，依据原有国法，应给她衣食薪俸。若有争议，则由我亲自裁决。

590 号[②]

女子里帕埃的这件契约，由司书罗没索蹉[113]妥为保存。

大王、天子、侍中安归迦陛下治下的第十七年，四月二十八日。有一男人，名萨姆加。他把名为里帕埃的女子卖给司书罗没索蹉。萨姆加已从司书罗没索蹉处收到了女子里帕埃的卖价。他收到了一头价值 40 目厘的 viyala 骆驼，一头价值 30 目厘的 amkla（tsa）骆驼，一条 12 掌长的地毯，以及一条 11 掌长的地毯。另得

---

① 《沙海古卷》，42—43 页。
② 《译文集》，162—163 页。

8 sutra 目厘。共计 98 目厘。双方在公平的条件下达成协议。自今以后，该女子归司书罗没索蹉所有，他可以打她、绑她、卖她，将她作为礼物送人、交换、抵押，想做什么都可以。

本案见证人：元老伐钵，太侯迦罗没蹉，督军鸠伐耶、凯布迦，曹长毕多伽，司土伐毕迦，税吏鸠那，司税卡托、舍布伽，甲长布金伽，百户弗娑伐罗和甲长利支克伽。今后，无论何人对此事进行告发或持有异议，重提此事在王廷皆属无效。此契约是由我，司书耽摩色钵之子司书莫伽多，奉诸长老之命所写，终生有效，长达百年。此契约乃是应萨姆加之请而写。

司税卡托断绳。

677 号 [1]

大王、天子安归迦陛下治下的第（？）年，七月六日。女子柯塞那耶以地换地（？），向思伽夷多购地一块（？）。赠给柯塞那耶土地一块。全部土地（能播）3 米里马 jhuthi 种子。这块地现已成为女子柯塞那耶的财产。她对这块地享有一切处置权。这块地既不交 seni 税，也不纳 niciri 税。我们已做成……柯塞那耶的……她的儿子们不赞成这项认定。……（她的）儿子们对这块地没有所有权。这块地归柯塞那耶所有，她可以耕种、播种……作为礼物送人……

见证人：……苏德罗内耶。此契约是由我，王家司书，僧人……奉……之命并根据女子柯塞那耶的请求而写，百年有效。

---

[1]《译文集》，178 页。

11-5 新娘与嫁妆

精绝人以家庭为单位聚居。男女二人可通过正式仪式结合，也可简单地同居。正式婚礼上，新郎家要向新娘家付一笔钱，称为 loti 或 mukesi。为什么当地人要让地方官来决定男女双方是否已正式婚配？如果男女双方不正式成婚，谁会受到影响？

474 号 [①]

（封牍正面）

致税监黎贝耶

（底牍正面）

威德宏大的大王写给税监黎贝耶的命令如下：

今有判长毗摩塞纳上奏，亚未县居民叶波古的姐妹被加提撒女神县居民沙门僧伽帕罗娶为妻室。该女子既未取 mukesi 也未拿 loti。当此楔形木牍到你处时，你应详细审理此案。他们若是合法婚姻，儿女应均分遗产。但若他没出 mukesi 或 loti，本廷将做出裁决。

（底牍背面）

叶波古

555 号 [②]

（封牍正面）

致税监黎贝耶

---

① 《沙海古卷》，119—120 页。
② 《沙海古卷》，136 页。

（封牍背面）

柯般那处有一女子，名柯帕尔沙尼。如果给这些女子的 mukesi 还没付，他们又不愿意给这些女子自由，应依法做出判决。如果他们是合法婚姻，也应依法判决。如果你不能辨明此事，待道路安全时，将他们带到此处，发一份证人的誓词和情况说明来，我将亲自出庭裁决。

11-6　收养、奴役和奶钱

与正式婚配时一样，精绝人收养孩子时也要付一笔钱，称为"奶钱"。由一套复杂的法律认定这个孩子算是继子/女还是奴隶。孩子养父母如何将付给亲生父母的奶钱记录在案？哪里会出错？被收养的孩子如何才能得到补偿？

39 号 [①]

（封牍正面）

致州长萨马赛纳和布伽

（底牍正面）

威德宏大的大王写给州长萨马赛纳和布伽的命令如下：

今有黎贝耶上奏称，他的婢女支弥伽擅自将女儿送与迦波格耶诸奴仆做养女。该女由他们抚养成人。奶钱未付。当此楔形木牍到你处时，你要亲自详细审理此案。若其婢女确实擅自做主，给迦波格耶诸奴仆一养女而他们未付奶钱，

---

① 《沙海古卷》，51—52 页。

（封牍背面）

黎贝耶应从迦波格耶诸奴仆处拿走一匹三岁母马或三岁公马，而养女则完全归他们所有。若再有纠纷，应依法判决。你若不能辨明此事，应将他们押送至本廷，在此再做裁决。

（底牍背面）

关于黎贝耶和迦波格耶之事。

331 号①

这件关于从钵利耶钵多处收养一女的文书由迦凯那妥加保存。此系太侯布没那拔罗之印。

大王、天子、侍中马希利陛下治下的第十一年，二月八日。有一男人，名钵利耶钵多，来自大王之子太侯布没那拔罗管辖的地区。他生有一女。他曾想把这个女孩丢在地上（不管）。迦凯那把她从地上拾起抚养，并把奶钱付给钵利耶钵多。双方商定奶钱为一匹马。迦凯那不能卖她、抵押她，或将她赶出家去，也不能在家中虐待她，应待她如亲生女儿。今后，关于这个女孩，钵利耶钵多或孩子母亲不得再次提出异议。（本文书）是由我，沙门莫遮菩提奉大王之子太侯布没那拔罗之命所写。本文书在各地均有效力。

11-7　丝路上的盗窃

以下三件不寻常的文书都与盗窃相关。每一件文书中被抢的人都去官府报告具体失窃的物品。其中哪些物品像是本地产的？

---

① 《译文集》，81 页。

哪些可能是从远方来的？什么人会带着这些东西途经尼雅？

<h2 align="center">149 号[①]</h2>

九年一月二十八日，逃亡者摩舍伽称："从我这里抢走的财物共有四件粗布衣服、三件毛布衣服、一件银饰、两千五百枚 masa、两件短外衣、两件 somstamni、两条腰带和三件汉式长袍。"

<h2 align="center">566 号[②]</h2>

（底牍正面）

威德宏大的大王写给州长索加卡的命令如下：

今有鸠波苏陀、迪卢陀摩上奏，他们丢了七串珍珠、一面镜子、一件彩绢衣物和一件耳饰。谷吏牟施驮耶被捕后在诸长老面前供认："我确实从鸠波苏陀和迪卢陀摩那里偷了这些东西，并将其卖给了柯奴摩。我尚未收到任何钱款。"当此楔形木牍到你处时，你应立刻（审理）此案。

（底牍背面）

鸠波苏陀和迪卢陀摩之事。

<h2 align="center">318 号[③]</h2>

这件关于僧祇罗的（奴隶）迦凯诺偷窃的文书由罗苏妥善保存。

此系州长夷没陀塞那和基提沙摩之印。

大王、天子、侍中伐色摩那陛下治下的第九年，三月十九日。

①《译文集》，34 页。
②《沙海古卷》，139 页。
③《译文集》，76—77 页。

奥古侯阿苏罗伽、毕德耶、洛柯那、阇耶沙、基提沙摩和罗陀沙、州长塔克罗、且渠弗那陀那，以及州长迷多罗钵罗审理（此案）。

罗苏报称："我之前丢失的财物已从僧祇罗之奴隶迦凯诺处找到。"

（财物共有：）一件刺绣 vidapa，一件白绸短上衣，一件 samimna，一件彩色 lyokmana，一件黄色 kuvana 衣，一件麻布短上衣，一件 kharavarna 衣，一件刺绣 lyokmana，一件 kremeru，一件 paliyarnaga 衣，四个金 dare，一个 varsaga，五掌毛布，两件靛蓝 kigi。上述物品价值……全部财物皆已取回。

11-8　楼兰佛教

佉卢文文书中使用不同的词语指称佛教徒：法师、僧人、沙门。在精绝，沙门指佛教徒。尽管在其他地方的早期佛教徒终身不娶，但尼雅佛教徒显然可以有家庭。与此类似，虽然其他地方不允许僧人拥有奴隶和土地，但是精绝并非如此。仔细研读以下文书：寺院中的僧人与周围普通人在生活上有区别吗？寺院内外的佛教徒生活有何不同？

418 号[1]

天子、侍中安归迦陛下治下的第三十六年，三月二十一日。沙门菩达伐摩称，沙门舍利布多罗将登努伽·安托之女希拉萨特耶收作养女。沙门舍利布多罗将该女正式嫁给沙门菩达伐摩为妻。

---

[1]《译文集》，109 页。

女子希拉萨特耶的女儿，名为布没那伐提耶，被嫁给沙门吉伐洛·阿塔摩为妻。阿塔摩死了。于是，沙门菩达伐摩将女儿布没那伐提耶……

345 号 [①]

大王、天子、侍中伐色摩那陛下治下的第九年，三月五日。罗苏报称：僧人阿难陀塞那确实曾在精绝自注瞿钵那里借来 30 米里马粮食，后又借酒 15 希。另外，僧人阿难陀塞那的奴隶菩达瞿沙从我和注瞿钵的房子里偷走了 12 尺丝绢、三个 urnavarande、两条绳子、三件毡衣、四头绵羊、一个 aresa，价值共计 100 目厘。关于此事，注瞿钵曾发过誓。因此，僧人阿难陀塞那应向注瞿钵及罗苏偿付全部损失。此外，该僧人欠法庭罚款母牛一头。现在，僧人阿难陀塞那又向罗苏申述并做了努力。因为罗苏想与僧人阿难陀塞那共同取得功德，双方在庭外达成协议。僧人将窃贼菩达瞿沙交给罗苏，相当于偿还了他欠的 110 目厘粮食和被窃的 12 尺布等。州长罗苏也放弃了他对僧人阿难陀塞那所欠 110 目厘的所有权。

从今以后，罗苏无权对僧人阿难陀塞那就这 110 目厘及其奴隶偷窃之事提起诉讼。僧人阿难陀塞那亦无权要求罗苏归还他的贼奴。一切已商定，判决已达成。

今后，若僧人阿难陀塞那或其子孙、其他亲属或亲属之子想推翻此事或是对判决提出异议，他们的重新申诉均属无效，且将受罚，应交罚款 30 尺布入国库。交付全部罚款之后，上述判决无疑仍继续有效。

---

① 《译文集》，84—86 页。

本案见证人：奥古侯基提沙摩、罗陀沙、多克罗，以及且渠阿纽伽耶。

489 号 [①]

僧团规章，应由……妥为保存。

此系……之印。

大王、天子、侍中摩诃祇梨陛下治下的第十年，十二月十日。……都城的僧团为精绝僧团定下规章。听说年轻僧人不尊重长者，不服从老僧人。关于此事，这些规章由国王陛下当着僧团的面制定。

长老希罗钵罗婆和布没那塞那执掌寺院。他们负责管理僧界一切活动。应根据律法审理争讼。僧界一切活动都由他们管理……好让众僧心中满意。

不参加僧界活动的僧人，罚丝绢一匹。不参加布萨[114]的，罚丝绢一匹。身着俗服参加布萨的，罚丝绢一匹。任何僧人殴打另一僧人的，轻者罚丝绢五匹，中者罚丝绢十匹，重者罚丝绢十五匹。任何户主对僧人……

---

① 《译文集》，123—124 页。

第二章

龟 兹

丝路诸语之门

　　远在现代词典与语言教科书诞生之前的一段时间里，作为各民族的交汇之处，丝绸之路一直是语言交流的场所。佛教徒希望把原本用梵语表达的复杂深刻的佛理翻译出来传达给信众，因此他们对语言教学最为热心。坐落于塔克拉玛干沙漠北缘的龟兹是个繁荣的绿洲，它在语言方面比丝路其他地方更有优势，因为当地的龟兹语和梵语同属印欧语系①（龟兹语文书如下页所示）。龟兹自然成了佛教进入中原的门户。龟兹绿洲也让僧人有机会见到操着各种语言来到这里的旅行者，因为当时的龟兹是丝路北道最大、最繁荣的地区，只有高昌能与之匹敌。

　　最有名的龟兹人是鸠摩罗什。他是把梵语佛经译成通顺易懂的汉语的第一人，极大地促进了佛教在中国的传播。[1]由他主持的译经团队把大约三百种佛经从梵语译成了汉语，包括著名的《妙法莲华经》。（经在梵语中指佛说的经典，实际上很多佛经是公元前400年左右佛陀去世之后很久才形成的。）尽管后来的新译

---

① 龟兹语属于印欧语系 centum 一支，梵语属于 satem 一支，二者差别较大。粟特语、于阗语、大夏语等丝路其他语言属于伊朗语东支，与梵语同属印度 – 伊朗语族，关系较近。

丝路通行证（过所）

　　图中过所长 8.3 厘米、宽 4.4 厘米，上面用婆罗米字母龟兹语写着边检官员、验收过所官员和过所持有人的名字。曾经出土的大约一百多件类似过所，一般会在后面列出随行人员和牲口，但此过所缺失这部分。过所用墨写在有凹口的杨木上，原本有盖，用麻绳绑好并加封。现存过所没有一件是完整的。（法国国家图书馆供图）

者一直想改进，但鸠摩罗什的很多译本由于其可读性一直被沿用至今。

　　鸠摩罗什是一位非凡的语言天才，和许多龟兹人一样，他掌握了多种语言，包括母语龟兹语，以及梵语、犍陀罗语，可能还会焉耆语和粟特语。鸠摩罗什的父亲是犍陀罗人，和尼雅移民一样讲犍陀罗语。粟特语在撒马尔罕地区流行，焉耆语通行于丝路北道的焉耆（在龟兹以东约 300 千米）附近。焉耆的维吾尔语名称转写为喀喇沙尔（Qarashahr）。鸠摩罗什及其同僚使用婆罗米文读写龟兹语和梵语，他们可能也学过佉卢文，这种文字在公元 400 年左右就基本不再使用了。

　　本章将要讨论这些语言，还会特别强调自 1892 年以来各国学者为破解失传的龟兹语、焉耆语所付出的巨大心血。全世界的学者花了差不多一百年的时间研究龟兹语，不仅要破解这门语言，还要理解它与同属印欧语系的焉耆语的区别。当然这些心血在后来得到了回报。

世界闻名的克孜尔石窟在库车以西约 40 千米，开凿工作于鸠摩罗什在世时便已开始。该石窟是新疆最吸引人的旅游景点之一。今天，人们乘飞机、火车或汽车到达库车或库尔勒后，再转车即可到达石窟所在山谷。但在过去，至少一百年以前，几乎所有人都是坐船顺流而来的。冰川融化形成的众多河流都经过塔克拉玛干沙漠，顺着沙漠北缘流淌的塔里木河是其中最大的一条。它在库车附近有两条支流：库车河和渭干河，后者恰好在克孜尔石窟前流过。如今中国西北用水量巨大，这些河流的水量减少了很多。今天如果想坐船横跨沙漠，那必须得赶在早春水位最高的时候。而一个世纪以前，只要不上冻，这些河流几乎可以全年通航。

我们只需读读瑞典人斯文·赫定的精彩游记，便可知一百多年前的库车地区与现在大不相同。1899 年秋天，赫定买了一艘约 12 米长、吃水不到 30 厘米的渡船。他在甲板上搭起了帐篷、暗房，以及一个做饭用的黏土灶。因为有人提醒过他河道在巴楚附近会变窄，他还带了一艘"不到那渡船的一半大"的小船一起航行（见彩图 10）。

赫定的航行始于新疆西端的莎车（旧称叶尔羌，位于喀什东南不远）。他生动地描绘了 1899 年 9 月 17 日他从莎车莱利克（Lailik）码头启航时的情形（见史料 12）。出发那天，赫定记录道："河面宽 134 米，水深约 2.7 米。"[2]

六天之后，赫定到达叶尔羌河分为诸多支流之处，每条支流

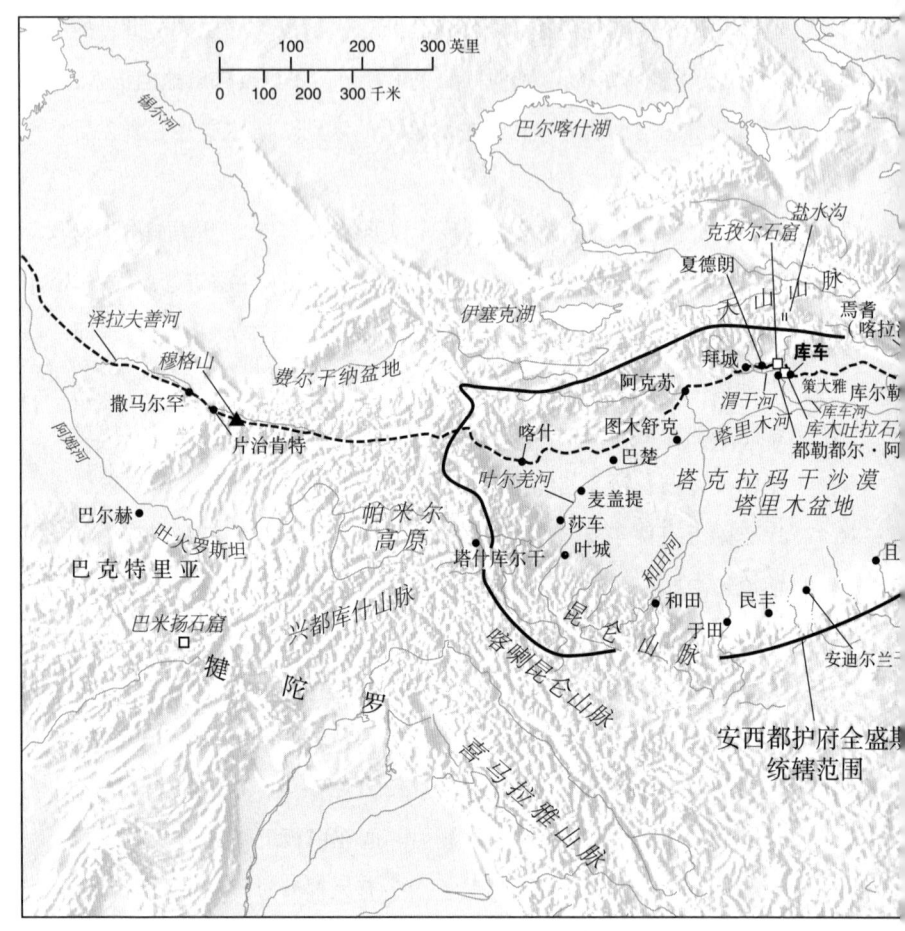

都暗藏着危险。

　　河床变窄。水流以惊险的速度带着我们前行。水花在我们周围翻腾，生出许多泡沫。我们顺激流而下。河道之窄、转弯之急，使我们无法控制船体。大船猛烈地撞到岸边，我的箱子差点掉下船去……水流一直如此湍急，而我们又航行

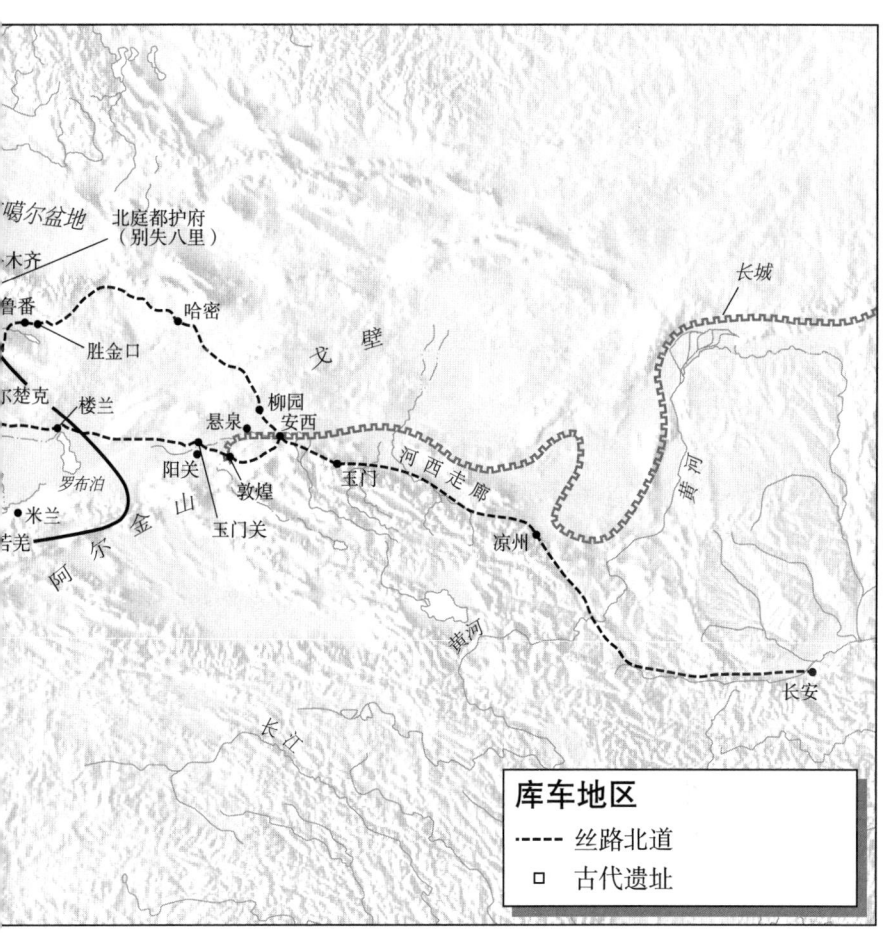

得非常快，以至于船触河底时差点翻船。

激流突然停了，大船陷入淤泥之中。赫定雇了三十个人把大船拖出来之后才能继续航行。

赫定沿着叶尔羌河继续北行。叶尔羌河与从北流过来的阿克苏河汇聚成塔里木河。赫定继续向东横穿塔克拉玛干沙漠。空闲的时候他会在小船上扬帆，让大船跟在后面。水流很急，速度达到每秒近 1 米，而且水中的冰块越来越大。赫定在距离库尔勒还需三天路程的新湖（Yongi-kol）中止了航行。82 天的航行，他走了近 1500 千米。[3] 如果赶上夏天，早上能早一点出发，他或许可以再航行 300 千米到达库车。

赫定的探险在欧洲激起人们极大的兴趣，英国、法国和德国都分别组织了考察队。德国人连续进行了三次考察。第二次考察的领队阿尔伯特·冯·勒柯克（Albert von le Coq）居然以扔硬币的方式决定向北去库车，并于 1906 年抵达克孜尔石窟。他发现了全中国最美的宗教石窟之一。339 座洞窟开凿于绵延两千米长的山壁之上。[4] 有些洞窟很小，有些则有 11 米至 13 米高、12 米至 18 米深。渭干河在其南 7 千米处流过。石窟前的绿洲景色非常怡人，有时还能听到布谷鸟的叫声，这叫声在现代中国可是非常罕见了。

克孜尔的山崖由砾岩组成。砾岩是一种较软的岩石，很适于开凿洞窟。但这样的洞窟很容易坍塌，所以开凿者经常在洞的中央留一根柱子用于支撑。在几个世纪的时间里，由于地震的破坏，很多外室都坍塌了，使内室完全暴露在外。1906 年 3 月，勒柯克和提奥多尔·巴图斯以及他们的雇工就经历了一次地震。勒柯克对此次地震的描述如下：

> 忽然一阵剧烈的像打雷般的巨响从我们头顶滚过。……
> 这时灾难发生了，一切都是那么快，仅仅瞬息之间。我看见巴图斯和他带的工人们突然趴在陡峭的山坡上。我还没明白过来这是怎么一回事，我身边的雇工们也一声尖叫趴在地上，

我立即跟他们一起趴了下来。就在这一瞬间，大量岩石铺天盖地朝我们砸下来，重重地落在我们身边，值得庆幸的是没有人受伤，这真是让人不可思议的特别的一天。

这时，我向着山谷河流的方向望去，只见河水剧烈地荡来荡去，拍打着堤岸。在山谷顺着河流的远方突然升起了巨大的尘土，像云，更像巨大的柱子，一直升到无际的天空。同时大地开始震动，在悬崖周围发出雷鸣般的巨响。这时我们才意识到地震了。[5]

虽然石窟有坍塌的危险且其中很多壁画都被勒柯克等人挖走，但还是有很多壁画在原址上保留了下来，今天也能看到。克孜尔周围还有其他有壁画的石窟群，其中库木吐拉石窟规模最大，最值得一去。

克孜尔的很多洞窟都有相同的结构：洞窟中心有一根柱子，信徒进洞来可以绕行一周。佛陀去世后，人们在北印度建起了佛塔以供奉佛骨，从那时起，信徒们就以右绕佛塔的方式来表达虔信。在西域，人们也绕塔礼佛。与尼雅和米兰的佛塔不同，洞窟里的中心柱中并无佛祖遗骨。柱上一般有放有佛像的佛龛，佛像现在大多已经遗失。

建于公元 400 年左右的克孜尔 38 号窟是开凿最早，也可能是最璀璨夺目的一个洞窟。[6] 38 窟的背墙上画的是涅槃像，佛陀侧卧于榻上，周围是来礼敬他的各国君王。站在中央柱处向洞窟出口方向看，可以在出口之上看到弥勒佛，他是掌管未来天国的佛。

沿着 38 窟拱顶的中轴可以看到印度的日神、月神、风神，两尊带火的立佛，以及双头的金翅鸟。这种金翅鸟是印度传说中一

窟顶为佛本生故事和佛譬喻故事图

后壁为涅槃像

中心柱上的佛龛

说法图

后室

走廊

涅槃故事图

主室

克孜尔石窟结构图

很多克孜尔石窟结构相同。信徒从前室穿过一道门进入主室，绕行中心塔以示虔敬。塔中有佛像，并饰以石头和树枝来表现须弥山，即佛教观念中处于宇宙中心的山。原本盛放这些装饰品的佛龛常常依旧可见。洞窟后壁上绘着佛陀涅槃像。（美国华盛顿弗利尔-赛克勒美术馆供图）

种护持佛法的鸟。这些神像有明显的印度风格，很有可能出自印度画师，或者基于印度样本而作。勒柯克把这些画称为"湿壁画"（fresco）。但事实上它们是绘于干石膏之上的，严格来说并不能被称作湿壁画，因为湿壁画特指绘于湿石膏之上的壁画。开凿洞窟的技术来自印度，那里有辉煌的阿旃陀石窟，就在孟买郊外，还有其他早期佛教遗迹。

38窟中轴线的两侧是一排排菱形格子，这些菱形就像邮票边上的锯齿互相嵌在一起。一排是佛譬喻故事，一排是佛本生故事，即佛陀前世的故事。譬喻故事也叫因缘故事，画面中都有一尊坐

克孜尔石窟壁画

　　这幅石窟窟顶壁画展现了克孜尔特有的邮票式菱格。当地画师在这些菱格中描绘佛陀前世的故事。每个菱格中画有一个佛本生故事中的主要事件，让讲故事的人以此为线索，为洞窟参观者讲解整个故事。

佛，旁边有一个人物。绘制这些譬喻故事的目的在于教育听众，使他们知道今世的行为对来世是有影响的。

　　佛本生故事一般都是通过重新阐释印度民间故事来讲授佛教的价值观。比如，猴王故事讲的是一群猴子偷了国王花园里的果

子，国王的护卫追猴子一直追到一条大河边。猴王用自己的身体
做桥让其他猴子过河，之后它自己却受伤了，直到国王被它感动
将它救下（见史料14）。按照佛教的解释，这个故事表现了佛陀
（即猴王）舍身为人的精神。

另一个佛本生故事在好几个洞窟里都出现过，它对商人特别
有吸引力。故事是这样的：五百个商人在夜里赶路，因为天太黑
了什么都看不见。他们的头领，即佛陀的前世，用白毡蘸满黄油
包住自己的胳膊，之后点燃毡子高举手臂为商人们照亮前方的路。
在这个故事里，佛陀又一次舍己为人。听僧人讲这些本生故事的
信徒可以明白，涅槃只有佛陀和少数高僧能够做到，这是早期佛
教的一条关键教理。

克孜尔最大的石窟（47窟）现在空空如也。16.8米高的石
窟中本来有一尊大佛像，顺着渭干河来的旅行者应该从很远处就
能看到。这种巨大的佛像窟并非起源于克孜尔。开凿克孜尔的工
匠一定听说过阿富汗的巴米扬大佛。这座大窟左右两边各有五排
孔，以前应该插有木桩支撑着一个平台，平台上面是大佛像两侧
的小佛像。克孜尔其他的洞窟里也曾经有过大佛，现在已经不复
存在了。有一位自中原来访的僧人曾经记载，西城门外立有两
尊九十余尺高的佛像，这两尊佛像在五年一度的大法会上受到
礼敬。[7]

今天就算再不细心的游人也能注意到克孜尔石窟的窟壁上有
很多壁画被挖走了。世界上所有重要的东亚艺术收藏机构都有来
自克孜尔的壁画，画上所用的青金石蓝和孔雀石绿还鲜艳如新。
绝大多数壁画都是在1914年第一次世界大战爆发前被挖走的，其
中柏林的藏品格外丰富。

勒柯克发明了一种转移这些易碎壁画的新技术。他不无骄傲地描述道："首先，用一把非常锋利的刀子将壁画切成弧形，要小心切透窟壁上的涂层……这之后，要用鹤嘴锄在壁画边上凿个洞，给狐尾锯留出空间。"（见史料 13）[8] 这种一步一步的描述读后让人不由得倒吸一口凉气，因为我们很容易想象到这种方式对艺术品的破坏。有些欧洲人坚决反对把壁画挖走。勒柯克的同事阿尔伯特·格伦威德尔（Albert Grünwedel）觉得应该描绘并准确测量遗址，然后在欧洲原样复制。他的这种观点在当时属于少数派。

第三批探险队抵达一年之后，法国学者保罗·伯希和（Paul Pelliot）在 1907 年来到库车。他在这里停留了八个月，收集了很多龟兹语的重要文书。他还花了一个月的时间探索向北穿越天山的路线。他发现，沿着渭干河离开克孜尔向北，有两条路连接着塔里木盆地与北方草原。[9] 草原包含新疆北部（准噶尔盆地），并一直延伸至今哈萨克斯坦和乌兹别克斯坦。这里是许多游牧民族的家园。许多世纪以来，这些游牧民族一直威胁着中原王朝。

由于地处通往北方草原的咽喉要道，在西域各绿洲中，龟兹最先在汉文正史里出现。公元前 2 世纪末，汉武帝派李广利进攻位于今乌兹别克斯坦费尔干纳盆地的大宛，汉朝大军便途经龟兹。[10] 和楼兰王一样，龟兹王尽可能与汉、匈奴同时交好。匈奴控制了今蒙古草原，是汉朝的敌人。公元前 176 年至公元前 101 年之间，龟兹王向匈奴称臣，并把自己的儿子送去做人质。当时的臣属国一般都会把王储送到宗主国学习文化、熟悉风俗。

公元前 1 世纪，匈奴式微，龟兹王转而向汉朝称臣。[11] 公元前 65 年，龟兹王和王后双双来到汉朝国都长安，并停留一年。公元前 60 年，汉朝设西域都护总领西域事务、监督西域各国，并负责向中央汇报西北绿洲王国的情报。这些情报后来都被载入正史。据《汉书》记载，龟兹人口为 81317 人，是北道最大的绿洲。[12] 这一地区汉朝统治的遗迹很少，在都护府所在地今巴音郭楞蒙古自治州轮台县策大雅乡曾发现一座汉朝的遗址。[13] 公元 46 年，邻近的绿洲王国莎车攻陷了龟兹。

西域王国间的不停征伐意味着汉朝只能时断时续地控制自己的驻地。公元 91 年，汉朝任命班超为西域都护，他成功地又一次控制了龟兹，并把白氏家族的一员扶上王位。但仅仅二十年不到，107 年时西域复乱，汉朝再一次失去了对西域的控制。从这时起，白氏家族开始在龟兹掌权，他们有时独立，有时依附于周边的强权，其势力延续了几个世纪。

到鸠摩罗什降生的 4 世纪，龟兹已经是著名的佛学中心。译师中有几位姓帛①，大多来自龟兹的王族。有纪年的最古老的龟兹佛教材料的年代为 3 世纪 [14]，当时流行说一切有部——这是小乘佛教的一部。[15] 龟兹人通过印度传法僧来了解佛教。印度的影响在 3 世纪和 4 世纪最大。鸠摩罗什及其父母可以在印度与龟兹之间轻松往来便是明证。

龟兹为未来翻译家的成长提供了完美的环境。这个绿洲王国与犍陀罗关系紧密，因为顺着横穿塔克拉玛干的河流可以抵达南道的莎车和于阗绿洲，从那里翻山即可到达犍陀罗。鸠摩罗什的父亲是一位印度高官的儿子。他离开犍陀罗来到龟兹学习佛法。在龟兹，他被迫娶了龟兹王的妹妹，生下了鸠摩罗什。因此，鸠

---

① 通"白"。

纪念鸠摩罗什

　　巨大的鸠摩罗什铜像在克孜尔石窟前欢迎四方来客，由此可见这位译师直到今天依然赫赫有名。因为鸠摩罗什没有肖像流传下来，所以人们对于他的实际相貌一无所知，雕刻家只能全凭想象创作。（渡边武供图）

摩罗什从小就讲犍陀罗语和本地的龟兹语。

　　鸠摩罗什的母亲是虔诚的佛教徒，她不想过家庭生活。鸠摩罗什七岁时，她要求出家。被丈夫拒绝之后，她绝食了六天。丈夫终于让步，她便带着鸠摩罗什出家为尼。龟兹是印度以外少数几个女人可以出家的地方。一份佛教文献列出了龟兹的四所尼姑庵，分别有尼姑 50 人到 170 人不等。[16]

　　在龟兹学习之后，鸠摩罗什跟着母亲来到犍陀罗跟随一位小乘法师学习经文。随后鸠摩罗什至疏勒（今喀什）师从一位大乘法师继续深造。之后他回到龟兹，并使一些僧人转皈大乘。尽管后来的佛教材料把大乘小乘描绘得泾渭分明，但在鸠摩罗什的时代，大小乘的差别并没有那么明显。年轻人出家，从某僧处受法戒，也就进入了某个传承派系。某人属于某个派系，例如说一切有部，并不意味着此人一定是小乘或是大乘，而是可以像鸠摩罗什一样先学小乘经典再学大乘经典。大乘僧与小乘僧共处一寺并不为奇。[17]

　　然而大乘和小乘在某些教义上的差别很明显。关于吃肉，小乘认为只要不是特意为自己宰杀的肉就可以吃，大乘则戒荤腥。后来有人经过这里时注意到龟兹僧吃肉、葱和韭菜（这些都属于大乘禁食的荤腥），由此判断龟兹僧绝大部分是小乘。[18]

　　384 年，鸠摩罗什差不多四十岁时，他的家乡龟兹被吕光攻破，对当时情形的记载被保留了下来（见史料 16）。[19] 攻下龟兹之后，吕光把鸠摩罗什送至自己所据的凉州以示虔敬。尽管鸠摩罗什已经受了色戒，但是吕光认为鸠摩罗什这么伟大的学者不留下子嗣实在太可惜了，于是就把鸠摩罗什灌醉，然后派一名年轻姑娘侍寝。按照鸠摩罗什传的作者记载，这是他一生中三次破戒的首次（见史料 17）。

401 年，在后秦统治者姚兴（394—416 年在位）的命令下，鸠摩罗什第二次被掳走，并被送到了长安。鸠摩罗什又主动讨要了一名女子，又一次破戒，并和她生了一对双胞胎。姚兴希望鸠摩罗什能够有自己的"法种"，便让他在寺院旁边建立家庭，跟几个小妾同住。[20] 因为高僧传记受既定模式的影响很大，鸠摩罗什的不同传记之间的记载有出入，学者们并不确定这三件事是否真正发生过。尽管如此，这些不同记载在一点上是相同的，即公元 400 年左右时僧人破色戒并不会让在家人感到非常吃惊。[21]

鸠摩罗什破戒丝毫不影响他作为佛教法师的成就。401 年，鸠摩罗什受姚兴委托主持译场，一直干到 413 年去世。他译的佛经直到今天都是一笔宝贵的财富。[22] 鸠摩罗什的译本中最有名的要数《妙法莲华经》。这是一部大乘经，里面贬斥了小乘教法，并向信徒保证，即使只听到此经的一偈也能成佛。[23]

尽管之前也有人翻译过此经，但是因为经里面有太多佛教用语，只有学过梵语的少数中国人才能看懂。大多数早期佛经都是由印度来的佛僧一边背诵一边口头解释，经弟子笔录形成译本。这种翻译方式会造成很多错误，因为师父读不懂弟子们的翻译，弟子们也不确定是不是真正明白了师父的意思。[24]

让翻译难上加难的是，梵语和汉语分属两个不同的语系。梵语属于印欧语系，与其他古代印欧语系语言一样，梵语的曲折变化特别丰富。动词和名词根据其在句子中的功能可以有很多形式。汉语属于汉藏语系，语法上要简单得多，动词和名词没有形式变化，词序决定句义，因此经常产生歧义。5 世纪的语言学习者最想要的就是一个双语文本，里面每句话都有两种语言对照。

鸠摩罗什最大的发明是创立了译场，里面的译员可以对照印度原文核对译本，翻译的功劳都归在鸠摩罗什名下。这些译本以其可读性著称，即使完全不会梵语也能读懂。鸠摩罗什行文优美流畅，以至于读者们都更爱他的译本而不是后来更精准的译本。

鸠摩罗什和其他译师成功地让汉语读者读到了数以千计的佛教作品。他们还发明了一个一直沿用至今的系统，即用汉字音译外语单词音节。这是今天汉语拼音的拼写系统的基础，用这一系统可以把 Coca Cola 译成"可口可乐（Kěkǒu Kělè）"，把 McDonald's 译成"麦当劳（Màidāngláo）"。鸠摩罗什的发音为 kuw-ma-la-dzhip。[25] 因为汉语许多世纪以来的语音变化，今天他的名字用拼音写作（Jiūmóluóshí）。[26]

这种用汉字音译梵语的做法也让汉语本身发生了变化。据宾夕法尼亚大学汉学家梅维恒教授估算，汉语大概因此增加了35000 个新词。不仅包括"般若（智慧）"这种佛教术语，而且包括"刹那"这种日常词汇。与梵语的接触还让中国人更好地了解到自己语言的语音结构。举例来说，中国人之前并没有意识到自己的语言是有声调的。这可是今天学汉语的学生第一天就会学到的。直到鸠摩罗什的时代，中国人才开始系统地了解自己语言中声调的性质。[27]

鸠摩罗什及其同僚在长安译经的同时，整个西域的其他译师也在进行这项把梵语佛经翻译为本地语言的长期事业。其中最重要的一种本地语言是龟兹语。该语言在一些重要的方面与距离龟兹不远的焉耆的语言有区别。与研究丝路的很多课题一样，解读这门语言的过程充满了挫折、弯路和争论。全世界的学者花了近一个世纪的工夫才最终明白这两种语言的关系。

1892 年，已经失传的龟兹语尚存于世的迹象首次出现。那一年，俄国驻喀什领事买了一件用梵语学者熟悉的婆罗米字母写的文书，但文书的语言肯定不是梵语。这件文书困扰了学者们很多年。首先，虽然随后发现了很多同种语言的文书，但能用来研究的材料还是少之又少。存留至今的绝大多数材料都是来自不同文本的散页，或者是写在木头上的商贸、行政文书。此外，几乎所有这些文书都没有纪年。[28]

1908 年，两位德国学者埃米尔·西格（Emil Sieg）和威廉·西格灵（Wilhelm Siegling）用一件双语文书破解了这门未知的语言。他们所用的双语文书是一份学校作业，上面用梵文逐字标注了作业中的未知语言。西格和西格灵并不知道哪件出土文书中有这种语言的名字，因此他们基于一篇很短的后记（colophon）给这种语言取了个名字。（后记中一般记有作品标题、章节标题、作者，有时也有抄写者。此外还可能有抄写日期和雇人抄经的出资人。）

这篇后记是《弥勒会见记》（Maitreyasamiti）的回鹘语译本的后记。回鹘语是一种突厥语，是主要生活在今天蒙古国的回鹘人的语言，9 世纪中叶随着回鹘人西迁而进入了塔里木盆地。[29]后记中说这件作品先从"印度语言"译为"Twghry"语，又从"Twghry"语译为回鹘语。[30]西格和西格灵判断"Twghry"一定是那门未知语言的回鹘语名字，因为《弥勒会见记》只有回鹘语和未知语言两个版本存世。这个判断可以说是非常合理的。

西格和西格灵进而认为 Twghry 是回鹘语对吐火罗一词的翻译。吐火罗人是古希腊人记载过的一支古代民族，他们生活在阿富汗的巴克特里亚地区，即今阿富汗北部马扎里沙里夫周边。此外，他们还认为吐火罗人就是创立了贵霜王朝的月氏人。西格和西格灵接受汉文古籍中的记载：公元前 200 年左右，月氏人分为两部，即在甘肃的小月氏，以及在费尔干纳的大月氏。然而西格和西格灵并不能解释为什么所谓的吐火罗语文书是在西域北道发现的，这里离推定的月氏人的故乡甘肃很远，离月氏人后来定居的费尔干纳盆地也很远。[31]

后来的研究者把正史中月氏人迁徙的记载和近来的发现调和起来。有人说，月氏人的家园并非如正史所说局限于敦煌地区，而是扩展到整个新疆和甘肃。[32]另有人说，月氏人离开甘肃时讲的是吐火罗语，但到了阿富汗就改讲属于伊朗语族的大夏语。[33]此外，当月氏人的后代来到尼雅时，他们讲另一种语言——犍陀罗语。这是一种印度系语言而非伊朗语。所有这些假设都让人更加怀疑传统史书中记载的月氏人迁徙，以及吐火罗语这一命名的准确性。

1938 年，W. B. 亨宁（W. B. Henning）为 Twghry 提出了一个更有说服力的解释。他发现，有"四 Twghry"（有时没有末尾的 y）这样一个词组出现在 9 世纪早期的粟特语、中古波斯语和回鹘语的一些记载中。[34]"四 Twghry"指北庭（回鹘语名字是别失八里，位于今新疆吉木萨尔县北庭镇）、吐鲁番、焉耆之间的区域，并不包括龟兹。亨宁提出，Twghry 语本来通行于塔克拉玛干北缘一个东起吐鲁番和北庭、西至焉耆的地区，但是这种语言先在吐鲁番和北庭消亡，继而在焉耆也消亡了，并被直到今天仍通行于新疆的维吾尔语取代。[35]亨宁的说法并未被广泛接受，但其优势是解释了 Twghry 语文书的地理分布。

实际上，我们知道月氏人的官方语言是大夏语，即一种用希腊字母书写的伊朗语。[36]因此，吐火罗语是个误称。没有现存证据显示阿富汗吐火罗斯坦地区的人操库车文书中的那种"吐火罗语"。尽管西格和西格灵把 Twghry 语和阿富汗的吐火罗人联系起来是错误的，但"吐火罗语"这个名字一直沿用至今。

西格和西格灵把文书中的语言分为方言 A 和方言 B，这两种方言现在被认为是两种不同的语言，分别被称作吐火罗语 A 和吐火罗语 B。这两种语言同属印欧语系，与梵语一样有复杂的曲折变化，动词和名词根据其语法功能有词尾变化。吐火罗语 A 和吐火罗语 B 有很多相同的词汇，这表明二者来自一个共同的源头。

20 世纪美国杰出的语言学家乔治·谢尔曼·雷恩（George Sherman Lane）认为，这两种语言之间的差别巨大，二者一定彼此独立发展了很久，即使没有一千年，最少也有五百年。[37] 吐火罗语 A 和吐火罗语 B 实际上确实差别较大，类似于今天的法语和西班牙语，因此二者之间不能互通。[38]

考虑到这两种语言通行于塔克拉玛干北道，我们很容易认为它们与印欧语系的印度－伊朗语族有很多共同点，因为后者通行于邻近的印度和伊朗。但是，相较于伊朗诸语言或者梵语一系诸语言，两种吐火罗语与德语、希腊语、拉丁语和凯尔特语更接近。爱达荷大学英语系教授道格拉斯·Q. 亚当斯（Douglas Q. Adams）认为，"根据其与日耳曼语、希腊语等的关系，可以通过某种方式把吐火罗人'放置在'晚期原始印欧人的世界中，比如在（北边的？）日耳曼和（南边的？）希腊之间"。[39] 亚当斯的谨慎措辞表明，在久远的过去，也许在公元前 3000 年到公元前 2000 年之间，之后会发展为吐火罗语 A 和吐火罗语 B 的原始吐火罗语从原始印欧语中分离出去了，当时操原始日耳曼语和原始希腊语的人也正在从原始印欧人中分离出去。我们对于古代迁徙实在所知甚少，用语言证据来重构迁徙危险重重，我们无法指明古代的吐火罗语使用者在进入塔里木盆地之前的所在地。也许在中亚曾出现过跟吐火罗语很接近的语言，但没有材料留下来。

不过有一点是确定的：中亚和东亚的民族总在迁徙，某地通行的语言也经常因此而改变。汉文史料记载了公元前 2 世纪由匈奴扩张导致的各民族接连迁徙、6 世纪时突厥的兴起，以及 9 世纪时回鹘人迁入新疆。[40] 突厥是今天土耳其人的远祖，回鹘人讲的语言是突厥语的一种。类似的部落迁徙在没有史料记载的远古也很容易发生。中亚和东亚的常态是语言的变动而不是延续。

从西格和西格灵起，语言学家们逐渐弄清了吐火罗语 A（焉耆语）与吐火罗语 B（龟兹语）之间的关系。2007 年，奥地利科学院的玛尔灿（Melanie Malzahn）教授统计了现存的所有焉耆语写本。整页和残片加在一起总计 1150 片。[41] 其中整页的写本不到 50 件。[42]

383 件焉耆语写本来自舒尔楚克（Shorchuk）的一个抄经房，这个地方位于从焉耆到库尔勒的大路西南。[43] 现存文书中从未提及语言本身的名字，但因为几乎所有文书都发现于焉耆附近，而焉耆的梵语名字是 Agni，所以学者们便把这门语言称为焉耆语（Agnean）。[44] 在下文中我们也用这个名字。现存写本表明，在公元后的头几个世纪，焉耆语曾通行于焉耆和吐鲁番地区，那时西方的波斯人首次把佛教引入当地。

焉耆语最长的写本有 25 页，与大多数残存的单页相比，这件写本前后连贯，没有大的阙文。这是一个本生故事，情节和《葛蓓莉娅》（Coppélia）① 的故事差不多。主角是位名叫 Punyavan 的

---

① 一出由圣·莱翁编导、列奥·德里勃作曲的芭蕾舞剧，首演于 1870 年。

王子，这是个梵语名字，意为"有福"。他和他的四个兄弟争夺王位。四个兄弟分别叫有力、有巧、有貌、有智。焉耆语版本的故事跟梵语原版和后来的汉语版、藏语版都不同，五个王子争位的情节只占了17页中的2页，剩下的篇幅都是五个王子长篇大论地描述自己的特长。

王子有智讲的故事是这样的：一位工匠制作了一个机关女偶，并把女偶放在了一名年轻画师的房间里一夜（见史料15）。年轻的画师爱上了女偶，可当他伸手去摸时，女偶碎了。画师因此用墙上的一条绳子上吊自杀了。工匠发现画师自杀，便招呼邻居和官员过来。等人到了，他准备把挂着尸体的绳子剪断。就在这时，画师从墙后走了出来，对工匠说："一画一画师，怎会分不出？"画师以假乱真的自画像是他对机关女偶的回应，毕竟女偶没有智慧。[45] 这个令人难忘的故事体现了智慧的优势。故事的听众很有可能是寺院里的学僧。

德国人在吐鲁番附近的胜金口（Sängim）发现的一件写本很清楚地展示了两种吐火罗语的不同用途。写本的正文是焉耆语，附有19条龟兹语和2条回鹘语的注解。对此雷恩解释道："这件文本很明显是一个新来的人在注解吐火罗语A［焉耆语］，至少其经堂语是吐火罗语B［龟兹语］。此人并不熟悉当地旧经堂语。此人的母语也许是突厥语［回鹘语］。"[46] 在6世纪到8世纪，焉耆语仅有僧人使用，且只用于书面。现存的焉耆语文本中没有方言差别，这意味着该语言在当时已经基本僵化。在寺院以外，焉耆和吐鲁番地区的人要么讲汉语，要么讲回鹘语。

龟兹语与焉耆语有一些很重要的差别。龟兹语中有方言差别，这是语言在不同地方长时间发展的产物。龟兹语还可按时间分为如下几个阶段：早期龟兹语、正统龟兹语、晚期龟兹语，以及俗龟兹语。[47] 1989 年，龟兹语研究的领军人物，法国学者乔治－让·皮诺统计了龟兹语文书，总共 3120 件。[48] 加上近年才能看到的柏林残片后，他已经把这个数字增加到了 6060。然而，完整纸页的总数不超过 200。[49]

20 世纪初，伯希和收集了 2000 件左右龟兹语残片，其中大多出土于库车以南 20 千米的都勒都尔·阿护尔（Duldur Aqur）遗址的一座寺庙周围。[50] 与焉耆语文书不同，这些文书中出现了其所使用语言的名称——龟兹语。[51] 龟兹语的使用范围较广，包括塔克拉玛干的整个北缘，其核心地区是龟兹，最东至吐鲁番，也包括焉耆语的核心地区焉耆。

根据伯希和的笔记，很多汉语和龟兹语的材料都来自同一座书房，由于书房的一堵墙塌了，很多文书得以保存下来，但后来的大火又将其严重损坏。伯希和在不止一个地方发现有文书尚存。宗教文书来自寺院的佛殿和佛塔，行政文书则肯定来自寺院的角落。[52]

5 世纪末，龟兹人已经在使用龟兹语。此时的西域进入了一个极其混乱的时期，不同的部落联盟在争夺主要商路的控制权。这些部落包括柔然（中文又作芮芮、蠕蠕，在欧洲则称之为阿瓦尔人）和嚈哒。柔然在征服了龟兹和焉耆之后瓦解，于 552 年被突厥取代。突厥人建立了一个强大的部落联盟，征服了龟兹和焉耆，并让当地统治者继续掌权。552 年之后，突厥部落联盟建立者的弟弟领军向西征伐，征服了新疆的一部分，以及一直延伸到黑海的广大土地。兄弟二人最终建立了一个有东西两部的汗国，哥哥掌管东部，弟弟掌管西部，从属于哥哥。时过境迁之后，这样的关系仅仅流于形式。直至 580 年，独立的东西两个汗国逐渐形成。[53]

龟兹王以西突厥可汗为宗主，向其进贡，必要时还提供军队。

汉文史书记载，6 世纪到 8 世纪期间，龟兹一直由白氏掌权。史书的编纂者经常照抄前朝史料。他们都说龟兹很富庶，送来过昂贵的贡品。《魏书》编纂于 551 年到 554 年，其中首次记载龟兹人以银币纳税："俗性多淫，置女市，收男子钱入官。"同书还记载龟兹有一种罕见的自然资源："其国西北大山中有如膏者流出成川，行数里入地，如餦餭，其臭，服之发齿已落者能令更生，病人服之皆愈。"这种神秘的物质是石油。[54] 今天的库尔勒正是中国最重要的油田之一。

该史书还列出了龟兹的特产：细毡、烧铜、铁、铅、麖皮（用来制靴）、氍毹、铙沙（冶炼和染布时用的重要物质）、盐绿、雌黄、胡粉（化妆用）、安息香、良马、犎牛等。[55] 629 年玄奘经过龟兹时说这里的人使用金币、银币和小铜币。[56]

尽管所有史料都说龟兹用银币，但目前只有铜币出土，大概后来找到银币的人都把银币化掉自己用了。伯希和找到一个有 1300 枚钱币的陶罐，其中 1105 枚都收藏在法国国家图书馆币章部，包括汉朝及 3 世纪的几个政权的钱币，但没有唐朝钱币。负责这部分收藏的馆员弗朗西斯·提耶利（François Thierry）把这组钱币的年代定在 3 世纪到 7 世纪之间，并认为六七世纪的可能性最大。[57] 钱范和两个铸铜作坊遗址的发现，表明龟兹的白氏王朝完全有能力自己铸造铜币。

另外，龟兹还出土过一些龟兹语的账目，其中记录了寺院的支出、进账和结余，显示寺庙用铜币付账。[58] 这些账目中还包括在仪式上表演的乐师使用的糖酒花销。寺院也买进必需品，比如仪式上要用的油，去磨坊磨谷子也要付钱给磨坊主。

寺院还常收到实物。有些施主会捐献食物供给僧人及替寺庙种地的依附民。村民们会把羊送给寺庙，有时是为了抵债。龟兹语中跟羊有关的词汇很丰富，无论雄雌，比如羊羔、成年羊、老羊（这个龟兹语词的字面意思是"大牙"，因为成年动物会长出终生不脱落的中央门齿）。[59] 在一笔交易中，寺院长老们用两只山羊换得 230 斤大麦，用一只绵羊换得 180 斤小麦。大麦和小麦被用作货币，而没有任何一种钱币被提及。这些寺院的账目只提到了绿洲本身出产的物品，让人觉得寺院基本上自给自足，并未进行任何长途贸易。

从 6 世纪到 8 世纪，龟兹语显然还是活语言，寺庙的僧官用其记账，国王用其下令，历史学家用其写书，旅行者用其题字，信徒用其标注他们给寺庙的供品。此外，还有说书人用龟兹语讲佛教故事。如同之后的汉语变文，这些故事在散体和韵体之间变换。韵体部分前标有曲调名，告诉说书人应该唱哪个调子。[60] 在著名的佛传故事中出现了三个词："此处""随后""重新"。（佛传故事讲的是佛陀降生、奢华童年、出宫、见人间四苦，以及最终悟道。）同样，这三个词也作为画的标题出现在克孜尔 110 窟和库木吐拉 34 窟中故事画下方的格子里。当说书人讲解画中故事时，会指着一处说"此处乃……"。[61] 焉耆语消亡之后，龟兹语还有人讲。不过在公元 800 年后，龟兹语就没人再用了。[62]

有些龟兹语文书的内容并非与佛教相关，而是有关更世俗的贸易。皮诺发表了伯希和发现的一组精彩的龟兹语文书。这组文书描述了进出龟兹的商队。1907 年 1 月，某个当地居民给伯希和带来了从盐水沟不远处的佛教遗迹中发现的六块木板，上面写有婆罗米字母。[63] 伯希和随即前往夏德朗附近的一个还在使用的征税站。夏德朗是库车北山里的一个小地方，扼守着通往拜城的山口。在山顶一座塔楼 20 厘米厚的积雪下面，伯希和发现了 130 件过所。

这些过所是龟兹官员清点商队人畜数量之后给商队签发的通行文书，其中并未记录商队运送的货物。在每一个关卡，商队要上交旧过所领得新过所，伯希和在盐水沟找到的一百多枚木简就是商队交上来的旧过所。

尽管龟兹地区广泛地使用纸，寺院账目和信件也是写在纸上的，但这些过所是用更便宜的杨木制作的。过所大小不一，平均 10 厘米长、5 厘米宽（可参考本章开头的照片）。与在尼雅发现的佉卢文材料类似，这些龟兹语文书由两部分拼合而成。一枚或几枚木简插在一个木盒子里，这样一来从外面就看不到里面的内容，只能看到驿站长官的名字。[64]

尽管这些过所大小不一，但其内容都遵循一个固定的格式：签发过所的官员的姓名、接收过所的官员的姓名和地址、介绍性的问候、过所持有人的姓名。接下来是商队成员，先是男人，再是女人，然后是驴、马和牛。数字用非简写的形式，表明这是正式的行政文件。过所以祈使句结尾："准许通过。如果其人马数多于此处所列，则不准通过。"最后写出年月日（以龟兹王在位年纪年）和保人证词。其年代在 641 年到 644 年间，这是龟兹王苏伐叠（624—646 年在位）在位的最后几年。这些过所记录了政府对商队的严密管控，商队只能按照指定路线前行。

皮诺做了一个很有用的表格，列出了每支商队的人数和牲口数。13 支有明确人数的商队中，9 支少于 10 人，另外 4 支分别有 10 人、20 人、32 人和 40 人。牲口最多的有 17 匹马，由 8 个人带着。因为 80 号过所残损，我们不知道这一队 40 人带了多少牲口。驴是重要的交通工具，在现今的新疆也是如此。有些商队只有人和驴。两件过所列出了随行儿童，另外两件列有侍从僧，这些人被允许帮其他僧人做一些佛教戒律禁止的事情。[65] 有一支商队（64 号过所）全由女人组成，只有领队是男人。女人（以及驴）

文书编号	男	女	驴	马	牛
1	20	—	3	1	—
2	—	—	—	—	4
3	2				
5	10	—		5	1
12	—	—	—	3	—
15				3	
16	4	—	—	—	2
21	3	—	15	—	—
25	5	1			
30	6	1	4		
31	—	—	—	—	5
33	32	—	—	7	
35	3	—	12	—	—
37	2	—	2	—	—
44	3			4	
50	8	—	—	17	—
64	—	□	□	3	
79	—	—	—	—	2
80	40	—	—	—	—
95	—	—	—	10	

表 2-1　龟兹商队的构成（641—644 年）

资料来源：Georges-Jean Pinault, "Épigraphie koutchéenne: I.Laisser-passer de caravanes; II. Graffites et inscriptions", in *Mission Paul Pelliot VIII.Sites divers de larégion de Koutcha* (Paris: Collège de France, 1987), 78。

的数量已经模糊不清，无法识读。可以想象，这些女人正前往龟兹的女奴市场，并在那里被卖掉。正史中也提到过这个女奴市场。尽管过所中并未指明商队携何种货品，但这些过所说明龟兹王对进出龟兹的商队严密监控，确保商队在既定路线上行进。

这些文书很重要，因为很少有史料具体讲到商队的规模大小。《周书》讲的是北周的历史，成书于 636 年，里面讲到一支前往凉州的商队有"商胡二百四十人，驼骡六百头，杂彩丝绢以万计"。[66] 这发生在隋统一中国之前，当时旅行还很困难，商人们必须结成大队人马才能出行，还要经常雇用保镖以保障安全。龟兹过所显示，7 世纪时商队旅行已经常规化。因为道路安全，小型商队也能出行。

汉文正史、钱币和龟兹语文书这三类史料都描绘了当地繁荣的经济状况，其中既有货币经济也有自然经济。648 年，唐朝军队攻下龟兹。龟兹王白氏从西突厥臣属变为唐朝子民。龟兹是安西都护府的治所，管辖安西四镇。龟兹是四镇之一，另外三镇分别为于阗、疏勒、焉耆（679 年到 719 年，以碎叶代焉耆）。[67] 在之后近一个世纪的时间里，唐朝断断续续地控制着西域。和之前的汉朝一样，唐朝也在西域驻军。但唐朝在西域推行跟中原一样的行政系统，龟兹都督府的结构跟内地的州一样。都督府下设州，州下设县，县下再分为乡（农村地区）或坊（城镇地区）。

研究唐朝统治时期龟兹的最佳材料是伯希和在库车南边的都勒都尔·阿护尔佛寺遗址发现的一批文书，共有 214 件汉文残片，很多被火烧过，非常残破。其中最早一批的年代为 690 年至 700 年，此时唐朝统治龟兹已有五十年之久，政治局势动荡不安。7 世纪末，青藏高原的吐蕃人建立的帝国不断扩张，670 年开始跟唐朝争夺西域，直到 692 年唐朝才重新控制了龟兹。[68] 唐朝稳定统治五十多年之后，粟特突厥混血的安禄山起兵，差点推翻唐朝。唐朝直到 763 年靠回纥军队才打败了叛军。

尽管唐朝被大大削弱，唐军也从西域撤回，但唐朝的军事据点在安西都护府的领导下一直设在龟兹。从 766 年到至少 781 年，郭昕一直是安西都护府的最高领导人，其驻地在龟兹，但是他与朝廷的联系被切断了。[69] 781 年，郭昕派出使者与朝廷重建联系并继续统治当地。790 年，吐蕃征服这一地区，但在考古材料中几乎见不到吐蕃人的身影。9 世纪中叶，回鹘人攻下龟兹并一直掌权到 13 世纪蒙古兴起。[70]

都勒都尔·阿护尔遗址出土的汉语文书的年代从唐朝强盛的 7 世纪 90 年代开始，一直延续到 792 年，唐朝在这一年最终失去了对龟兹的控制。[71] 与龟兹语宗教文献和寺院账目不同，汉语材料也包括世俗内容。这些文书出自驻扎在龟兹的唐朝士兵之手，有家信，也有颂扬死者英勇的三则讣告。一位忏悔的信徒列出了当兵期间违反过的佛教戒条：饮酒、吃肉、破斋、毁寺，以及伤害众生。[72] 这些材料所涉及的内容多种多样：僧人在寺院中诵经、女子写信、农田大小、道教仪式中用了多少面幡子，以及一位官员的政绩考课。[73] 这些文书显示，此处有一个独立的唐人聚落，很可能居住着士兵及其家眷。[74]

与龟兹语的过所一样，这些材料也记录了商队的活动。有些寄信人利用商队寄信。有位寄信人明显在赶路，他的信写得非常仓促，以至于其中有很多重复内容，为的是及时把信交给回龟兹的一队人马。[75]

这些文书中的主要交易物品是马。唐人从龟兹以北的游牧民手里用 1200 斤铁或者约 1000 尺布买马。有一件文书记载了买马时付给马政官员的粮食种类（与大豆、麦麸或大麦混合的小麦粉）及数量。[76] 驻军和征伐需要用马，驿站和邮政也需要。[77] 有一封马贩的信写到有一匹马痊愈了。从其他材料可知，无论是从撒马尔罕地区来的粟特人还是其子孙，都在供给唐军马匹这件事上扮演了重要的角色，而都勒都尔·阿护尔残片中包含了一些粟特人的微弱痕迹。[78] 与楼兰戍堡的文书一样，这些文书表明当地有贸易存在，但是这些贸易仅仅是唐朝官员购买自己所需（绝大部分是马）。这些文书非常残破且难以解读，它们主要证明了当地有政府管控下的贸易存在。

与政府管控下的贸易一致的是，都勒都尔·阿护尔文书中经常提到钱币，证明当地有货币经济。个人可以在交易中使用钱币。一名白丁为了免除徭役支付了 1000 文，另一名付了 1500 文。一份清单列出了举债人的名字和债务：4800 文、4000 文（可能更多）和 2500 文。[79] 考古学家在库车的其他遗址发现了 11 份汉文契约，其中保存最完好的是 3 份借据，里面讲每位举债人都借了 1000 文，之后以每期 200 文分期偿还。[80]

是谁、为了什么铸造了这些钱币？有些罗马史学者指出，国家最有可能是钱币的制造者，因为国家要用钱币支付士兵军饷。其他人指出，如果当地没有市场，士兵也用不着钱币。[81] 唐朝征税有三种形式：货币、粮食、布匹（经常是固定长度的丝绸）。国家发放的大量军饷让龟兹全境有充足的货币。

755 年安史之乱爆发，唐朝从龟兹撤军，当地的钱币流通也戛然而止。龟兹官员因此开始自己铸币，这种货币劣于唐朝货币。他们用开元通宝做出钱范，把"开元"二字换成新的年号，比如大历（766—779 年）、建中（780—783 年）。这些新字比较粗糙，有时还有错误。龟兹铸造的钱币另有一些特点有别于中央政府所铸钱币。因为钱范没摆正，钱孔有时不是方的而是八边形的。铸钱用的铜也比中原用的更红。新疆发现了 1000 枚这样的钱币，其中 800 枚来自库车地区。中原地区只发现了 2 枚。[82] 很显然，这些钱币基本上只在西域流通。尽管龟兹与唐的联络被切断，当地统治者依然需要用钱币给士兵发饷。

诚然，都勒都尔·阿护尔遗址发现的汉语材料非常有限，一共只有 208 件，其中很多只有几个字而已，但这些文书涉及的范围非常广泛。童丕把这些文书译成了法语，他总结道："由大谷光瑞、伯希和收集的都勒都尔·阿护尔汉语文书的另外一个特点是其中没有商业文书。没有商品清单，没有盐水沟附近驿站发现的那种商队用的过所。只有很少几件契约，而且看上去都是农民之间的交易。"[83] 尽管这些文书种类各异，但是里面没有提到任何传统观念中丝绸之路上该有的东西，也没有带着大宗商品跋涉千里的商人。童丕认为，龟兹是个商贸中心，但是经过这里的商人住在城里或者绿洲之外，总之不在都勒都尔·阿护尔，因为这里没有出土过商业文书。

丝路上有些遗址出土了丰富得多的文书，但和都勒都尔·阿护尔一样，都没有反映长途贸易。本章的焦点，即库车出土的焉耆语、龟兹语和汉语文书，肯定是本书讨论的所有出土文书中最零散、残损最严重的。库车地区出土的汉语和龟兹语文书全部加在一起不过一万片，其中只有几百件保存较好，可以解读。龟兹有贸易，正如过所所示，政府官员紧密监督着贸易，也如都勒都尔·阿护尔遗址出土的唐朝军营汉语文书所示，唐朝军队对马的需求是贸易的重要部分。即便在军事冲突不断的 8 世纪末，当地统治者还在铸钱，这表明贸易和军队驻扎有着非常紧密的联系。

库车出土的材料尽管不全面，但其表现出来的却与想象中那种带有传奇色彩的丝路贸易不同。这些文书中没有民间商人进行的长途贸易，却表明中原王朝的军队对丝路贸易有很大贡献。当这些军队在西域驻扎时，钱币、粮食、布匹这三种形式的货币就会流入该地区。军队撤走之后，由当地旅行者和小贩维持的小额贸易便重新开始了。

（乔治-让·皮诺慷慨地为本章提供了很多详细的评论，庆昭蓉非常友善地为本章初稿提出了修改意见。）

原始史料

12　1899年斯文·赫定乘船旅行 [84]①

与赫定记载的沙漠商队（史料2）对比，为什么赫定走水路而不走陆路？水路的好处在哪儿？

在草原和荒滩徒步跋涉了六天后，我们抵达位于叶尔羌河畔的莱利克，此地正与麦盖提相对，我们那次不幸的沙漠之旅 [85] 就是从这村子出发的。在河右岸离麦盖提不远处有个船坞，那里正在造一艘渡船，叶尔羌河上商队和运货马车都用这种船过河。渡船已造好，正在干燥，我们用一个半元宝 [86] 将它买下。船长11.5米，宽2.4米，满载时吃水0.23米。后来听当地人说，叶尔羌河至巴楚附近会分出几条狭窄的支流，因而我们自己又造了一艘小船。小船不到那渡船的一半大，这样我们就可以通过任意河道直驶罗布泊。

大船的船头搭了一块甲板，我的帐篷就支在上面。船身中间是个方形船舱，舱外盖上几条黑毯子就成了处理照片的暗房。舱内的桌子和架子都是固定死的，还有两个盛清水的面盆用来冲洗

---

① 本译文由旅居瑞典的虞军直接从瑞典语译成汉语，修正了英译文的错译漏译，并加了注释。

底片。船舱后面堆放大件行李和粮食。我的手下把自己的东西露天放在后甲板上，并在中间砌了一个泥炉，这样我一路上都有热茶喝。船左舷一侧有条狭窄过道，使得船头船尾畅通无阻。

我在帐篷门口摆了两口行李箱当作观测台，另外用一口较小的当椅子。坐在这里，整条河的状况一览无余，我便能绘制一张详细的河流走势图。帐篷里铺了块地毯，安了我的床，还放着那几口我随时会用的行李箱。

船坞里一派生气勃勃。木匠们又锯又锤，铁匠们打着铁，哥萨克人[87]则监督着一切事务。此时已入秋，河流的水位每天都在下降，我们不得不抓紧时间。一切就绪，船终于可以骄傲地启航了，它将成为我近三个月的住所，并将带着我在这条从未在地图上详细标注过的河流上航行近1500千米。晚上，我宴请了造船工和附近居民。帐篷间挂起中式灯笼，鼓、丝弦与我的盘式音乐盒[88]竞相奏乐。赤脚舞娘们梳着麻花辫，一袭白裙，头戴尖帽，围着熊熊篝火翩翩起舞。叶尔羌河畔如节日般欢腾。

9月17日，我们启程。大队人马由哥萨克人带领穿过灌木林，取道阿克苏和库车，两个半月后在叶尔羌河岸一个约定地点与我会合。

伊斯兰·巴依、卡德尔和我上了渡船。这艘船上有三名水手：帕尔塔、纳赛尔和阿里姆，两人在船尾，一人在船头。他们都负责撑长篙，防止我们离河岸太近。第四名水手是卡西姆，他划那艘小船。那艘船上载着咯咯叫的母鸡、香瓜和蔬菜，活像一个流动的农庄。大船上则拴了两只羊。小狗多夫雷和尤达西一上大船就把这里当成了自己家，自在极了。

我们在启航处测得河面宽134米，水深约2.7米，流速约0.9

米每秒，流量 97 立方米每秒。晚饭时间一过，我大喊一声"解缆!"，随着木杆的推动，船离岸入水。两旁林木夹岸，我们在其中航行，无比惬意。转过第一个河弯，莱利克村便消失在我们身后。

下一个河弯水浅，船离岸很近，岸边有几个女人和孩子在等我们。此时他们蹚着水跑过来，送上鲜奶、鸡蛋和蔬菜等礼物，我们给了他们一些银币当作回礼。他们是水手的家人，来此道别。

我坐到写字台前，面前是第一张记录用纸、罗盘、手表、几支笔和望远镜。向外看去，这条磅礴大河在沙漠中蜿蜒而行，弯道交错。我们像蜗牛一样带着自己的房子前行，处处为家。我既不用走路，也不必牵马，两岸的景色静静迎面而来。每过一个弯道，都是一番全新的景致——茂密的树林、深色的灌木，抑或是摇曳的芦苇。伊斯兰将盛着热茶和馕的托盘放在桌上。我们周遭静谧无声，只有在这些时刻沉寂才会被打破：河水被陷在河底的树干漾出涟漪；水手用篙把船撑离靠得太近的河岸；那两只小狗相互追逐，或立在船头冲着岸上的牧民吠叫。那牧民站在枝条搭的窝棚外，石像般呆立，看着我们的船悄无声息地溜走。我已经融入这条河的生命中，能感受到它的脉搏。我对河流习性的了解每天都在增加。我从未享受过比这更有田园诗意的旅行，对此一直念念不忘。

13　1906 年德国人割走克孜尔石窟壁画[89]

下文中冯·勒柯克这种置身事外的口吻无疑表明，他对于把克孜尔石窟壁画割下运回柏林没有丝毫迟疑。先列举围绕 1906 年出于个人利益切走壁画一事的正反两方观点：冯·勒柯克如何看待自己的工作？格伦威德尔当时若在场，会如何看待割走壁画的做法？再从今天的视角考虑如下问题：将文物从原处移走是正当的吗？是否应该把过去拿走的文物送归原主？

切割壁画的过程是这样的：

壁画绘在一特殊涂层上。该涂层由黏土混合驼粪、碎稻草、植物纤维制成，刮平后再涂上薄薄一层灰泥。

首先，用一把非常锋利的刀子将壁画切成弧形，要小心切透窟壁上的涂层，切出来的壁画大小要与装画的箱子匹配。马车拉的箱子可以大一些，骆驼运的要小一些，马驮的箱子最小。

在这一阶段，有时需要把壁画的边切成弧形或锐角以避免切开人物脸部或画中其他重要部位。

这之后，要用鹤嘴锄在壁画边上凿个洞，给狐尾锯留出空间。在岩壁上凿出的石窟里，如前所述，需要用锤子和凿子在石壁上凿出这么一块地儿。幸好岩壁一般都较软。

如果窟壁表面涂层的情况很糟，则要让人用垫上毛毡的板子紧紧压着将要切下的壁画，锯完之后再小心揭下板子。先揭上沿，连同壁画一起慢慢放下来，直到最后壁画在板子上放平，此时板子只剩下沿与窟壁接触。干这活不仅要用很大力气，还需要巧劲和技术。

给壁画打包也不简单。首先要准备一块比壁画略大的木板，四边留出 7 厘米到 10 厘米空隙。然后，在板子上铺两层有弹性的芦苇秆，横着铺一层再竖着铺一层，蒙上薄毡。接着铺上仔细挑拣过的棉花，在这上面放第一块壁画，有画的一面朝下。再铺一层棉花，放第二块壁画，有画的一面朝上，如此类推。我们一次最多包六块壁画，再多就不好了。最后在这叠壁画上再铺上棉花、毡子、一横一竖两层芦苇秆，盖上一块同样大小的木板，用麻秆小心填满壁画与板子之间的缝隙，又用绳子扎紧整个包裹。

装壁画的箱子要比壁画包略大，上下左右能留出 7 厘米到 10 厘米空隙。先在箱底铺上相同厚度的麻秆（其他填料太易磨损）。再将捆好的壁画小心放入箱中，在四周特别是顶部塞满麻秆，钉上盖子。

我们这样打包装箱，从未有过任何破损。

14　猴王本生（5 世纪）[90]①

佛教把传统印度民间故事放入佛教框架内，并称之为本生故事。故事发生在佛陀成佛之前，其中的猴王是佛陀的前世，被称为菩萨，这是为了让听众不至于混淆。故事结尾解释了其他角色是谁的前世：国王是佛陀最信赖的弟子阿难，群猴代表了众僧。

佛陀讲这个故事是要说明一个什么道理？这故事还有其他意义吗？故事中的猴子更像猴子还是更像人？

尊者[91] 在祇园精舍说了这个为亲属做善事的故事……众僧在聊天时说道："至尊佛陀会为了他的亲属做善事。"尊者问明他们的话题之后说道："各位，这并不是如来第一次为亲属做善事。"接着便说了一个古时候的故事。

---

① 郭良鋆、黄宝生译：《佛本生故事选》（北京：人民文学出版社，1985 年），248—252 页。译文略有修改。原文作于 5 世纪左右，开头结尾两段被汉译者略去了，此处译自英译文译稿。

古时候，当梵授王在波罗奈治理国家的时候，菩萨转生为猴子。菩萨长大成年后，身材魁伟，健壮有力，率领八万只猴子，住在喜马拉雅山上。那里，靠近恒河岸边，有一棵芒果树，也有人说是榕树，枝叶茂盛，绿荫浓密，巍然屹立，有如山峰。这树上结的甜果有水罐那么大，散发出鲜果的芬芳。一根树枝上的果子落在地上，另一根树枝上的果子落在恒河里，还有两根树枝上的果子落在树根下。菩萨率领群猴吃果子时想道："这棵树上落在恒河里的果子，总有一天会给我们招灾惹祸。"于是，它不让伸在水面上的那根树枝上留有一只果子，一旦开花，果子只有鹰嘴豆那么大的时候，就让群猴吃掉。

尽管如此，仍有一只果子隐藏在蚁穴里，未被八万只猴子发现，成熟后落在恒河里。那时，波罗奈王在恒河里上下张网，嬉水玩耍。这只果子粘在网上。国王玩了一天，黄昏时刻准备回去。渔夫们收网，发现这只果子。他们不知道这是什么果子，便拿给国王看。国王问道："这是什么果子？""我们不知道，大王！""有谁知道？""森林居民知道，大王！"国王召来森林居民，得知这是熟芒果。他用刀子切开芒果，先让森林居民吃，然后自己吃，再分给他的嫔妃和大臣吃。国王感到这只熟芒果的美味流遍自己全身。他迷上这种美味，询问森林居民这树长在哪儿。森林居民回答说："在喜马拉雅山河边。"于是，他吩咐将许多船系在一起，由森林居民做向导，逆流而上。船究竟行驶了多少天，不得而知。最后，船到达那个地方，森林居民禀告国王说："就是这棵树，大王！"国王吩咐停船，在大批侍从陪同下步行到那里，并在树根旁安置一张床，坐在那里尽情品尝芒果的美味，然后躺下休息。四面八方布下岗哨，生起火堆。

大士①趁人们入睡后，在午夜时分率领伙伴来到这里。八万只猴子在树枝上跳来蹦去吃芒果。国王醒来，看见群猴。他叫醒人们，召来弓箭手，说道："包围这些吃芒果的猴子，射死它们，别让它们跑了。明天我们既吃芒果，又吃猴肉。"弓箭手们应诺道："好吧！"他们包围芒果树，引弓待发。群猴见此情景，惧怕死亡，又无路可逃，便走近大士问道："大王啊！弓箭手包围了这棵树，说要射死我们这些东蹦西跳的猴子，怎么办呢？"问罢，群猴站在那里颤抖不已。菩萨安慰群猴道："别怕，我会救你们的。"说罢，它沿着笔直向上的树枝，爬到伸向恒河的树枝，从树梢上跳过一百弓的距离，落在恒河岸边的一个树丛顶上。然后它爬下树丛，抬头估计自己到达这里的距离，从根部折断一株蔓藤，比量着说："这段是绑在树上的长度，这段是空中的长度。"它计算了这两段的长度，却忘记了绑在自己腰上的那段长度。它拿起这株蔓藤，一头绑在恒河岸边的树上，另一头绑在自己腰上，以风吹浮云的速度，跃上一百弓的距离。但由于它没有把绑在腰上的那段蔓藤长度计算在内，它不能到达芒果树上，只能用双手紧紧抓住芒果树梢。它示意群猴道："快踩着我的背，从蔓藤上逃走。"八万只猴子向大士行礼致意，安全逃走。而那时，提婆达多②也转生为猴子，是这群猴子中的一只。它觉得这是一个暗害宿敌的好机会，于是爬上高处的树枝，飞速跳下，踩在大士背上。大士心脏迸裂，疼痛难忍。提婆达多伤害大士之后走了。大士独自待在那里。

国王一直醒着，目睹群猴和大士的所作所为。他躺在那里思

---

① 即菩萨猴王。
② 据说是佛陀的堂兄弟，加入佛陀的僧团，后来意见不合另立门派，多次试图加害佛陀。在佛经故事中，提婆达多一直是反派角色。

忖道:"这只动物不顾自己的生命，拯救同伴脱险。"他对大士怀有好感，心想:"这只猴王不应该死去，我要设法把它抬下来，照料它。"天亮后，国王吩咐船只聚拢在恒河水面上，搭起一个高台，轻轻抬下大士，拿一件黄袍披在它的背上，用恒河水替它沐浴，给它喝糖水，又用提炼过一千次的油膏涂抹它洗净的身体，在床上铺一张涂过油的皮，让它躺在上面。然后，国王自己坐在矮凳上，念起了第一首偈颂:

> 捐躯作桥梁，群猴得安全，
> 猴王与群猴，关系非一般。

菩萨听后，念了其余几首偈颂，教诲国王:

> 我是猴中王，庇护是职责，
> 群猴惧怕你，忧心似刀割。
> 飞跃一百弓，落地折蔓藤，
> 紧紧缠腰间，奋力往回蹦。
> 犹如风吹云，飞向芒果树，
> 蔓藤不够长，双手抓树梢。
> 树梢和蔓藤，由我相连接，
> 群猴踩我背，安全作退却。
> 藤勒不觉疼，命绝不畏惧，
> 群猴得幸福，为王心欢愉。
> 请君听仔细，此中有深义:
> 牛马和军队，王国和城市，

众生之幸福，国王应重视。

大士这样教诲国王之后，断气死去。国王召集众大臣，吩咐道："以国王的规格为猴王举行葬礼。"接着，又命令众嫔妃道："你们穿上红袍，披散头发，手持火把，护送猴王去火葬场。"大臣们用一百车木柴垒起火葬堆，以国王的规格为猴王举行葬礼后，捡起猴王的头颅，走到国王跟前。国王吩咐在大士火葬的地方建造一座宝塔，点燃灯火，供奉香料和花环等，又为头颅镶上金子，插在节杖顶上，并竖在宝塔前面，供奉香料和花环等。回到波罗奈之后，国王将头颅放在王宫门前，装饰全城，供奉七天。然后，国王将头颅放回宝塔，终生供奉香料和花环等。他恪守菩萨的教诲，依法治国，广行布施，做了许多善事，最后升入天国。

讲完后尊者说："那时的国王即阿难，群猴即众僧，猴王即我自己。"

15　福力太子（5—6 世纪）[92] ①

《福力太子因缘经》是现存最长的吐火罗语作品。这部作品与

---

① 此处参考最新的法译本进行了重译，法译见 Georges-Jean Pinault, *Chrestomathie Tokharienne: Textes et Grammaire*. Leuven-Paris: Peeters, 2008: 257-262。这个故事还有季羡林基于西格 1944 年德译本的汉译，见季羡林：《吐火罗语研究导论》，《季羡林文集第十二卷：吐火罗文研究》（南昌：江西教育出版社，1998年），105—108 页。在义净翻译的《根本说一切有部毗奈耶药事》卷十六中有一段情节一模一样的故事，只是叙述略简。见季羡林：《吐火罗语研究导论》，117—118 页。关于佛典中这段故事的众多平行本，见季羡林："Parallelversionen zur tocharischen Rezension des Puṇyavanta-Jātaka,"《季羡林文集第三卷：印度古代语言》（南昌：江西教育出版社，1998 年），147—204 页。

变文一样散韵结合。韵文部分标出了唱诵时所用曲牌（译文中略去），但其旋律已失传。文中什么特征表明这故事是要唱诵给观众听的？故事的主旨是什么？哪个角色最明白其中的道理？故事中所见吐火罗人的性别规范和其对婚前性行为的态度是怎样的？

因此，对人来说，智慧是最好的，是一切善事之根。

如果一个人很美却没有智慧，那只会像雕塑或画像一样，能引起爱欲，但不能带来真正的好处。

有一次，一名画师到一位工匠家做客。工匠用各种方式款待画师，晚上在房间中给他单独搭床，在床头放了芝麻油和一个木制机关女偶。女孩很美，满怀敬意地服侍他。怎么服侍呢？

略略含羞，目光低垂看别处。
略略腼腆，一言不发亦不笑。
略带爱意，伸出双臂服侍人。
画师体内，一切燥热全无踪。

这时画师出于无知把这个机关女偶当成了真人，自忖道："啊，真美啊！这女子娇羞的矜持！"

她不为爱寻欢乐，贵者不因位卑苦。
伸出双臂服侍我，像要把我揽入怀。
璎珞宝石挂胸前，微微移动又隆起。
虽然矜持又娇羞，我心因爱而欢喜。

　　她是何人？工匠的妹妹？女儿？妻子？婢女？还是像我一样也是来做客的？她不可能是来做客的，不然不会叫她服侍其他客人。工匠真信任我，让我与这么漂亮的女孩独处。画师一边动情地想着这姑娘是谁，一边打着哈欠伸懒腰。他看着那姑娘，想道：

　　别！对她美貌的爱已来到眼前，会让我误入歧途。
　　她是偶然被安排来服侍我的吗？
　　只要我不表现得对她真心动情，
　　娇媚的她就会只顾干自己的活，不会来扰我的梦。

　　他又想道："考虑到后患，智者不会对十种女人示爱。人们说：'想活命就不能找国王的女人、父亲的女人、（兄弟的女人）、权贵的女人、亲戚的女人、师父的女人、太爱骗人的女人、贪婪的女人、与多人有染的女人、过于好看的女人。'这女孩算是我的亲戚而且还特别好看，因此不该向她示爱。"他转念道："但此时此地遇到如此美人，谁能把持得住呢？我为什么不能和她谈情说爱？先拉拉手吧？"

　　画师随即抓住了机关女偶的手，机关立刻分崩离析，布片、线绳、钉子纷纷落地，女孩不复存在。看到这一幕，画师受了惊，从床上起身，仔细看了看之后说道："哎呀，我被工匠耍惨了！这就是情欲的作用，愚蠢的力量！让人对一堆布片产生如此强烈的爱！智者的话说得没错：'没有自我，自我是人们捏造出来的。自我并不存在。'"

　　布线钉所合之物，对我来说是何物。

骨肉筋所合自我，相对生命是一样。

肉身各部一一察，所谓自我不存在。

我爱布同人爱身，盲目情欲呸呸呸！

"然而，工匠用这件东西炫耀了手艺，我为什么不也露一手给他看看？"这时，画师立刻拿出了笔墨，在墙上画了一幅自画像。画中他脖子上拴着绳，吊在钩子上。这画什么样呢？

头斜眼直嘴歪歪，末一口气喉咙出，

手脚悬垂腹松弛，绳子绕脖挂钩上。

皮肤青紫……

把他自己画眼前，收好东西躲门后。

早上，工匠来找画师，看到机关女偶散落一地，也看到画师在钩子上吊死了。他受了惊，大叫一声，悲痛地说道："太惨了！太惨了！"这时，邻居们很快围了过来，说道："怎么回事？"工匠悲痛地说："各位看啊，我好命苦！"

我有一名画师友，是大师中的大师，

他来我这里做客，机关女偶服侍他。

因爱而摸女偶碎，由于此事太羞耻，

吊在钩上自杀了，诸位好人看仔细！

人们看了这画也当真了，大家说道："是啊，真太惨了！"这时，工匠去找国王，向他说明此事："陛下，一名外来画师下榻我家，因羞耻而自杀了。报请大王知。"国王相信了他的话，派大臣来查此事。大臣和本地人看了画，都觉得画师真死了。因此他们为之哭泣。此时，工匠对大家说："别哭了！拿个斧子把绳子砍了，把他抬到外面去！"当工匠要用斧子砍绳子时，画师走了出来，对工匠说：

别砍别砍呀！工匠别着急！
心中无不满，别毁墙毁画。
先好好看看，朋友学一课：
一画一画师，怎会分不出？

看到这儿，人们大吃一惊，当场大笑。即使木雕、绘画的美引人爱怜，但因缺少智慧，不能给自己和他人带来任何好处。

16 384年吕光攻破龟兹 [93]

成书于983年的《太平御览》记载了384年前秦军队攻破龟兹，并着重描写了双方的战术，一方为吕光的前秦军，另一方是前来驰援龟兹王白纯的猃胡军。吕光用什么计策击败了诸胡联军？

建元十九年，以光为使持节、都督西讨诸军事，率将军姜飞、彭晃、杜进等步骑七万讨西域。十二月，至龟兹，龟兹王帛纯捍命不降。光军其城南，五里为一营，深沟高垒，广设疑兵，为木被甲，罗之垒上，以为持久之计。

二十年五月，帛纯乃倾财宝，请救于狯胡[94]。狯胡王遣弟率二十余万救之。胡便弓马，善矛矟，铠如连锁，射不可入，及以革索为羂，策马掷人，多有中者。众甚惮之。姑默、宿、尉头等国及诸胡外内七十万人。光迁营相接，阵为勾锁之法，精骑为游军，弥缝其阙。秋七月，战于城西，大败之。帛纯逃奔，王侯降者三十余国。

进入其城，城有三重，广轮与长安地等。城中塔庙千数，帛纯宫室壮丽，焕若神居。胡人奢侈，富于生养，家有蒲桃酒至千斛，经十年不败，士卒沦没酒藏者相继。

17　鸠摩罗什传[95]

下文虽然来自正史，但与高僧传记有很多共同点：高僧从小聪颖过人，长大后备受徒弟爱戴，并时常展现神通。注意本文撰于鸠摩罗什去世（413 年）后两百多年，其间僧人的行为准则可能已经发生了变化。文中的鸠摩罗什连最基本的色戒和酒戒都破了。文中是怎么点出鸠摩罗什第一次破戒的？又是如何解释鸠摩罗什多次破戒和女人同房的？此外，文中还提到了吕光攻破龟兹之战，其记载与上一条史料有何不同？为何会有这些不同？

鸠摩罗什，天竺人也。世为国相。父鸠摩罗炎，聪懿有大节，将嗣相位，乃辞避出家，东渡葱岭。龟兹王闻其名，郊迎之，请为国师。王有妹，年二十，才悟明敏，诸国交娉，并不许，及见炎，心欲当之，王乃逼以妻焉。既而罗什在胎，其母慧解倍常。及年七岁，母遂与俱出家。

罗什从师受经，日诵千偈，偈有三十二字，凡三万二千言，义亦自通。年十二，其母携到沙勒，国王甚重之，遂停沙勒一年。博览五明诸论及阴阳星算，莫不必尽，妙达吉凶，言若符契。为性率达，不拘小检，修行者颇共疑之。然罗什自得于心，未尝介意，专以大乘为化，诸学者皆共师焉。年二十，龟兹王迎之还国，广说诸经，四远学徒莫之能抗。

有顷，罗什母辞龟兹王往天竺，留罗什住，谓之曰："方等深教，不可思议，传之东土，惟尔之力。但于汝无利，其可如何？"什曰："必使大化流传，虽苦而无恨。"母至天竺，道成，进登第三果。西域诸国咸伏罗什神俊，每至讲说，诸王皆长跪坐侧，令罗什践而登焉。符坚闻之，密有迎罗什之意。会太史奏云："有星见外国分野，当有大智入辅中国。"坚曰："朕闻西域有鸠摩罗什，将非此邪？"乃遣骁骑将军吕光等率兵七万，西伐龟兹，谓光曰："若获罗什，即驰驿送之。"光军未至，罗什谓龟兹王白纯曰："国运衰矣，当有勍敌从日下来，宜恭承之，勿抗其锋。"纯不从，出兵距战，光遂破之，乃获罗什。光见其年齿尚少，以凡人戏之，强妻以龟兹王女，罗什拒而不受，辞甚苦至。光曰："道士之操不逾先父，何所固辞？"乃饮以醇酒，同闭密室。罗什被逼，遂妻之。光还，中路置军于山下，将士已休，罗什曰："在此必狼狈，宜徙军陇上。"光不纳。至夜，果大雨，洪潦暴起，水深数丈，死者数千人，光密异之。光欲留王西国，罗什谓光曰："此凶亡之地，不宜淹留，中路自有福地可居。"

　　而后经历一系列复杂的内战，姚兴建立了取代前秦的后秦。401 年，姚兴将鸠摩罗什掳至后秦首都长安。

　　尝讲经于草堂寺，兴及朝臣、大德沙门千有余人肃容观听，罗什忽下高坐，谓兴曰："有二小儿登吾肩，欲鄣须妇人。"兴乃召宫女进之，一交而生二子焉。兴尝谓罗什曰："大师听明超悟，天下莫二，何可使法种少嗣。"遂以伎女十人，逼令受之。尔后不住僧坊，别立解舍。诸僧多效之。什乃聚针盈钵，引诸僧谓之曰："若能见效食此者，乃可畜室耳。"因举匕进针，与常食不别，诸僧愧服乃止。

　　杯渡比丘在彭城，闻罗什在长安，乃叹曰："吾与此子戏，别三百余年，相见杳然未期，迟有遇于来生耳。"罗什未终少日，觉四大不愈，乃口出三番神咒，令外国弟子诵之以自救，未及致力，转觉危殆，于是力疾与众僧告别曰："因法相遇，殊未尽心，方复后世，恻怆可言。"死于长安。姚兴于逍遥园依外国法以火焚尸 [96]，薪灭形碎，惟舌不烂。

第三章

高　昌

胡汉交融之所

　　吐鲁番地处塔克拉玛干沙漠北道，连接着汉文化圈与伊朗文化圈。直到今天，吐鲁番还保持着一些国际化都市的感觉。在城市的每个角落都有卖馕的小贩。馕是西域和北印度的一种发酵饼。20世纪90年代中期有一次我在吐鲁番开会，一位研究伊朗语言的挪威教授早餐时兴高采烈地告诉大家，他早上又被驴叫吵醒了，上次发生这样的事情还是在伊朗，那时伊朗1979年的伊斯兰革命还没发生。在市区，总能看到很多汉族和维吾尔族的面孔。巴扎——甚至汉人也说"巴扎"而不说"市场"——的店主供应各式毯子、镶宝石的亮晶晶的小刀，并给所有的潜在顾客都端上一杯茶。

　　吐鲁番在历史上一直是一座多民族的城市。来自中原地区和撒马尔罕周边粟特地区的移民构成了最大的聚落。220年东汉灭亡之后，大量汉人迁入西北。高昌和龟兹是塔克拉玛干北道最大的两个绿洲。无论男女，高昌的汉人都会和着伊朗音乐跳胡旋舞。这是一种旋转非常剧烈的舞蹈（见彩图15）。对于粟特人来说，这里非常汉化，以至于他们把高昌径直称作"汉城"。[1]

　　粟特人和汉人让本地居民没那么出挑，其中一些本地居民本

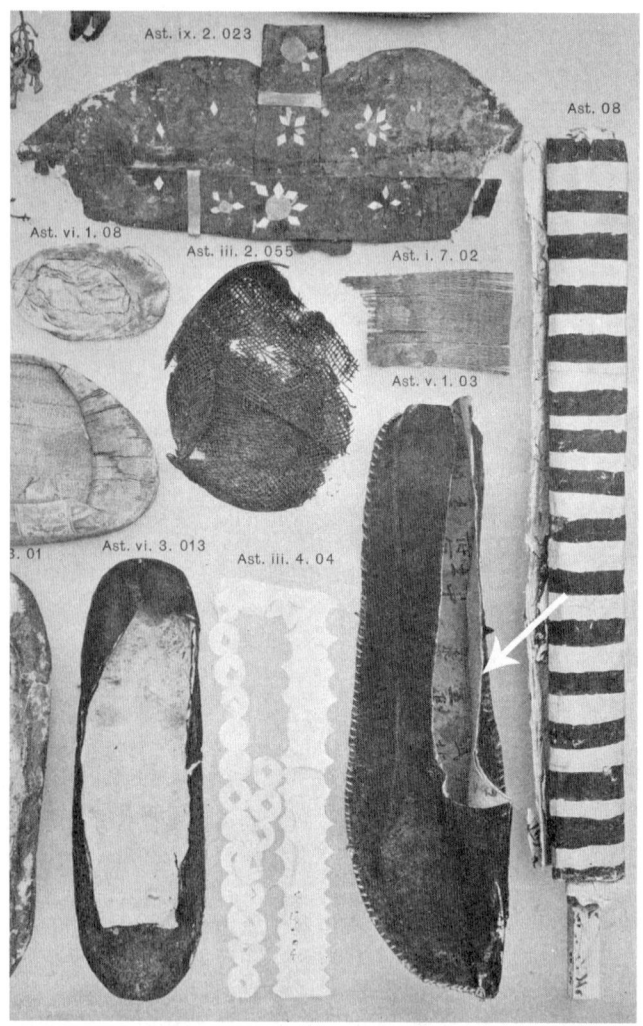

Ast. ix. 2. 023

Ast. 08

Ast. vi. 1. 08

Ast. iii. 2. 055

Ast. i. 7. 02

Ast. v. 1. 03

3. 01   Ast. vi. 3. 013   Ast. iii. 4. 04

阿斯塔那墓地出土的废纸制品

　　为节省考古报告的篇幅，斯坦因把同一遗址发现的类似物品摆在一起拍照并置于同一页中。图中照片即是他在吐鲁番阿斯塔那墓地中发现的一些纸制品：花帽、卷起来的旗子、一串钱，还有最典型的鞋子。工匠把文书裁成鞋底和鞋面，将二者缝起来再把外面涂黑。顺箭头方向可以看到鞋子里的字。考古学家把这些物品拆开并重新拼回原始文书以了解丝路上人们的生活。

来讲龟兹语。高昌人在273年时就已经用汉字了，这是该绿洲出土的最古老文书的年代。吐鲁番出土的材料格外重要，因为当地人把有字的纸重复利用，做成鞋、腰带、帽子和衣服用来陪葬。如此这般被偶然保存下来的未经剪裁的记载，使我们得以一窥巅峰时期丝绸之路上人们的生活。

公元500年之后，丝路南道逐渐被弃用。很多旅行者选择经高昌走丝路北道，玄奘（602—664年）就是其中之一。629年，玄奘决定去印度研读佛经的梵文原版，因为这些佛经的汉文译本根本读不通。[2] 但他选择的出行时机实在差得不能再差了，当时唐朝刚建立，明令禁止出境。

玄奘回国以后，于649年向弟子慧立（615—约675年）详细讲述了自己的艰苦旅程。慧立把玄奘的口述记录了下来，这样我们才得以了解玄奘的印度之行。[3] 据慧立记载，玄奘生于河南洛阳附近，十几岁时出家，618年隋朝崩溃时离开了洛阳。玄奘先在长安，后在四川，共读了十一年佛经。为了准备上路，他学了梵语。这是佛教的经堂语言，也在寺院中使用。[4]

高昌距敦煌550千米，今天坐一夜火车或者一天汽车就能到达。然而如今旅行的便捷会让我们看不清过去旅途中实实在在的危险。玄奘的第一站是凉州，即今甘肃武威。这里"襟带西蕃、葱右①诸国，商侣往来，无有停绝"。[5] 凉州是这一路上唐朝境内最后一个大城市，从这里可以加入西行的商队。

城中的最高长官凉州都督劝玄奘放弃出境的计划。但当地一位僧人帮他继续前行到了瓜州。这里的州吏撕掉了朝廷下达逮捕

---

① 葱指葱岭，即今帕米尔地区。葱右指葱岭以西。

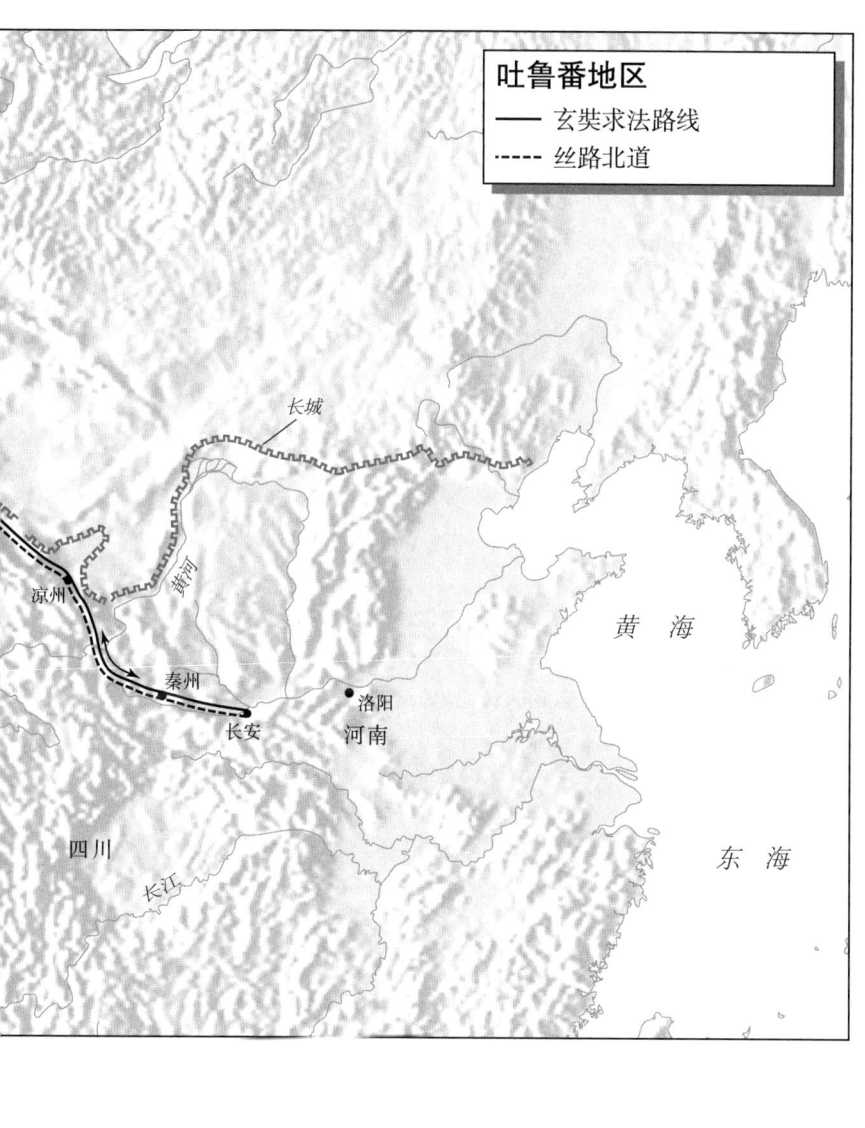

吐鲁番地区

—— 玄奘求法路线
----- 丝路北道

长城

黄河

凉州

秦州

长安

洛阳

河南

四川

长江

黄　海

东　海

玄奘的命令，劝他尽快上路（见史料 18）。（瓜州在敦煌附近，玄奘没有经过敦煌。）伊吾（今新疆哈密）是唐朝境外的第一站。在瓜州，玄奘听说了去伊吾路上的障碍：首先是瓠芦河的急流，之后是北方的五座烽燧，专抓擅自出境的人，最后是莫贺延碛（今哈顺戈壁）。1907 年，斯坦因追随玄奘的脚步重走了这一段路。据他估算，玄奘走了 351 千米。[6] 他还发现慧立的记载非常精确，只有一点除外。慧立略去了第一和第四烽燧之间的两天路程，他也许是为了叙述简便才这样做的。

因为没有明确的路标，玄奘雇了一名向导带他去伊吾。向导名叫石盘陀。石姓表示此人来自石国（Chach，位于今乌兹别克斯坦首都塔什干），盘陀一名是粟特语 Vandak 的汉语音译。这是一个常见的粟特名字，意思是某神的仆人。[7] 盘陀把年轻的唐僧介绍给一位胡人老翁，此人曾经去过伊吾十五次[①]，他劝玄奘用自己的马换他的老马[②]。玄奘想起从长安出发时，有位占卜师说他会乘一匹"老赤瘦马"出行，因此同意换马。

午夜之后[③]，盘陀和玄奘上路了。他们沿着瓠芦河一路向北到了一处可以过河的浅滩。盘陀砍下旁边的胡椒树搭了一座简易的桥，两人过河之后下马休息。半夜，玄奘觉得他看到盘陀持刀向自己走来——这是噩梦吗？他诵经向观音菩萨求救，度过了危机。

第二天一早盘陀说他决定回去："弟子将前途险远，又无水

[①]《法师传》作"此翁极谙西路，来去伊吾三十余返"。实际上，走过十五个来回的是老翁的那匹老马，老翁的经验比他的马更丰富。

[②]《法师传》作"师必去，可乘我马。此马往返伊吾已有十五度，健而知道。师马少，不堪远涉"。实际上，胡翁的老马识路，玄奘的马较年轻，不能走远路，因此胡翁主动提出跟玄奘换马来帮他。

[③]《法师传》作"于是装束，与少胡夜发。三更许到河"。因此是午夜之后到河边，而不是午夜之后才出发。

草，唯五烽下有水，必须夜到偷水而过，但一处被觉，即是死人。"玄奘送给盘陀一匹马，之后便和他分道扬镳，只身一人走入沙漠。

慧立很生动地描绘了他师父独自旅行时的恐惧。玄奘在沙碛中前行，沿途的标识只有马粪和以前路人的白骨。他产生了幻觉，看到远处有不断变换形状的数百军队的幻象。当到达第一烽时，他在沙沟里躲到夜幕降临。当他在水源处喝水并用皮囊盛水时，忽然几支箭呼啸而过，差点射中他的膝盖。他站起身来喊道："我是僧，从京师来，汝莫射我。"烽上的守卫开了门，校尉邀请他入内过夜。校尉说他的一个亲戚会在第四烽帮玄奘。在那里也有箭射向玄奘，他只得再次亮明身份，守卫便放行了。烽官让他直接去五十千米之外的野马泉，那里是最近的水源。

玄奘孤身一人徒步前行，走了很久也没找到野马泉。他停下喝水却没拿稳水囊，把水全洒了。他灰心失望开始东返，后又决定："宁可就西而死，岂归东而生！"玄奘在沙漠里走了五天四夜并再度向观音菩萨祷告，最后他的马终于把他带到了沙漠里的一处甘泉。玄奘喝水恢复体力之后，继续前行至伊吾。在那里，三名汉僧在一座寺庙中接待了他。他已成功越境。

慧立创作这部圣徒传的主要目的是记录玄奘经历的种种奇迹。其中玄奘从长安到高昌的旅程只占了不到一章的篇幅。和所有的圣徒传作者一样，慧立夸大了旅程的危险以显示法师的虔诚。但现代读者还是禁不住去琢磨一些细节。会有唐朝官员在他应该逮捕的人面前把逮捕令撕掉吗？玄奘为什么会送马给向导？此人之前拿刀威胁过他，之后又临阵脱逃，留下玄奘一人走最艰苦的一段路。无人随行的玄奘怎么可能走得完沙漠里的那段路？两个不同烽燧的长官都会对逃犯（即便逃犯是个僧人）放行吗？玄奘在沙漠里五天四夜没有水是怎么活下来的？（不过赫定在1896年确实曾在没有水的情况下在沙漠里坚持了六天五夜。）[8]

尽管玄奘肯定从一开始就打定主意要直接去见唐朝在西域的最主要对手西突厥可汗，但在慧立的讲述中，玄奘变成了忠诚的唐朝子民，离开唐朝国土之后才决定去见可汗。[9]

无论玄奘出境时的情况如何，他的经历跟北道上的普通旅人有着显著差别。从瓜州到高昌的那一段路，玄奘是一个人走的，但是其他所有人几乎都是跟商队一起走的。还没有出境禁令的时候，商队会在边境申请一个旅行许可，由向导带着走过沙漠里难找的路。如果他们躲过了路边白骨曾遭遇的种种灾难，就能走完全程。玄奘的路线凸显了高昌在丝路上的重要性。这里和龟兹一样，是当时西域最大的城市之一。

正如慧立所讲，玄奘一离开唐境，运势就变了。在丝路北道上，伊吾之后的绿洲便是高昌——当时高昌国的国都。高昌国王麹文泰（623—640年在位）派人去迎接玄奘。僧人和他的向导在晚上赶路，到达王宫时已经是午夜，国王及其随从打着火把出来迎接。国王和玄奘一直谈话，谈了一整夜。第二天一早，玄奘还在睡觉，国王夫妇就在他门口等着，这样可以在早上第一时间问候玄奘以表示自己的虔诚。玄奘搬进了一座寺院，住了十多天，然后决定继续上路。

高昌王想劝他留下：

> 自承法师名，身心欢喜，手舞足蹈，拟师至止，受弟子供养以终一身。令一国人皆为师弟子，望师讲授，僧徒虽少，

亦有数千，并使执经充师听众。

玄奘不同意，二人便开始争吵。高昌王威胁要把玄奘遣送回国。玄奘坚持要走，国王就把玄奘锁在宫里，并每天亲自给他送饭。玄奘开始绝食，连续三天水米不进。第四天，国王终于让步，二人达成了妥协：玄奘在高昌再待一个月，讲《仁王经》。国王则为玄奘之后的旅行准备礼物。

一个月之后，国王派了四名新度沙弥和二十五名随从与玄奘同行，并给他们提供面罩、手套和靴袜。他还给了玄奘很多绸缎和金钱，足以支持他游历二十年：黄金一百两，银钱三万，绫及绢等五百匹。7 世纪的丝路上，金银币和丝绸都是通货。比这些更重要的是二十四封国书，一封给西突厥可汗，二十三封给沿路的其他国王，他们和高昌王一样，都是可汗的同盟。[10]

玄奘的路线让他可以尽量处在西突厥及其同盟的控制区内。高昌王给可汗的礼物是五百匹绫绢和两车水果（可能是干果）。可汗的牙帐建于碎叶，位于伊塞克湖的西北角，即今吉尔吉斯斯坦托克马克西南阿克贝希姆遗址。虽然高昌王有冰屋让他可以在冬天享受水果，但不可能把新鲜水果一路送到可汗的大帐中。玄奘于冬季从高昌启程，其时很可能是 629 年 12 月。[11]

高昌麹氏家族从 502 年开始掌权。[12] 虽然麹氏也许并非汉人，但他们完全汉化了。《后汉书》记载吐鲁番的原住民车师人"庐帐居，逐水草，颇田作"。[13] 车师王的墓葬证实了他们的游牧生活，其中有人殉的方形墓坑和葬马的圆形墓坑。[14] 公元前 60 年匈奴衰落时，有位车师王向汉朝称臣，汉朝随即在交河城驻军。之后的几个朝代基本一直控制着这里直到 450 年。交河城地处两河

高昌故城遗址

　　吐鲁番附近的高昌故城夯土墙是中国境内为数不多的地上古迹之一。游客可以看到当地人在地下挖土造屋（这种屋子在夏天很凉爽），并用挖出的土垒起高墙。图中两座土塔高于高昌其他建筑，629 年玄奘结束绝食抗议之后很可能登上过其中一座讲法。（作者摄）

交汇之处，地势非常险要。经过联合国教科文组织参与的投资整修，今天游客可以沿着石板路走在交河故城里，参观一座座有标识的古代建筑。[15]

　　在汉人统治的几个世纪里，很多汉人迁移至此，很多当地人也学会了汉语。与尼雅和龟兹一样，三四世纪时，这里流通的货币很少，当地人以丝绢为通货。吐鲁番出土的最早汉文契约的年代为 273 年，契约上记载了一桩以二十匹练换一口棺材的交易。[16] 其中的练是指煮过的丝绢，这样可以去掉丝线最外面的一层物质，使之更易上色。几个世纪以来，吐鲁番人一直偏好练，同时也用毯子和定量的粮食作为交换媒介。

　　和很多汉人统治者一样，麹氏家族也扶持佛教。他们模仿中原的官僚体系，以汉语为行政语言，城门也都有标准的汉语名字。学生在学校里学习汉文经典、正史，但他们也将其翻译为本地语言，可能是龟兹语或粟特语。[17]

640年唐朝军队灭掉高昌国之后，这里变得更加汉化了。曾经款待过玄奘的麴文泰是第十任也是最后一任高昌王。他在唐朝进攻时忧惧而亡，其子投降。唐朝在这里设西州，建立了直接统治，交河成为西州治所。唐朝还在此处设安西都护府，总管西域事务。[18]

唐朝的三百多个州都实行同样的制度，因此西州的官员也要按照均田制的规定授田。授田的依据是籍帐，即户口簿。籍帐中会列出户主、所有家庭成员、其他同住的人，以及各人应纳的税。所有男丁都要纳三种税：租（粮食）、庸（劳役）、调（布匹）。籍帐中还包括老者、幼儿、残疾人和女性，这些人的税赋得到减免。按规定，籍帐每三年都要重新制作。

每个以男丁为户主的家庭都可以得到二十亩永业田（死后可以传给后代）和八十亩口分田（死后交还政府）。[19]官方鼓励在永业田上进行长期投资，比如种桑以养蚕。每三年就重新分配的口分田则用来种庄稼。

640年，西州为每个家庭制作籍帐，共得8000户，37700口（见史料22-1）。[20]（一百年后户数增加至11647。[21]）因为西州耕地稀少，籍帐中列出了实授田（一般五亩左右）和未授田。尽管官方明白这里没有足够的耕地，永远也不可能把未授田授满，但纸面上的这种做法显示出对唐代律令的遵守。基层的灵活性使得唐朝法律很成功，官员可以因地制宜地实行各项规定。

我们之所以能知道唐朝西州官员记载了未授田，是因为西州人有用废纸给死者做衣服、鞋帽和腰带的葬俗。似乎其他地方的唐朝人也用纸给死者做冥衣，不过这些衣服没有保存下来。[22] 也许生者相信纸能让人在去世后升入死后世界。之所以说"升"，是因为佛教徒认为天国在人世上方某处。有一件吐鲁番出土的鞋样，其年代为 5 世纪早期，鞋底就用蓝墨水写着一个"升"字。[23]

因为纸很贵，所以吐鲁番人用废纸做冥衣，其中有些是没用了的官方文书。据汉文正史记载，高昌国的官员处理完一件事务之后会把所有文书都处理掉，只有籍帐不会被扔掉。640 年唐朝灭高昌后，所有高昌国的文书都作废了。此外，为了减少文书所占空间，唐朝规定所有文书只保留三年。[24] 人们有时也用民间材料做冥衣，包括信件、契约、诗、药方、学校作业等。吐鲁番文书的迷人之处就在于冥衣的内容包罗万象。

吐鲁番的干燥气候有助于保存纸张、织物等。吐鲁番绿洲是一处海拔极低的盆地，形成于几千万年前，那时印度板块和欧亚板块碰撞挤压形成了喜马拉雅山脉。吐鲁番的最低点在艾丁湖，低于海平面 154 米。这是地球上海拔第二低的地方，仅次于死海。吐鲁番异常炎热且干燥，因此有时被称作"火州"。夏天的温度经常能达到 40℃ 以上，没有空调的话，人会非常难受（当地的半地下房屋可以保持凉爽），但对于吐鲁番著名的甜瓜和葡萄来说，这个温度非常合适。除文书之外，吐鲁番干燥的气候还使超过一百具干尸和绢花（见彩图 1）保存了下来。

1915 年 1 月 18 日，当斯坦因来到高昌故城外不远处的阿斯塔那古墓群时，墓葬已经被彻底盗挖过一遍了（见史料 19）。一位名叫买西克的当地盗墓者告诉斯坦因，自己和父亲已经亲自检查过遗址中的每一座墓。

我们的特别墓地助手买西克由于长期的实践，在给死人搜身方面已经毫无顾忌。他把骷髅的颌骨敲碎，从口腔中取出了一枚薄薄的金币。……买西克宣称他是第一批从经验中学会在死人嘴里找金币银币的人，但他的搜索很少得到回报。[25]

在阿斯塔那和哈拉和卓的墓葬中，斯坦因发现了许多物品，包括买西克从死人口中撬出来的钱币。但他和之后的其他发掘者都没有意识到这片墓葬群中到底有多少文书。

今天的阿斯塔那古墓群向游客开放。游客可以顺楼梯进入两座墓葬观看墓中的壁画。只有考虑到以下两点，才能认识到这座遗址的可观之处。第一，遗址非常大，东西长 2.4 千米，最宽处可达 1.2 千米；第二，历史学家从墓里发现的文书中得到了海量的历史信息。

当地的考古学家认识到阿斯塔那古墓群虽然已经被严重盗挖，可还有很多文物。直到 1958 年，从没有人系统发掘过这里。这一年中国开始"大跃进"，所有农场、工厂和单位都要提高产量以达到指标。这些指标很多都非常高，不可能达到。[26]

新疆的考古学家也有指标：上千件的文物。[27] 他们在几个不同的地方都挖了探坑，其中收获最大的都在阿斯塔那。考古学家没有经费雇人挖掘，当地政府同意让他们在修路和挖水渠的工作队旁边发掘，这样可以省去雇工的费用。考古学家发现了非常多的墓葬。今天，当吐鲁番当地的考古学家讲述当时一卡车一卡车的文物被运往乌鲁木齐的博物馆时，其语调就好像其他人讲述 20 世纪早期欧洲探险家用一队一队的骆驼运走文物时那样。考古学家完成了指标，对遗址的发掘一直持续到 1975 年。这些年中国经历了各种政治运动，特别是 1966 年到 1976 年的"文化大革命"。发掘的重点总是在于文物的数量，因此考古报告的水平常常不高。[28]有时不能通过这些匆忙发掘之后的考古报告确定某件文物来自哪座墓葬。

遗址中出土文书的待遇则要好得多。武汉大学历史系的唐长孺教授高瞻远瞩。在他的领导下，政府组织了一群学者在北京会面，分析遗址中的文书。有时一件文书被分成几块，分别用在不同的衣物上。学者把这些部分揭下来，拼出文书的本来面目。所有经修复的文书都发表了，每一件都有清楚的照片及录文。1959年以来，考古学家在阿斯塔那和哈拉和卓共发掘墓葬 465 座，其中 205 座有文书出土。[29]截至目前，发现了大概两千件文书，其中有超过三百件契约（见史料 20-2）。[30]

这些文书给我们提供了难得的机会，让我们可以一窥 273 年到 778 年之间丝路上普通人的生活。这两个年份分别为最早和最晚的汉文文书的年代。在高昌国建立之前，吐鲁番的统治者与尼雅和龟兹的统治者一样，也进行互派使者的活动。有一件 477 年的文书列出了招待来自如下几国的使节的花销：蒙古高原上的柔然、塔里木盆地南缘的子合国（位于今新疆叶城县）、南北朝时期定都于建康的南朝宋（420—479 年）、北印度的乌苌国，以及很可能指的是南印度的"婆罗门国"。[31]

从这一连串的使节可见高昌统治者当时与哪些国家维持着外交关系，但看不出高昌最重要的贸易伙伴是谁。不过吐鲁番出土的其他钱币和文书明白无误地一致表明，伊朗世界，特别是撒马尔罕附近的东伊朗世界，而非罗马，才是高昌最重要的贸易伙伴。640 年唐朝征服这里之后也是如此。

早在公元 300 年，高昌人就开始使用伊朗西部萨珊王朝打造的银币。萨珊银币以其 85% 到 90% 的高纯度著称，且有着鲜明的特点。[32] 每枚银币的正面都是在位国王的侧面像。每位国王都有独特的王冠，可以以此来分辨不同的国王。此外还刻有中古伊朗文的王名。银币反面的图案是有两名护卫的火坛，表现萨珊王朝的国教祆教（见彩图 4）。中国境内出土的最古老的萨珊钱币的年代为 4 世纪，发现于高昌故城的窖藏中。由于流通不广，很多这些早期钱币都没什么磨损。[33] 吐鲁番出土的 4 世纪文书记载当地用绢帛付账，与钱币流通不广的印象相符。

最早提到银币的文书是一件衣物疏，即记载死者随葬物品名称和数量的文书，其年代为 543 年（见史料 21-1）。其中列出了"金钱百枚……银钱百枚……攀天丝万万九千丈"[34]。尽管衣物疏中没有说明银币来自哪里，但此时中原的钱币是铸造的铜钱，所以这些银币肯定来自萨珊。织物和钱币的数量表明，放在墓中的是替代品而不是实物。

最早提到实用银币的文书是一件 584 年的租约，其中记载用 5 枚银币租一亩地。类似的契约一直持续到 677 年。人们用银币租地、租树、租牛车、租房子、买地、雇人替自己去烽燧站岗、借债，以及交税。[35] 阿斯塔那的一件粟特语契约记载了 639 年一桩以 120 枚高纯度银币购买一名女奴的交易。这与汉文契约中银币使用的情况相符（见史料 20-1）。[36]

文书显示吐鲁番人在 6 世纪末到 7 世纪末使用银币。发现的钱币也证实了这一点。考古学家在高昌故城发现了 130 枚萨珊银币，在阿斯塔那古墓群发现了 30 枚，其中很多都是斯坦因的助手买西克从死人口中撬出来的。[37] 萨珊银币在 640 年唐朝征服高昌之后依然在流通。甚至在 651 年萨珊王朝灭于伊斯兰军队之后也是如此。阿拉伯征服者改用阿拉伯总督打造的阿拉伯-萨珊银币。与萨珊银币一样，这种银币重约 4 克，只不过银币正面的萨珊国王肖像换成了阿拉伯总督的肖像，还加了一段阿拉伯语铭文。[38]

中国总共出土了大概 1300 枚萨珊钱币。其中大多数发现于新疆。[39] 在吐鲁番以西很远，喀什以西，今乌恰县（维吾尔语名称转写为 Ulugart）深山中的一条小路旁，考古学家发现了中国境内最大的银币窖藏。1959 年，一个修路队用炸药拓宽路面时在石缝中发现了 13 根金条和 947 枚银币，其中很多都锈在了一起。发现银币的这座山在高昌通往西突厥牙帐的大路旁。发现地点是高山底部的一个大石墩，非常偏僻。肯定是什么人（也许是商人？使节？强盗？）把钱藏在此处，之后没能回来走走。[40] 这 947枚银币包括萨珊银币和阿拉伯 – 萨珊银币。阿拉伯 – 萨珊银币的出现可以把整个窖藏的年代推定为 651 年萨珊王朝亡于哈里发的军队之后。四分之一的银币是萨珊银币的中国仿制品，这说明银币对于西域人来说一直很有吸引力。[41]

7 世纪晚期时 947 枚银币的购买力如何？在吐鲁番发现的一组文书给我们提供了一些线索。这组文书出土于一位死于 673 年的放贷人左氏的墓中（见史料 21-2）。其中有一封折好的信，来自死者的一名仆人。他在信中说，自己对于六年前（即 667 年）500 枚银币的失窃不负任何责任（见史料 21-3）。和许多汉人一样，这名仆人也相信阴曹地府的判官既会向死人也会向活人施以惩罚。该信显示，当地富人手上随时都可能有多达 500 枚的银币。

放贷人左氏的墓中还埋有十五件完好的契约，记录了此人常放小额贷款，金额在 10 枚到 40 枚银币之间或 3 匹到 30 匹练之间。

政府规定，大宗交易比如买卖奴隶或牲口要用丝绢结算，价低的物品用钱币交易，可能是因为钱币经常供应不足。左氏按规定在661年用6匹练买了一名女奴，668年用450枚银币买了九十束草。十五件契约中，八件为贷练契或贷银钱契，五件为租地契，其中至少一件是租给曾经向他借过钱的某人（见史料20-2）。和其他的吐鲁番文书不同，这些契约都被完好地放置在墓中，可能是因为左氏生前没有要回贷款，想死后继续追讨。[42]

此人墓中的借贷契约中收取的利率基本一致，为每月10%到15%。这利率对于当时的人来说也是非常高的。唐律规定月利率不能超过6%。[43] 出于各种原因，欠债的普通人会到放贷人那里借钱以渡过难关。我们有时并不知道借钱人到底出了什么事，但是他们肯定没有还钱。因为如果他们还了，放贷人在结清最后一笔款时会按照习惯把他的那份借据撕掉。

在高昌人使用银币的同时，中原人自公元前2世纪以来就一直在用五铢钱。高昌及高昌以西地区用银币、内地用铜钱这种通货上的差别，在640年唐朝征服高昌之后仍然存在。公元700年左右，西州人才慢慢改用铜钱。他们常把1000枚铜钱串起来，称为一贯。提到银币的阿斯塔那文书中，年代最晚的为692年的一件税单，里面特别提到铜钱和银币的汇率：2枚银币等价于64枚铜钱。[44]

六七世纪银币在吐鲁番的流通再一次说明，在丝路贸易的鼎盛期，即当唐朝在西北大量驻军时，中国的主要贸易伙伴是伊朗世界而非罗马。我们知道，到目前为止在中国境内从未发现过罗马共和国（前509—前27年）和之后的东西分治前的罗马帝国（前27—公元395年）发行的钱币。宁夏回族自治区文物考古研究所所长罗丰在彻底调查之后得出结论，中国出土的

拜占庭苏勒德斯币 ① 中，年代最早的（2 枚）来自狄奥多西二世
（Theodosius Ⅱ，408—450 年在位）时期，埋藏于 6 世纪早期，而
最晚的则来自 8 世纪中叶。[45]

　　这些拜占庭钱币的时期与萨珊银币的时期有所重叠，二者常
常同时被发现。中国出土的金币比银币少得多，新疆出土了 11
枚，中原出土了 37 枚，一共 48 枚。银币共出土了 1300 多枚。[46]
所有这些金币都是苏勒德斯币。这种金币由君士坦丁大帝（306—
337 年在位）首先发行，每枚含金量为 1/72 罗马磅，合 4.55 克。
正面为拜占庭皇帝像，背面为十字架或耶稣像。[47]穆斯林军队灭
掉萨珊之后，又征服了拜占庭帝国的一大块土地。与把祆教元素
从银币上去掉一样，伊斯兰造币厂把苏勒德斯币上所有的基督教
元素都去掉了。

　　仔细检查之后会发现很多拜占庭金币都是赝品。[48]有时重量
轻于真币的标准重量，或者皇帝肖像的细节不对，或者铭文的字
母不对。[49]很多上面还打了孔，显示金币曾被缝在衣服上，很可
能是当护身符用（彩图 3 中即是一枚）。

　　中国境内单次发现的金币最多为 5 枚，更多时候发现的是
单个金币。[50]考古学家没有发现任何跟乌恰或者吐鲁番银币窖
藏类似的金币窖藏。这也说明，拜占庭的金币仅有仪式上的用
途，在吐鲁番或者中原并没有作为真正的货币流通。[51]阿斯塔
那文书中没有一件交易是用金币完成的。从墓中发掘出的金币
常常是护身符。乌恰窖藏的 947 枚银币和 13 根金条更证实了这
条基本规律：白银以钱币的形式流通，黄金则被铸为金条使用。

---

① solidus，一种金币形制。

银币的广泛使用说明吐鲁番处在伊朗文化圈与汉文化圈之间。丝路贸易期间，吐鲁番吸纳了很多外来移民，其中来自撒马尔罕的粟特人最多。在 4 世纪至 6 世纪，粟特人陆续来到吐鲁番定居，其迁移速度在 651 年萨珊灭亡和 712 年伊斯兰征服撒马尔罕之后明显加快。

尽管粟特人以经商闻名，但生活在吐鲁番的粟特人从事很多种职业，包括农民、佣兵、客栈老板、画师、皮匠、铁器商人等。[52] 高昌国或者唐朝地方官在制作籍帐时，并不标出谁是粟特人。因此，现代学者必须通过分析人名来判断谁是粟特人。虽然汉人一般把粟特人称为"昭武九姓"，但绝大多数粟特人都用以下七种汉姓：康（撒马尔罕）、安（布哈拉）、曹［劫布呾那（Kabudhan），泽拉夫善河以北］、何［屈霜你迦（Kushaniyah），撒马尔罕和布哈拉之间］、米［泽拉夫善河东南，一说在片治肯特（Panjikent）］、史［羯霜那（Kesh），今沙赫里萨布兹］、石［赭时（Chach），今塔什干］。[53]

两位研究粟特语的日本学者吉田丰和影山悦子最近重构出四十五个粟特人使用的汉语名字的粟特语形式。[54] 很多来吐鲁番的第一代粟特移民都用这种名字，而在中国已经生活了好几代的粟特人则倾向于给自己的孩子起传统的汉文名，这种情形类似于来美国的第一代移民常常给自己的孩子起非常美国化的名字。

除了姓名，来到吐鲁番的粟特人也逐渐改变了自己的葬俗，按照汉人的习俗下葬。[55] 因为祆教徒相信尸体会污染土壤，按传统他们会把死者尸体曝露在外，让食腐动物把肉吃光，再把洗干净的骨头收殓在纳骨器中埋葬。吐鲁番出土了两件纳骨器。[56] 祆教徒会杀牲献祭，祭祀祆教主要神祇，包括树神、石神、山神、风神，以及至高神阿胡拉·马兹达。[57] 主持这些仪式的人很可能是粟特聚落中被称为萨宝的政治宗教领袖。[58]

很多在吐鲁番生活的粟特人采用了汉式葬俗，比如陪葬品中有木简，代表在阴间服侍死者的仆人。[59] 最近在高昌故城东北的巴达木村发掘的一片墓葬群中发现了八十多座粟特墓葬。根据汉语墓志中记载的墓主姓氏可以看出墓主均为粟特人。[60] 粟特人名的规律可以让我们判断，在记载了每位家庭成员姓名的籍帐或其他文书中出现的人名里，哪些是粟特人。[61]

公元 600 年左右，48 位商人缴纳了一种名为"称价钱"的税，高昌国的官员记下了这些商人的名字，以及他们互相交易的货品。[62] 货品称重后，以银币为单位算出应缴税额。这组被深入研究的文书被发现的时候是十张鞋样，是从《高昌内藏奏得称价钱帐》（以下简称《称价钱帐》）的四个部分中裁出来的，其中记录了 7 世纪早期某年一整年的一系列交易。关于丝路商贸中所交易的商品，这组文书提供的信息最丰富。阿斯塔那墓出土文书给人带来的喜悦和遗憾在这组文书中得到了充分体现。它们一方面提供了比其他任何材料都要多的信息，另一方面又因为被剪成了鞋样，所以很不完整，缺失了很多部分。

即便如此，这些记载仍显示出粟特人在丝路贸易中所占的统治地位。买家和卖家加在一起共有 48 人，其中 41 人为粟特人。[63] 从称价钱的记录上看，交易并不频繁，每星期只有几件而已，还有好几个星期没有收上来任何税款。[64]

官员们记录每天的交易，每月两次清点收上来的银币。每二斤白银收 2 枚银币（8 克），税率不到 1%。学者们并不知道公元 600 年的 1 斤有多重，要么是旧制的 200 克，要么是新制的 600

克，前者的可能性更高。由于实际重量不能确定，下表使用原始的重量单位斤和两（16两为1斤）。[65]

《称价钱帐》记录了在一年多的时间里进行的37次交易。鍮石（即黄铜）、药、铜、郁金根、石蜜只交易了一次，其他货物则多次出现：金、银、丝、香（香的范围很广，包括焚香、香料和药材），以及硇砂。账上唯一比较少见的物品是硇砂，这是一种染布、鞣革时使用的材料，也用作降低金属熔点的助熔剂。硇砂一共出现6次，重11斤至251斤不等。与此类似，香的交易额也大小不一，低至33斤，高可达800斤，这是账上所记最大单笔交易量。与预期一致，黄金的量都很小，从4两到半斤多不等。银的量最大为8斤1两。文书中没有提及绢，多少有点令人吃惊，其实这是因为绢按尺寸计价，不属于按重量交税的物品。[66]

表 3-1 高昌某地全年称价钱帐（600 年前后）					
商品	重量	卖家姓氏（及可能族属）	买家姓氏（及可能族属）	日期	税额
银	2 斤	曹（粟特）	何（粟特）	正月一日	2 文
银	2 斤 5 两	曹（粟特）	康（粟特）	正月一日	2 文
金	9 两半	翟（高车）	缺	正月二日	缺
银	5 斤 2 两	何（粟特）	安（粟特）	正月三日	5 文
香	572 斤	翟（高车）	缺	正月三日	缺
鍮石	30 多斤	缺	缺	正月三日	缺
药	144 斤	康（粟特）	宁（汉）	正月五日	缺
丝	50 斤	缺	康（粟特）	缺	7 文 5
金	10 两	缺	康（粟特）	缺	
缺	5 斤	缺	缺	缺	70 文
缺	缺	缺	缺	缺	42 文
硇砂	172 斤	安（粟特）	康（粟特）	正月十五	缺

（续表）

商品	重量	卖家姓氏（及可能族属）	买家姓氏（及可能族属）	日期	税额
			表 3-1　高昌某地全年称价钱帐（600 年前后）		
香	252 斤	康（粟特）	康、何（粟特）	缺	缺
硇砂	50 斤	曹（粟特）	安（粟特）	正月廿二	缺
铜	41 斤	曹、何（粟特）	安（粟特）	正月廿二	缺
银	8 斤 1 两	翟（高车）	何（粟特）	缺	缺
金	8 两半	［何］（粟特）	供勤大官（突厥）	缺	2 ［文］
缺	缺	缺	安（粟特）	缺	14 文
缺	71 斤	缺	何（粟特）	［三月］	缺
郁金根	87 斤	康（粟特）	车（车师）	［三月］	1 文
金	9 两	曹（粟特）	何（粟特）	三月廿四	2 文
香	362 斤	射蜜畔陁（Zhêmat Vandak，粟特）	康（粟特）	三月廿四	15 文
硇砂	241 斤	射蜜畔陁（Zhêmat Vandak，粟特）	康（粟特）	三月廿四	
硇砂	11 斤	白（龟兹）	康（粟特）	三月廿五	缺
银	2 斤 1 两	康（粟特）	何（粟特）	四月五日	缺
丝	10 斤	康（粟特）	康（粟特）	四月五日	1 文
缺	缺	缺	缺	缺	17 文
缺	缺	缺	缺	缺	1 文
银	2 斤	缺	何（粟特）	［四月］	2 文
香	800 斤	缺	缺	［四月］	缺
石蜜	31 斤	缺	缺	［四月］	22 文
丝	80 斤	何（粟特）	缺	［四月］	8 文
丝	60 斤	车（车师）	白（龟兹）	五月二日	3 文
丝	缺	车（车师）	缺	五月十二	1 文半

（续表）

商品	重量	卖家姓氏（及可能族属）	买家姓氏（及可能族属）	日期	税额
硇砂	251 斤	康（粟特）	石（粟特）	六月五日	6 文
香	172 斤	缺	何（粟特）	缺	4 文
缺	缺	康（粟特）	缺	七月十六	缺
缺	缺	曹（粟特）	缺	七月廿二	缺
缺	缺	缺	缺	缺	8 文
缺	缺	安（粟特）	缺	七月廿五	缺
金	4 两	康（粟特）	车（车师）	八月四日	［半文］
香	92 斤	缺	康（粟特）	八月四日	2 文
缺	缺	曹（粟特）	缺	九月五日	缺
金	缺	康（粟特）	曹（粟特）	十月十九	4 文
香	650 多斤	康（粟特）	康（粟特）	十二月廿七	21 文
硇砂	210 斤	缺	缺	缺	
香	52 斤	缺	缺	缺	1 文
香	33 斤	安（粟特）	安（粟特）	缺	8 文

表 3-1　高昌某地全年称价钱帐（600 年前后）

资料来源：《高昌内藏奏得称价钱帐》73 TAM514：2/1~2/4，见唐长孺主编：《吐鲁番出土文书》卷 1，450—453 页。

《称价钱帐》中并未列出某位商人的全部货品，只有单笔销售的记录。其中最大的交易额为 800 斤，只需几头牲口就可以运走。[67] 在本书开头提到的一位汉商与其贸易伙伴的弟弟打官司所留下的一系列双方辩词的记录中，我们能看到同样的小额贸易。[68] 原告名叫曹禄山，从名字看此人明显是粟特人。曹是昭武九姓之一，禄山是粟特语 Rokhshan 的音译，意为"光明"，与来自波斯语的英语人名 Roxanne 同源。

670 年前后，曹禄山来到衙门状告一位汉商，要他偿清未还债务。他说，被告违反了唐朝的契约法，该法在 640 年唐朝灭高昌起开始生效。作为他哥哥的继承人，他理应得到 275 匹绢。曹禄山把官司打到西州，这里在 670 年到 692 年间也是安西都护府的所在地。

与当时的很多商人一样，曹禄山的哥哥和被告的汉商都把家安在长安，做生意的时候远涉西域。曹禄山的哥哥在弓月城（位于今新疆伊宁县，接近哈萨克斯坦边境）遇到了那位汉商，并借给他 275 匹绢。几头牲口就驮得走这些绢。因为两人没有共通语言，他们通过一名传译交流。

这件案子表明，素绢，即未染色的平纹丝绸，在唐朝和铜钱一样被用作货币。相比铜钱，丝绸有很多优势。铜钱的价值波动很大，丝绸的价格相对稳定。在 3 世纪到 10 世纪的中国，一匹绢的尺寸也极为稳定，宽 1 尺 8 寸（56 厘米），长 4 丈（12 米）。[69] 绢也比铜钱轻很多，1000 枚铜钱穿成的一贯钱重达 9 磅（约 4 千克）。[70]

放贷之后，曹禄山的哥哥带着两头骆驼、四头牛和一头驴前往龟兹。这七头牲口驮着他的货物，包括丝绸、弓箭、碗和马鞍。他没能走到龟兹。官司中有证人推测他可能被劫匪谋财害命了。尽管曹禄山没有原始借据，但他找到了两名借据签署时的见证人，都是粟特人。根据唐律，人证足以代替协议原件。唐朝官府做出了有利于曹禄山而不利于汉商的判决，要求汉商还债。

曹禄山的哥哥带了七头牲口拉货。从吐鲁番出土的十二件过所中我们可以得知，其他商队的规模也差不多。与尼雅和库车出土的类似文书一样，这些过所记录了商队的组成，包括人员和牲口，还记有出发地和目的地，以及一路上允许经过的所有地方。每位旅人都要在上路之前申请过所。此外，每入一州境，都要取得验明随行的人员和牲口的文件。

在每处关卡（有的在州中，有的在州与州之间），当地官员都要查验随行的所有人，分为亲戚、作人（即仆人）和奴隶，并要确认所有牲口都合法地属于过所持有人。唐律禁止把债务人充当奴隶还债，唯一合法的奴隶必须是父母都是奴隶的，或者是经由登记在册的卖身契购得的，且奴隶主必须持有相应的市券①（见史料 22-2）。[71] 唐律对于牲口也同样严格。对于买来的牲口，旅人必须持有市券才能把驴、马、骆驼或者牛带过关卡。与龟兹的官员一样，吐鲁番的官员并未记录商队带了什么货物。但是过所确实给出了商队的规模，一般有四五个人和十头左右的牲口。[72]

在许多文书中都出现了一位名叫石染典（粟特语 Zhemat-yan，意为"Zhemat 神的宠儿"）的商人，因而我们可以得知此人在 732 年到 733 年间的种种活动，并了解政府监管的强度。石染典及其家人是正式在籍的西州百姓，他有一件从瓜州经敦煌至伊州再向西前往龟兹的过所，其路线与玄奘的类似。文书中保存了从瓜州到敦煌途中四名官员四次勘验商队的记录，三月十九日两次、二十日一次、二十一日一次。[73] 石染典来的时候带了两名作人、一名奴隶、十匹马，回去的时候又买了一匹马（十八匹绢）和一头骡子。[74] 因为他带着证明交易合法的市券，所以被允许通过。石染典做的是小额贸易，他用十匹马拉货，不时买卖个别牲口以增加收入。

官员会拦下文件不合要求的商队。733 年，长安人王奉仙在安西（即今库车）服役后返京。有人欠了他 3000 文钱，他为追

---

① 市券是由官府发给、有人作保、证明交易合法的文件。唐律规定，凡买卖奴婢及牛马等大牲畜，必须立"市券"，以证明交易合法。

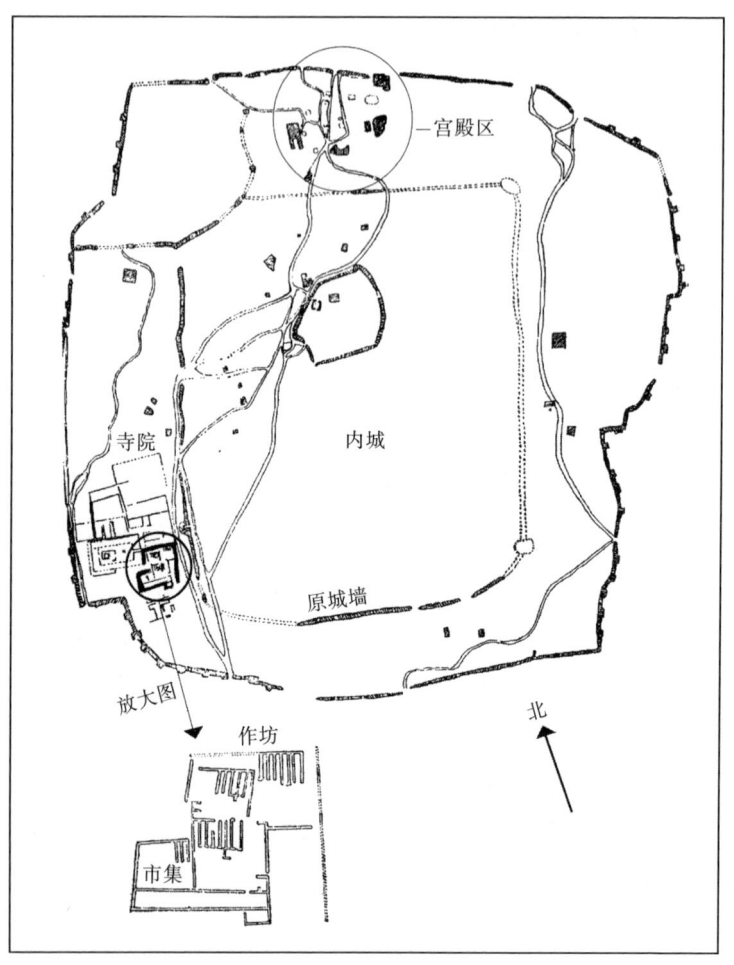

高昌城地图

  考古学家仔细考察了高昌故城中的道路和建筑，发现唐代高昌城与内地城市一样分为各个坊，这些城坊一直沿用至回鹘统治时期。城西南的商业区中设有作坊，工匠在那里制作手工艺品并当地市场贩卖。官府按贩卖货物不同将商贩分组，每组在市场中都有自己的一条商行。官员定期视察商行并记录价格。

债偏离了既定路线，并为此申请了一件新过所。此人后来在一座不在既定路线上的城镇被当地官员拘捕。他解释说他之前因为患病无法赶路，且有人作证，最终得以放回。[75] 吐鲁番出土的过所与尼雅、库车出土的一样，都表明旅人处在官府的严密管控之下，没有官方许可不能偏离既定路线。

每当商队经过关卡进入一个新城镇，就有旅店可以存货，有医生可以治病，还有妓女——与今天一样，极少有关于她们活动的文献材料。[76] 商队会去他们经过的每个城镇的市场。唐律要求管理市场的官员监市每十天检视一次市场，并记录下所有在售商品的高中低三种价格（见史料 22-3）。[77] 由 121 件残片组成的《唐天宝二年（743 年）交河郡市估案》（以下简称《交河郡市估案》）便是这样一份西州交河郡的市场物价表，其中一部分的日期为某月十四日，另外一部分为二十八日，这说明官员分两次收集了这些信息（见史料 22-4）。[78] 唐朝的市场分行排列，同类商品在同一行贩卖。《交河郡市估案》列举了十多行中的三百五十多种商品。

这份物价表尽管内容丰富，但并不能反映出市场的所有情况。有些高中低三种价格显得太规律了，比如总是 6/5/4 文。表中的所有牲口无论牙口和健康状况如何，价格都一样。表中也没有某种在售商品的总量，或者共有多少家商铺出售某种商品。

和今天中国的市场一样，西州的市场出售各种面粉和粮食，以及洋葱、大葱等蔬菜，也出售锅碗瓢盆等日用品，还有马、骆驼、牛等牲口，甚至可以花 25/22/20 文钱买到一车粪肥。

市场中还出售很多来自伊朗世界的商品，其中很多也在《称价钱帐》中出现过：硇砂、香料、糖、鍮石。《交河郡市估案》中列出了七十多种药材。因为要经陆路运来，进口商品大多都很轻便。但也有个别较重的商品，比如鍮石挂耳镔铁横刀的价格为 2500 / 2000 / 1800 文，而本地生产的刀则要便宜得多，只有 90 / 80 / 70 文。来自西方的最大商品是牲口——突厥骟马和波斯骆驼。这些牲口可能是被赶着来到西州的。马价为 20 / 18 / 16 匹绢，骆驼价为 33 / 30 / 27 匹绢 [79]，应该很容易就能在驻扎于此的唐朝军官中找到买家。绢帛行中出售产自四川、河南和其他内地省份的丝绢，这些恰恰就是拨给士兵的税绢。

《交河郡市估案》中的市场是由做小额贸易的商人供给的，这些商人带着由十到二十头牲口组成的小型商队流动，这种商业规模与《称价钱帐》和过所中的记载一致。与人们通常对丝路贸易的想象不同，西域经济的主要动力来自唐朝。从 7 世纪 30 年代讨伐西突厥开始，唐朝向西域投入了大量军费。为了打仗，唐朝把从内地征收的丝绢运到凉州和秦州（今甘肃天水），之后继续向西转运到离前线更近的地方。[80] 新疆发现了二十件以上这种来自内地的税绢。[81]

640 年唐朝征服高昌建立西州，紧接着便在此驻军，人数可能有几千。我们虽然讲唐军，但很多士兵并非汉人而是当地人。[82] 在 670 年到 692 年之间，包括龟兹的西域大部陷入吐蕃之手，其结果是 8 世纪不断增长的军事开支。《通典》是第一部全面关于典制的百科全书。据其作者杜佑（735—812 年）估计，713 年的边防支出为 200 万贯，741 年为 1000 万贯，755 年为 1400 万到 1500 万贯。唐朝官员把铜钱的贯、粮食的石，以及丝绢的匹合为一个总计单位。因为保存下来的数字之间相互矛盾，所以无法弄清其具体价值。[83]

无论如何解读这些数字，唐朝政府的支出都大得令人难以置信。随便一笔支出都让吐鲁番文书中记载的那些交易相形见绌。在八世纪三四十年代，中央政府每年向西域的军事重镇输送 90 万匹绢 [①]。在 742 年以前，大约有五千名唐朝士兵驻守在西州，然而来自当地居民的税收只够支付军事开销的 9%。[84] 唐朝政府的军饷以绢的形式向丝路绿洲的本土经济注入了海量的资金。

这些唐朝中央政府的巨大支出在安史之乱后戛然而止。叛乱迫使唐朝军队撤出西域，甚至差点使政府垮台。叛乱的首领是安禄山，其父是粟特人，其母是突厥人。他从为唐军买马的牙郎一路做到了三镇节度使。[85] 安禄山的名字便是粟特语 Rokhshan 的汉语译音。玄宗（712—756 年在位）绞死了谣传与安禄山私通的杨贵妃，他的儿子肃宗（756—762 年在位）不久宣布继位。因为中原大部都在叛军的控制之下，唐朝的税收在 755 年之后一落千丈，西北的唐军也不再给士兵发军饷。[86] 唐朝皇帝没办法，只能雇回纥（788 年改称回鹘）兵平叛。直到 763 年，已经极度衰弱的唐朝终于成功平息了叛乱。

在唐军平叛的过程中，回纥军队于 762 年占领了洛阳。回纥人的领袖在这里遇到了一位粟特摩尼师，此人向他介绍了摩尼教的基本教义。这次命运的相会对五十年之后归入回鹘人治下的吐鲁番产生了深远的影响。[87] 摩尼教是由先知摩尼（216—274 年）在伊朗创立的宗教。其教义认为，光明与黑暗的力量一直在为控制宇宙而永恒争斗。回鹘可汗将摩尼教立为国教，并

---

① 原文为："伊西北庭四十万，安西五十万。"

把他的决定以粟特语-回鹘语-汉语三语刻在一通石碑上①。[88] 在世界历史上，这是第一次也是唯一一次有国家把摩尼教立为国教。

唐朝由于叛乱而衰弱，吐蕃帝国趁机扩张自己的势力。8 世纪 80 年代，吐蕃军队进入甘肃，786 年征服了西州以北不远的北庭都护府（别失八里），792 年又攻下了西州。803 年，回鹘从吐蕃手里夺得了对吐鲁番的控制权。840 年，蒙古高原的回鹘人被黠戛斯人击败。回鹘的一部逃至西州，并于 866 年至 872 年之间某年在此建立了一个新的回鹘汗国，以西州为首都。[89] 另有一个回鹘汗国于东方的甘州（今甘肃张掖）建立。

在回鹘人治下，吐鲁番的当地人继续以契约记录土地、奴婢和牲口的买卖，但他们使用回鹘语而不是汉语作为书面语言。[90]十三四世纪吐鲁番的回鹘语契约显示，当地经济回到了物物交换模式，人们用牲口和土地交换粮食或者布匹，一般是棉布。棉布已经代替丝绸成为通货。

回鹘语文书也深刻展现了当地的宗教生活。在唐朝治下，西州有佛教、道教、祆教和当地民间宗教。在回鹘治下，这里出现了两种新宗教——基督教和摩尼教。

基督教的证据在 20 世纪早期由来到此地的德国第二批吐鲁番探险队发现。在高昌故城东墙外，考古学家们发现了一个基督教小教堂，他们从中抢救出一幅壁画，上面画着棕枝主日②的场景。

---

① 这里的三语石碑指的是位于回鹘都城（即今蒙古喀喇巴喇哈逊遗址）的《九姓回鹘可汗碑》，学界一般认为此碑是回鹘保义可汗于 9 世纪所立，其中记述了回纥牟羽可汗皈依摩尼教的过程。
② 棕枝主日（Palm Sunday）指的是复活节前的礼拜日，标志着圣周的开始。据《福音书》记载，耶稣基督于此日骑驴进入耶路撒冷，受到民众欢迎。在罗马时代，棕榈树枝是胜利的象征，此处代表基督荣入圣城。

他们还在吐鲁番以北的葡萄沟（Bulayik）遗址发掘出多种语言的基督教手稿，包括叙利亚语、粟特语、中古波斯语、新波斯语和回鹘语。有一件手稿甚至在《诗篇》的粟特语译文之前给出了一行希腊语。叙利亚语是主要的宗教语言，但有些赞美诗的集子中有粟特语的标题。这些粟特语的标题表明葡萄沟的基督徒大部分都讲粟特语。突厥名字和粟特语中出现的突厥语特点表明，他们正逐渐放弃粟特语并改讲回鹘语。这些文书的年代不确定，很可能是 9 世纪或 10 世纪，那时吐鲁番是西州回鹘汗国的首都。[91]

与中亚绝大多数基督徒一样，吐鲁番的基督徒属于基督教东方教会。教会的根据地在美索不达米亚，礼拜时用叙利亚语，这是一种阿拉米语方言。东方教会的教义认为耶稣基督有两性，即神性和人性，进而认为玛利亚是作为人的耶稣的母亲，而不是作为神的基督的母亲。他们的对手有时称他们为聂斯脱利派，把他们和 428 年到 431 年君士坦丁堡的叙利亚大主教，后来被逐出教会的聂斯脱利（Nestorius）联系在一起。但是东方教会的成员并不这样指称自己。[92]

可汗改宗摩尼教之后，摩尼教就是回鹘汗国的国教。有一份125 行长的章程，其年代很可能为 9 世纪。我们不太清楚是吐鲁番的回鹘政府还是摩尼寺院自己的领导颁发了这份章程。该章程具体规定了应该如何运行一座摩尼寺院，并让寺院的不同官员分别掌管耕地、葡萄园和寺院仓库。有些称号，比如"选民"，是摩尼教特有的。但寺院的结构与佛教寺院非常相似。依附于寺院的劳工种地，并给寺院的僧侣提供衣食。神职人员举办宴会，并负责教众的精神生活。教众的主要义务则是为他们提供素食，这样神职人员吃了就可以增加自己体内的光明因子①。[93]

在库车非常活跃的德国发掘者阿尔伯特·冯·勒柯克在两个埋藏于地下的回鹘时期的寺院书库中发现了一些最有趣的摩尼教文书。很多摩尼教的赞美诗保存了下来，其中有些用帕提亚语（摩尼教的礼拜用语）写成，还有些用回鹘语（公元1000年以前吐鲁番的当地语言）写成。这些赞美诗经常歌颂光明力量对黑暗力量的胜利。

> 所有光明的众生，所有忍受了巨大痛苦的正义（选民）和听者，将与圣父一同欢乐。
>
> 因为他们曾与他并肩战斗，因为他们克服并消灭了那曾经夸下海口的黑暗者。[94]

类似的赞美诗可以使学者重构出摩尼教的主要信条。吐鲁番的摩尼教文书是不可或缺的，因为世上现存的摩尼教文书非常少。

勒柯克找到的文书有些有精美的插画，但是被水严重损毁，很多纸页连在一起无法分开。第二次世界大战的轰炸后尚存的四批德国吐鲁番探险队收集的材料都藏在柏林的印度艺术博物馆（现为柏林亚洲艺术博物馆）中，其中就有一件这样的残片。这件小插画描绘了庇麻节（Bema Festival）的场景，这是摩尼教徒一年中最重要的节日。在这一天神职人员（或称选民）吟唱赞美诗，朗读摩尼的教法，并吃一餐（见彩图11）。[95]

尽管摩尼教是回鹘汗国的国教，吐鲁番却鲜有摩尼教艺术保

---

① 更准确地说是为了让神职人员能够通过其身体解救蔬菜瓜果中被囚禁的光明因子，并将其送返光明王国。

柏孜克里克摩尼教壁画

　　图为柏孜克里克 38 窟壁画，高 1.5 米、宽 2.4 米，是现存最大的摩尼教艺术作品。画中大树有三根树干，结满果实，树下写着供养人寻求守护神庇护的回鹘语题记。女性供养人戴着一件少见的鸟形头饰跪在树右，两位守护神站在她身后，另外三人跪在她身旁。壁画的另一侧是女子丈夫，未完整保存下来。他也戴着类似头饰。此图临摹于 1931 年，那时壁画已经严重损毁。

存下来。柏孜克里克石窟的壁画中只有一幅被学者们一致认为是摩尼教的。[96] 本页所示该壁画的摹本作于 1931 年。自那以来，壁画受到了非常严重的损毁，遗址的管理者也很少让人参观该窟。

　　为什么吐鲁番及其周边石窟中的摩尼教艺术保存下来的这么少呢？公元 1000 年左右，回鹘汗国的统治者转而支持佛教而不是摩尼教。[97] 吐鲁番保存下来的一些石窟，包括柏孜克里克 38 窟，见证了这一转变：仔细观察窟壁可以发现石窟有两层，佛教层的下面常常还有摩尼教的一层（有时不可见）。回鹘王廷转而支持佛教的决定显然开创了一个只允许有一种宗教的新时代。

　　1209 年，蒙古人打败高昌回鹘汗国，但让回鹘国王继续统治①。1275 年，回鹘人站在了忽必烈汗一边，后被忽必烈的对手之一②打败，回鹘王室于 1283 年逃至甘肃。尽管在 14 世纪，农民起义推翻了蒙古人在中国的统治并建立了明朝，吐鲁番仍处在明朝版图之外，先处于蒙古治下，之后属于蒙古一系的察合台汗国。1383 年，本身是穆斯林的黑的儿火者（Khidr Khoja，1389—1399 年在位）征服了吐鲁番，并强迫当地居民改宗伊斯兰教。直到今天，伊斯兰教依然是该地区的主要宗教。[98] 吐鲁番地区直至 1756 年清军进入前一直独立于中原。[99]

　　吐鲁番的历史可分为三个阶段：640 年唐朝征服之前、唐朝统治时期（640—755 年），以及 803 年回鹘汗国在此建立统治之后。在唐朝统治时期之前和之后，此地的经济大体上自给自足。历史记载中在陆路往来的大多数是使节或者难民。丝路贸易的高峰与唐朝驻军的时期相吻合，因为正是唐朝的驻军给丝路贸易带来了繁荣。唐朝政府向当地经济注入了海量的钱币和丝绢，导致贫农借债也要付高额利息。但是当 755 年唐朝军队撤走以后，当地经济就回到了以自然经济为基础的模式。之后几章也会讲到，其他绿洲（特别是敦煌）中也保存了大量关于唐朝政府支出的信息，其整体的规律性非常明显。丝路贸易在很大程度上是唐朝政府支出的副产品，并非如人们通常以为的那样，是民间商人长途贸易的结果。

---

① 不确切。1209 年，高昌回鹘的统治者巴而术·阿儿忒·的斤袭杀西辽派来的少监，投降成吉思汗，使高昌回鹘成为第一个和平并入蒙古的定居国家。
② 即察合台汗国大汗都哇（1306 年卒）。

［感谢 1995 年至 1998 年间“丝绸之路项目：重聚高昌宝藏”的各位成员，他们从那时起一直为笔者提供各种信息和指导。该项目的成果发表于 *Asia Major* 11, no.2 (1998)、*Orientations* 30, no.4 (1999)，以及《敦煌吐鲁番研究》第 4 卷（1999）。笔者的文章 “The Place of Coins and Their Alternatives in the Silk Road Trade”也讨论了吐鲁番。］

原始史料

18　629 年玄奘出境[100]

慧立为其师父撰写的《玄奘传》与我们之前读到的《鸠摩罗什传》（史料 17）一样，既讲现实又讲神通。选段中玄奘在禁止出境的情况下离开了首都长安。他离京西行面临什么困难？谁帮了他，谁没帮？下文中哪段可信，哪段不可信，哪段真假参半？

时国政尚新，疆场未远，禁约百姓不许出蕃。时李大亮为凉州都督，既奉严敕，防禁特切。有人报亮云："有僧从长安来，欲向西国，不知何意。"亮惧，追法师问来由。法师报云："欲西求法。"亮闻之，逼还京。

彼有慧威法师，河西之领袖，神悟聪哲，既重法师辞理，复闻求法之志，深生随喜，密遣二弟子，一曰慧琳，二曰道整，窃送向西。自是不敢公出，乃昼伏夜行，遂至瓜州。时刺史独孤达闻法师至，甚欢喜，供事殷厚。法师因访西路。或有报云："从此北行五十余里有瓠芦河，上广下狭，洄波甚急，深不可渡。上置玉门关，路必由之，即西境之襟喉也。关外西北又有五烽，候望者居之，各相去百里，中无水草。五烽之外即莫贺延碛，伊吾国境。"闻之愁愦，所乘之马又死，不知计出，沉默经月余日。

未发之间，凉州访牒又至，云："有僧字玄奘，欲入西蕃，所在州县宜严候捉。"州吏李昌，崇信之士，心疑法师，遂密将牒来呈云："师不是此耶？"法师迟疑未报。昌曰："师须实语。必是，弟子为师图之。"法师乃具实而答。昌闻，深赞希有，曰："师实能尔者，为师毁却文书。"即于前裂坏之。仍云："师须早去。"

自是益增忧惘。所从二小僧，道整先向敦煌，唯慧琳在，知其不堪远涉，亦放还。遂贸易得马一匹，但苦无人相引。即于所停寺弥勒像前启请，愿得一人相引渡关。其夜，寺有胡僧达磨梦法师坐一莲华向西而去。达磨私怪，旦而来白。法师心喜为得行之征，然语达磨云："梦为虚妄，何足涉言。"更入道场礼请，俄有一胡人[101]来入礼佛，逐法师行二三匝。问其姓名，云姓石字盘陀。此胡即请受戒，乃为授五戒[102]。胡甚喜，辞还。少时赍饼果更来。法师见其明健，貌又恭肃，遂告行意。胡人许诺，言送师过五烽。法师大喜，乃更贸衣资为买马而期焉。明日日欲下，遂入草间，须臾彼胡更与一胡老翁乘一瘦老赤马相逐而至，法师心不怿。少胡曰："此翁极谙西路，来去伊吾三十余返，故共俱来，望有平章耳。"胡公因说西路险恶，沙河阻远，鬼魅热风，遇无免者。徒侣众多，犹数迷失，况师单独，如何可行？愿自料量，勿轻身命。法师报曰："贫道为求大法，发趣西方，若不至婆罗门国，终不东归。纵死中途，非所悔也。"胡翁曰："师必去，可乘我马。此马往返伊吾已有十五度，健而知道。师马少，不堪远涉。"法师乃窃念在长安将发志西方日，有术人何弘达者，诵咒占观，多有所中。法师令占行事，达曰："师得去。去状似乘一老赤瘦马，漆鞍桥前有铁。"既睹胡人所乘马瘦赤，漆鞍有铁，与何言合，心以为当，遂即换马。胡翁欢喜，礼敬而别。

于是装束，与少胡夜发。三更许到河，遥见玉门关。去关上流十里许 [103]，两岸可阔丈余，傍有梧桐树丛。胡人乃斩木为桥，布草填沙，驱马而过。法师既渡而喜，因解驾停憩，与胡人相去可五十余步，各下褥而眠。少时胡人乃拔刀而起，徐向法师，未到十步许又回，不知何意，疑有异心。即起诵经，念观音菩萨。胡人见已，还卧遂睡。天欲明，法师唤令起取水盥漱，解斋讫欲发，胡人曰："弟子将前途险远，又无水草，唯五烽下有水，必须夜到偷水而过，但一处被觉，即是死人。不如归还，用为安稳。"法师确然不回。乃俛仰而进，露刀张弓，命法师前行。法师不肯居前，胡人自行数里而住，曰："弟子不能去。家累既大而王法不可忤也。"法师知其意，遂任还。

19 1915 年的阿斯塔那墓 [104]

下文中，斯坦因概括了他从当地人和工头买西克那里得到的消息。在斯坦因 1915 年到达那里之前，都有哪些当地人和外国人挖过阿斯塔那墓？他们找到了什么东西？又是怎么处理这些东西的？阿斯塔那还有未被侵扰的墓葬吗？斯坦因为什么雇了买西克？之前买西克发明了什么特殊的发掘技术？

第二天一早，我们开始调查高昌故城墓地。我特意将这项工作放到在吐鲁番停留的后期来做，是考虑到在汉族聚集的繁荣绿洲附近进行这种考古调查，无疑会被乌鲁木齐当局利用并找到借口来干涉我的工作，从而影响我的整个工作计划。……在阿斯塔那村北部，有一大片古墓群分布在"萨依"上。该墓地位于高昌故城西北4千米处。

最近五年间，这里的很多墓葬都被橘瑞超[105]和当地文物贩子挖过搜过，他们的目的是寻找古物。……但因为墓地范围较广且盗掘活动一直不断，通过系统的挖掘仍有希望在此获得丰硕成果。

…………

墓群所占区域东西长2.5千米，南北最宽处达1.2千米……在这片广阔的区域，墓葬的分布很不规则。长方形的茔圈集中分布在墓地的东南部，每一茔圈内都包含有一组墓葬，基本上是成行排列的。北边较远处的一个个小土堆则标志着单个墓葬的位置。它们要么各自隔开，要么几个为一组，散落各处，毫无规律。

…………

在描述我们在阿斯塔那墓忙碌了两个星期的收获之前，为方便起见，我先简要说一下事先在当地听到看到的最近盗掘墓葬的情况。从墓道的现况很容易看出，墓地中的墓葬即使不是全部，大多数也曾被打开搜刮过，或者是为了寻宝，或者是后来为了收集文物。

…………

阿斯塔那和高昌故城的村民都一致认为，所有这些墓葬或至少绝大多数都是回族人在回乱和阿古柏[106]时期为了墓中随葬的财宝而盗掘的。然而我们在后来的调查中发现，老旧坚硬的棺木肯定也被看作盗墓活动宝贵的附带收获了。绿洲中树木和牛粪稀少，相应地，当地燃料价格很高。因此，就算没挖到金银财宝，这些棺材也让盗墓的力气没有白费。

村民之所以把大量盗墓行为算在回族人头上，可能是由于当地官员在最近的破坏性革命以前，一直都能有效制止公开惊扰死者的行为，但这似乎仅仅是为了照顾众多定居在吐鲁番绿洲的汉人商人和农民的感受。有理由相信，附近村庄性情温和的"缠头"（即维吾尔人）并不反对从盗墓中分一杯羹。回乱期间他们公开破坏，后来清政府恢复了和平和秩序，让他们松了口气并又开始秘密盗掘。

关于这一点，提供了决定性证词的是当地的墓葬专家买西克。他是热心的阿斯塔那头目带给我们当向导的，一起来的还有我们的第一组挖掘队员。我非常高兴能雇到如此聪明的小伙子做工头。通过长期从事这一令人毛骨悚然的行业，他不仅非常熟悉有关墓室、随葬品的一切，还准确地知道哪些墓葬近期曾被文物贩子盗掘过，哪些只受到了被算在回族人头上的简单扰动。考虑到墓葬数量巨大和需要节省时间，这些信息显然对我们很有价值，为了让他如实相告而付给他的报酬也十分值得。……买西克本人说，最近四五年，当地政府不再密切关注这类活动，他曾挖开过百余座墓葬。在这期间，某些具有现代观念又喜好古物的地方官，为了弄到写本和其他文物以增加古玩收藏，曾直接鼓励他们去干。

更重要的是，买西克从一开始就强调，据他这些年所见，所有封住墓道口的砖墙都被人破开过。

20　吐鲁番文书中所见现实世界法律

20-1　粟特语女奴买卖契约（639 年）[107] ①

这件文书是迄今吐鲁番出土的唯一完整的粟特语契约，内容是一名和尚用银币购买一名年轻奴婢。契约正文占一面，背面只有一个字母，大概是为了便于归档。契约中粟特人对奴隶制持何种观念？买主有什么权利？卖主放弃了什么权利？奴隶有权利吗？包括官府书吏在内，这件契约有几名见证人？这件契约揭示了在高昌流通的银币的哪些信息？

（正面）

岁在高昌 [108] 延寿，神圣的大俟利发②、王十六年。汉语五月，即粟特语赫舒母撒韦赤（xšūmsaβēč）月，猪年，二十七日。

在高昌市场众人面前，张家奥塔之子沙门岩相，以 120 枚波

---

① 这件契约最初由森安孝夫、吉田丰和新疆维吾尔自治区博物馆联名以日文发表，见《麹氏高昌国时代ソグド文女奴隶売買文书》，《神户市外国语大学外国学研究》19（1989）（《内陸アジア言语の研究》4），1—50 页。这篇文章的汉译文见柳洪亮译：《麹氏高昌国时代粟特文买卖女奴隶文书》，《新疆文物》1993 年第 4 期，108—115 页。林梅村的契约汉译文见氏著：《粟特文买婢契与丝绸之路上的女奴贸易》，《文物》1992 年第 9 期，49—54 页。后来吉田丰在韩森的书评文章附录中发表了契约的英译文，"Appendix: Translation of the Contract for the Purchase of a Slave Girl Found at Turfan and Dated 639"，*T'oung Pao* 89 (2003)：159–161。最近，森安孝夫给出了最新的日语译文，见氏著：《シルクロードと唐帝国》（东京：讲谈社，2016 年），234—235 页。繁体中文版译本见森安孝夫著，张雅婷译，林圣智审订：《丝路、游牧民与唐帝国》（新北：八旗文化，2018 年），249—250 页。简体中文版译本见森安孝夫著，石晓军译：《丝绸之路与唐帝国》（北京：北京日报出版社，2000 年）。这里的译文是我参考以上几种译本，从粟特原文翻译的。
② Iltper，来自突厥语 Elteber，是突厥可汗颁给高昌国王的封号。

斯制高纯德拉克马（银币）向康国的图扎克之子乌浒舒维尔特购买了生于突厥斯坦楚雅克家的名叫乌帕赤的女奴。沙门岩相买下了此女奴，（卖主）不得赎回，（女奴）无债务、无财产、无诉讼、无纠纷，永远属于他的子孙后代。沙门岩相和他的子孙后代可以（对女奴）随意打骂、虐待、捆绑，将其出售、质押、赠送，想做什么都行，就如同对待父亲、祖父的遗产，或族生、旁生、家生的女奴，又或用德拉克马（银币）买来的永久财产。对于女奴乌帕赤，乌浒舒维尔特失去旧有的一切权利，对其失去拘束力。这件女奴契约对所有人无论是行客①百姓还是王公大臣都有效力。谁持有这件契约，谁就可以收领、带走这名女奴乌帕赤，并将其作为女奴对待，其条件即写在此契约上的条件。

见证人：米国人楚纳克之子提失拉特、康国人胡突赤之子纳姆扎尔、笈赤建②人卡而兹之子佩萨克、何国人那那库赤之子尼扎特。

此女奴契约经书吏长帕托尔许可，受乌浒舒维尔特委托，在乌帕赤的同意下，由帕托尔之子乌赫旺写就。

高昌书吏长画押。

（背面）

沙门岩相的契约。

---

① 指没有户籍的旅人，比如契约末尾的几位见证人，这种粟特商人在汉文文献中又称兴生胡、兴胡。
② 即“新城”，阿拉伯文献中作 Nujkath，一说距今乌兹别克斯坦首都塔什干不远。

20-2　唐龙朔元年（661 年）龙惠奴举练契 [①]

661 年，龙惠奴向左憧憙借了三十匹白练。这件契约与粟特语契约（史料 20-1）有何异同？这件契约中的通货是什么？债务人承诺了什么？如果失信，债权人能采取什么措施？

龙朔元年八月廿三日，安西乡人龙惠奴于崇化乡人左憧憙边举取练三十匹。月别生利练四匹。其利若出月不还，月别罚练一匹入左。如憧憙须练之日，并须依时酬还。若身东西无，仰妻儿收后者偿。官有正法，人从私契。两和立契，获指为信。

练主左

举练人龙惠奴（画指）

保人男隆绪（画指）

知见人魏石（画指）

知见人樊石德（画指）

保人康文憙（画指）

21　吐鲁番文书中所见阴间法律

21-1　高昌章和十三年（543 年）孝姿随葬衣物疏 [②]

很多阿斯塔那墓中都出土了衣物疏，即随葬品清单，有些是

---

① 录文引自唐长孺主编：《吐鲁番出土文书（三）》（北京：文物出版社，1996年），211 页。个别衍字已按照书中注释修改。

② 录文引自唐长孺主编：《吐鲁番出土文书（一）》（北京：文物出版社，1992年），143 页。个别衍字已按照书中注释修改。

真的，有些是编的。下面这件衣物疏是最早的提及银币的吐鲁番
文书，因此非常重要。但这是否意味着当时的人在日常生活中也
使用银币呢？如果不是，可以解释一下这里为什么要把银币列进
去吗？

　　故树叶锦面衣一枚；故绣罗当一枚；故锦襦一枚，领带具；故
锦褶一枚，领带具；故绯绫襦二枚，领带具；故紫绫褶二枚，领带
（具）；故绯绫袄三枚，领带具；故白绫大衫一枚，领带具；故白绫
少衫一枚，领带具；故黄绫裙一枚，攀带具；故绞绫裙一枚，攀带
具；故合蠡文锦袴一枚，攀带具；故白绫中衣一枚，攀带具；故脚
靡一枚；故绣靴二枚；故树叶锦丑衣二枚；故金银钏二枚；故金银
指环六枚；故挞扮耳抱二枚；故绫被褥四枚；故绯红锦鸡鸣枕一枚；
故波斯锦十张；故魏锦十四；故合蠡大绫十四；故石柱小绫十匹；
故白绢卅匹；故金钱百枚；故银钱百枚；故布叠二百匹；故手把二
枚；攀天丝万万九千丈。

　　章和十三年水亥岁正月壬戌朔，十三日甲戌，比丘果愿敬移五
道大神。佛弟子孝姿持佛五戒，专修十善，以此月六日物故经涉五
道，任意所适。右上所件，悉是平生所用之物。时人张坚固、李定
度。若欲求海东头，若欲觅海东壁，不得奄遏停留，急急如律令。

21-2　左憧憙墓志（673 年）[①]

　　左憧憙墓志的长度在阿斯塔那出土的墓志中算是中等。最穷

---

① 录文引自张荫才：《吐鲁番阿斯塔那左憧憙墓出土的几件唐代文书》，《文
物》1973 年第 10 期，73 页。

的人，其墓志上只书名字。地位显要的人的墓志则长得多，详细记载了墓主人生平。这篇墓志讲述了墓主的什么事迹？哪部分是为了填补空白而写的？

维大唐咸亨四年岁次甲戌五月丁未朔廿二日，西州高昌县人左公墓志并序

君讳憧憙，鸿源发于戎卫，令誉显于鲁朝[1]。德行清高，为人析表。财丰齐景，无以骄奢。意气凌云，声传异域。屈身卑己，立行修名。纯忠敦孝，礼数越常。以咸亨四年五月廿二日卒于私第，春秋五十有七。葬于城西原，礼（也）。呜呼哀哉，启斯墓殡。

21-3　唐濩舍告死者左憧憙书（667 年）[2]

左憧憙的仆人濩舍在其主人墓中放入了这封信，信中称左憧憙为"兄子"以示尊敬。一千三百年后这封信才重见天日。濩舍为什么要把这封信放入墓中？这封信展现了一个什么样的阴曹法庭？

（正面）

乾封二年腊月十一日，左憧憙家内失银钱五百文，道濩舍盗

---

[1] 按照文意，应该是"鸿源发于鲁朝，令誉显于戎卫"，上句是说他和左丘明同姓，下句指他充当折冲府卫士。录文引自张荫才：《吐鲁番阿斯塔那左憧憙墓出土的几件唐代文书》，《文物》1973 年第 10 期，73 页。
[2] 录文引自唐长孺主编：《吐鲁番出土文书（三）》（北京：文物出版社，1996年），229 页。个别衍字已改。修改后的录文见町田隆吉：《「唐咸亨四年（673）左濩舍告死者左憧憙书為左憧憙家失银钱事」をめぐって ——左憧憙研究觉书（3）》，《国际学研究》第 6 号（2015），2 页。

钱。其灉舍不得兄子钱，家里大小曹主及奴是等及外相有人盗钱者，兄子好验校分明索取，里外有人取者，放令灉舍知见。其灉舍好兄子边受之枉罪。灉舍未服，语兄分明验校，灉舍心下得清净意。故若灉舍不取之钱，家里曹主及大小奴婢及外人放，灉舍眼见，即于死者咸亨四年四月廿九日神遇已后，见多放仕，即须知钱之往。要须大小得死，灉舍即知。

（反面）[①]

其灉舍书，付左憧憙取。不得于人取书。

21-4　唐大历四年（769 年）张无价买阴宅地契[②]

这是一张死者亲属与阴曹地府签的地契。这与阳间契约（比如史料 20-2）有何区别？生者向地府供奉了什么？他们想要什么回报？

维大历四年岁次己酉，十二月乙未朔，廿日甲寅，西州天山县南阳张府君张无价俱城安宅兆，以今年岁月隐便，今龟筮协从，相地袭吉，宜于州城前庭县界西北角之原，安厝宅兆。谨用五彩杂信，买地一亩：东至青龙，西至白虎，南至朱雀，北至玄武，内方勾陈，分掌四城。丘丞墓伯，封步累畔。道路将军，整齐阡陌。

---

① 这封信正面写好后，折成长条又从中间横着折了一下之后才在背面上写字，因此展平后背面的字不在一起，方向也不一致。町田隆吉对此做了细致研究，恢复了背面文字的顺序和原貌，解决了这个问题。町田隆吉：《「唐咸亨四年（673）左灉舍告死者左憧憙書為左憧憙家失銀錢事」をめぐって ── 左憧憙研究覚書（3）》，《国際学研究》第 6 号（2015），3 页。
② 录文引自游自勇：《唐西州"张无价文书"新考》，《唐研究》第 22 卷（2016），269—282 页。

千秋万载，永无咎殃。若辄忏犯诃禁者，将军庭帐收付河伯。

今已牲牢酒饭，百味香新，共为信契。安厝已后，永保休吉。

知见人：岁月主者；

保人：今日直符。

故气邪精，不得忏扰；先来居，永避万里。若违此约，地府主吏自当祸，主人内外安吉。急急如律令。

22　由长孙无忌主持编纂的唐律（653年）

以下四条史料，前三条来自成书于653年的《唐律疏议》，第四条来自交河郡市场。这使得我们可以两相对比书面法律条文与其实际实施情况，十分难得。

22-1　唐律中的户籍登记

以下规定生动体现了唐律有多么详细。尽管有人觉得制作籍帐的时间和人力成本过高，地方官不大会严格按规定来办事，但各类籍帐在吐鲁番均有发现。唐朝官府为何要如此不辞辛劳地登记造册？如果人手不足，地方官员可能会略过哪些步骤？

诸三年一造户籍，起正月毕三月，一留县，一送州，一送户部。所须纸笔装潢轴帙，皆出当户内，口别一钱。州亦注手实及籍。[1]

---

[1] 仁井田陞著，栗劲、霍存福、王占通、郭延德编译：《唐令拾遗》（长春：长春出版社，1989年），149页。

诸每岁一造计帐，里正责所部手实，具注家口年纪。[①]

诸户籍三年一造。起正月上旬。县司责手实计帐。赴州依式勘造。乡别为卷。总写三通。其缝皆注某州某县某年籍。州名用州印。县名用县印。三月三十日纳讫。并装潢一通。送尚书省。州县各留一通。所须纸笔装潢。并皆出当户内口。户别一钱。其户每以造籍年预定为九等。便注籍脚。有析生新附者。于旧户后。以次编附。[②]

诸籍应送省者。附当州庸调车送。若庸调不入京。雇脚运送。所须脚直。以官物充。诸州县籍手实计帐。当留五比。省籍留九比。[③]

22-2 买奴婢牛马不立券 [④]

这些规定的可行性有多大？如果牲口或者奴婢在交易后三天之内生病了，会出现什么问题？

诸买奴婢、马牛驼骡驴，已过价，不立市券，过三日笞三十；卖者，减一等。立券之后，有旧病者三日内听悔，无病欺者市

---

① 仁井田陞著，栗劲、霍存福、王占通、郭延德编译：《唐令拾遗》（长春：长春出版社，1989 年），148 页。"责"以下十一字是根据《日本养老户令》复原的，有学者不认同这种复原，见杨际平：《论唐代手实、户籍、计帐三者的关系》，《中国经济史研究》2014 年第 3 期，3—24 页。
②《唐会要》卷 85 籍帐条。
③《唐会要》卷 85 籍帐条。
④《唐律疏议》卷 26《杂律》，总第 422 条。

如法，违者笞四十。即卖买已讫，而市司不时过券者，一日笞三十，一日加一等，罪止杖一百。

22-3 市司评物价不平 [①]

这些关于官府规定市价的条款很有意思，因为吐鲁番出土文书证实地方官员确实执行了这条法律。为什么官府要规定市价？对定价不公平的官员有何惩罚？

诸市司评物价不平者，计所贵贱，坐赃论；入己者，以盗论。其为罪人评赃不实，致罪有出入者，以出入人罪论。

〔疏〕议曰：谓公私交易，若官司遣评物价，或贵或贱，令价不平，计所加减之价，坐赃论。"入己者"，谓因评物价，令有贵贱，而得财物入己者，以盗论，并依真盗除、免、倍赃之法。"其为罪人评赃不实"，亦谓增减其价，致罪有出入者。假有评盗赃，应直上绢五匹，乃加作十匹，应直十匹减作五匹，是出入半年徒罪，市司还得半年徒坐，故云"以出入人罪论"。若应直五匹，评作九匹，或直九匹，评作五匹，于罪既无加减，只从贵贱不实坐赃之法。

22-4 唐天宝二年（743 年）交河郡市估案 [②]

这份物价表的日期是 743 年某月的 14 日和 28 日，表明物价

① 《唐律疏议》卷 26《杂律》，总第 419 条。
② 录文引自池田温著，龚泽铣译：《中国古代籍帐研究》（北京：中华书局，2007 年），303—304 页。

表每月更新两次。表中货物按"行"排列，每"行"只卖某类货物。有没有哪项货物价格出乎你的意料？为什么？

市司　牒上郡仓曹司

廿八日客

米面行

白面一斗：上直钱三十八文，次三十七文，下三十六文

北庭面一斗：上直钱三十五文，[次……

酱 [……行]

麦酢一升：上直钱五文，次四文，下三文

糠酢一升：上直钱二文，次一文五分，下一文

曲一升：上直钱 [二文，次……]

曲末一升：上直钱十三文，次十二文，下……

豆黄一升：上直钱八文，次七文，下六文

……一升：上直钱四文，次……

酪一升：上直钱五文，次……

…………

乌豆一斗：上直钱五十文，次……

第四章

撒马尔罕

粟特胡商的故乡

　　630 年，玄奘离开高昌，沿着最常见的路继续西行。他在龟兹短暂停留后翻越天山，在热海（伊塞克湖，位于今吉尔吉斯斯坦境内）西北拜访了西突厥可汗，然后继续前行至撒马尔罕（位于今乌兹别克斯坦境内）。从撒马尔罕可以向西行至叙利亚，也可以向东返至塔克拉玛干诸绿洲，还可以像玄奘一样向南行至印度。撒马尔罕当时是粟特人的主要城市。粟特人属伊朗族，在丝路上扮演了重要的角色，并在唐朝建立了最大、最有影响力的外族聚落。[1] 粟特人操粟特语，这是一种中古伊朗语。在偏远的雅格诺布谷地（位于今塔吉克斯坦境内）还有人讲粟特语的后代语言。（粟特语文献的样本见下页。）

　　在撒马尔罕，玄奘进入了伊朗文化圈。这里的语言、宗教和习俗虽然同样源远流长，但是与汉文化截然不同。今人如果跟随玄奘脚步，会跨越另一种边界，即中国与中亚的边界，边界两边的差别同样显著。这条险峻的高速公路被中国人戏称为"钢路"，因为路边净是倾倒的卡车和金属废弃物，它们来自苏联时代的工厂，被拆卸运至中国。

　　7 世纪时此路着实危险。玄奘在龟兹停留了两个月，等雪化

寄往撒马尔罕的信

图为八封粟特古信札之一。该信写于纸上，发现时被叠好装在被遗弃的丝质邮包中，邮包上标有"寄往撒马尔罕"字样。这些信札的年代为313年或314年。它们是现存关于丝路贸易最重要的文书之一，因为它们并非出自官员，而是出自商人之手。（大英图书馆供图）

了才向天山进发。龟兹王给玄奘配了马匹、骆驼和护卫，可玄奘走了两天就遇到了两千名骑马的突厥劫匪。他的弟子及传记作者慧立解释，劫匪由于正忙于分赃无暇他顾，并没有抢劫玄奘。之后玄奘抵达天山，凌山给他留下了深刻的印象：

> 其山险峭，峻极于天。自开辟以来冰雪所聚。积而为凌。春夏不解。凝冱汗漫，与云连属。仰之皑然，莫睹其际。其凌峰摧落横路侧者，或高百尺，或广数丈。

行程极为艰险，慧立继续写道：

> 由是蹊径崎岖，登涉艰阻。加以风雪杂飞，虽复屡重裘不免寒战。将欲眠食，复无燥处可停。唯知悬釜而炊，席冰而寝。

七天之后，玄奘一行中的幸存者才终于走出山去。玄奘一行中十有三四死于饥寒，马匹和牲畜的损失则更大。[2]

死亡率高得罕见。有人怀疑玄奘等人在途中遇到了传记中未载的雪崩。[3]由于气候极度干燥，只有在远高于林线的天山山顶才有冰雪，冰雪下面紧接着沙土带。当一大块冰雪剥落，会带下来大量沙土，形成特别可怕的雪崩。无论是否有雪崩，翻越大山都是玄奘前往印度的整个旅程中最危险的一段路。[4]

翻过天山之后，玄奘一行抵达伊塞克湖。伊塞克是突厥语"热湖"的音译，因为湖水来自温泉，永不上冻。该湖古称"热海"。[5]碎叶城即今托克马克市附近的阿克贝希姆遗址，此地距伊塞克湖的西岸不远。玄奘在这里拜访了西突厥可汗。可汗身着绿色绫袍，用一丈多长的帛练裹住额头，把长发垂在脑后。[6]

时值 630 年，可汗统辖的西突厥汗国控制了从高昌到波斯的广大地区。他并不直接统治，而是让高昌、龟兹和撒马尔罕等地的王继续做王，只要他们按时进贡，在需要时提供军队并服从他的命令就可以。跟高昌王一样，可汗花了几天时间劝玄奘留在碎叶城，不要再前往印度。玄奘不同意。最后可汗做了让步，并给了玄奘五十匹绢作为盘缠。他还给了玄奘一名通译，以及写给尊西突厥可汗为宗主的不同统治者的国书数封。玄奘一行从碎叶城向西，穿过美丽的山地牧场，越过贫瘠的克孜勒库姆沙漠，抵达了撒马尔罕。

在《大唐西域记》中，玄奘记载了粟特人的基本特征（见史料 26）。[7]他们不写汉字，而是用二十多个字母相互组合来记录词语。他们衣着简单，衣物多为皮制或毡制。与突厥可汗一样，粟特男人以布包头并剃掉额发。这一习俗会让中国人觉得奇怪，因为中国人认为身体发肤受之父母，不应该剃掉。

玄奘的描述表现了当时中国人对粟特人的普遍看法："……风俗浇讹，多行诡诈，大抵贪求，父子计利……"[8]唐朝正史的编纂者也有类似的偏见。他们在讲述粟特人如何把自己的孩子养育为商人时记载道："生儿以石蜜啖之，置胶于掌，欲长而甘言，持珤若黏云。……善商贾，好利，丈夫年二十，去傍国，利所在无不至。"[9]

可惜没有可用来修正这些刻板印象的粟特语材料留传下来。撒马尔罕及其周围的气候不像塔克拉玛干沙漠那么干燥，土壤酸性大，很多材料在 8 世纪早期伊斯兰征服之后都被毁了。只有两

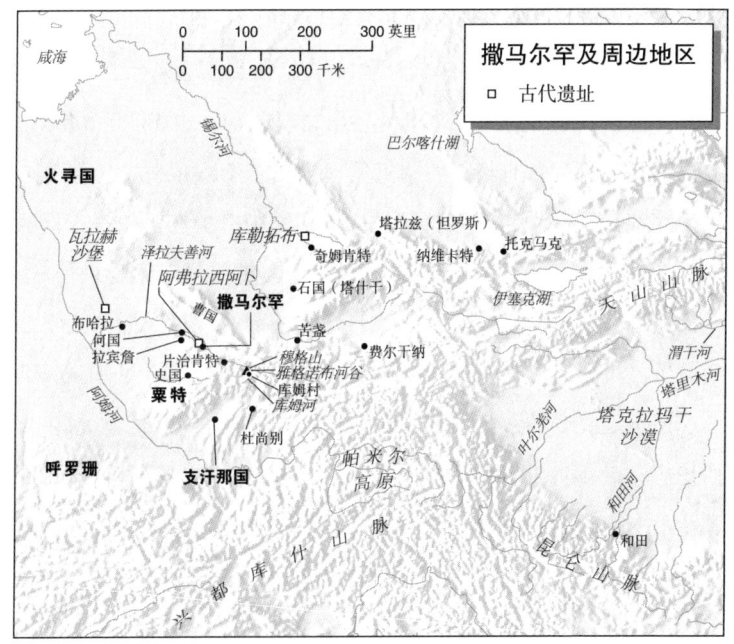

组重要的粟特语文书存世：第一组是八封粟特古信札，年代为 4
世纪早期，由斯坦因在敦煌附近发现。第二组有差不多一百件文
书，出自一座被围攻的堡垒，年代为 8 世纪早期，在 20 世纪 30
年代发现于撒马尔罕郊外。其他的粟特语材料仅限于银碗，或者
丝织品上的文字、壁画的榜题、吐鲁番出土的大量宗教文书等。
这些材料与粟特历史并不直接相关。[10]

　　在考古记录中，粟特人的最初痕迹来自撒马尔罕最古老的定
居层，其年代为公元前 7 世纪。在亚历山大征服这一地区几个世
纪以后，亚历山大的传记作者记载了马拉坎达（撒马尔罕的希腊
语名字）居民激烈的抵抗。最终，他们还是屈服于亚历山大。亚
历山大死后，不同的王朝掌握了权力。在很长时间里，一个以今

塔什干为中心的联盟控制了撒马尔罕。[11]

　　直到最近，学者们一致认为 1907 年斯坦因在敦煌附近找到的粟特古信札是现存最古老的粟特语材料。1996 年到 2006 年间，在哈萨克斯坦南部奇姆肯特附近的库勒拓布（Kultobe）工作的考古学家找到了十块带有粟特字母的烧砖饰版。中亚伊朗语言权威辛威廉在仔细检视这些材料之后，确定其年代早于粟特古信札。在这堵墙建造时至少存在四个粟特城邦国家。但是上面的文字太残破了，难以读出很多信息。[12]

　　斯坦因找到的八封粟特古信札基本完整，其信息量要大得多。斯坦因在敦煌西北 90 千米处一个废弃的邮包中发现了这些信件。其中一封是发往撒马尔罕的，这也许表明信件遗落时信使正在前往撒马尔罕的路上。这些信札是 1907 年斯坦因在调查长城烽燧时找到的。长城烽燧是中国各朝代为警卫边境而修筑的，烽燧之间相隔 3.2 千米，每个烽燧高 6 米或以上，旁边常常附带戍卒住的小房间。[13] 斯坦因在勘查一座编号为 T.XII.A（T 表示 Tun-huang，敦煌的威妥玛拼音）的烽燧时没发现什么异常。他派人留下清理过道，自己则去调查另一座烽燧。当他傍晚回来的时候，工人为他展示他们发现的东西：一些染色的丝线、一个木盒子、1 世纪的汉文文书、一件公元 400 年以前写有佉卢文的丝织品，以及“一卷又一卷精心折起来的纸，上有明显是西方的文字”。[14] 这文字很像阿拉米文，斯坦因记得他之前在楼兰发现过类似的东西。直到后来这种文字才被确认为粟特文。

　　尽管很难破译，而且很多词还含义不明，但这八张纸被证明含有极为丰富的信息。世界上能读懂粟特语的少数几名学者还在继续争论每句话的意思，甚至有时能解释出一个困扰了大家一百年的短语。五封完整信札中的四封已经被译成英文。[15] 斯坦因的发掘方法在当时算是先进的，但并不完美。他的工人并没有记下在倒塌烽燧的哪一层中找到了哪些物品，因此无法给这些信件断代。

其中一封信的内容为断代提供了关键线索："二位老爷，据说最后一位天子因为饥荒逃离了洛阳。有人在宫里和城里放火，宫殿烧了，城也毁了。洛阳没了，邺城也没了！"[16] 洛阳分别在 190 年、311 年和 534 年受到过破坏。大多数粟特语学者都认为，这封信写于 313 年或者 314 年，讲的是 311 年的事。[17] 信的作者称侵略者为"匈人"。这些"匈人"的首领石勒（274—333 年）确实属于匈奴部落联盟中的一支。这是把匈奴和 4 世纪末期侵略欧洲的中亚匈人联系起来的主要证据之一。[18]

这八封信并不是在信封里，而是"被折成漂亮的小块"，9 厘米到 13 厘米长，2.5 厘米到 3 厘米宽。尽管这些信来自不同的中国城市，可信纸都差不多大小，大约 39 厘米到 42 厘米长，24 厘米到 25 厘米宽。这表明早在那时纸张大小已经标准化了。考虑到 3 世纪纸张才在中国广泛使用，这是相当快的发展。三封信分别装在单独的丝质袋子里。第四封信，即 2 号信札（见本章开头的插图），被装在一个外覆亚麻封套的丝质袋子里，上面写着"寄往撒马尔罕"，但没有寄信人地址。其他几封信都没写地址，送信人应该知道这些信是写给谁的。1 号和 3 号信札出自一位敦煌的女性，寄给在楼兰的母亲和丈夫，5 号信札则寄自凉州。

这些信件表明，早在 4 世纪早期，洛阳、长安、凉州、酒泉和敦煌就存在粟特聚落。2 号信札中提到一个四十人的粟特定居点，在另一个地方有一百个来自撒马尔罕的"自由人"（两处地名都缺失了），洛阳的定居点里既有粟特人也有印度人。当粟特聚落达到一定规模（也许四十人）的时候就会建一座火庙。萨宝负责宗教仪式，即看护火坛、主持祆教节庆、判案等。

在伊朗，祆教以阿胡拉·马兹达为主神朝着一神教不断进化。但是在粟特地区，祆教徒崇拜包括阿胡拉·马兹达在内的很多神祇。[19] 祆教禁止中原的土葬也禁止佛教的火葬，因为二者都会造成污染。土葬会污染土，火葬会污染火。因此祆教徒会先曝露尸体，让食腐动物把肉吃净，再把骨头收集在陶瓮里下葬。这种陶瓮被称作纳骨器。

写了1号和3号信札的敦煌女子名叫米乌奈。她被丈夫遗弃，还背了一大笔债，因此她向许多人寻求帮助（见史料23-1）。从她所求助的这些人中，我们可以看到一个流落他乡的粟特人群体的缩影。米乌奈先找了一位负责收税的官员，又找了一位她丈夫的亲戚，然后找了第三个人，这人明显是她丈夫的生意伙伴。这些人都拒绝帮助她，因为这不是他们的义务，而是她丈夫的。最后她去找了一位"祭司"，此人答应给她一头骆驼和一名男护卫。

米乌奈在信中对她丈夫大发脾气："我没有听母亲和兄弟的话，却恭恭敬敬地听了你的话来了敦煌。我听你话的那天肯定惹神仙生气了！我嫁猪嫁狗也比嫁你强！"[20] 信尾她女儿写道，母女二人已经贫困到要帮人放羊了。米乌奈困在敦煌的三年中有五次机会可以跟着商队离开，可她付不起20枚斯塔特的路费。

学者们不能确定一枚斯塔特有多重。12克？当时流通的一种斯塔特就这么重。或者0.6克？这是当时在撒马尔罕流通的一种银币的重量。这只是丝路研究者面对的众多难题之一。

讲到洛阳惨状的那位生意人比米乌奈要有钱多了（见史料
23-2）。他在撒马尔罕有足够的资金，他指示负责帮他打理事务
的商人"从那笔钱里提出1000或者2000枚斯塔特"资助他抚养
的孤儿。这位生意代理人在给他撒马尔罕老板的信中汇报了他在
酒泉和凉州雇用的人。从他的信中可以看出商行有三个层级：老
板，即撒马尔罕的一对父子；代理人（寄信人），负责监管为他们
工作的一个织工网络；织工们。

2号信札还提到了一些当时交易的商品。代理人汇报说他
往敦煌寄了32个单位（具体价值不明）的麝香。麝香是从麝
的腺体中提取出来的一种物质，用作香料或者入药。按照著
名粟特历史专家魏义天的说法，这些麝香可能有800克重。对
于纯麝香来说，这是很大的量。[21] 2号信札也提到了羊毛织物
和亚麻，但没提到数量。

5号信札是寄给商队首领的，讲的是姑臧和敦煌之间的贸易
（见史料23-3）。里面提到的金额也小得多：寄信人说别人欠他20
斯塔特，他只要回了4个半。他描述了商队从姑臧寄往其他地方
（很有可能是1400千米之外的楼兰）的一些物品："白货"（很有
可能是铅白，一种化妆品）、胡椒、银子、rysk（这个词具体指什
么尚不清楚）。有些物品跨越了很长的距离：胡椒（5号信札）和
樟脑（6号信札）只在东南亚或者印度才能买到，麝香来自西藏
与甘肃的边界。在只有部分保存下来的6号信札中，寄信人让收
信人买某种东西，可能是"来自蚕的"，即丝绸或者丝线。如
果买不到，那就买樟脑。这是粟特古信札当中唯一一次提及丝
绸。[22] 信札中提到的数量都不能完全确定，但是大多数学者认
为这些数量都不大，可能在1.5千克和40千克之间。[23] 这个数

地图来源：Étienne de la Vaissière, *Histoire des Marchands Sogdiens* (Paris: Collège de France, Institut des Hautes Études Chinoises, 2002), Map 3。

量的物品用一头或者几头牲口就能运走。这意味着丝路贸易规模不大，有些学者称之为"不起眼"的贸易。[24]

　　粟特古信札之所以重要，是因为这几乎是仅有的商人所写的丝路文书。其他文书都出自监管贸易并且抽税的官员之手。粟特古信札中描画了一群在异乡安宁地生活的粟特人，他们当中有商人、农民，甚至仆人。他们在中国改朝换代的混乱时期依然从事商业和长途贸易。

喀什湖

乌鲁木齐
吐鲁番
楼兰
天山山脉
库车　塔里木河
古长城烽燧（斯坦因编号T.XII.A）
塔里木盆地
塔克拉玛干沙漠
罗布泊
敦煌
酒泉
凉州
米兰
（姑臧／武威）
尼雅
和田
且末
兰州
民丰
安迪尔
黄河
安阳
（彰德府）
洛阳
长安

马拉雅山脉

粟特古信札
粗体地名为信札中提到的城市

在接下来的几个世纪里，粟特人继续讲着他们自己的语言，
不过他们会改变自己的衣着发型以满足新的游牧征服者的要求。
这些征服者包括匈人、寄多罗人、嚈哒人、突厥人。突厥人曾控
制过撒马尔罕，他们还曾得到萨珊王朝的协助。萨珊王朝远在西
方，都城在泰西封，今巴格达附近。509 年，撒马尔罕落入嚈哒
人之手。嚈哒人是一个由伊朗人和突厥人组成的部落联盟，生活
在阿富汗北部，有时也被称作白匈奴。[25] 560 年，萨珊与刚兴起
的突厥结盟打败了嚈哒。[26] 565 年之后，撒马尔罕被西突厥控制。

正因如此，玄奘在碎叶拜见西突厥可汗之后便去了撒马尔罕。虽然突厥人在 8 世纪发明了自己的文字，但是他们经常使用粟特文，突厥人与粟特人之间的文化联系非常紧密。

在政治变动频繁的这几个世纪里，粟特人逐渐从撒马尔罕和布哈拉扩张了出去。从 5 世纪开始，粟特人在泽拉夫善河流域开拓新的居民点，建起了粟特式的建筑和灌溉系统。其经济增长在 5 世纪时加速，到六七世纪时，粟特已经成为中亚最富庶的地方。考古学家在片治肯特发现的越来越大的房子和越来越精美的壁画便是明证。[27]

片治肯特在塔吉克斯坦境内，位于撒马尔罕以东 60 千米，是丝绸之路上最重要的考古遗址之一。从 1947 年起，来自圣彼得堡艾尔米塔什博物馆的考古学家每年夏天都来这里发掘。[28] 这与大多数在中国的发掘不同，考古学家在这里并非发掘单个墓葬，而是不辞辛苦一间房子一间房子地发掘一整座小城。

目前，片治肯特已经被发掘了 6 公顷至 7 公顷的面积，大概是这座小城的一半。该城始建于 5 世纪，在 7 世纪时达到顶峰。722 年，片治肯特落入阿拉伯军队之手，8 世纪 40 年代有过短暂复兴，最终在 770 年到 780 年之间被彻底遗弃。[29] 该城居民在五千人到七千人之间，其城墙建于 5 世纪。城里有几条街、很多小巷、两个市场、两座庙，其中一座边上有火坛，另一座则有至少十位神祇的画像。[30] 这座庙有一个另带入口的房间，里面有一尊手持三叉戟坐在一头牛上的印度湿婆像。他的三叉戟和挺立的男根与其印度原型相符，但他的靴子是粟特式的。

商业谷仓和市场表明片治肯特有零售业。尽管考古学家们在整个粟特地区都没找到供商队住宿的永久建筑，即波斯语中的商队客栈（caravanserai），但一些现代历史学家仍然相信商队客栈起源于此。阿拉伯地理学家伊本·豪盖勒（Ibn Hawqal）曾经描绘过一处巨大的古代建筑遗址，能为至多两百名旅客及其牲口提供食宿。[31] 有些片治肯特的院子大得足以装下一支商队。此外，粟特语中"旅店"一词为 tym，借自汉语"店"。[32]

商队会经过片治肯特，因为它在撒马尔罕到中国的大道上，这条路还穿过天山中硇砂的主要产地（在今中国和塔吉克斯坦的交界处）。[33] 但是在片治肯特发现的物品中，能确定来自商队贸易的很少，只有一个 7 世纪的小玻璃瓶是例外。当地直到 8 世纪中叶才开始生产玻璃。[34]

更多的贸易证据来自城中发现的数以千计的铜钱，很多明显是市场上被扔掉的零钱。来自萨珊的银币在 6 世纪时也有少量于此流通。当地造的钱币最早出现在 7 世纪后半叶。显然，当地作坊铸币得到了中央的允许。在粟特与中国接触最为频繁的 7 世纪，片治肯特居民所用铜钱为圆形方孔，与中国铜钱相同，有的上面有汉字，有的没有。

与吐鲁番一样，当地人有时也用金币。1947 年到 1995 年间，考古学家找到了两枚正宗的拜占庭金币和六枚极薄的仿制品，其中五枚发现于房屋中，说明这些金币和仿制品曾作为货币流通。[35]

与此类似，仿制金币也用来随葬。有两枚金币（也许还有第三枚）在纳吾斯（naus）中被发现。纳吾斯是一种粟特人的墓葬建筑，较小，方形，用泥砖制成，用来存放纳骨器，一般供同一个家族使用。[36] 纳吾斯在祆教文书中从未出现过。这种建筑最早出现在 4 世纪和 5 世纪之交的撒马尔罕地区，在伊朗中心地区并未出现。

撒马尔罕的祆教墓葬

图中的陶制纳骨器发现于撒马尔罕城外的莫拉-库尔干（Molla-Kurgan）村，其中存放着清洁过的死者遗骨。纳骨器盖上刻有两名身着透明袍子的女性舞者。撒马尔罕地区没有存在女性祭司的证据，因此她们可能是葬礼上的宾客，也可能是在阴间迎接死者的美丽姑娘。纳骨器下方刻有火坛，火坛两边各有一名祆教祭司。祭司戴着祆教仪式口罩和头罩，以免头发或体液污染圣火。（葛乐耐供图）

一些纳骨器上的图案表现了阿胡拉·马兹达在审判日用遗骨重构死者的画面。[37] 随葬金币显示生者相信将金币或者冥币放在死者身边对死者有好处。这一做法似乎不仅限于富人。有一位有金币随葬的死者生前是个陶匠。[38]

并非所有死者都被葬在祆教的纳骨器中。片治肯特一个墓园中有尸身完好的墓——这明显是基督徒的葬俗。有一具尸体戴着一个铜制十字架。[39] 还有一件叙利亚语的书写练习被发现，很可能是一个学习基督教东方教会仪式用语的粟特学生抄写的。[40]

目前发掘的房屋超过一百三十座，有普通人的也有富人的。[41] 大宅子中都有一个有火坛的屋子供家族做礼拜。客厅中有小一些的便携式火坛、宗教图像和供奉者（一般是家庭成员）的画像。城市中广泛存在的火坛表明大多数居民信奉祆教，但是粟特人对于其他信仰持开放态度。

粟特人都会在家中供奉一位神祇，将其画像挂在客厅的墙上。这些神有不同的形象特征，但其身份并没有全部被确认。娜娜是

片治肯特街景

　　最富有的人住在带大厅的多层建筑中。大厅可容纳上百人，并饰有精美的壁画和雕刻（4）。富人的房子离商店、作坊（7）和铁匠铺（8）都很近。穷人住在一般为两层的小房子里，有些房间饰有小幅壁画（9）。这些人制作工艺品并在商铺中工作，富人则在其中购物。（插图引自 Guitty Azarpay, *Sogdian Painting: The Pictorial Epic in Oriental Art*, University of California Press, 1981 © The Regents of the University of California）

源自两河流域的女神，有许多信奉者。[42] 一位骑在骆驼上或者拿着骆驼小雕像的神受到很多旅行者的尊崇。[43] 有人在宅邸中的一个独立房间里放了一张小佛像，虽然没有胜利之神或者娜娜女神的画像大，但这表明此人愿意接受非粟特的神。[44]

　　富人家里的壁画有好几层，从天花板一直延伸到地面。在面对门的方向，最高一层壁画画的是神，其下是供养人即房子主人的画像。中间一层大概有一米高，画的是有名的各国民间故事，有伊朗史诗英雄鲁斯塔姆的故事、希腊的《伊索寓言》，以及印度《五卷书》里的故事。最下一层大概有半米高，按顺序画着说书人故事里的场景。每幅画有一页大小，应该是复制自书籍的插画。[45]

尽管片治肯特人的壁画有各种不同主题，但是几乎没有表现商业活动的。考古学家认为有一座房子属于住在市场旁边的商人。这座房子有描绘盛宴的壁画，席中一位客人没有佩剑，而是在腰带上挂了一个黑袋子，仅从这一点上便能看出宴席上的宾客是商人而不是贵族。[46]

在撒马尔罕阿弗拉西阿卜（Afrasiab）遗址出土的大量精美壁画中，虽然不见商人的踪影，但有撒马尔罕政治形势的图景。片治肯特和布哈拉城外的瓦拉赫沙（Varakhsha）堡中的壁画描绘的多是传说与神像。阿弗拉西阿卜的壁画不同，其主题有更浓的现实主义色彩。这些壁画绘于 660 年至 661 年，当时的粟特王是拂呼缦（Varkhuman）。此王曾被高宗（649—683 年在位）授为康居都督府都督，并在正史中出现。631 年，之前一位粟特王曾经向唐廷提出过类似的内附请求，但太宗拒绝了这一请求，因为撒马尔罕太远，无法在需要的时候派军队前往。[47]

现存于阿弗拉西阿卜博物馆的这些壁画发现于 1965 年，当时正在修路，推土机挖开了壁画所在房间的屋顶。阿弗拉西阿卜壁画高超过 2 米，宽 10.7 米，占满了一个富裕贵族家庭的大房间的四面墙。因为四面墙中的三面顶部都被推土机破坏了，考古学家无法确定壁画的原始高度。[48]

阿弗拉西阿卜壁画值得仔细研究，因为它展示了粟特人对更广大的外部世界的看法。[49] 有一些画像，比如一只鹅和一个女人，带有黑色的粟特文小字标识，表示其属于拂呼缦。房主可能与国王认识。房间入口在东墙，上面绘有印度的图景，但是由于破损严重，很难看清具体画了些什么。[50]

对面的西墙画着来自不同国家的使节和使团正在列队前行。

片治肯特的房屋

片治肯特的富人房屋很多都有大会客室。如图所示，会客室柱子很高，室中饰有神像。这家人崇拜起源于美索不达米亚的娜娜女神。其他片治肯特的房屋中也有其他神像。注意女神身后的壁画，片治肯特的画师常把壁画像这样横着分成几条。（插图引自 Guitty Azarpay, *Sogdian Painting: The Pictorial Epic in Oriental Art*, University of California Press, 1981 © The Regents of the University of California）

壁画最上层被毁了，因此看不到画在最上面主持整个场面的人物了。西墙左起第二个人物的头部没保存下来，此人穿着一件白袍子，上面有一段粟特语。这是壁画上唯一一段较长的文字，记录了支汗那（Chaghanian）使节向拂呼缦自我介绍时说的话。支汗那是一个小国，在撒马尔罕以南，今乌兹别克斯坦迭纳乌（Denau）附近。

这段文字的译文如下：

　　当拂呼缦·乌纳什（Varkhuman Unash）王走过来时，（使节）张口（说道）：

　　"我乃Pukarzate，支汗那之臣。我从支汗那之王Turantash处来到康国国王处。我在此向国王致敬。关于康国的神以及康国的文字我都很清楚，没有任何疑问。我也没做任何有损于大王之事。愿您吉祥如意。"

　　然后拂呼缦离他而去。

　　（然后）石国之臣张口。[51]

这段文字代表了一套外交礼节的一部分。接下去很有可能是石国（位于今塔什干）使节的话。支汗那的使臣宣称康国的语言和神他都明白。尽管现在只能看到支汗那使臣的话，但所有使臣的话很有可能都写在壁画的不同地方。

此处最能清楚地看出画师想描绘一个以撒马尔罕为中心的世界。五个穿戴着典型中式袍服和黑帽的中国人手捧丝绸、丝线和蚕茧站在画面中间。中国人被描绘成与其他使节一样毕恭毕敬地来献礼的样子，然而实际上康国国王仰赖于中国的军事支援。中

粟特人的世界

　　撒马尔罕阿弗拉西阿卜遗址的壁画中原本有来自各主要政权的使节共 42 名。图中白色背景是保存下来的部分，灰色背景是重构出来的部分。西墙壁画显示粟特人所处世界确实非常国际化。画中有来自位于今乌兹别克斯坦南部或塔什干等邻邦的使节，也有来自中国、高句丽等远方国家的使节。（© 2010 F.Ory-UMR 8546-CNRS）

国人比其他使节重要，因此他们占据画面的中心。上方左边有四个坐着的人，他们的长辫和佩剑表明他们是突厥人，可能是雇佣兵。

　　壁画最右边有个木头架子，上面交叉挂着两面旗子。几面鼓支在前方，上面绘有生动的兽面。两个男人在旁边站着，头戴皮质头饰，手缩在长袖筒里。他们很有可能来自高句丽，该国于 668 年灭亡。[52] 这些人物画得非常像同时代的中国绘画，很有可能是照中国画描的，而不是照真人画的。[53] 这些人站着，在看左边的人。其朴素的衣着和头饰跟其他人的礼服形成强烈对比。其中一人胳膊上搭着一张兽皮。这些山里人正在听一个手往上指的翻译说话。[54]

　　从北墙的壁画中也能看出中国人的重要性。画中有一艘船，船上有个女人，应该是中国的皇后。船的右边是一个激烈的打猎场面：中国猎人正在用矛猎杀豹子。[55] 在右边尺寸很大的人物肯定是中国皇帝。因为按照粟特绘画的惯例，只有神和君主被画得比真人大。[56]

南墙画了一个完整的祆教仪式，祭品是四只鹅，两位信奉祆教的显要人物骑在骆驼上，手里拿着棍子。祆教祭司则戴着面罩牵着一匹马。这种面罩的巴列维语叫 padam，用来盖住口鼻以免火坛与体液接触。这个仪式很有可能就是历法专家比鲁尼（al-Bīrūnī，973—1048 年）曾经描述过的诺鲁孜节。[57] 比鲁尼本人是撒马尔罕西北的花剌子模人。（尽管诺鲁孜节并非伊斯兰节日，却是中亚、高加索，乃至伊朗的一个重要节日。）在撒马尔罕被伊斯兰征服几个世纪之后的公元 1000 年，比鲁尼记载了波斯国王带领其臣民以一个长达六天的仪式庆祝春天的到来，而粟特人在夏天过这个节。南墙的壁画跟北墙类似，但队伍中有些人物被抹掉了。中国皇帝对面是一头白象，上面很有可能坐着现在已经看不到了的康国王后，而在队伍的最后，骑在马上的人则是康国国王拂呼缦本人。

阿弗拉西阿卜壁画着重展现了撒马尔罕与外部世界特别是使节的关系。这些外交使节被描绘得像是在做贸易，实际上他们是在呈上丝绸或丝线等真实的商品。7 世纪中叶的拂呼缦通过壁画展现了属于汉-突厥联盟的不同民族。[58] 他的画师将中国人放在了最尊贵的位置，因为他们是粟特人最重要的盟友。

但是撒马尔罕乃至整个中亚的政治倾向将要发生巨大的变动。632 年穆罕默德死后，阿拉伯人在四大哈里发及其后的倭马亚王朝（661—750 年）的领导下征服了北非、西班牙南部和伊朗。651 年攻灭萨珊王朝之后，他们继续向东挺进中亚，矛头直指撒马尔罕。671 年，他们第一次攻破撒马尔罕；681 年，阿拉伯总督第一次得以在这一地区过冬。[59] 在 705 年到 715 年之间，阿拉伯将军屈底波·伊本·穆斯林（Qutayba ibn Muslim）在粟特作战，并于 712 年征服了撒马尔罕。

在粟特地区而非中国西部发现的最大的粟特语文书群便来自这一时期。1933 年，苏联考古学家在撒马尔罕以东 120 千米、今塔吉克斯坦境内的穆格山发现了近一百件珍贵文书。[60] 这些文书罕见地从被征服者而不是征服者的角度讲述了伊斯兰征服的经过，展现了一个无路可退的地方统治者为了抵抗伊斯兰大军而与突厥、唐及其他地方政权所做的谈判。这提醒我们伊斯兰征服中亚是一个缓慢而不确定的过程，8 世纪初期的唐朝在这一地区的政治中扮演了一个不易察觉的角色。

穆格山文书最先是由当地人而不是外国考察队发现的。库姆村距离穆格山 6 千米，早在沙俄时期该村村民就知道山顶藏有宝藏。直至苏联时期的 1932 年春天，一些当地的放羊娃来到了山上。他们挖了个坑，找到了几件写在皮革上的文书。他们把最完整的一件带回了村子，把其余的放了回去。[61] 当地的党支部书记阿卜杜勒哈密德·普罗提（Abdulhamid Puloti）曾在塔什干学过历史。他听到发现文书的风声之后，为了找到这些文书而向一个村民许诺让他事成之后当警察以换取他的帮助。普罗提最终被带到一个村民家，主人从墙和门框之间的夹层中掏出了一件文书。普罗提把这件事汇报给了上级，他的上级又汇报到文化部门。这件文书后来被转移到塔吉克斯坦首都杜尚别，编号为 1.I，[62] 之后被塔吉克斯坦共产党第一书记 D. 胡谢日诺夫（D. Husejnov）没收。1933 年此人被"清洗"之后，这件文书就再也找不到了。[63]

和许多亚洲民族一样，粟特人用某王在位第几年的方式纪年。很多穆格山文书的年代在迪瓦什梯奇（Dēwāštīč）在位的第一至第十四年之间。因为迪瓦什梯奇称王的时间不确定，所以学者们不能给这些文书精确定年。穆格山一共出土文书 97 件，其中粟特语 92 件，汉语 3 件，阿拉伯语 1 件，还有 1 件的文字为鲁尼字母，语言未知。[64] 其中一件汉语文书的年代为 706 年，也就是说整组文书的年代可能为 8 世纪初。[65]

正如苏联阿拉伯史大家 I. Y. 克拉奇科夫斯基（I. Y. Kratchkovsky，1883—1951 年）在其回忆录中所阐明的那样，唯一的一件阿拉伯语文书成为整组文书断代的关键。[66] 此文书为迪瓦什梯奇写给呼罗珊的阿拉伯总督贾拉赫（al-Jarrah）的一封信。该信语言精确，应该是出自粟特王雇用的书吏之手。在信中，粟特王以总督的"毛拉"（mawla，即附庸、门客）自居，主动提出把前任康国国王突昏的两个儿子送交总督看管。[67] 当克拉奇科夫斯基读到这封信时，他想到伟大的历史学家塔巴里（al-Tabari，839—923 年，阿拉伯-波斯历史学家）曾经提到，撒马尔罕有位领主（diqhan）名叫 Divashni，曾在 721 年到 722 年间抵抗过伊斯兰征服。[68] 克拉奇科夫斯基发现 Divashni 是个传抄错误，原本应作 Divashti，即迪瓦什梯奇在阿拉伯语中的音译。把这二者堪同就可以把穆格山文书的年代推定在 709 年到 722 年之间。

听到这个新发现的消息，列宁格勒的苏联社会科学院向塔吉克斯坦派了一支考察团，并任命苏联粟特语专家 A. A. 弗雷曼（A. A. Freiman，1879—1968 年）为团长。在 1933 年 11 月的两周内，弗雷曼带队发掘了穆格山遗址。[69] 该遗址的位置是一个修建堡垒的理想地点，库姆河和泽拉夫善河三面环绕，又有内墙和外墙进行进一步防护。

堡垒中只用几个大陶罐盛水，这表明堡垒的居民需要附近的村民从最近的小溪（0.5千米外）为他们取水。堡垒太小，无法容纳一支军队，而只是统治者及几名家眷和奴仆的居所。但必要的时候，此处的大房间和院子可以容纳一百个家庭。

通过遗址中遗留的物品，考古学家可以判断堡垒中五个房间各自的用途。四个长方形的房间长17.3米、宽1.8米到2.2米，屋顶离地只有1.7米。房间并不奢华，只能从南面采光。南墙本来应装有窗户，但并没有保存下来。

让发掘者吃惊的是，遗址中几乎没有任何有价值的东西。平台是一个垃圾坑，被半米厚的骨头、陶器和织物的碎片覆盖。1号屋中的沉积物有一米厚，可以明显看出有九层动物粪便，中间

穆格山堡垒遗址

穆格山海拔1500米，位于塔吉克斯坦与乌兹别克斯坦交界处靠塔吉克斯坦一侧，是一座偏僻的小山。8世纪初，当大约一百户人躲避入侵的穆斯林军队时，三面环水的穆格山成了理想的避难地。（葛乐耐供图）

是掺有很多黏土的黄土层。这表明城堡曾被占据九年或者十年。由于屋中还有一些木屑，发掘者认为1号屋曾是木工作坊，冬天时被用作谷仓。2号屋是厨房，有大量的家庭用具——陶罐、碎盘子、芦苇篮子、小陶杯，豆子、大麦种子，以及用火的痕迹。因为3号屋几乎完全是空的，只发现了几个小的玻璃瓶和一个梳子，考古学家判断这间屋子之前是谷仓。4号屋东西最多，包括三个陶罐、很多其他家庭用具、三枚钱币（其中一枚为银币）、金属箭头、一些衣物碎片和一个腰带扣。所有这些都来自二层，这一层已经坍塌，压在一层上面。[70]

4号屋的北面有一个翻倒的陶罐，旁边散落着23根带字的柳木简，好像是从陶罐里掉出来的。这些木简上写的是管家为主人撰写并保存的家庭支出记录。[71]因为柳木便宜且容易得到，所以支出情况被写在柳木简上而不是纸或者皮革上。

管家记录了招待访客的日期以及葡萄酒和小麦的消耗量，因而展示了本地经济的大致轮廓。有时邻村的人会带着几车粮食到堡垒里来把粮食交给主人。这也许是一种实物税。管家的记录显示，村民也从主人处得到粮食。放牧是重要的经济活动。人们吃羊肉且用羊皮做衣服，可达五十件之多，但一般人没有那么多。有一件文书（A17）列举了各种开销：200迪尔汗买了马，100迪尔汗造了屋顶，50迪尔汗给了祆教祭司，15迪尔汗给了医生和倒酒人，11迪尔汗买了新年晚宴用的牛，8迪尔汗给了文书起草员，8迪尔汗买了纸、丝和黄油，5迪尔汗给了刽子手。尽管学者们还不确定在撒马尔罕流通哪种货币，但是迪尔汗已经取代了萨珊银币，是当时阿拉伯世界中通行的主要银币单位。几乎所有出现在木简记录中的货品，除了纸和丝来自中国，其他都是本地制造的。

这给人留下的印象是，粟特当地的经济，至少在冲突的那几年当中，基本上以物物交换为主。

除了木简，该遗址还出土了近六十件纸质和皮质文书。这些文书本来存放在二层，发现时散落在 2 号屋和 3 号屋坍塌的天花板周围。[72] 第三处文书发现地是那些放羊娃挖出来的篮子，里面有些皮革文书。

在 97 件文书当中，有 3 件是写在梯形皮革上的契约，展现了当时复杂的司法体系。尽管皮革似乎是笨重的书写材料，但皮革文书通行于整个阿拉伯世界（同时代的欧洲人也在用羊皮纸）。有经验的书吏可以在上面记录详细的协议。目前最长，同时也是信息量最大的穆格山文书是一份婚约，以及一份标为"新娘副本"的附属文件，其中，丈夫重申了他对于妻子家庭的义务（见史料 24）。两件文书都发现于普罗提上交的那个篮子。[73]

婚约及新娘副本写于突昏王十年，即 710 年。两件文书一共有 90 行，写在两块皮革上，分别长 21 厘米和 15.5 厘米，记载了一桩婚姻的具体条款。新娘名叫查特（Chat），其保护人是纳维卡特（Navikat，今哈萨克斯坦七河地区的一座粟特城市）的统治者切尔（Cher）。新郎名叫欧特特勒（Ot-tegin），这明显是个突厥人的名字。新娘父亲在这件事中不起任何作用，虽然他的名字却仍被提及，看起来切尔是查特的监护人。

这件前伊斯兰时代契约的引人注目之处在于，它揭示了当时社会中通行严格的义务对等：丈夫在某些情形下可以结束婚姻，妻子在同样的情形下也可以结束婚姻。这件粟特契约用到了一个法律术语来指称一种特别的婚姻，在这种婚姻中丈夫和妻子在很多方面享有同等的权利。[74] 该协议开头就讲丈夫有义务提供"衣食首饰，敬她爱她，待她如同正室，就像一位先生对待自己的太太一样"。她则"应服从他的利益，把他对妻子的命令当作法律听从，如同一位女士对待自己的丈夫"。[75]

跟现代婚约很像，这件契约接下去讲如果事情起了变化该怎么办。如果丈夫"没把查特休了就娶妻纳妾，或有了（其他）让查特不满意的女人"，他承诺付给她"30 枚成色上好的迪尔汗（银币）"并把她送走。如果他想结束婚姻也可以，那就必须为他的妻子提供食物，并且让她带走财物，以及婚姻存续期间妻子给他的所有礼物。这样夫妻双方就两不相欠了，丈夫可以自由再婚。值得注意的是，妻子也有权结束婚姻，只要她退还丈夫送的礼物即可。她将持有自己的财产和来自丈夫的一笔钱。婚姻结束之后，夫妻双方不再为对方的罪行承担责任，犯罪的一方将独自受罚。

这件契约使我们进一步确认了粟特社会阶层的流动性。如果夫妻一方成为其他人的奴隶、人质、囚犯或依附民，其前配偶不负责。显然这个社会中有些人比其他人富有。这件契约的罚金为 30 迪尔汗，其签署人显然是富人。但是他们也和更下层的人一样，面临着一种现实的可能，即当他们不再富有时也许会沦为奴隶。

妻子的那份协议基本重复了上述丈夫的义务，还额外增加了几项条款。欧特特勤开篇便说："大人，我在密特拉神面前（起誓），我不会贩卖她、抵押她、进贡她，或将她置于（他人的）保护之下。"[76] 密特拉是真理和契约的保护神，是祆教最重要的三位神祇之一，地位仅次于至高神阿胡拉·马兹达。祆教中提到的神一般都是指后者。欧特特勤保证，如果婚姻结束，无论是谁提出的，他都会把查特送回她的保护人处。此外，无论是他自己这边的人还是敌人把妻子带走或者关押，他会让她立即得到释放。他还保证，如果他在婚姻结束之后没有把妻子毫发无伤地送回娘家，会付100迪尔汗。如果不能立即付清，会为未结清的部分付20%的利息。这件文书的很大一部分都在讲保护人得到赔款的程序。比如，里面指名了一位担保人，到时候保护人可以找他。此协议签署于"奠基厅"，有见证人在场，且全体居民都被吩咐要进行监督。

穆格山文书中的另外两件契约，一件是磨坊租约（B-4），另一件是墓地交易（B-8），整体结构都跟这份婚约一致，只不过要短得多。两件契约都有日期（王的在位年、月、日）、双方姓名、交易物品、交易条件、见证人和书吏的名字。

磨坊租约记载，某人从迪瓦什梯奇处承租三座磨坊，年租为460单位面粉。[77]与柳木简一样，这件契约里要求以实物（面粉）支付。但这件文书并不是只讲了简单的租赁。该文书有42行，是一份复杂的法律文件，精确说明了承租人需要付给统治者租金的期限，以及不能足额支付的后果。

第三件契约讲的是用25迪尔汗租一块墓地。[78]两个儿子从两兄弟处租一个泥制的eskase。这可能标志着结有世仇的两个家族之间的休战，两兄弟担心他们的敌人会扰乱自己的哀悼仪式，因此把墓地出租。袄教徒的葬俗是先把死者露天放置在一个建筑中（现代袄教徒称这种建筑为寂静塔），让动物把死者的肉吃掉，然后再把清洁过的骨头收集起来放在井里，这种井在这件契约中被称作eskase。[79]然而，因为在粟特地区从未发现过这种墓葬井，有人认为该词指的是纳吾斯，即装死者遗骨的墓葬建筑，这种墓葬建筑在片治肯特多有发现。[80]

穆格山文书中的契约让我们明白，堡垒中并非只有统治者迪瓦什梯奇的私人档案。有些文书显然是属于他的，比如那件讲他的磨坊租金的契约。但他怎么会保存一份烦琐的突厥男子与粟特女子婚约的副本？那件墓地租赁的文书又是怎么回事？

情况很可能是，穆格山的居民，包括那位新娘查特，也许最后在堡垒被围困期间，把他们最重要的法律文件都带到堡垒里保存。他们可能希望待阿拉伯人的威胁被消除以后再取回他们的文件。但这些契约一直完好无缺地留在穆格山堡垒里，直到 1932 年才被放羊娃找到。如果确实如此，那就解释了为什么穆格山文书中不仅有迪瓦什梯奇王的通信，还有在城堡里避难的其他几名较低等级领主的信件。

结合塔巴里的详细记载和穆格山文书中的信息，我们可以重构穆格山堡垒陷落的历史（见史料 25）。[81] 塔巴里记载道，新来的阿拉伯总督的外号是"娘儿们"，他在 720 年秋天至 722 年春天期间与粟特人作战。粟特人跟突骑施人结盟。突骑施本来臣属于西突厥，在 715 年到 740 年间占有一部分西突厥的地盘。[82] 721年，已经统治片治肯特十四年的迪瓦什梯奇终于被正式封为"粟特王，撒马尔罕之主"。[83]

迪瓦什梯奇号称是撒马尔罕最后一任统治者突昏的继承人。突昏在 709 年向屈底波投降，但随后又起兵，在 710 年自杀或者被处决。乌勒伽（Ghurak）继之为王。屈底波以为突昏报仇为名再次进攻，于 712 年攻占了撒马尔罕城。乌勒伽投降之后签署了一个条约，承诺一次性赔偿 200 万迪尔汗，且之后每年交付 20 万迪尔汗。[84] 屈底波和一些当地领主承认乌勒伽为突昏的继任者，但撒马尔罕西南的一些人则支持迪瓦什梯奇。二者并存了十年，这期间的历史不甚明了。

719年，迪瓦什梯奇毕恭毕敬地写信给阿拉伯的呼罗珊总督，仿佛自己是他的下属。但是到了721年夏天，他乐观地认为自己有机会打败阿拉伯人。此时他给位于撒马尔罕西南12千米到16千米的哈赫萨尔（Khakhsar）城的领主Afshun写了一封信（V-17），说"有一支突厥人和汉人的大军要来"。似乎突骑施、唐和拔汗那（位于今费尔干纳盆地）组成了反伊斯兰的联盟。穆格山文书中的信件是唐朝参与这些事件的唯一证据，另一封信（V-18）里提到了一个"中国人"侍从。（该词意为"侍从"仅是推测。）"中国人"也许指一个从西域来的汉人，并不一定是长安的中央政府派来的。[85]

文书显示，一年之后，很有可能是722年，情况彻底变了。一名信使汇报说根本看不到"突厥人"的影子。而另一个人，很可能是信使的长官，则描述了费尔干纳的苦盏（Khujand）陷入穆斯林之手，14000人投降。[86]塔巴里说，粟特人分为一大一小两部，一部至少有五千人，他们逃往拔汗那却进不了城，穆斯林军队来了之后便大开杀戒。[87]另一部则小得多，大概有一百户，他们投奔迪瓦什梯奇并逃进了穆格山堡垒。[88]

在阿拉伯军队屠杀期间，人数多的那一部粟特人中只有商人付得起赎金以换取人身安全。纳税对于刚被征服的中亚人民来说是个重大问题。为了避税，他们希望改宗伊斯兰，这样可以凭穆斯林的身份受优待而少缴税。然而在8世纪，倭马亚王朝非常急迫地需要大量税收以满足其战争需要，并不总是对新改宗的穆斯林给予税收优待，因此很多粟特人逃往突厥或者唐朝的地盘。

迪瓦什梯奇的追随者可能只有一百个男人，他们及其家眷都躲进了穆格山堡垒（塔巴里称之为 Abghar）。[89] 他们派了一小股部队到堡垒外与穆斯林军队作战，随即被赶了回来。穆斯林最终攻陷了堡垒。迪瓦什梯奇在战败之后恳求穆斯林军官哈拉希保证自己的人身安全，并得到了许可。这一百户人奉上堡垒内的物品以换得自由。据塔巴里记载，阿拉伯军队统帅随即将这些物品拍卖，并按照伊斯兰律法将所得五分之一充入国库。这就是为什么 1933 年苏联考古学家发掘该遗址时堡垒里几乎空无一物。所有值钱的东西都已经被拿走了，那些纸质和皮质文书一定是被忽略了。

尽管阿拉伯统帅曾许诺保证迪瓦什梯奇的人身安全，但他食言了。塔巴里描述了迪瓦什梯奇的悲惨结局。阿拉伯统帅"向拉宾詹（Rabinjan）进发，在那里处死了迪瓦什尼（即迪瓦什梯奇），并把他的尸体钉在纳吾斯上。如果尸体被挪走了，他就要求拉宾詹人付 100 第纳尔。他让纳赛尔·本·萨亚尔负责在竭石的停战接收事宜。……他把迪瓦什尼的人头寄去了伊拉克，把左手寄给了吐火罗斯坦的苏莱曼·本·艾比·萨里"。[90] 处死的方式表明迪瓦什梯奇是个重要人物。迪瓦什梯奇代表了粟特人的抵抗，阿拉伯统帅选择以极端的方式处置他的尸体。[91]（此人随后因为实行如此残酷的惩罚而被免职。）

迪瓦什梯奇的死只是撒马尔罕被伊斯兰征服过程中的一个小插曲。不出几十年，穆斯林军队就牢牢控制了这一地区，波斯语逐渐替代了粟特语，伊斯兰教逐渐替代了祆教。751 年，在今哈萨克斯坦境内发生的怛罗斯战役中，穆斯林军队击败了唐朝军队。主要原因是游牧的葛逻禄人阵前倒戈，加入了穆斯林一方。四年之后，安禄山起兵反唐，唐朝被迫抽调西域的部队前去平叛。这两起事件衔接紧密，接连发生，意味着 8 世纪中叶以后，撒马尔罕及粟特周边地区的目光不再往东投向中国。粟特地区的伊斯兰化让很多生活在中国的粟特人就此定居了下来。

穆格山文书的年代早于中亚的伊斯兰化，以及造纸术传入该地区的时期。穆格山文书使用了各种不同材质，说明当地统治者愿意购买中国的纸，因为纸张使用方便且易于保存。但中亚的居民还在继续使用皮革制作重要文书，比如克拉奇科夫斯基解读的那件唯一的阿拉伯语文书。当地人还用柳木制作木简来记录不太重要的事情，比如家庭收支。

穆格山中发现的中国纸张是少见的长距离贸易的证据。八件残片拼成的三件汉语文书都来自中国境内，运到这里被再利用。穆格山里其实没人会写中文。三件中的一件是写于甘肃武威的官方文书。武威是丝路上在中国境内的一座繁荣城市，位于敦煌以东。这件文书用完之后被卖作废纸（反面没写字，还可以用），丝路商人将其带到了3600千米以外的穆格山上。[92]

8世纪和9世纪，中国纸张远抵中亚，最远到达高加索的摩谢瓦亚巴尔卡（Moshchevaia Balka），这个地名的意思是"遗迹谷"。该遗址位于黑海东北，有一些在石灰岩高台上或者山边岩洞中的墓葬，是目前所知发现中国纸张的距离中国最远处。20世纪初，发掘者挖出了一些有汉字的纸片。最完整的一件有15厘米长、8厘米宽，潦草的几行字写着日期和支出的金额（2000文，800文）。尽管极为残破，还是能看出这是一个账簿。[93]该遗址还出土了一些很明显来自中国的其他东西：一件画有佛像和骑马人（出城以前的悉达多王子？）的绢画、一件佛经残片，以及某种纸糊物件上的信封残片。这些物品表明至少中国纸张和绢画——甚至中国商人——在八九世纪时曾抵达高加索地区。[94]

8 世纪时，中亚人学会了造纸。据阿拉伯语文献记载，751 年恒罗斯战役之后，阿拔斯军队把唐军战俘带回了首都，有些战俘把造纸术传给了俘虏他们的人。[95]

与其他技术传播的传说一样，这一则并不一定可信。[96]造纸术并不难学，简单来说就是把有机材料和碎布的混合物打制成纸浆，然后在帘子上晒干。这项技术慢慢从中国内地传播开去，8 世纪以前即传到了中亚。公元 800 年后，纸张逐渐取代皮革成了伊斯兰世界的主要书写材料。纸张价格低廉，制作快捷，比皮革方便得多，比起埃及才有的莎草纸又更容易得到。纸张在 11 世纪末 12 世纪早期从伊斯兰教的门户西班牙和西西里传入了基督教欧洲。

毫无疑问，比起丝绸来，中国发明的纸极大地改变了它所接触的社会。在近代以前，无论丝绸多么有诱惑力，它主要还是用作衣物和装饰。如果没有丝绸，其他织物很容易取而代之。在中亚，棉布经常代替丝绸。与之相对，纸张则标志着一个真正的突破。随着廉价纸张的引入，书籍从奢侈品变为很多人都买得起的商品，与之相应的是教育水平的提高。与羊皮纸或皮革不同，纸吸墨，因此可以用于印刷。离开了纸，世界主要的印刷革命，无论是雕版印刷还是活字印刷，都不可能发生。

所有研究粟特古信札、片治肯特发掘、阿弗拉西阿卜壁画及穆格山文书的学者都认为，这些材料中对贸易的描述少得惊人。古信札虽然是商人所写，但讲的绝大部分是小额贸易。与之类似，片治肯特的发掘中也没出现什么贸易物品，城里的壁画上几乎没有商人形象，也完全没有真正的商贸场景。阿弗拉西阿卜壁画也是如此。在撒马尔罕有着丰富经验的法国考古学家葛乐耐曾一针见血地指出："在整个粟特艺术中没有一列商队、一条船，只有阿弗拉西阿卜壁画上中国皇后的游船是个例外。"[97]在片治肯特发掘出的一百三十余座房屋中发现了很多壁画，无一有贸易场景。与之类似，穆格山文书中，除了纸张和丝绸，只有本地生产的物品。而生产这两项物品的技术恰恰在这个时间点正从中国向西传进中亚。

目前掌握的证据表明丝路商业大体上是本地贸易，由小贩在短距离内进行。造纸或制丝一类的技术，以及祆教和伊斯兰教等宗教都随着移民传播。他们带着家乡的技术和宗教信仰在新的地方安家落户。

［法国高等研究实践学院的魏义天、法国国家科学研究中心的葛乐耐、圣彼得堡艾尔米塔什博物馆的马尔沙克（已于 2006 年去世）、美国南加州大学的凯文·范·布拉戴尔（Kevin van Bladel）都非常仔细地读过本章初稿。马尔沙克教授于 2002 年春天在耶鲁大学开设过两门课程。笔者对片治肯特的讨论就利用了这两门课的笔记。哈佛大学的施杰我对照粟特语原文检查了译文并为笔者提供了很多有益的建议。还要感谢阿塞尔·乌穆尔扎科娃帮忙找来并阅读俄语文献，以及尼科拉奥斯·A.克里希迪斯（Nikolaos A. Chrissidis）对研究所做的其他协助。］

原始史料

23 粟特古信札（311年后）[98]

1907年，斯坦因的手下在敦煌以西发现了一个废弃的邮包，里面有八封信，辛威廉译出了其中保存完整的四封[①]。通过这组写于311年之后不久的信件，我们可以看到不同社会阶层的粟特人，以及他们在匈人领袖石勒攻陷洛阳后所经历的动荡。

23-1 米乌奈和莎因母女的困苦

1号和3号信札分别是女子米乌奈寄给她的母亲查提斯和丈夫的，3号信札末还附了一段女儿莎因的话。在1号信札中，她向母亲抱怨，必须得有人愿意借钱，自己才能离开敦煌，可除了

---

① 原书只收录了1、2、3、5号四封信札。2017年，辛威廉发表了4号信札的译文。2019年5月6日，葛乐耐教授受邀在复旦大学历史系做了题为"新视角下的敦煌粟特古文书"的学术讲座，并向听众发了辛威廉对粟特古信札的最新英译。同济大学的李竞扬同学把这份英译传给了我。为了让中文读者更早一睹为快，我便给辛威廉教授写信，希望取得他的许可将这些尚未发表的最新英译收录在本书中。让我喜出望外的是，辛威廉教授给我发来了全部八封信札（其中6、7、8号三封残破）的最新英文译稿。需要提醒读者注意的是，辛威廉教授的这份译稿与最终发表的英译版本可能有些出入。

一个可能是祆祠祭司的人，没有一个当地的粟特人愿意帮忙。3号信札则是直接写给她丈夫的。信中哪些部分是套语？两封信的套语有多大差别？米乌奈想从母亲和丈夫那里得到什么？她和女儿在敦煌依靠什么维持生计？

1号粟特古信札 ①

（背面）

自女儿、良女米乌奈

致亲爱的母亲［查提斯］

（正面）

女儿、良女米乌奈向亲爱的母亲查提斯致以祝福和敬意。看到您健康安乐的那人会度过美好的一天。我们若能亲眼见到您健康，我的日子就更好了。

我焦急地想见您，但没有这个福分。我去求头人萨迦拉克。头人说："这里没有人比阿尔提旺跟纳奈达特的关系更亲了。"我去求阿尔提旺，可他说："芬浑德是……。我拒绝催促，我拒绝……"芬浑德说："如果你丈夫的亲戚（指阿尔提旺）不同意你回到母亲身边，我怎么带你去？等……来吧，也许纳奈达特会来。"

我生活得很惨，没有衣服也没有钱。我想借钱，但没有人肯借给我。从祭司（？）那里我得到了一些安慰。他对我说："如果你要走，我给你一头骆驼，并且应该让一个男子（陪你）走。一路上我

---

① 辛威廉：《粟特文古信札新刊本的进展》，Emma WU 译，荣新江、华澜、张志清主编：《粟特人在中国——历史、考古、语言的新探索》（北京：中华书局，2005 年），79 页。译文根据粟特语原文略有调整。

会好好照顾你的。"在收到您的信之前，但愿他能为我这样做！

3号粟特古信札

（背面）

自女儿莎因，致尊贵的老爷纳奈达特

自奴婢［米乌奈，致尊贵的老爷纳奈达特］

（正面）

像（敬拜）众神那样屈膝向我尊贵的老爷、亲爱的丈夫纳奈达特致以祝福与敬礼。看到您康乐无恙地跟所有人在一起的那人会度过美好的一天。老爷，当听到您身体健康时，我觉得自己不朽了！

您瞧，我过得……很差，很不好，很凄惨。我觉得自己已经死了。我一次又一次给你寄信却收不到回信，我对你已不抱希望。这就是我的苦命：我因您而来敦煌已有三年。我有一次、两次甚至五次机会走，但您都不同意带我走。

我求头人们给芬浑德一些补助好让他带我去我丈夫那里，让我别困在敦煌，因为芬浑德说："我不是纳奈达特的仆人，也不拿他的钱。"我又求道："如果他不带我去我丈夫那里……应该给他一点补助让他带我去我母亲那里。"头人们说："在敦煌跟你最亲的是阿尔提旺。"可阿尔提旺说："芬浑德的意愿（？）是［必须］（？）要你来做而不是我。因为我没有许可，也没有监护权。"这就是我的苦命：我变得不……我多想从我父亲……而不是汉人的奴仆！拿到汉人的……的自由人的……维持衣物整洁（？）。

关于我离开（敦煌）这事，你应该把每件事都写明白，我还是不是你的（女人），让我知道是不是该留下来。如果我不再是你的（女人），你就写信告诉我，我就明白我应该如何服侍汉人。我对自己娘家没有像对你一样的……。我没有听母亲和兄弟的话，却恭恭敬敬地听了你的话来了敦煌。我听你话的那天肯定惹神仙生气了！我嫁猪嫁狗也比嫁强！我应该看出你……

您的奴婢米乌奈寄。此信作于三月十日。

（页边）

女儿莎因向尊贵的老爷纳奈达特致以祝福与敬礼。看到您安康快乐的人会度过美好的一天。

……我变得……我正在看守一群牲口。跟您不同，我有一个……出去了。我是……我知道您也不差那 20 枚斯塔特[①] 给我寄来。这事必须要想得周到。芬浑德跑了，汉人在找他却找不到。由于芬浑德欠的债，我和母亲成了汉人的奴婢。

23-2　代理人寄给撒马尔罕雇主的信

对于历史学家来说，2 号信札（写于 313 年左右）格外重要，因为其中可能提到了 311 年洛阳被攻陷。这封信的开头与 1 号和 3 号一样，都是套语。洛阳沦陷后，写信人及其雇主经历了什么？请根据信件内容描述写信人的工作。

2 号粟特古信札[②]

（信封正面）

……应把［这封］信寄送至撒马尔罕。［尊贵的老爷瓦尔扎

---

① 此处指斯塔特银币，斯塔特也可作为重量单位，每枚重约 5—10 克。
② 毕波：《粟特文古信札汉译与注释》，《文史》2004 年第 2 辑，78—87 页。译文有修改。

克］应全部（？）［完整地（？）收到（？）］它。

寄自仆人纳奈盘陀

（信封背面）

寄自仆人纳奈盘陀

致尊贵的老爷，卡纳克（家族的）纳奈斯瓦尔（之子）瓦尔扎克

（信文正面）

仆人纳奈盘陀像（敬拜）众神那样屈膝向尊贵的老爷、卡纳克（家族的）纳奈斯瓦尔（之子）瓦尔扎克致以千万次祝福与敬礼。二位老爷①，看到你们快乐无恙的那人将会度过美好的一天。当听说你们身体健康时，我觉得自己不朽了！

二位老爷，酒泉的阿尔马特·萨赤平安无事，姑臧⁹⁹的阿尔萨赤也平安无事。二位老爷，（上次）有粟特人从内地②过来（距今）已有三年。我安置了（？）胡塔姆·萨赤，他平安无事，去了Kwr'ynk。现在，没有人从那边来，所以我要写信告诉你们那些去了内地的粟特人的情况，他们过得如何，去了哪些地方。

二位老爷，据说最后一位天子因为饥荒逃离了洛阳。有人在宫里和城里放火，宫殿烧了，城［也毁了］。洛阳没了，邺城也没了！而且……［匈奴］人③，他们……长安以便占领。……远至……远至邺城。这些匈［奴］人昨天还是天子的（臣民）!

二位老爷，我们不知道留下来的中国人是否能将匈奴人［从］长安、从中国赶出去，还是他们要拿下其他国家。……一百名撒

---

① 据研究，该信是写给两个人的，即瓦尔扎克和他的父亲纳奈斯瓦尔。
② 即中原。
③ 原文在这里残破了，"［匈奴］人"是根据上下文猜测的。

马尔罕的自由人，……在……有四十人。

　　二位老爷，你们的……已经有三年没有从内地［来人了］……素绢①……。从敦煌到金城[100]，在……卖，亚麻布很走俏。有素绢或羊毛织物没被带出来或拿走的，［能］（？）全部卖掉……

　　二位老爷，只要……活着，我们这些住在［金城］②到敦煌这一片的人就有口气儿。而（我们）家人（？）没了，老了，马上要死了。若不是这样，我也不会给你们写信诉说我们的情况。二位老爷，如果我把中国如何全写出来，那就太让人难过了，对你们也没有好处。

　　二位老爷，我送撒哈拉克和芬·阿哈特到内地去已有八年。我（上次）收到他们的回信还是三年前。他们平安无事……。（但）现在，自从最近的灾难发生，我［没］有收到任何关于他们过得如何的消息。此外，四年前，我又派去一个人，名叫阿尔提呼盘陀。商队离开始臧时，瓦呼［沙克］……在那儿。他们到洛阳时，那里的……、印度人和粟特人都饿死了。［我］派纳斯延去敦煌，他出去了③又回来了。他现在未经我的允许就走了。他遭了报应，在……遇袭致死。

　　瓦尔扎克老爷，我全指望您了！兹鲁瓦斯普盘陀之子佩萨克拿着……从我这里拿走了4枚斯塔特，存（？）了起来，没有转走。您应该拿上（这些钱），从现在起封存起来，没有（我）的允许，……兹鲁瓦斯普盘陀（之子佩萨克）……

　　纳奈斯瓦尔［老爷］，您应该提醒瓦尔扎克取出这些存款，两

---

① 字面义是"未做的"，下同。
② 或"［姑臧］"。
③ 指离开中国。

人一起数数。如果他想拿着（这钱），你们应该把利息加（？）到本金里并转到另一个户头上。您应该把这个（户头）也交给瓦尔扎克。如果你们觉得他不应该拿着（这钱），就提出来，交给一个您觉得合适的人，这样钱才能变多。记住，有个孤儿[①]……要靠这笔钱生活。如果他要活到成年，就只能指望这笔钱。

纳奈斯瓦尔［老爷］，您应该知道塔库特[②]已仙逝。愿众神和我父亲在天之灵保佑（？）您。塔赫西赤盘陀长大后，就给他娶个媳妇，别把他从您身边送走。在这……人间的快乐已离我们远去。我们天天等着被杀被抢。你们如果需要钱，您就从那笔钱里提出1000或者2000枚斯塔特。万·拉兹马克为我往敦煌送去塔库特的三十二囊麝香，他会转交给您。当它们送到您那里时，您应该将它们分成五份，塔赫西赤盘陀三份，佩萨克一份，您一份。

（封底）

此信作于领主契尔思斯万十三年，塔赫密赤月[③]。

23-3　丝绸之路上的商品

5号信札格外重要是因为其中提及了一些商品，但这些商品具体是什么还没有完全弄清楚。与其他几封信一样，这封信也以套语开头。写这封信的目的是什么？寄信人和收信人之间是什么关系？这封信还提到了什么人？他们与寄信人是什么关系？

---

① 指塔赫西赤盘陀，很可能是寄信人纳奈盘陀的儿子。他感觉自己活不长了，所以说自己儿子是孤儿。

② 塔库特很可能是纳奈盘陀的父亲。

③ 粟特月份，学界持粟特历6月、7月或10月等不同观点。

5 号粟特古信札

（背面）

致尊贵的老爷、萨宝阿斯般扎特

自仆人［弗利华陶寄］

（正面）

您的仆人弗利华陶向尊贵的老爷阿斯般扎特致以祝福与敬礼。看到您安康、快乐、无恙、舒心的人会度过美好的一天。如果我亲眼见到您，在您跟前像礼敬神那样礼敬您，我的日子就更好了。

［我从］内地听到的（消息）一日比一日坏，而不是（一日比一日）好。关于阿［胡尔马兹塔克］，无论我写了什么，他是怎么走的，他有什么……我已是孤零零一个人。您看，我还待在姑臧，没有去这儿去那儿。没有商队（？）从这儿出发。在姑臧有四包"白货"①待发，还有 2500 粒胡椒待发，以及 2 prasthaka[101] 的……，5 prasthaka 的 rysk 和半斯塔特银子。

豪突斯从姑臧走的时候，我跟他去了敦煌。但是他不许我跑到外面②去。要是……豪突斯见到一条平路，我就会把"黑人"[102]带出来。很多粟特人都打算走，（但是）走不了，因为豪突斯去山里了。我本想留在敦煌，但他们③太穷了。您的阿普拉克给了我一些安慰，因为……我在姑臧受人尊敬。［他们……］我。他们还让我……。我的……会带进火里去。他们要用我的燃料烧火！……我过得很惨。这……

我听说哈尔斯特兰克［欠（？）］您 20 斯塔特银子。他答应

---

① 可能是胡粉，即铅粉，可用来化妆。

② 指中国境外。

③ 指在敦煌的粟特人。

过："我（会）还的。"他把银子给我了，我称了称，总共 4 个半斯塔特。我问："如果他［寄了］20 斯塔特，你为何只给我 4 个半斯塔特？"他说："阿斯般扎特在路上找到我，（把银子）给了我。他说：'这有 7 个半斯塔特银子。'用 4 斯塔特，我拿到了四包 'st (k)［·］(m)。'黑人'拿走了银子，因为他们说：'我们（？）没有钱。'因为（照他们的说法），我该比他们更惨！"您应该听听阿胡尔马兹塔克是怎么害我的，然后您也会留心这一点的。

您的仆人弗利华陶寄。本信于三月三十日作于姑臧。

4 号粟特古信札 [1]

（背面）

致尊贵的老爷尤德-拉兹马克之子内乌-阿乌雅尔特

自仆人尼亚兹肯寄

（正面）

仆人尼亚兹肯像（敬拜）众神那样屈膝向尊贵的老爷尤德-拉兹马克之子内乌-阿乌雅尔特致以一千次祝福与敬礼。

老爷，从您那儿来的金子中，纳纳克的金子卖了 800 文（铜钱）。马那瓦伊赤克欠我 325 文（铜钱）。您在给我的信中（写道）："你应该给我买 tryh。"我读了信。您应该告诉我您想让我买哪种 tryh。我把所有东西带到各处，但没人出价让您卖。如果您给我送了葡萄酒，这儿根本找不到杯子！关于您的健康，不要……。希望老爷您没有忧愁。阿乌亚曼·万达克之子帕赫什应该记着铜钱的事。如果没有，您应该提醒他。

---

① Nicholas Sims-Williams, "The Sogdian Ancient Letter No. 4 and the Personal Name Manavaghichk", *Estudios Iranios y Tuanios* 3 (2017): 173.

此信作于十月十五日。

6号粟特古信札 ①

（背面）

老爷瓦拉…克收

（正面）

仆人芬浑德像（敬拜）众神那样屈膝向尊贵的老爷瓦拉……克致以一千次祝福与敬礼。如果我亲眼看到您安康，在您脚边行礼，我的日子就更好了。

老爷，头人（？）给我派了好多活儿，给了我 šδyh，跟我说："去楼兰，给我买丝绸回来。为了买丝绸［你应该……］你应该买樟脑并带给我。"老爷，消息来时……拒绝了……我……消息……不应该希望……我准备好了。

此信作于［？月］二十六日。

7号粟特古信札

仆人扎萨克向尊贵的老爷法尔尼克致以祝福与敬礼。看到您安康的人会有个好日子。

老爷，我在这儿听说关于您的……应该拿200（单位的）麦子交税。我听说所有的……如果……从……希望……话……如果你……可能

此信作于［？月］十五日。

---

① 6、7、8号三封信札都比较残破，之前的研究很少提到，但并不是说这三封信不重要。比如6号是由1号和3号信札中出现过的芬浑德寄出的，信中提到了楼兰、丝绸和樟脑。

8 号粟特古信札

……老爷们，我听到你们身体健康，觉得自己不朽了！如果我亲眼看到你们安康，像敬神那样在你们脚边向你们行礼，我的日子就更好了。

……我要写信告诉你……老爷……努力……年……

24　穆格山婚约及新娘副本（710 年）[103]①

以下是现存最长的两篇粟特语法律文书。为何这份婚约的用词与尼雅的婚约（史料 11–5）如此相似？正式婚约与新娘副本在遣词造句上有何不同？在新娘副本中，谁要付给谁 100 枚银币？为什么？这两件文书所体现的粟特男女社会地位有何不同？

正式婚约

突昏王第十年，马斯博基赤月阿斯曼日②，诨名尼赞的欧特特勤从笈赤建③王万哈纳克之子切尔处，娶受切尔监护的女子、维尤斯之女、诨名查特的祖赫德贡赤为妻。

按照传统法律，切尔基于以下条件将其监护人送出：欧特特勤应将查特视作亲爱的妻子，给她衣食首饰，敬她爱她，待她如同

---

① 张小贵、庞晓林：《穆格山粟特文婚约译注》，《唐宋历史评论》第三辑，2017 年，113—115 页。此处译文参考了粟特语原文，有较大改动。

② 粟特历十月二十七日，即 710 年 4 月 27 日。见 V. A. Livshits, *Sogdian Epigraphy of Central Asia and Semirech'e*, pp. 17, 22。

③ 即"新城"，在唐安西四镇之一的碎叶城以东约 20 千米，是一处重要的贸易中心。见 V. A. Livshits, *Sogdian Epigraphy of Central Asia and Semirech'e*, pp. 22。

正室①，就像一位先生对待自己的太太一样。查特也应将欧特特勤视作亲爱的丈夫对待。她应服从他的利益，把他对妻子的命令当作法律听从，如同一位女士对待自己的丈夫。

然而，如果欧特特勤没把查特休了②就娶妻纳妾，或有了（其他）让查特不满意的女人，则应罚丈夫欧特特勤付30枚成色上好的迪尔汗（银币）给妻子查特，且不能娶妻纳妾，要把其他女人休了。但是，如果欧特特勤不想让查特做（他的）妻子了，想休了她，他可以把她休了，让她带着遗产、财物和收到的礼物离开，无须赔偿（她）。他不欠也不应付其他赔偿。此后，他可以娶自己喜欢的女子为妻。如果查特不想再做欧特特勤的妻子，想离开他，她应把衣服、首饰和从欧特特勤处得到的东西完好地留下，带走自己的财物和收入（？），无须付任何补偿。此后，她可以嫁给自己喜欢的男子。

如果男方犯了罪做了坏事，由（他）本人担罪受罚。如果他成了别人的奴隶、抵押人质③、俘虏或依附者，查特及其儿女无须赔偿即变为自由身。如果女方犯了罪做了坏事，由（她）本人担罪受罚。如果她成了别人的奴隶、抵押人质、俘虏或依附者，欧特特勤及其儿女无须赔偿即变为自由身。这样一方不必为另一方担罪受罚。

本婚约在奠基厅、长者布拉赫曼之子乌胡舒康面前缔结。在场者有：设什赤之子斯卡赤、拉姆赤之子查赫伦、马哈克之子沙

---

① 字面义是"在自己家里有（全部）权利"，即有别于妾。见 V. A. Livshits, *Sogdian Epigraphy of Central Asia and Semirech'e*, pp. 30。

② 字面义是"没有把她送走"。见 V. A. Livshits, *Sogdian Epigraphy of Central Asia and Semirech'e*, pp. 30。

③ 指贷款时抵押给出借方的人质。

乌。由阿胡什芬之子拉姆提什写就。

欧特特勤和查特的婚约。

新娘副本

突昏王第十年，马斯博基赤月阿斯曼日、齐失奇之子、诨名尼赞的欧特特勤从笈赤建王万哈纳克之子切尔及其诸子和家族处（娶妻）。

"大人，我从您那儿娶维尤斯之女、诨名查特的祖赫德贡赤为妻。我向切尔您宣布并保证：今后直到永远，查特将一直是我的妻子。大人，我在密特拉神面前（起誓）：我不会贩卖她、抵押她、进贡她，或将她置于（他人的）保护之下。如果有人从我这里或从敌人那里掳走她、侵犯她，我将立刻将她救出，（保证她）安然无恙。如果查特不想和我在一起了，或者如果我想休了她，我会将她安然无恙地送还给切尔您、您的诸子和家族。如果我没有将她安然无恙地送回，我将赔您100枚成色上好、可流通的迪尔汗银币。若不能一次付清，我将付二成的利息。"

欧特特勤及其诸子和家族让布尔兹之子、诨名是尼波扎克的齐帕克为这些条件和这100迪尔汗，向切尔及其诸子和家族做担保。切尔及其家族可以要求他保证女子安然无恙，或要求他付清赔偿金的本利。

此文书对于所有人均有效、适用。（此文书）在奠基厅、长者布拉赫曼之子乌胡舒康面前写成。在场者有：设什赤之子斯卡赤、南赤之子查库沙克、拉姆赤之子查赫伦。由阿胡什芬之子拉姆提什应欧特特勤之请写就。

查特的文书。

25 穆格山堡垒被阿拉伯军队攻破（722 年）[104]①

塔巴里用阿拉伯语撰写了一部世界通史，从创世一直写到915 年。如下文所示，塔巴里在撰史时采用了伊斯兰特有的方式，即写明所记述的事件源自哪个人、其后的传述世系，以及对该事件的不同记述。此处讲述了迪瓦什梯奇的穆格山堡垒被攻陷的过程。穆斯林军官哈拉希如何分配战利品？他是如何对待迪瓦什梯奇的？塔巴里的文风与《旧唐书》（史料 27）及其他各章所引用的汉文正史有何区别？

粟特人从关押的穆斯林俘虏中处死了一百五十人。一说是四十人。有个男孩逃出来给哈拉希[105]通风报信，也有种说法是一个男人到哈拉希这儿汇报事情经过。哈拉希向粟特人询问（穆斯林俘虏的事），后者否认了（指控）。然后他派熟悉粟特事务的人去打探消息。待他发现确有其事后，便下令杀掉粟特人。他先将粟特人里的商人挑出来。这批商人共四百名，拥有大量中国商品。

这条史料继续讲述：尽管没有武器，粟特士兵依然试图自卫。他们用木棍作战，最后悉数被杀。第二天，哈拉希叫来了（粟特）农民，他们不知道自己的同胞做了什么。他在每人脖子上都盖了戳，把人驱赶着杀掉。被杀害的一共有三千人。一说是七千人。

哈拉希派哲利尔·本·希木延、哈桑·本·艾比·阿马拉塔、叶齐德·本·艾比·宰乃白为商人的财产估价。商人们说："我

① 南方科技大学的研究助理教授钱艾琳根据莱顿版阿拉伯语精校本审定并修改了译文，原文见 De Goeje（ed.），*Annales Quos Scripsit Abu Djafar Mohammed Ibn Djarir at-Tabari*, Series III, Brill: Leiden, 1964: 1445-8。

们不应该反抗。"哈拉希从粟特人的财产和妻儿中挑了一些中意的，然后叫来了里巴布的阿迪部落的穆斯林·本·布戴勒·阿达维，对他说："我让你负责分配战利品。"穆斯林说："（我看到）你手下昨夜的所作所为，你还是让别人来分吧。"哈拉希便指派欧拜杜拉·本·祖海尔·本·哈延·阿达维来分配，后者留下胡姆斯[①]后，就把剩下的战利品瓜分了。

哈拉希给叶齐德·本·阿卜杜·马利克写了封信，但没给欧麦尔·本·胡拜拉写信。这是欧麦尔对他心生怨恨的原因之一。

萨比特·古特那吟了两句诗，提到了被杀的粟特人领袖：

令人慰藉的是卡尔赞吉、吉辛被杀，巴雅尔的命运，

以及迪瓦什尼[106]和加尔那吉的命运，在苦盏的城堡，当他们身死之时。

根据另一条史料，其第一句是："令人慰藉的是卡尔赞吉、吉什吉什被杀。"

据说迪瓦什尼是撒马尔罕的一个德赫干[②]，他的名字迪瓦山吉被阿拉伯化为迪瓦什尼。

据说负责苦盏战利品的伊勒巴·本·艾哈迈尔·亚什库里把一个皮质香囊卖了两迪尔汗。买主在囊中发现了金锭，惊讶得抓着胡子，眼睛都瞪出来了。他们想退他两迪尔汗让他把香囊还回来，却找不到此人了。

---

① 战利品的五分之一。

② dehgan，原义为"农民"，这里指城主或城邦国家统治者。注意，在犹太波斯语书信中，于阗国王也被称作"德赫干"，见史料 42。

这条史料说：哈拉希派欧瓦法人的麦瓦利苏莱曼·本·艾比·萨里去一个堡垒，这个堡垒三面被粟特河环绕。……苏莱曼把穆萨雅布·本·彼什尔·里雅黑派去做先锋指挥。粟特人在库姆村与之兵戎相见，这里距堡垒一法尔萨赫[①]。穆萨雅布打赢了，并把他们逼回了堡垒。随后苏莱曼围住堡垒。堡垒的德赫干名叫迪瓦什尼。

哈拉希给苏莱曼写信，提议给他增援。后者回信说："我们约见的地方过于狭窄，向竭石[②]进发吧。但愿真主保佑我们。"

迪瓦什尼要归降哈拉希，并让苏莱曼派穆萨雅布把自己送到哈拉希那里。苏莱曼信守诺言把他送到了赛义德·哈拉希处。后者对他宽厚并加以款待，但这只是个计策。迪瓦什尼走后，堡垒内的居民要求停战，要求苏莱曼同意不伤害堡垒里包括妇孺在内的一百户人，他们愿奉上堡垒作为回报。苏莱曼写信给哈拉希，要求他派亲信来接收堡垒。

哈拉希派来了穆罕默德·本·阿齐兹·铿迪和伊勒巴·本·艾哈迈尔·亚什库里。二人将堡垒内的物品悉数拍卖。哈拉希取走胡姆斯，把剩下的分了。

哈拉希向竭石进发，那里的居民答应付一万头羊求他停战。有人说哈拉希与竭石的德赫干瓦伊克议和了。瓦伊克答应在四十天内交付六千头羊，哈拉希答应不再攻击他。

处理完竭石之后，哈拉希向拉宾詹[107]进发，在那里处死了迪瓦什尼，并把他的尸体钉在纳吾斯上。如果尸体被挪走了，他就要求拉宾詹人付100第纳尔。他让纳赛尔·本·萨亚尔负责在竭石

---

① farsakh，长度单位，合 6 千米。
② 即史国，位于今乌兹别克斯坦沙赫里萨布兹，在撒马尔罕以南 80 千米。

的停战接收事宜。……他把迪瓦什尼的人头寄去了伊拉克，把左手寄给了吐火罗斯坦的苏莱曼。

26　玄奘笔下的粟特[108]

玄奘回到长安后在皇室的支持下完成了《大唐西域记》。下文记述了粟特人的优缺点，与描述外国人的史料 5 格式一致。下文中哪些像是亲身经历？哪些像是道听途说？

自素叶水城[①]至羯霜那国[②]，地名窣利[③]，人亦谓焉。文字语言，即随称矣。字源简略，本二十余言，转而相生，其流浸广。粗有书记，竖读其文，递相传授，师资无替。服毡褐，衣皮氎，裳服褊急。齐发露顶，或总剪剃，缯彩络额。形容伟大，志性恇怯。风俗浇讹，多行诡诈，大抵贪求，父子计利，财多为贵，良贱无差。虽富巨万，服食粗弊，力田逐利者杂半矣。

27　正史中的粟特[109]

到了编纂唐书的时代，正史中四夷传的套路已基本固定。《旧唐书》是如何编排粟特史料的？其中哪些是新材料，哪些来自前

---

① 即碎叶城。
② 即史国。
③ 即粟特。

朝旧史？文末概述了 7 世纪末至 8 世纪初几个粟特王的历史，这与《塔巴里史》（史料 25）和穆格山文书中的记载有何区别？

    康国，即汉康居之国也。其王姓温，月氏人也。先居张掖祁连山北昭武城，为突厥所破，南依葱岭，遂有其地。枝庶皆以昭武[110]为姓氏，不忘本也。其人皆深目高鼻，多须髯。丈夫翦发或辫发。其王冠毡帽。饰以金宝。妇人盘髻，幪以皂巾，饰以金花。人多嗜酒，好歌舞于道路。生子必以石蜜内口中，明胶置掌内，欲其成长口常甘言，掌持钱如胶之黏物。俗习胡书。善商贾，争分铢之利。男子年二十，即远之旁国，来适中夏，利之所在，无所不到。以十二月为岁首，有婆罗门为之占星候气，以定吉凶。颇有佛法。至十一月，鼓舞乞寒，以水相泼，盛为戏乐。

    隋炀帝时，其王屈术支娶西突厥叶护可汗女，遂臣于西突厥。武德十年，屈术支遣使献名马。贞观九年，又遣使贡狮子，太宗嘉其远至，命秘书监虞世南为之赋，自此朝贡岁至。十一年，又献金桃、银桃，诏令植之于苑囿。

    万岁通天年，则天封其大首领笃婆钵提为康国王，仍拜左骁卫大将军。钵提寻卒，又册其子泥涅师师为康国王。师师以神龙中卒，国人又立突昏为王。开元六年，遣使贡献锁子甲、水精杯、马脑瓶、鸵鸟卵及越诺之类。十九年，其王乌勒上表，请封其子咄曷为曹国王，默啜为米国王，许之。二十七年，乌勒卒，遣使册咄曷袭父位。天宝三年，又封为钦化王，其母可敦封为郡夫人。十一载、十三载，并遣使朝贡。

第五章

长 安

丝路终点的国际都会

今天的西安比中国其他任何地方都更富考古学上的魅力。著名的兵马俑距市区仅有一小时车程。丝绸之路也在城中留下了很多痕迹。今天城中居住着很多少数民族，在唐朝称长安时也同样多元化。下页高雅的仕女俑即产自长安，人物服装结合了唐与粟特两种元素。长安非常大，直到最近十年，西安的规模才完全包含其唐代边界。西安有超过一千万人口，无疑是中国西北最大的城市。

西安人祝酒时经常提醒来客，此地曾经是十朝古都。其中七朝寿命短暂，疆域有限，另外三朝则实现了大一统：西汉（前206—公元25年）、隋朝（581—618年）、唐朝（618—907年）。长安既是政治中心，也是丝路西行的出发点。玄奘便是这些西行者中的一员。出发前，玄奘造访了住着很多粟特人的西市。相比于中国其他地方，在这里他能够得到最好的建议。

这座内陆城市也是由海路西行之人的起点。这些航海者先由陆路（当时黄河不能通航）到达长江上的港口或直接到达海边，再乘船沿着公元1500年之前世界上最繁忙的航线航行，从中国沿海可抵达东南亚、印度、阿拉伯世界和东非海岸。[1]

在意想不到的地方找到文书

　　这尊女俑出土于吐鲁番墓中，年代为7世纪。仔细看可看到其手腕处有纸伸出来。俑人的胳膊是用废纸卷做成的。考古学家把这类俑用蒸汽熏软，从中拆出了很多种文书。其中包括当铺小票（质库账历），小图中即是一张。小票上画着一道又粗又黑的"7"字形的线表示账目勾销。小票中还提到了长安地名，这是确定纸俑产地的关键证据。（新疆维吾尔自治区博物馆供图）

公元后的第一个千年是丝绸之路的鼎盛时期，在此期间各方来客经海路或陆路来到长安。从 220 年汉朝灭亡起，到 589 年隋朝一统中国为止，中国一直未曾统一，许多地方由游牧民族掌权统治。在北方，北魏（386—534 年）的统治时间最长。北魏之后是东魏（534—550 年）和西魏（535—556 年），再是北齐（550—577 年）和北周（557—581 年）。

今天的西安有很多过去的遗迹。中国法律规定，若工地挖出古物，必须通知考古部门。这样的事情在西安常有发生。考古学家每年都能发掘出几百座汉唐墓葬。[2] 在西安北郊有一块北周高官用的墓地。关于陆路迁徙的最新证据来自最近发现的几座粟特墓葬。这些人在 6 世纪末 7 世纪初来到长安和中国北方的其他城市。

两座粟特墓葬自其被发现伊始就引起了强烈关注，它们是 2000 年发掘的安伽墓和 2003 年发掘的史君墓。2005 年秋，西安的考古学家还发掘了一位葬于长安的印度人的墓葬。据墓志，墓主名为李诞，婆罗门种。婆罗门一词仅表示此人来自印度，并不一定是高种姓。[3] 在宁夏固原、山西太原等地也发现了粟特墓葬。[4]

这些墓葬展示了来到中国的移民（主要是粟特人）是如何被改造和适应汉人文化习俗的。粟特地区的传统葬俗是先将死者遗体曝露于外，之后再将骸骨放入纳骨器或建于地上的祆教墓室纳吾斯中。西安出土的粟特墓葬则采用汉人的斜坡墓道洞室墓，其中通常还有一方汉文墓志简要概括逝者生平。

这些墓葬也保留了鲜明的粟特元素。围屏石榻或者像小房子一样的石椁取代了汉式棺椁。在有些墓葬中，死者的遗骨被放置在围屏石榻上或石椁里，另外一些墓葬则不是这样。后者中特别值得注意的是安伽墓。[5] 与纳骨器一样，石椁外部有雕饰。与此相

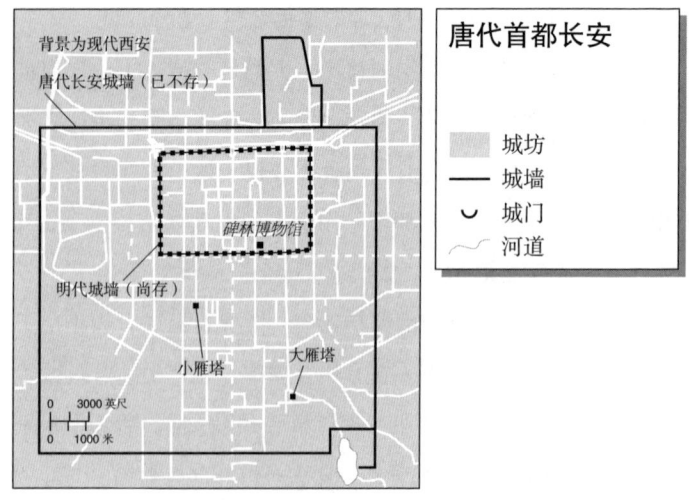

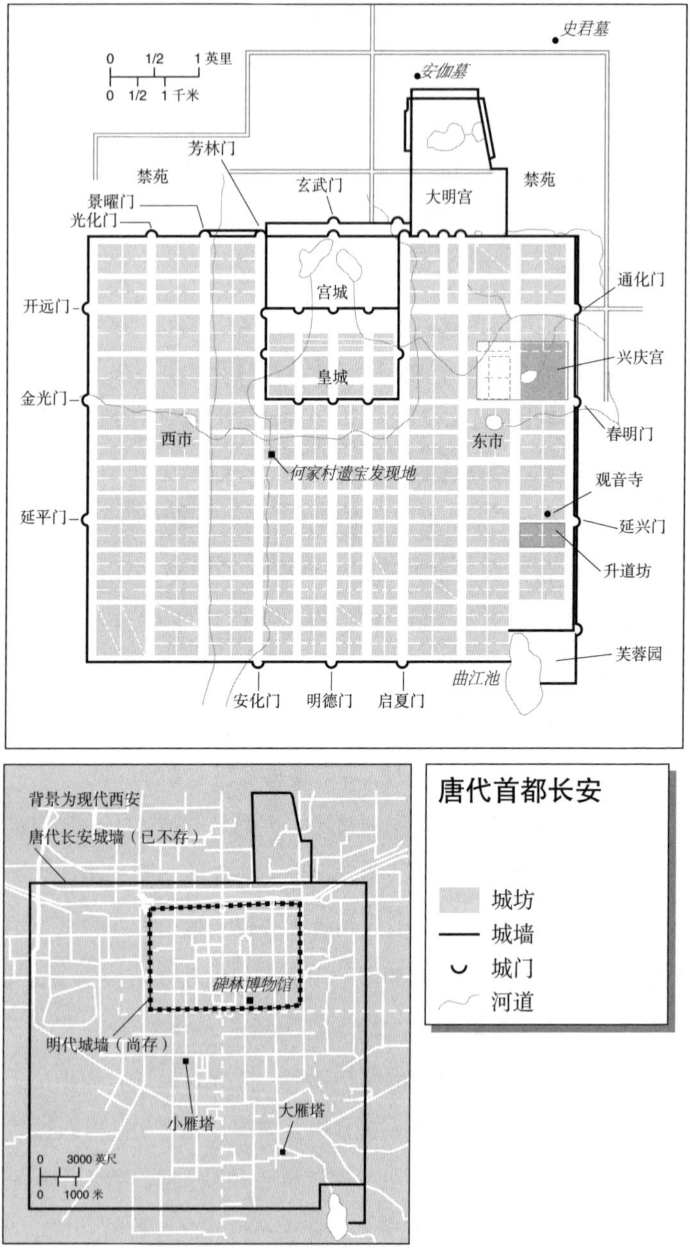

史君墓

安伽墓

芳林门

禁苑

玄武门

大明宫

禁苑

景曜门
光化门

宫城

通化门

开远门

皇城

兴庆宫

金光门

西市

东市

春明门

何家村遗宝发现地

观音寺

延平门

延兴门

升道坊

曲江池

芙蓉园

安化门　明德门　启夏门

背景为现代西安

唐代长安城墙（已不存）

碑林博物馆

明代城墙（尚存）

小雁塔　大雁塔

0　　　　　3000英尺
0　　　1000米

唐代首都长安

城坊

城墙

城门

河道

对，围屏石榻只有朝内的部分有雕饰，好像一个"表里颠倒"的纳骨器。[6]与纳骨器不同，围屏石榻上刻有死者生前的生活场景，传统粟特纳骨器上从来没有这样的画面。这些生活场景极为真实，明显参考了死者生前的生活经历，所描绘的可能是现世也可能是来世。

入选 2000 年中国十大考古发现候选名单的安伽墓是唯一发掘前没被扰动过的粟特墓葬。绝大部分中国的墓葬都被盗墓贼打开过，有的还被打开过好几次。安伽 8.1 米长的斜坡墓道的尽头是墓门（见彩图 16）。门外是死者墓志。墓志采用典型的汉式形制，志文刻在低矮的方形基座上，上加墓志盖，基座与墓志盖均为石制。按汉式葬俗，安伽的遗骨应该放在棺床上的棺里，但是这些遗骨散在墓门周围的地上。没人说得出这是为什么，袄教或汉人的习俗都不允许这样的葬法。墓志周围的一切，包括墙壁，都有烟熏的痕迹，似乎有人曾经在此处生过火。[7]

据墓志，安伽祖上来自安国（位于今乌兹别克斯坦布哈拉），后迁至凉州。此处是长安与敦煌之间的重镇，玄奘也曾在此停留（见史料 28–1）。[8]安伽生于 518 年，其父为粟特人，其母可能为凉州的汉人。[9]墓志说其父曾任两官，其中一任所在地为四川。这不太可能，因为四川与武威相距甚远。这些官职更可能是由其子安伽的成功而追封的。[10]安伽确实很成功。他先在同州（今陕西大荔，在西安以北）做萨宝，后来做到了萨宝可及的最高官阶。[11]

从北魏起，中原王朝开始授予粟特聚落的头人官职，并采用原本是外来语的"萨宝"一词命名此官。由此，萨宝被赋予了新的含义，即被汉人任命管理外国人聚落的官员。安伽从北周得到了任命，该朝在 579 年 62 岁的安伽去世时依然统治着长安。安伽

粟特头人的汉式墓葬

安伽墓门楣上的彩绘巧妙融合了胡汉两种元素。人头、人身、鸟腿、鸟爪的祭司戴着祆教仪式口罩站在桌旁，桌上摆着碗和花瓶，花瓶里有花。这里的祆教祭司代表总是与公鸡联系在一起的斯罗什（Srosh）神。斯罗什神是阴间的判官，他帮助灵魂跨越进入阴间的桥。鸟人祭司的头顶是腾云驾雾的汉人乐师。右下方戴白帽的浓髭须人物是死者萨宝安伽本人。（巫鸿、郑岩主编《古代墓葬美术研究》第一辑，北京：文物出版社，2011 年）

墓结合了汉与粟特的元素。墓门上方的画中有一个火坛，置于三头骆驼驮着的一张桌子上，这是粟特胜利之神的标志物。[12]

墓室长宽各 3.6 米，高 3.3 米，当中放有一张围屏石榻。工匠们先在围屏上刻出浅浮雕，再用红、黑、白三色颜料给人物、建筑和树木上色，最后以金色填充背景。这里共有 12 幅图，左边 3 幅，右边 3 幅，中间 6 幅。[13] 正中间画着身材肥硕的安伽和一名女性（可能是他妻子）一起坐在一座汉式建筑中，面前有一座桥。中国发现的围屏石榻和石椁上几乎都绘有胡旋舞的场面，聚会时男女均可表演这种舞蹈。安伽的围屏石榻上绘有三幅胡旋舞的场景（见彩图 16）。

安伽墓的围屏上几乎见不到任何商业活动。中央围屏中出现了驮着货物的骆驼，但整幅图更像是外交场合而不是商业活动。在同一块围屏上，安伽似乎在一位突厥酋长的帐篷中与之交谈。[14] 如果骆驼驮着的确实是商品，那么这些商品其实是协商完成后与对方交换的礼物。这一做法与前几章所述由使节主导的贸易相吻合。特别值得注意的是撒马尔罕阿弗拉西阿卜宫殿遗址壁画中对使节及其礼物的描绘。

第二座粟特墓葬于 2003 年在安伽墓以东 2.2 千米处被发现。该墓与安伽墓类似，非常引人入胜。[15] 死者的粟特名为 Wirkak，源自粟特语"狼"。墓志汉语部分记载，死者姓史，写名处空白，因而未知其名。与安伽墓一样，史君墓也是斜坡墓道洞室墓。与安伽墓的围屏石榻不同，史君墓中有一石椁，长 2.5 米，宽 1.5 米，高 1.6 米，外周四面均有浮雕。墓中填满了沙子，考古学家只找到了这具石椁及石椁中碎裂的石椁顶，未发现其他随葬品。

史君墓志发现于石椁门的上方，这位置很不寻常。更不寻常的是，墓志左半为汉语，右半为粟特语（见史料 28-2 和史料 28-3）。[16] 两篇墓志都叙述了史君一生的事迹，但并非同一文本的翻译。刻写墓志的书吏对这两种语言掌握得都不够。两篇墓志都讲道，史君与其妻同于 579 年去世，育有三子，他曾任凉州萨宝。粟特语墓志这样结尾："此石堂（直译为'神屋'）是由毗沙、维摩和富卤多为了父母而在合适的地方所建。"这说明"神屋"一词所指必为墓中房屋形状的棺椁。[17]

石椁有顶有底，正面有两扇门两扇窗。与安伽墓门楣上方画中类似的鸟人祭司在窗下生火。石椁上的很多母题都与安伽墓的极为相似：宴会、狩猎，以及死者在帐中与另一民族的人交谈。有些画面则让人完全摸不着头脑，比如北侧左边洞中的苦行者是谁？老子？一个婆罗门？粟特人对于其他宗教系统的神灵持非常开放的态度，这些费解的画面可能永远也没有答案。

石椁的东侧描绘了死者灵魂走过审判之桥（Chinwad Bridge）的图景，十分引人注意。关于祆教中对于死者命运的信仰，粟特地区和祆教中心伊朗的材料都不如这幅图具体丰富。

头戴王冠的飞马、有翅膀的乐师、头戴王冠并饰以向后飞舞的飘带的人物（这是长久以来伊朗艺术中描绘帝王的经典方式），所有这些元素都表明，史君夫妇要上天堂了。通过与 9 世纪的祆教文书比对，能确定石椁上所刻图景中不同元素的具体含义。这也表明 6 世纪末中国境内的粟特人对于这些宗教文本非常熟悉。这一发现非常重要，因为截至目前，中国只出土过很少的祆教文书①（见第六章）。[18]

安伽和史君都死于 579 年，此时正值北周末年，政治变动频繁。573 年，北周皇帝安排太子与其手下一名将军的女儿结婚。②太子即位之后于 580 年去世，留下一个小儿子做皇帝。最初，小皇帝的外祖父摄政，但在同一年摄政者就篡得皇位，建立了隋

---

① 敦煌藏经洞中一件编号为 Or.8212/84（Ch.00289）的粟特语文书中有祆教圣典《阿维斯塔》的 ašem vohu 祷文，其语言非常特殊。见 N. Sims-Williams, "The Sogdian Fragments of the British Library", *Indo-Iranian Journal* 18 (1976), 43-82，与该文书相关的部分是 46—48 页所讨论的 Fragment 4 以及文末 75—85 页 Ilya Gershevitch 撰写的附录。文章作者倾向于认为这件文书的作者是摩尼教徒，而不是祆教徒。这件文书非常特别，提请读者朋友注意。
② 指北周武帝宇文邕的太子宇文赟迎娶隋国公杨坚的长女杨丽华，二人于 573 年结婚。578 年，武帝卒，太子即位，是为北周宣帝。

进入阴间的惊险渡桥

图中场景来自史君墓石椁。画面右下，两名戴仪式口罩的祆教祭司正在举行护送死者灵魂进入阴间的仪式。画面左侧，史君夫妇正领着一队人马过桥，队伍中有两个小孩（先于父母去世？）、牲口、两匹马和一头驮着货的骆驼。更重要的是，桥下水中有露着獠牙、凶相毕露的怪兽，而史君夫妇已安然过桥。根据祆教教义，只有诚实正直的好人才能毫发无损地过桥。坏人一上桥，桥面就会变得和刀刃一样窄，让坏人掉下去。（杨军凯供图）

朝。[①] 之后的八年中，他的军队在全国征战，逐渐扩大领地，直到589年统一了全中国。

581年，隋文帝定都大兴城（唐朝改称长安），这是之前数个强大王朝的首都。大兴城是他在北周首都的东南（也是汉代长安故址）规划并兴建的一座崭新的城市。隋文帝统治了近三十年，于604年寿终正寝。其子隋炀帝即位后数征高丽，无功而返，国人伤亡很大。李渊起兵造反推翻了隋朝，于618年建立了唐朝。[19] 除个别短暂的时期外，长安一直是唐朝的国都。

① 北周宣帝宇文赟的长子宇文阐579年受宣帝内禅，时年七岁，是为北周静帝。第二年，宇文赟病逝。581年，北周静帝禅位于杨坚，隋朝建立。

新城城墙高 4.6 米，东西长 9.5 千米，南北宽 8.4 千米，包围的长方形面积约 80 平方千米。城中大街宽阔，最宽可达 155 米，相当于一条 45 车道的高速公路。[20] 整个城市有 108 个街区，街区被称为坊。每座坊也有墙环绕。城中官员每晚关闭城门并执行严格的宵禁。都城北部中央是宫殿和衙署，包括军事与非军事机构。只有官员和皇族成员可以进入那一区。官员与大臣愿意住在东城。因为他们买得起带花园的大房子，且东城人口并不稠密。普通百姓大多住在西城。

城中还有两个市场，分别称为东市和西市，面积均约 1 平方千米。[21] 市场四边都有一条 120 米宽的路以便人车通行。市场内部道路更多。与坊一样，两个市场也有围墙，门禁森严。五品以上官员不得入内，因为编纂唐律的太宗朝大臣认为经商会腐蚀官员。市令是唐律这一规定的例外，他们负责每十天验重定价（见史料 22-3）。[22] 市令给牲口和奴隶的买主发放市券以证明其主人的身份。带牲口和奴隶经过关卡时必须出示市券才能通过（见史料 22-2）。市令还负责保证市场在正午开门，日落前一个时辰关闭。[23]

东市更多是卖国内产品，而西市则有更多外国货，很多都是驼队运来的。经营同种货物的店铺一起挤在被称为"行"的小街上。（今天汉语里的"内行""外行"就是由此而来。）东市有二百二十组卖不同货物的店铺，包括毛笔、铁器、布匹、肉、酒、印刷品等。西市卖食物和皮货，比如辔头和鞍具，以及来自整个欧亚的首饰和宝石。两个市场堆满了货物。843 年的一场大火烧毁了东市十二行的四千座房屋。[24]

来逛市场的人可以在饭店、酒馆、小吃摊和妓院中消费。行商可以把货物存在仓库里，把钱存在类似银行的机构中，并在旅店住下。有些旅店有多达二十间客房。从第三章讨论过的粟特商人曹禄山与汉商李绍谨之间的官司中，我们可以看出唐朝官府如何处理汉人与非汉人之间的官司。唐律规定，同国籍的外国人之间的犯罪，用该国法律判案。如果牵涉不同国籍的人，则按唐律办。[25]曹李二人都曾住在首都，之后为做生意去了西域。

根据唐朝文献，首都长安人口"不啻百万"。[26]这百万人中，大多数为汉人，但在西市周围也有一个不小的外国人聚落。[27]有些外国人由于一些条约而落户中国。630年东突厥向唐屈服后，有近一万户被命令迁入长安。其中很多是为突厥人服务的粟特人。[28]唐朝征服西域小国时都会要求小国国王把儿子送入长安做人质。这就进一步增加了城中的外国人口。也许最有名的避难者是651年萨珊首都泰西封被穆斯林军队攻破之后逃出伊朗的萨珊皇帝

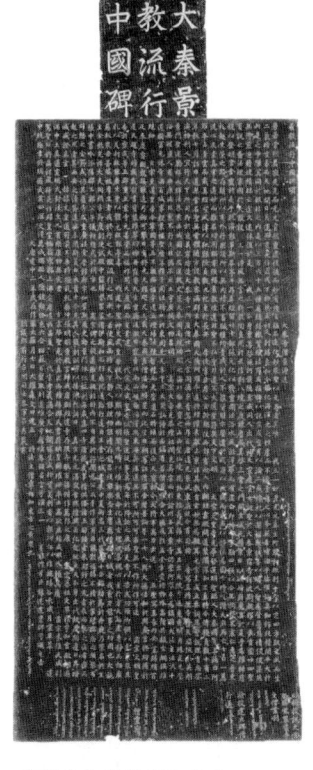

唐朝首都的基督教遗迹

图中石碑刻于781年，碑额为横竖等长的十字架，这是基督教东方教会常用的样式。该石碑发现于1623年或1625年，当时中国官员把石碑拓片拿给耶稣会士看，后者喜出望外地发现自己并非最早到达中国的传教士后将拓片寄回了欧洲。1680年以前，汉语及叙利亚语碑文均已译为西文发表。（西安碑林博物馆供图）

的子孙们。最后一位萨珊皇帝伊嗣俟三世于逃亡途中去世，但他的儿子卑路斯和孙子泥涅师都来到了长安并定居于此。[29]

这些移民也带来了自己的宗教习俗。城中至少有五座，也许有六座祆祠，其中四座在西市附近。[30]在西市以北不远处坐落着城中唯一一座基督教堂，该教堂隶属于东方教会。今天，西安碑林博物馆收藏着来自中国各地的数百通石碑，其中最有名的便是《大秦景教流行中国碑》，上面记载着唐朝时基督教在华的历史（见史料29）。[31]

据碑文讲，第一个来到长安的基督徒名叫阿罗本，635年由塞琉西亚-泰西封（位于今伊拉克境内）的大主教派出，建立了东方教会在中国最早的据点。[32]这个教会建立之时，阿拉伯军队正在围攻伊朗，大批波斯人离开伊朗远走他乡，向东来到中国和其他地方。石碑正文之后用叙利亚文写着七十个人名及这些人在教会中的位阶。有些明显是基督教名字，比如"耶稣的希望"。有些源自祆教但已通行于美索不达米亚，比如"月神 Mah 所赐"。每个名字都有中文译音。这七十人似乎大部分为外国人而非汉人。

东方教会在长安、洛阳、广州等几个主要城市建立了教堂，其成员基本上是伊朗人和粟特人。在整个 7 世纪和 8 世纪，他们都得到了唐朝的支持。但唐朝皇帝于 845 年下了一道禁教令。虽然其主要目标是佛教，不过基督教也在禁令范围之内。这次废佛没有灭掉佛教，却让基督教东方教会从此销声匿迹了。

在今天的西安看不到任何东方教会或其他宗教机构的痕迹。实际上，西安地面上保存的长安时期的建筑少之又少。游客在这里找不到昔日辉煌宽阔的大街。今天能看到的城墙很大很宽，宽到可以在上面骑自行车或者开高尔夫球车。但这城墙是明代的，

彩图 1　吐鲁番阿斯塔那墓出土绢花

　　图中色彩鲜艳的绢花高 32 厘米，于 1972 年从墓中出土，从中可以看出新疆吐鲁番绿洲不寻常的保存条件。这里年降水量低于 25 毫米，保存了中国其他地方无法保存的很多物品，其自然环境在全世界范围内也不多见。考古学家在绢花花茎上找到几缕头发，说明这束绢花本是头饰的一部分，由迎春的舞者佩戴，年代为 7 世纪到 8 世纪。

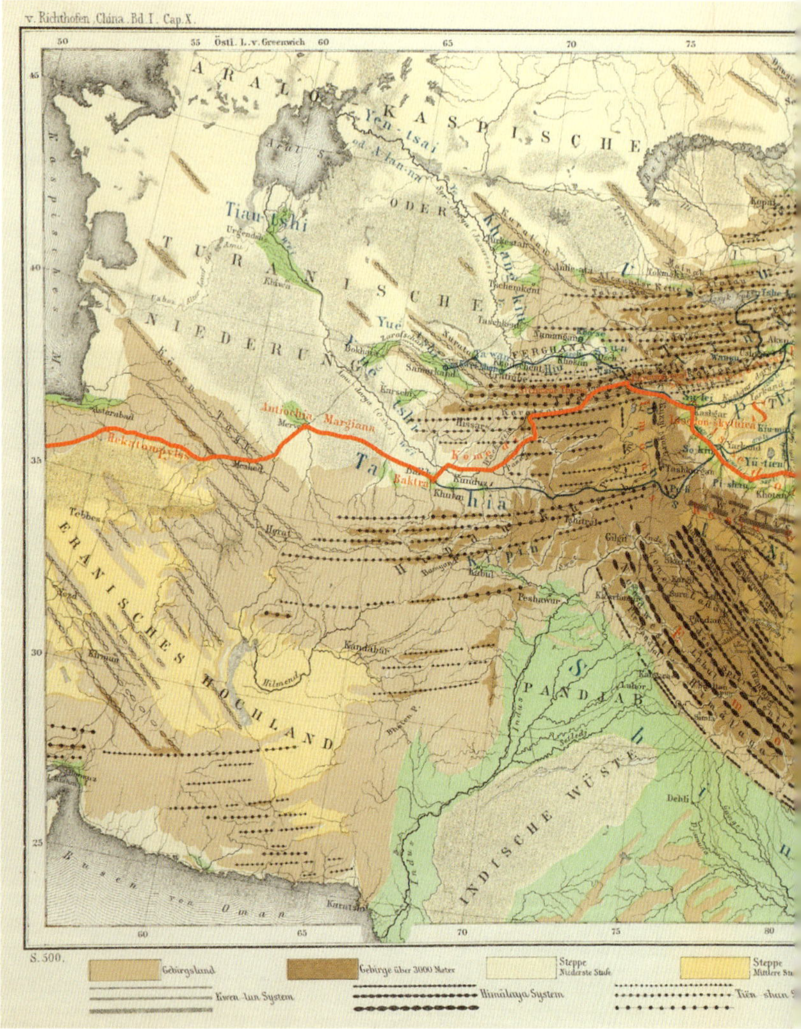

彩图 2 最早的 1877 年丝路地图

德国地理学家李希霍芬发表这张地图时创造了"丝绸之路"一词。图中用加粗的橙线画出了丝绸之路。李希霍芬当时受命寻找中德两国间铁路的理想走向。他把古代的贸易路线想作一条直线。

Karte
von CENTRAL-ASIEN
zur Uebersicht der Verkehrsbeziehungen
von 128 v.Chr. bis 150 n.Chr.
von F. v. Richthofen
1876.

Die blaue Farbe bezeichnet Alles was chinesischen Quellen, insbesondere den Annalen der Han-Dynastie entnommen ist. (s. Text S. 465–770.)

In Tarym-Becken sind nur die officiellen Strassen angegeben.

Die rothen Namen und Linien bezeichnen die Geographie des Landes Serica von Ptolemaeus und die Seidenstrasse des Marinus (s. Text S. 479–500.)

Von Baktra westlich ist die Strasse nach Kliguer angibt.

Der frühere Lauf der jetzt im Sand sich verlierenden Flüsse im südlichen Tarym-Becken ist hypothetisch ergänzt.

Lith. Anst. v. Leopold Kraatz in Berlin.

Hochsteppe
zum Thal oder gebirgig, aber Steppencharakter unterhaltend

Karstau oder Altai System

Oasen
u. angebaute Thalebenen

Sandwüste

Kiessteppe

Sinisches System

Hinterindisches System

彩图 3　陪葬用罗马金币仿制品

　　人们常常以为汉朝与罗马通过丝路进行贸易。事实恰恰相反，中国境内发现最早的罗马钱币年代为 6 世纪，大大晚于君士坦丁大帝从罗马迁都拜占庭的330 年。截至目前，中国全境只发现了不到五十枚罗马金币，其中多数为仿制品。图中金币直径 1.6 厘米，重 0.85 克，用金箔打造而成，正面凸起反面凹陷，像啤酒瓶盖一样。真正的苏勒德斯金币（Solidus）比这重五倍还多。汉人把这种金币用作护身符而不是货币。（大英博物馆供图）

彩图 4　吐鲁番阿斯塔纳墓地出土的萨珊银币真品

　　从 6 世纪晚期起一直到 7 世纪初，西北人常常用伊朗萨珊王朝（224—651）打造的银币贷款、购物。图中银币直径 3.1 厘米，重 4.28 克，正面是萨珊皇帝库思老二世（Khusraw II，590—628 年在位），戴着他特有的带翼王冠，反面是祆教火坛，两边各有一名祭司。中国西北发现了超过一千枚类似钱币，证明这种钱币从萨珊首都泰西封（今巴格达附近）一直流通至中国首都长安。（大英博物馆供图）

彩图5　作为货币的绢

　　图中绢帛年代为3世纪或4世纪，断成两截之前长0.5米，是楼兰戍堡中国士兵的军饷。绢帛比等价的钱币要轻得多，便于运输。丝路上很多绢帛都用作通货而不是奢侈品，因此图中这匹绢采用平纹织法且没有图案。这是三四世纪通货用绢的唯一实物例证。（大英博物馆供图）

彩图6　米兰遗址罗马风格的有翼人像图

　　爱神厄洛斯在罗马被描绘成俊美的有翼年轻男子。在尼雅与楼兰之间的米兰遗址，斯坦因在一座佛教建筑中发现墙上绘有十六人，其中一人如图所示。无论这是远方工匠所画还是摹自图册，这种艺术主题在丝路上很容易传播。

彩图 7　尼雅古佛塔

　　尼雅佛塔高 7 米，已经矗立了 1700 多年，是遗址的地标。由于风化严重，佛塔外层已剥落，露出了内层的砖石。1901 年 1 月 28 日斯坦因到达时，盗墓者早已打开地宫拿走了存放于此的佛陀遗骨。该遗址其他部分埋藏在黄沙之下。斯坦因在这里发现了一百多座建筑、一千多件有字木简。

彩图 8　丝路合葬墓

这口尼雅出土的棺材长 230 厘米，男左女右葬有夫妻二人。男子颈部的刀伤可能是其死因。女子无外伤痕迹，她很可能是被勒死殉葬的。墓中出土三四世纪的精美织锦共 37 件，是出土织物最多的丝路遗址之一。锦上织有"王""侯"等字样，表明这是中原王朝赐给当地统治者的礼物。（王炳华供图）

彩图 9　丝路时尚

　　这件仕女俑制作于 7 世纪长安，其发型、妆容，包括眉心花钿都是典型的唐朝样式。俑人服装融合了胡、汉两方面的时尚元素：胡式联珠对鸟纹上衣，配汉式披巾，加薄纱裙罩条纹长裙。这件仕女俑在大都会艺术博物馆展出时，馆员称之为"唐代芭比"，因为该俑与芭比娃娃一样高（29.5 厘米），也一样时髦。（新疆维吾尔自治区博物馆供图）

彩图 10　斯文·赫定乘船横穿塔克拉玛干沙漠

　　如今塔克拉玛干沙漠中的绝大多数河床都已彻底干涸。但在 1899 年，瑞典探险家斯文·赫定乘着图中这艘 12 米长的船探索了这一地区的水路。他从叶尔羌（今莎车）以北出发，航行 82 天，里程达 1500 千米，最后由于河中有大块浮冰便在距库尔勒三天路程的地方结束了航程。赫定的水彩画显示他的船甲板上有帐篷、用作暗房的小木屋和做饭用的陶炉。

彩图 11　发现失传的宗教

　　在发现吐鲁番文书以前，对于摩尼教的些微了解仅限于奥古斯丁《忏悔录》中对其批判性的描述。摩尼教是由先知摩尼创立的伊朗宗教，其基本教义是光明与黑暗斗争的二元论。这幅鲜艳的插图来自吐鲁番出土的摩尼教书籍，年代为八九世纪，图中所绘是庇麻节的情景。这是摩尼教一年中最重要的仪式，体现了摩尼教教义的核心，即通过转化提炼解救光明。听者（不出家的摩尼教徒）奉上瓜果和日月形状的饼子，选民（出家的摩尼教徒）吃了之后可将其中的光明因子提炼并且解救出来。回纥可汗于 762 年改宗摩尼教并将其定为国教，这是摩尼教历史上唯一一次被尊为国教。[普鲁士视觉艺术文化遗产档案馆／纽约艺术资源（Bildarchiv Preussischer Kulturbesitz／Art Resource, NY.）]

彩图 12　撒马尔罕的使节队伍

　　图中壁画来自撒马尔罕阿弗拉西阿卜遗址，年代为 7 世纪中期。画中三名使节手捧送给当时粟特地区中心撒马尔罕统治者的礼物。这三名使臣来自邻近国家，都穿着图案精美的袍子。壁画中共有超过四十个人物，包括突厥人、汉人、高丽人和粟特人等。这些人物体现了粟特人所知世界的范围，也说明了丝路交往中使节的重要性。[弗朗西斯·欧里（François Ory）供图]

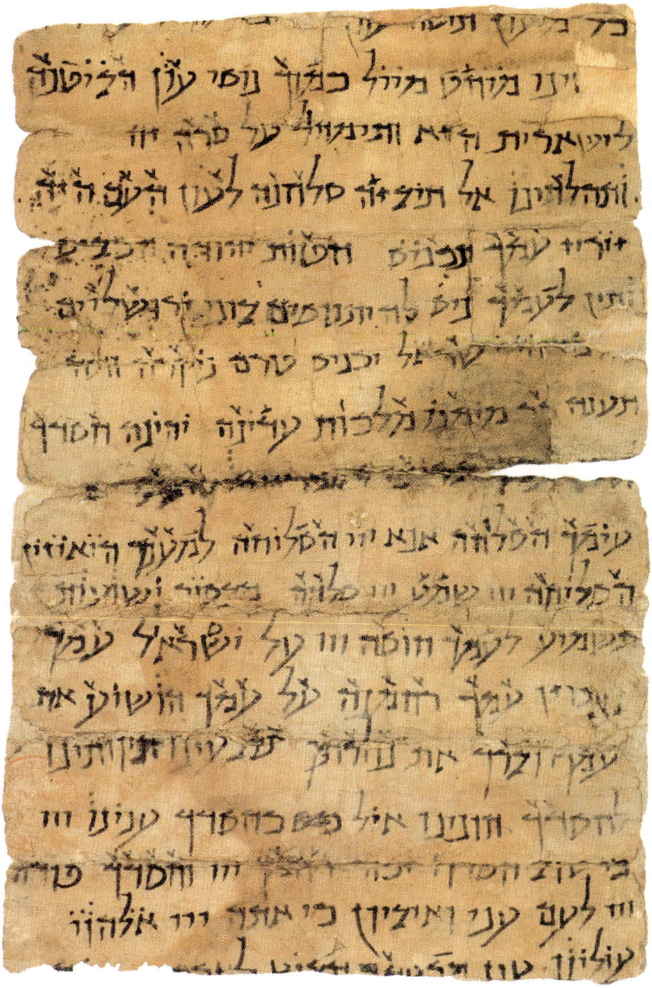

彩图 13　敦煌藏经洞中的希伯来语祷文

　　敦煌藏经洞文书共约四万件，其中绝大多数为汉语或藏语文书。梵语、粟特语、回鹘语、于阗语、希伯来语等其他语言的文书引起学者极大兴趣。因为若没有这些文书便无法得知敦煌有其他民族存在。这件藏经洞中唯一的希伯来语文书是一篇十八行的祷文，每句都引自《圣经·诗篇》。这件被多次折叠放入小袋子中的文书很可能是被人当作护身符从巴比伦带到中国来的。（法国国立图书馆供图）

彩图 14　和田出土的羊毛裤

这条当地织造的羊毛裤裤腿出土于于阗城外的山普鲁遗址，上面织有一名武士和希腊人马的图案。这些图案先随亚历山大大帝的军队传到今阿富汗北部及巴基斯坦，再从那里传到中国西北。人马的斗篷和武士领子上的花卉／钻石图案是原始图案在中亚的变体。这条裤腿的精确年代未知。山普鲁遗址盗掘严重，其出土文物年代分布在公元前 3 世纪到 4 世纪之间。

彩图 15　西安安伽墓中的丝路舞会

粟特胡旋舞男女均可表演，常见于丝路各处。据当时人记载，这种舞蹈激烈而扣人心弦。图中彩绘石板出土于西安，是一名 579 年去世的粟特头人墓中围屏石榻上的十二块石板之一。这些石板浅浮雕以金色为背景，施以红、黑、白三色，刻画了死者在世时的种种场面，为了解粟特人在中国的生活提供了无与伦比的素材。（文物出版社）

彩图 16　安伽墓中的袄教艺术

　　粟特人是公元 500 年到 800 年之间中国境内最大的外族聚落。图中这座粟特墓葬有汉式石墓门，石门之上是袄教彩绘，画着袄教火坛及两侧祭司。奇怪的是死者遗骨没有按当时习俗放在墓中棺床上，而是置于门外。（文物出版社）

彩图 17 新疆首位穆斯林统治者的墓

第一位皈依伊斯兰教的喀喇汗国统治者是苏丹·萨图克·布格拉汗。其圣祠在新疆西部的阿图什，位于喀什东北 45 千米，接近吉尔吉斯斯坦边境，是新疆最受崇敬的麻扎圣墓之一。［马修·安德鲁斯（Mathew Andrews）供图］

彩图 18 在伊玛目穆萨·卡齐姆麻扎前祈祷的女性

在和田城外的伊玛目穆萨·卡齐姆麻扎前，一名女性正在跪着念经。麻扎的供品包括羊皮、彩旗和古兰经片段。喀喇汗国的穆斯林军队于 1006 年打败了于阗王。拜访者拜墓时常把填满稻草的动物尸体或绑有旗子的旗杆挂在死者墓前。（马修·安德鲁斯供图）

彩图 19　波罗一行离开威尼斯

　　这幅画由约翰纳斯（Johannes）和他的学院绘成，出自年代为 1400 年的《马可·波罗游记》手稿。它表现了马可·波罗和他的父亲、叔叔在 1271 年离开威尼斯的场景，但并不能为他们的旅行提供确凿的证据。学者们一致认为马可·波罗在 13 世纪 70 年代加入了他父亲和叔叔的贸易旅程，争议出现在波罗一行是否真的去过波罗所说的那些地方。（摩根图书馆供图）

不是唐代的。今天还竖立着的唐代建筑仅剩两座砖塔——大雁塔和小雁塔。太宗建了大雁塔以保存玄奘从印度带回来的经书，玄奘在此领导一个团队译经。

只能指望在地下、在墓葬中找到西安过去荣光的一点味道。与丝路上的其他地点不同，西安的气候较湿润，所以埋藏的纸张都不存在了。但由于纸张的重复利用，一组长安的质库账历（即当铺的流水账）于吐鲁番阿斯塔那墓地出土（见史料 30）。这组引人入胜的文书被撕成小条做成了俑人的胳膊。文书中提到了一些长安特有的地名，因此几乎可以肯定其来源。

长安的工匠用作废的质库账历做俑人，此俑人又被放在阿斯塔那的一座夫妻合葬墓里。[33] 合葬墓的男主人死于 633 年，在 640 年唐朝灭高昌之前。女主人于五十多年之后的 689 年去世。俑人衣服上精美的刺绣和精工细作的头部看上去同样出自首都的作坊（见彩图 9）。根据文书中提到的地名可以给这组账历定年。其年代上限为 662 年，该年立观音寺，下限为女主人下葬的 689 年。

这组账历展示了 7 世纪长安的普通人是如何过日子的。每段账历都遵循同样的格式：质物、质举人、日期（月和日，无年）、质款、赎款、质举人地址，有时还标出质举人的年龄。账中提到名字的有 29 人，并提到两个人的职业，一位是染家，另一位是钗师。赎回质物时，质库伙计便在账上画一道"7"字形的线予以勾销。15 张纸条上共记录了 54 笔交易（最后 19 笔不全），这是中国现存最早的当铺记录。几乎所有抵押品都是衣物（有丝制的也有布制的）或者一块布料（在唐代是通货的一种），这可以得到约 100 文钱。有两笔交易的抵押品不是衣物或者布料。一人抵押铜镜一面，得到了 70 文钱，另一人抵押了四串珍珠，得

150 文钱。质举人付五分月息，在唐律的允许范围之内（比西州同时期的利息低得多）。

第二组账历同样来自该俑人。这组账历显示，常常光顾观音寺质库的人都比较富裕。账历中记录了长安某店家与市民间进行的包括小额贷款在内的 608 笔交易。在这些交易中，市民都用"药物、绢、豆、麸"等付账。这些交易中的四分之一是由女性进行的，这说明虽然在儒家理想中有德行的女性应该一直待在家里，首都的女性居民却走出了家门。[34]

另外一个意外发现来自西安，它向我们展示了社会中最富裕阶层的生活。[35]1970 年，当时还处在"文革"期间，西安的考古学家在西安南郊的何家村发现了两个高 65 厘米的陶瓷和一个高30 厘米的银罐。它们被埋在约 1 米深的地下，相距约 1 米。当时政府在建一个拘留所。今天这个未标记的地方是政府招待所。这三件器皿中有一千多件金银器、宝石、药材，以及数量惊人的钱币。这批文物中也许本来还有织物和书籍，但没有保存下来。何家村遗宝是中国境内发现的最大窖藏之一，其中包含最贵重、制作最精美的丝路文物。

表 5-1　何家村遗宝一览		
金	**银**	**货币**
赤金碗 3	银碗 55	齐国刀币 1
金杯 5	银碟 53	春秋铲币 1
金盒 3	银盘 6	早期汉币 4
金浴盆 2	银杯 12	王莽币 11
金钗 10	银盒 46	六朝币 2

（续表）

表5-1　何家村遗宝一览		
金	银	货币
金钏 2	银盆 12	高昌吉利币（吐鲁番，五六世纪）1
赤金走龙 12	灯头（？）1	拜占庭希拉克略（610—641年在位）金币 1
梳脊 1	银罐 4	波斯库思老二世（590—628年在位）银币 1
金箔 4388 克	熏炉 1	日本和同开珎银币（708—715 年）5
麸金 126 克	熏球 1	银质开元通宝 421
	方盒 1	金质开元通宝 30
	银锁 23	
	银器流口 1	
	银铃 15	

宝玉类		药物
镶金牛首玛瑙杯 1	白玉带饰 34 片	密陀僧 1 块
玛瑙羽觞 1	蓝宝石 7 颗	药粉（包括矿物、钟乳石和金粉，放于带标识的药盒内）15 种
玛瑙臼 1	红宝石 2 颗	
玉杵 1	绿玛瑙 6 颗	
白玉刻花羽觞 1	黄精 1 颗	
方玉 1	镶金白玉镯 2 对	
水晶杯 1	珊瑚 3 段	
玻璃碗 1	琥珀 10 段	
玉带胯 8 副		

资料来源：原始报告发表于《西安南郊何家村发现唐代窖藏文物》，《文物》1972 年第 1 期，30—42 页。获准引自 *Orientations*，February 2003 issue, p.15。

窖藏中没有任何能确定其主人身份的证据被保存下来。几乎所有人都认为窖藏主人原本计划在某种动荡（叛乱？匪徒袭击？自然灾害？）结束之后再回来，但最后没能回来。窖藏埋在西市以东 1 千米、东市以西 3 千米的一座城坊中。关于窖藏年代的最大线索是标为税金的几块银饼。780 年以前，唐朝人要交三种税：租（粮食）、庸（劳役）、调（布帛），有些地区可以用其他物品抵税。四块圆银饼直径约 10 厘米，重量超过 400 克，上面刻有粗糙的文字，表明这是来自今广东省两个县的税银。一块年代为 722 年，另外三块年代为 731 年。这些银饼上还写着它们的确切重量和负责称重的官员。

官府收到银饼后会将其熔成大块，最大可达 8 千克重，再用墨写上储存这些银块的仓库名——东市库，以及银块重量和负责称重的官员。[36] 因为中央的官员会把从地方收上来的银饼熔成大块，窖藏很可能在 731 年（银饼上最晚的年份）之后不久即被埋入地下。窖藏中很多精工细作的金碗银碗上也有类似的墨写标识标出重量，表明这些器物也曾存放于官府仓库。从中可以看出，官府以三种形式存放税银：刚被开采出来并从各地收上来的银饼、银饼熔成的大块，以及最终制成的金银器。

有四十六件装药材的银器，上面标着所装药材的重量和等级，如"上上乳"或"次上乳"。窖藏中有 2 千克以上不同等级的钟乳石粉。唐朝医书中记载，每天服钟乳石粉 40 克，连服一两百天可以平静神经或者增强体力。窖藏中的 126 克金粉可能也是药用。同时还有一块密陀僧，即氧化铅，混在油膏中外用可治疗创伤。[37]

有关丝绸之路或唐代长安的展览中经常展出何家村的金银器，因为这些文物很好地结合了胡汉艺术风格，令人心旷神怡。[38] 在粟特片治肯特的壁画和中国出土的粟特石棺床中，粟特画师常把狩猎、宴饮等粟特人的生活场景与汉人等其他民族的活动场面结合在一起。

从金属杯或器物上无法看出产地或其出自何人之手。然而技术史家一般认为，有着经典粟特器形且没有汉式图案的器物是产于粟特本土，之后进口到汉地的（如果其出土地点在中国的话）。器形不同于粟特原型的器物则可能是由粟特或者汉人工匠在长安打造的。这么看的话，何家村遗宝中的器物没有几件是纯粟特式的，很多器物都具有汉式器形。

遗宝主人把进口物品与其他物品分开，放在有柄的银瓶中埋

何家村银杯

仕女狩猎纹八瓣银杯，高 5.4 厘米，口径 9.2 厘米，具有典型的粟特风格。杯腹呈八瓣花状，环状单柄，柄上覆有如意云头状平錾，錾合鎏花角鹿，足边刻联珠一周。与撒马尔罕阿弗拉西阿卜北墙壁画一样，杯腹八瓣交替饰有狩猎图和仕女图。狩猎图严格遵循伊朗王室艺术传统，仕女图则展现了梳妆、乐舞等生活场景。（陕西历史博物馆供图）

于地下。银瓶的盖子上列出了这些物品。[39] 精巧的水晶杯，高 2.9 厘米，口径 9.5 厘米，八瓣。这是典型的粟特器物特征。水晶存在于自然界中，没有瑕疵的水晶很像玻璃。玻璃和水晶的主要成分都是硅，可以通过熔融水晶来制作玻璃，但需要达到很高的温度（1700℃以上）。对于古代的作坊来说，这是无法达到的高温。除了水晶杯，窖藏中还有一件玻璃器皿。这件玻璃器皿肯定来自西方，因为虽然古代的中国工匠懂得如何制作不透明的玻璃，但要到很晚才能制作半透明的玻璃。[40] 在历史上，绝大多数玻璃都是用沙子、石灰石和碳酸钠制作的。

银瓶中的其他进口物品还包括不产于唐的宝石：七颗蓝宝石、两颗红宝石、一颗黄精、六颗玛瑙。其中最大的是黄精，重 119 克（595 克拉），最小的是一颗红宝石，仅重 2.5 克（12.5 克拉）。红宝石和蓝宝石产自缅甸、斯里兰卡、泰国，还有克什米尔地区。黄精产自缅甸和斯里兰卡，日本和俄属乌拉尔地区也有出产。在何家村发现的玛瑙有一种不寻常的苔藓绿，表明其产地为印度。[41] 有一件漂亮的兽首杯由棕红色的玛瑙制成，很可能是在犍陀罗或者吐火罗斯坦（位于今阿富汗）制作的。[42]

窖藏中的这种物品构成，即一些进口物品配上多得多的本地制作的器物，与丝路贸易的整体规律相符。相对来说，很少有货物能经陆路跨越很长的距离；跨越了长距离的货物经常是小巧轻便易携带的宝石。随着穆斯林军队征服地区的扩大，越来越多的人，包括很多技艺高超的金属匠，来到中国并选择在已经有很多非汉人居住的长安定居。粟特金属匠移居中国并安定下来之后，便开始制作与他们在家乡所做类似但又不完全相同的器物。他们学习汉式图案并按照客户的需求做出调整，制出许多胡汉融合的物品，比如那件兼有胡汉元素的酒杯。

在安禄山起兵叛乱以前，皇帝与这位突厥-粟特将军互赠礼品，其中许多都与何家村遗宝中的物品相呼应：胡风银瓶、镶金银碗、玛瑙盘、玉带胯、珊瑚、珍珠、熏香，以及装在金银盒子里的药材。将军的还礼是用金银打造的胡瓶和胡盘。[43] 这一系列礼物表明何家村遗宝中的器物来自长安社会中的最高等级，即皇帝及其宠臣。

何家村遗宝中最难解释的是钱币，共 478 枚。其中 6 枚肯定制于外国：波斯萨珊王朝皇帝库思老二世发行的银币 1 枚，708 年到 715 年的日本银币 5 枚。还有 1 枚，看上去是拜占庭皇帝希拉克略发行的金币，但与中国境内发现的许多拜占庭钱币一样，这是一枚中国制造的仿制品，而不是真正的拜占庭金币。同样不寻常的是 20 枚中国古钱币。其中最古老的钱币的年代为公元前 500 年左右，是中国最早的货币，形状像铲子和刀子。另有汉朝和魏晋南北朝的钱币。最后一组数量最大：451 枚印有“开元”字样的钱币。这些开元钱中有当时大规模流通的铜钱，也有金币和银币。金币和银币是为了让皇帝在宴会上打赏而特别制作的（据正史记载，713 年就有过一次这样的宴会）。[44] 这一整套钱币由外国钱、古钱与当代钱组成，有人猜测其拥有者是一位私人收藏家。[45]

该如何阐释何家村遗宝的构成如此多样化？尽管药粉和钱币等物品看上去是属于个人的，但其中更多的物品——特别是税饼——像是来自官府仓库。标明重量和称重官员的所有物品也指向一个官方储藏室。那些钱币也许属于一位私人钱币收藏者，但从未发现过类似的唐代藏品。它们也有可能是作为一种参考由官府的铸币部门收藏。在现代以前的中国，私产与公产之间的界限并不像现代社会中那样明晰。也许在埋藏时，一个铸币厂的官员在公产中加入了一些他个人的东西。

如此不寻常的宝藏是在什么时候被埋入地下的呢？打破了唐朝一个半世纪的稳定与和平的大叛乱发生在 755 年。安禄山起兵攻打唐玄宗。攻下洛阳之后，安禄山及其叛军在 756 年攻入长安，迫使皇帝携杨贵妃逃离首都。在前往四川的路上，禁卫军以叛乱相要挟，要皇帝杀死杨贵妃，皇帝下令将她绞死。不久后太子李亨自行宣布登基。

新皇帝没有足够的军队能打败叛军，被迫把课税的权力让给为他提供所需军队的地方官。叛军与唐军的战争又持续了七年。虽然安禄山在 757 年被刺身亡，史思明在 761 年也被刺身亡，但叛军一直势力很盛，直到唐朝皇帝向回纥可汗求援，并凭借后者的军队在 763 年击败了叛军①。⁴⁶ 作为奖赏，回纥人被允许劫掠东都洛阳。

当唐朝军队最终重新控制了整个国家，人们把安史之乱的账算在了粟特人头上，并开始报复。首都城门和街道名字中的"安"字被换掉，很多姓安的人，有些是粟特人有些不是，也都改了姓。⁴⁷《安禄山事迹》记载道，本身是高丽人的高鞠仁从叛军手中夺下幽州（今北京）②，"令城中杀胡者重赏，于是羯胡尽殪，小儿掷于空中，以戈承之，高鼻类胡而滥死者甚众"。⁴⁸

针对粟特人的排斥开始了。之前的朝代也曾下令关闭寺庙，

---

① 郭子仪 757 年收复长安时第一次向回纥借兵，762 年又借回纥兵收复了洛阳。

② 高鞠仁是安史叛军将领，在安史之乱末期与同为叛军将领的阿史那承庆内讧，并打败了后者，之后在幽州下达了杀胡令。

勒令僧尼还俗，但那时的统治者从未这样针对过一个少数族裔。当然，这种排斥并非在所有粟特人生活的地区都有发生，但在长安，一种不宽容的新气氛似乎已经逐渐成形。即便如此，很多生活在长安的外国人依然决定留在中国，他们中的许多人并没有冒险回到伊斯兰化的粟特和中亚其他地方，而是搬到了今北京以南的河北省一带。

对叛军的最终胜利并没有给饱受摧残的首都带来和平。763年末，吐蕃军队攻入长安，劫掠两个星期之后退去。他们在之后的二十年中一直袭扰边境。唐军面对吐蕃军队毫无还手之力。吐蕃人与回纥人一道，继唐之后成为亚洲最强的军事力量。

当吐蕃人在 8 世纪 80 年代夺取河西走廊、在 90 年代攻下龟兹时，唐朝的税收进一步下降。787 年，宰相李泌提出了一个削减开支的方案：砍掉所有给驻在首都的外国使臣的俸禄。"李泌知胡客留长安久者，或四十余年，皆有妻子，买田宅，举质取利，安居不欲归。"[49] 宰相给出的外国使臣人数为四千，其中绝大多数是粟特人。考虑到很多外国人在安史之乱之后应该已经逃亡或者隐匿了他们的身份，这一数字可谓出奇地高。

一些虚构的故事描绘了这些 763 年之后还留在长安的粟特富商的生活。"传奇"是一种新型的短篇故事，在 9 世纪初非常受欢迎。[50] 不同作者笔下的粟特人都有着相同的特征：过度的慷慨外加一种鉴定珠宝等商品的神秘能力。在这类故事中，这些远离故土的人很多都生于贵胄之家，却被迫从事卑琐的工作以维持在中国的生活。

一则故事的背景设在安史之乱多年之后的长安[51]，一位来自富裕家庭的汉族青年在河滩上找到了一块不寻常的石头，"半青半赤，甚辨焉"。他恰好遇到三十多名外国商人在举行一年一度的宝会："宝物多者，戴帽居于坐上，其余以次分列。"年轻人看着他们阅宝。一名商人有四颗明珠，其中一颗直径超过一寸。其他人也拿出了他们的宝物。最后，年轻人拿出了自己的石头，商人们立刻站起来把他让到上首。年轻人要价一百万，商人们回道："何故辱吾此宝？"并坚持要付一千万。原来这是丢失了三十多年的国宝，名为"宝母"，因为胡人国王将该宝置于海岸，每晚向它祈祷，第二天早上就有宝石自动聚集在它旁边。珠宝的魔力荒诞不经，毕竟这类故事中总要有奇迹发生。但其背景是真实的，这种三十多名粟特商人在唐朝首都的年度聚会完全有可能发生。

富裕胡商脸谱化的形象也出现于判文这种文学体裁之中。整个唐朝，特别是 755 年之后，越来越多的年轻人参加科举考试，他们是这类文学的忠实读者。判文并不基于真实案例，而是处理一些假想的情境让作者展示推理能力。

有一则判文讲了两个住在长安的粟特兄弟。[52] 其中一个非常富有，"其园池屋宇、衣服器玩、家僮侍妾比侯王"。而他的兄弟穷得还不起从另一位粟特富商那里借来的买衣服钱。这位商人把富兄弟告上法庭，因为他拒绝为自己的穷兄弟还债。法官判富兄弟必须给穷兄弟一些家畜，让他不至于饿死。

传奇和判文都记录了一种根深蒂固的刻板印象：粟特商人因珠宝贸易而极为富有。粟特商人确实从事珠宝和宝石的交易，这两样东西既轻便又昂贵。刻板印象虽然存在但并不准确，我们不能说丝路贸易繁荣得能让几千名长安粟特人都富有。在唐朝定居的粟特人成千上万，商人只占一小部分。[53] 使节、难民、农民、金属匠、士兵、军人家属的人数都很多。

唐武宗于 843 年取缔了摩尼教，这体现了一直弥漫在首都的排外情绪。两年之后的 845 年，他又下令禁掉了佛教、祆教和景教。他对外宣称此举目的是增加铸币用铜，并下令熔掉铜像和铜钟。此外，官府没收了长安、洛阳几座佛寺以外所有寺庙的资产。武宗于 846 年去世，继任的宣宗取消了禁佛令，但没有取消对其他宗教的禁令。

自从唐朝军队于 8 世纪 50 年代从西域撤走以后，陆路逐渐衰落，海路逐渐兴起。[54] 海路尽管危险，但在几个世纪以前就已经开始了，很多坐船的人从长安开始他们的行程。

从古代起，东南亚人就在南海和西太平洋航海，时间一长他们便将不同的沿岸航路连接起来形成更长的航路。最晚至 1 世纪时，水手们已经学会如何利用季风，以及如何穿过马六甲海峡。他们可以从中国一路航行至印度，不过他们必须在室利佛逝（今印度尼西亚苏门答腊岛的巨港）停留数月等待风向变化。[55]

僧人法显生动地记录了在印度与中国之间航海的种种危险。他去印度的动机与两个多世纪之后的玄奘一样：研习在中国见不到的佛经原文。去程时，取陆路从长安经于阗到达印度。在恒河流域的主要佛教中心学习六年多之后，在位于今印度西孟加拉邦加尔各答以南、胡格利河出海口的塔姆卢克港，法显登上了一条去斯里兰卡的船。[56]

前往斯里兰卡的两个星期是法显漫长的海上旅行中最平静的一段航程。在斯里兰卡，法显参观了一尊用玉和其他贵重材料制成的高一丈许的佛像，且"忽于此玉像边见商人以晋地一白绢扇供养，不觉凄然，泪下满目"。[57] 法显在斯里兰卡待了两年多，他记载那里有很多"居士、长者、萨薄、商人"。[58] 与 5 号粟特古信札一样，粟特人用"萨薄"一词指称他们的聚落首领。此处法显把粟特萨薄与中国商人并列，以示区别。

法显并未说明他选择海路而不是陆路回国的原因，但是对于那些从塔姆卢克或者斯里兰卡出发的人来说，海路更快捷也更便宜。法显在斯里兰卡登上了一艘载有两百人的"商人大船"。大船后面系着一条用作救生艇的小船。[59] 三天之后刮起大风——可能是台风，一连十三天没有停歇。小船上的人剪断了连着大船的绳子。大船正在漏水，商人为了活命把很多货物都扔进了海里，但是法显不想把他历尽千辛万苦取到的佛经扔掉。他向慈悲的观音菩萨祈求。据他记载，菩萨回应了他的祈求。风暴停息，大船在一座岛上靠岸，船员补好了漏洞，继续前往苏门答腊。

法显在苏门答腊停留了五个月才得以换船前往广州。这艘船跟之前那艘差不多大，载有两百人和五十天的给养。这段航程比从斯里兰卡到苏门答腊的那段还要危险。航行一个多月之后，来了一阵"黑风暴雨"。法显又向观音祈祷。但印度乘客的反应不一样，他们觉得是汉僧带来了风暴，并决定把他一个人扔在岛上再继续前行。法显称这些印度乘客为"婆罗门"，这是汉人对所有印度人的称呼。这时为法显支付旅费的人说话了，他威胁道，中国统治者是佛教徒，如果扔下法显，乘客将会受罚。印度人开始犹豫，无法下决心扔下法显，因此法显得以继续他的航程。

持续阴云密布的天空让领航员无法确定正确的航路。因为他们没有指南针，只能通过观测日月星辰的位置来决定航路，雨天或者阴天时就无法确定自己的位置。他们知道去中国的航程要五十天，但完全无法得知自己的方位。船只继续在海上航行，食物和淡水在迅速减少。在航行七十天之后——比预计航程多了二十天——船员向每位乘客发了两升淡水，开始用海水煮饭。船只转向西北以寻找陆地，十一天后终于登岸。

根据在岸边看到的植物，乘客们认定他们已到达中国某地，并派法显去问问具体在哪儿。法显回到船上告诉他们，这里是胶东半岛南岸，在他们原本的目的地广州以北约 1600 千米。法显的旅程生动地展示了公元 1000 年以前航海的危险。大概在公元 1000 年前后，中国人开始在船上使用指南针（他们在陆上使用指南针已有一千多年）。[60] 尽管有诸多危险，法显的海路行程比他去程时长达六年的陆路行程短了三年。

7 世纪晚期，僧人义净（635—713 年）去印度取经。和法显一样，他自长安启程，行至今江苏的港口城市扬州。在那里他遇到一位官员，此人为他支付了去广州的路费。在广州，他搭乘一艘波斯船前往室利佛逝。这艘船或许有波斯船员或船长，也有可能只是波斯式的船。

船于 671 年年末出发，不到二十天便抵达了室利佛逝。义净描述了夜空中的星座，这表明中国海员还在用星辰导航而没有使用指南针。在室利佛逝学习六个月梵语之后，义净乘船沿苏门答腊岛北缘航行，然后中途不停，横穿印度洋直抵斯里兰卡，最后于 673 年年初到达今加尔各答附近的塔姆卢克港。此时距他从中国出发刚好一年多一点。

义净按原路回到室利佛逝，他计划在那儿抄写更多的佛经。689 年，他向国内的支持者写信索要纸墨和雇人抄经的钱。他登上港口中的一条船寄信，但是"于时商人风便，举帆高张"，义净不得已被带回了广州。[61] 他这趟旅程如此突然，也说明这样的航行非常频繁。义净说他仅仅是因为业力才到了广州，但他的经

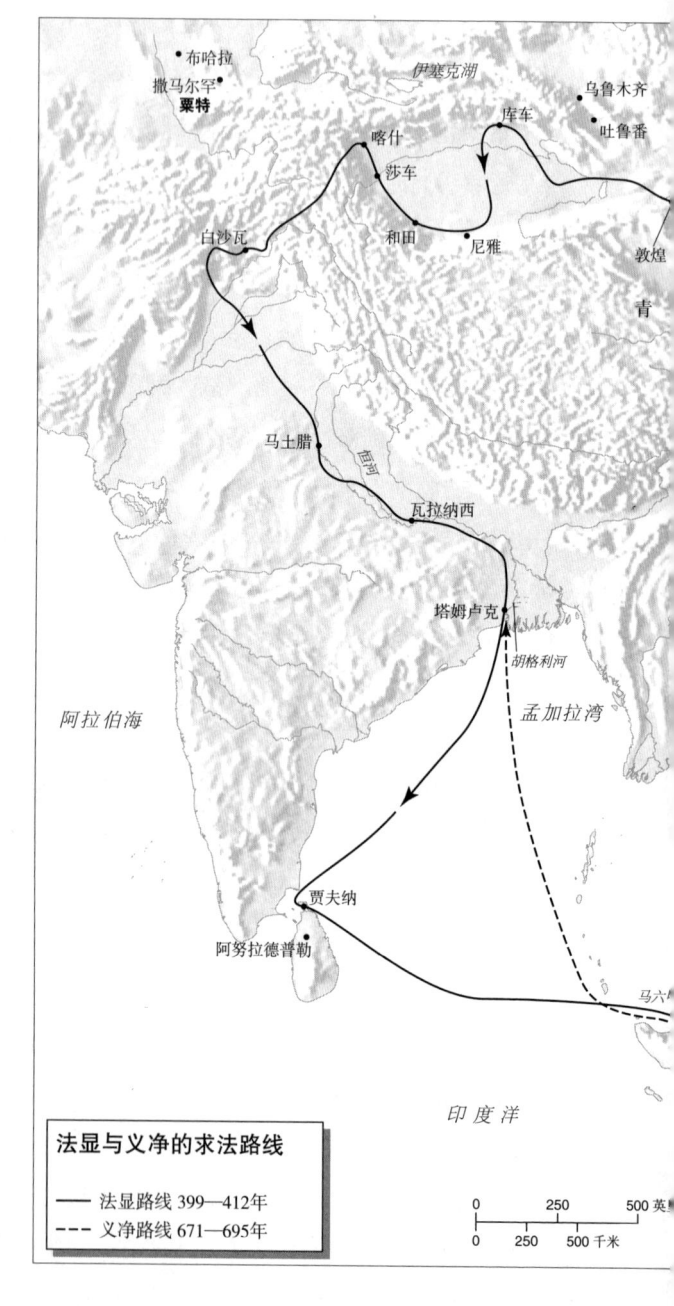

法显与义净的求法路线

法显路线 399—412年
义净路线 671—695年

布哈拉
撒马尔罕
粟特

伊塞克湖

乌鲁木齐
吐鲁番

喀什
莎车
库车

白沙瓦
和田
尼雅

敦煌

青

马土腊

恒河

瓦拉纳西

塔姆卢克

胡格利河

阿拉伯海

孟加拉湾

贾夫纳

阿努拉德普勒

马六

印度洋

0   250   500 英里

0   250   500 千米

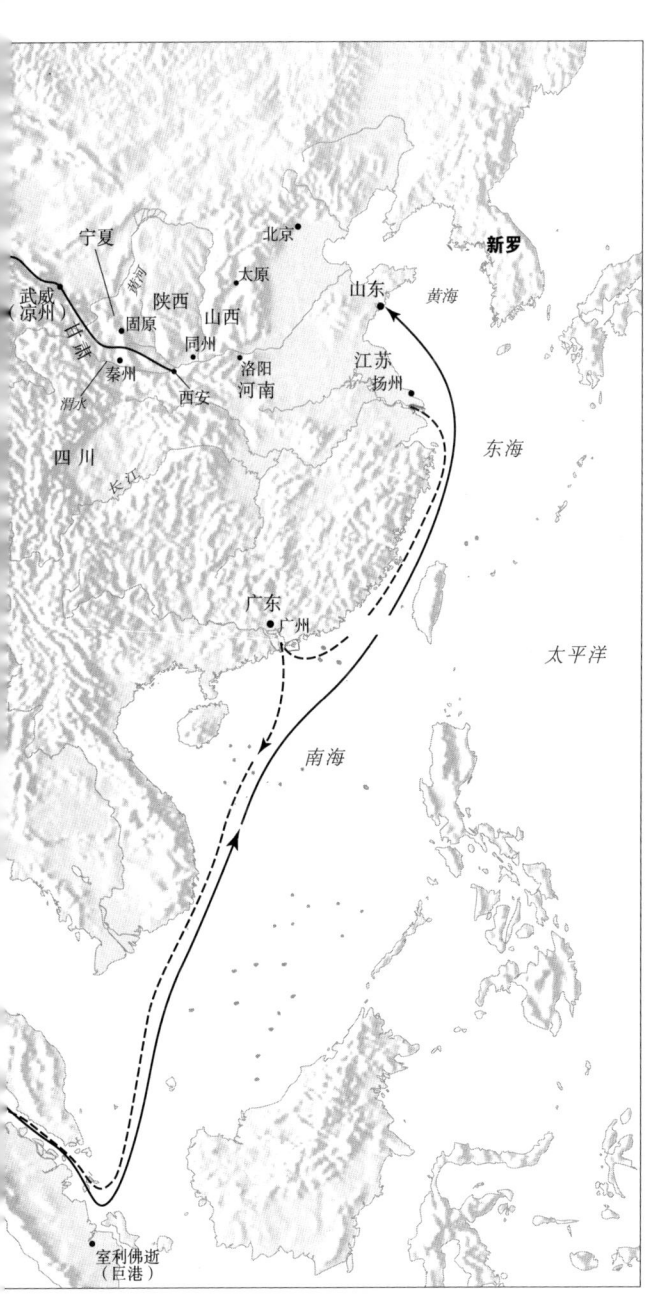

武威
（凉州）

宁夏

陕西
固原

北京

太原

山西
同州

新罗

山东

黄海

甘肃

泰州

西安

洛阳
河南

江苏
扬州

东海

四川

长江

广东
广州

太平洋

南海

室利佛逝
（巨港）

验说明，从 5 世纪初法显的航行以来，航海技术已经取得了长足的发展。即便有人上错了船，从室利佛逝到广州的直达客船也不会因此耽搁起航。

一到广州，义净就宣布他要回室利佛逝去。他的朋友把一位想去印度学习的僧人介绍给他。在义净回到广州的同一年，当季风转向之后，两人回到岛上去取义净留在那里的经书。义净在那儿一直待到 695 年才再次坐船回国。

室利佛逝与广州之间的航线非常成熟，义净一个人就走过四次，其他人也使用这条航线。义净回国后为 56 位去印度求法的僧人作传，其中有 47 名汉人，1 名粟特人，8 名新罗人。他们当中走陆路的有 21 人，走海路的有 30 人。义净选择的样本也许夸大了海陆贸易的规模，因为他记录的都是他在海上航行期间或者在滞留室利佛逝期间认识的僧人。即便如此，这还是显示出 7 世纪晚期海上航行的普及程度。

海路的重要性不断增加。9 世纪，很多阿拉伯人渡海来到中国港口。这些人来自伊拉克的港口，特别是巴士拉。整个航程耗时约五个月。[62] 一条较早的关于中国的阿拉伯语史料，年代为 851 年，史料中佚名作者收集了亲身去过中国的人的证词。[63] 他讲道，对于从伊拉克出发的海员来说，广州港是进入中国的主要港口，那里的官员会没收外国货船，收取 30% 的税金，六个月后再把货物返还。中国商人买进象牙、乳香、铸铜和玳瑁，他们用铜钱付款，并出售"大量的金、银、珍珠、丝绸和其他贵重物品"，以及"一种绿色黏土，中国人能用其制作带有水一样光泽的精美杯子"，即瓷器。[64] 与陆路一样，要有过所才能得到官府批准进入中国，因此所有商人在进入中国以前必须汇报精确的行程表。这位作者对于中国的态度格外友好。他认为，中国的司法系统非常公正，对于外国人也是如此。他还非常细致地描述了中国的破产法。

916 年，地理学家阿布·扎伊德（Abu Zayd）全文抄录并续写了这份记录。他认为之前的记录大体准确，并提到有一名"信誉无缺"的人帮他做了一些订正。他写道，此人"还告诉我们，从那时（851 年之前）起，中国便换了一副脸孔。前往中国的航路中断了，该国成了一片废墟，很多风俗被放弃，国家四分五裂。关于这一切的原因有很多说法"。他补充道：879 年，科举落第的黄巢所领导的叛军攻入广州，导致"十二万人死亡，除了汉人，还包括在城内避难的穆斯林、基督徒、犹太人和祆教徒"。[65] 很多人怀疑这些数字的准确性。另有阿拉伯语史料称广州死了二十万人，而汉语史料中则完全没有具体数字。[66] 无论具体死亡人数到底是多少，黄巢叛军沉重打击了广州和海上贸易。

劫掠广州之后，叛军于 880 年末到达长安。他们烧毁了西市，占领了宫殿并洗劫了城市。官军成功把叛军赶出城外之后，自己又开始劫掠。皇帝沦为傀儡。诗人韦庄描述了叛军离开后的城市（见史料 31）：

> 长安寂寂今何有，废市荒街麦苗秀。
> 采樵斫尽杏园花，修寨诛残御沟柳。
> 华轩绣毂皆销散，甲第朱门无一半。
> 含元殿上狐兔行，花萼楼前荆棘满。
> 昔时繁盛皆埋没，举目凄凉无故物。
> 内库烧为锦绣灰，天街踏尽公卿骨。[67]

　　这之后长安又充当了二十年首都。904 年，唐朝已名存实亡。握有实权的朱温尽杀宦官，拆毁宫殿，逼迫昭宗迁都洛阳。907年，朱温废掉末代皇帝唐哀宗，自行称帝，建立后梁。曾经辉煌的唐朝首都已经是一片废墟，再没有恢复往日的荣光。通往首都的商路被切断，孤立了西北各绿洲，丝路贸易由此进入了沉寂期。

原始史料

28 粟特头人安伽与史君墓志（579 年）[68]

以下三篇墓志均刻在墓碑上，置于粟特头人墓中。先考察安伽与史君的汉文墓志：二者结构类似吗？其中有关于粟特信仰的内容吗？又有哪些中国元素？再来读史君的粟特文墓志：该墓志与史君的汉文墓志有何区别？其中有什么关于粟特信仰的内容？

28-1 大周大都督同州萨保[69]安君墓志铭 [①]

君讳伽，字大伽，姑臧昌松人。其先黄帝之苗裔，分族因居命氏，世济门风，代增家庆。父突建，冠军将军，眉州刺史，幼擅家声，长标望实，履仁蹈义，忠君信友。母杜氏，昌松县君，婉兹四德，弘此三从，肃穆闱闼，师仪乡邑。君诞之宿祉，蔚其早令，不同流俗，不杂嚣尘，绩宣朝野，见推里闬。遂除同州萨保。君政抚闲合，远迩祗恩，德盛位隆，于义斯在。俄除大都督。董兹戎政，肃是军容，志效鸡鸣，身期马革。而芒芒天道，杳杳

---

① 录文引自罗新、叶炜：《新出魏晋南北朝墓志疏证（修订本）》（北京：中华书局，2016 年），308 页。

神祇，福善之言，一何无验？周大象元年五月，遘疾终于家，春秋六十二。其年岁次己亥十月己未朔，厝于长安之东，距城七里。但陵谷易徙，居诸难徙，佳城有數，镌勒□无亏。其词曰：

基遥转固，派久弥清。光踰照虎，价重连城。方鸿节鹜，譬骥齐征。如何天道，奄堅泉扃。寒原寂寞，旷野萧条。岱山终砺，拱木俄摧。佳城郁（郁），陇月昭昭，缣□易□，金石难销。

28-2　史君汉文墓志 [①]

大周凉州萨保史君石堂。君［讳□□字□□］史国人也，本居西域，土□□□，□□及派，迁居长安。自他有［耀，□□□□，］水运 [②] 应期，中原显美，自□□□，日昌具德。祖阿史盘陀，为本国萨保。父阿奴伽，并怀瑾握瑜，重规叠矩，秀杰不群。立功立事，少挺□名，又擅英声，而君秉灵山岳，□□□志，［大］统 [70] 之初，乡间推挹，出身为萨保判事曹主。□□五年 [③]，诏授凉州萨保。而天道茫茫，沉芳永灭。大象元年［五］月七日薨于家，年八十六。妻康氏，其［岁六月七］日薨。以其二年，岁次庚子，正月丁亥朔廿［三日］己酉合葬永□县界。［礼也。］长子毗沙，次维摩，次富卤多，并有孝行，乃为父造石［堂一］区，刊碑墓道，永播□□。

---

① 录文引自石见清裕：《西安出土北周〈史君墓誌〉汉文部分訳注・考察》，森安孝夫编：《ソグドからウイグルへ—— シルクロード東部の民族と文化の交流》（東京：汲古書院，2011），72-73。

② 北魏为水德，此处指史君在北魏时代移居中国。见石见清裕：《西安出土北周〈史君墓誌〉汉文部分訳注・考察》，79-83。

③ 有三种可能：北周保定五年，史君72岁；天和五年，史君77岁；建德五年，史君83岁。见石见清裕：《西安出土北周〈史君墓誌〉汉文部分訳注・考察》，90。

28-3　史君粟特文墓志[71]①

大周大象二年鼠年正月廿三日。有一位史家人［定居？］在凉州。他从天子那里［得到］凉州萨宝的［称号］，是粟特地区的显贵（？）。他名叫维尔卡克，是阿奴伽之子，萨宝阿史盘陀之孙。

他的夫人生于西平，名叫维由思。维尔卡克与夫人在西平于猪年六月七日兔日结婚。后来，他本人于猪年五月七日[72]在长安此地去世。此后，夫人在六月七日兔日[73]也去世了，（与结婚的日期）同年同月同日②。凡生于世间者，莫能免死。凡人过完一生已属不易。更难得的是夫妻二人在人世间不经意地在同年同月同日相互守望（？），在同一时间进入天堂生活。

此石堂是由毗沙、维摩和富卤多为了父母而在合适的地方所建。

29　基督教在中国：《大秦景教流行中国碑》（781 年）[74]③

《大秦景教流行中国碑》（见 265 页图）于 1623 年或 1625 年

---

① 吉田丰：《西安新出史君墓志的粟特文部分考释》，荣新江、华澜、张志清主编：《粟特人在中国——历史、考古、语言的新探索》（北京：中华书局，2005 年），26 页。译文略有修改。

② 这天正好是他们结婚六十周年纪念日，"同年"指同为猪年。

③ 这通石碑绝大部分是汉文，开头和末尾有少量叙利亚文。译文中加下圆点部分即译自叙利亚文。录文引自朱谦之：《中国景教》（北京：人民出版社，1993 年），223—226 页。开头和末尾的叙利亚文部分译自刘南强的英译，见 Samuel N. C. Lieu, "Epigraphica Nestroriana Serica", in *Exegisti Momumenta: Festschrift in Honour of Nichlas Sims-Williams*, Werner Sundermann, Almut Hintze, and François de Blois (eds.), Wiesbaden: Harrassowitz Verlag, 2009: 227-246。

出土，毫无疑问是真品。其中记述了从635年传教士阿罗本（只
知道他的汉文名字）抵达长安到781年撰文刻碑这段时间，基督
教东方教会的历史。碑文严格按照历任皇帝统治的先后顺序来叙
述。历任皇帝用了哪些方式扶持基督徒？碑文说到大秦的哪些方
面？其来源是什么？这些信息可信吗？在中国的基督徒有哪些宗
教习俗？唐朝还有什么其他宗教团体？碑文是否表明了基督徒和
其他宗教团体存在冲突？

（碑额）

大秦景教流行中国碑

（碑文）

景教流行中国碑颂并序

大秦寺僧景净述　牧师、准主教、中国的法师亚当

　　粤若。常然真寂，先先而无元；窅然灵虚，后后而妙有。总玄
枢而造化，妙众圣以元尊者。其唯我三一妙身无元真主阿罗诃[75]
欤！判十字以定四方，鼓元风而生二气。暗空易而天地开，日月
运而昼夜作。匠成万物然立初人，别赐良和令镇化海。浑元之性
虚而不盈，素荡之心本无希嗜。洎乎娑殚①施妄，钿饰纯精。闲平
大于此是之中，隙冥同于彼非之内。[76]是以三百六十五种，肩随
结辙，竞织法罗。或指物以托宗，或空有以沦二，或祷祀以邀福，
或伐善以矫人。智虑营营，恩情役役。茫然无得，煎迫转烧，积
昧亡途，久迷休复。

---

① "娑殚"，即"撒旦"。

于是我三一分身景尊弥施诃①戢隐真威，同人出代。神天宣庆，室女诞圣于大秦[77]；景宿告祥，波斯睹耀以来贡。圆廿四圣有说之旧法，理家国于大猷。设三一净风无言之新教，陶良用于正信。制八境之度，炼尘成真。启三常之门，开生灭死。悬景日以破暗府，魔妄于是乎悉摧；棹慈航以登明宫，含灵于是乎既济。能事斯毕，亭午升真。

经留廿七部，张元化以发灵关。法浴水风，涤浮华而洁虚白。印持十字，融四照以合无拘。击木震仁惠之音，东礼趣生荣之路。存须所以有外行，削顶所以无内情。不畜臧获，均贵贱于人。不聚货财，示罄遗于我。斋以伏识而成，戒以静慎为固。七时礼赞，大庇存亡。七日一荐，洗心反素。真常之道，妙而难名。功用昭彰，强称景教。惟道非圣不弘，圣非道不大。道圣符契，天下文明。

太宗文皇帝，光华启运，明圣临人。大秦国有上德，曰阿罗本。占青云而载真经，望风律以驰艰险。贞观九祀，至于长安。帝使宰臣房公玄龄总仗西郊，宾迎入内，翻经书殿，问道禁闱，深知正真，特令传授。贞观十有二年秋七月，诏曰：“道无常名，圣无常体。随方设教，密济群生。大秦国大德阿罗本，远将经像，来献上京。详其教旨，玄妙无为。观其元宗，生成立要。词无繁说，理有忘筌。济物利人，宜行天下。”所司即于京义宁坊造大秦寺一所，度僧廿一人。宗周德丧，青驾西升。巨唐道光，景风东扇。旋令有司将帝写真转摸寺壁。天姿泛彩，英朗景门。圣迹腾祥，永辉法界。案《西域图记》及汉魏史策，大秦国南统珊瑚之海，北极众宝之山，西望仙境花林，东接长风弱水。其土出火浣

① “弥施诃”，即“弥赛亚”，音译自叙利亚语 mšīḥā。

布、返魂香、明月珠、夜光璧。俗无寇盗，人有乐康。法非景不行，主非德不立。土宇广阔，文物昌明。

高宗大帝，克恭缵祖，润色真宗，而于诸州各置景寺，仍崇阿罗本为镇国大法主。法流十道，国富元休，寺满百城，家殷景福。圣历年，释子用壮，腾口于东周[78]。先天末，下士大笑，讪谤于西镐[79]。有若僧首罗含、大德及烈，并金方贵绪、物外高僧，共振玄纲，俱维绝纽。

玄宗至道皇帝令宁国等五王亲临福宇，建立坛场。法栋暂桡而更崇，道石时倾而复正。天宝初，令大将军高力士送五圣写真寺内安置，赐绢百匹，奉庆睿图。龙髯虽远，弓剑可攀。日角舒光，天颜咫尺。三载，大秦国有僧佶和，瞻星向化，望日朝尊。诏僧罗含、僧普论等一七人与大德佶和于兴庆官修功德。于是天题寺榜，额戴龙书[80]，宝装璀翠，灼烁丹霞，睿扎宏空，腾凌激日。宠赉比南山峻极，沛泽与东海齐深。道无不可，所可可名。圣无不作，所作可述。

肃宗文明皇帝于灵武[81]等五郡重立景寺。元善资而福祚开，大庆临而皇业建。

代宗文武皇帝，恢张圣运，从事无为。每于降诞之辰，锡天香以告成功，颁御馔以光景众。且乾以美利，故能广生。圣以体元，故能亭毒。

我建中圣神文武皇帝[82]，披八政以黜陟幽明，阐九畴以惟新景命。化通玄理，祝无愧心。至于方大而虚，专静而恕，广慈救众苦，善贷被群生者，我修行之大猷，汲引之阶渐也。若使风雨时，天下静，人能理，物能清，存能昌，殁能乐，念生响应，情发目诚者，我景力能事之功用也。

大施主金紫光禄大夫、同朔方⁸³节度副使、试殿中监、赐紫袈裟⁸⁴僧伊斯⁸⁵，和而好惠，闻道勤行。远自王舍①之城，聿来中夏。术高三代，艺博十全。始效节于丹庭⁸⁶，乃策名于王帐。中书令汾阳郡王郭公子仪，初总戎于朔方也，肃宗俾之从迈。虽见亲于卧内，不自异于行间。为公爪牙，作军耳目。能散禄赐，不积于家。献临恩之颇黎，布辞憩之金罽。或仍其旧寺，或重广法堂。崇饰廊宇，如翚斯飞。更效景门，依仁施利。每岁集四寺僧徒，虔事精供，备诸五旬。馁者来而饭之，寒者来而衣之，病者疗而起之，死者葬而安之。清布达娑②，未闻斯美。白衣景士，今见其人。愿刻洪碑，以扬休烈。词曰：

真主无元，湛寂常然。权舆匠化，起地立天。分身出代，救度无边。日升暗灭，咸证真玄。赫赫文皇，道冠前王。乘时拨乱，乾廓坤张。明明景教，言归我唐。翻经建寺，存殁同航。百福偕作，万邦之康。高宗纂祖，更筑精宇。和宫敞朗，遍满中土。真道宣明，式封法主。人有乐康，物无灾苦。玄宗启圣，克修真正。御榜扬辉，天书蔚映。皇图璀璨，率土高敬。庶绩咸熙，人赖其庆。肃宗来复，天威引驾。圣日舒晶，祥风扫夜。祚归皇室，祅氛永谢。止沸定尘，造我区夏。代宗孝义，德合天地。开贷生成，物资美利。香以报功，仁以作施。旸谷来威，月窟毕萃。建中统极，聿修明德。武肃四溟，文清万域。烛临人隐，镜观物色。六合昭苏，百蛮取则。道惟广兮应惟密，强名言兮演三一。主能作

---

① 古印度摩揭陀王国的首都，是佛教圣地，在今印度比哈尔邦，在这里代指西方。从叙利亚语铭文中可知，伊斯来自吐火罗斯坦的巴尔赫，在今阿富汗北部。

② "达娑"指景教徒，音译自中古波斯语或粟特语 Tarsāg。

兮臣能述。建丰碑兮颂元吉。

大唐建中二年岁在作噩大簇月七日大耀森文日[①]建立，时法主僧宁恕知东方之景众也。于众父之父、尊者哈那尼述（任）大公长牧首[②]期间。

朝议郎、前行台州司士参军吕秀岩书

助检校试太常卿赐紫袈裟寺主僧业利

牧师、执事长、长安和洛阳的教堂主迦百利

检校建立碑僧行通　牧师萨布拉尼硕

尊者、牧师、准主教萨尔基斯

准主教伊兹德·布兹德之子、执事亚当　僧灵宝

希腊历一〇九二年[③]，来自吐火罗斯坦之城巴尔赫的已故牧师米立斯之子、我主、牧师、皇城长安准主教伊兹德·布兹德立此石碑。其上所写是我们救主的法及我们的父辈向中国皇帝传法（的过程）。

―――――――

① 西年正月七日，即 781 年 2 月 4 日。"大耀森文日"即星期日，音译自中古波斯语 ēw šambēδ。

② 大公长牧首（Catholicos Patriarch）是景教最高宗教领袖，相当于天主教的教皇。

③ 希腊历即塞琉古纪年，以公元前 311 年为元年，塞琉古纪年一〇九二年即公元 781 年。

30　唐代当铺账历（662—689 年）^①

一个随葬俑人的胳膊里完好保存了 33 张 662 年至 689 年之间的当铺账历。这组唐代城市普通百姓留下的史料非常罕见。现将其中最完整的 12 张账历转录于下。请从中推断：唐代一户一般有几口人？女性能离开家吗？普通家庭有什么常用物品？价值多少？

（一）

绢一丈四尺

卫通正月十八日取壹佰贰拾文

文卫通^②

　其月廿四日赎付了

西门大巷年五十

故黄布衫一

尹娘正月十八日取伍拾文

　同日更取伍拾文

　其月廿三日赎付了

南坊侯神宝阿妇

……罗袄□□一

何思忠正月十八日取……

　二月十五日赎〔付了〕

---

① 录文引自唐长孺主编：《吐鲁番出土文书（二）》（北京：文物出版社，1994年），328—337 页。
② 加下圆点处为人物签名，后同。

北曲……

（二）

故白小绫领巾一

杨二娘正月十八日取贰拾文

二月七日赎付了

北曲住年卅六

故白布衫一

张元爽正月十八日取壹佰文

南坊住钗

破白布头巾一

（三）

［故］小绫衫子一

□阿四正月十八日取伍拾文

其月十九日赎付了

汉子勒也

故紫小绫袄帔子一

李思庆正月十八日取壹佰贰拾文

二月十日赎付弟思泰

（四）

何七娘正月十八日取陆拾伍文

二月一日赎付母米去

观音寺后曲年十三

（五）

孛山头住年□

故白小绫衫子一　铜镜子一

马四娘正月十九日取肆拾伍文

十月廿八日将镜子更取柒拾文

十一月……十七日赎付镜子去

（六）

□嘉寂正月十九日取伍佰文寂

三月六日赎付

东头住年十八

绿线四两　破黄绳里

刘娘正月十九日取壹佰文

二月廿七日赎付了

延兴门外店上住年卅二

故缦紫红小缬袂裙一

王玄敬正月十九日取壹佰伍拾文

二月廿二日付了

王祁村住年十五

故白布衫一

故□□衫一

何山刚正月十九日取壹佰文

其月廿五日赎付了

头人年廿

（七）

张元爽正月十九日取叁拾［文］

　同日更取拾文

八月十六日赎了物付仓桃仁去

　　　　　　南坊钗

　故白布裙一　将白毡一领替裙去

曹阿金正月十九日取壹佰［文］

二月九日更取壹佰伍拾文付母

　二月十日赎付了

　　　　　　　北曲住年十□

　故檀碧小绫袊複一　故蓝小绫袂裙□

　故绯小绫袂裙一　故缦青□□

　皂绳破单幞里

宋守慎正月十九日取壹阡捌［佰］

　文慎

　二月四日赎付［了］

　　　　　　南方西场年十九

（八）

　　　昇道……

　故檻拖履一量①

杨娘正月十九日取壹佰［文］

　十二月七日赎付了

_____

① 即凉鞋一双。

……住杨老女

……故白小绫袂袴一

（九）

极碎白布衫一

刘元感正月十九日取叁拾文

其月廿日赎付弟元英去

南方住年廿三

白练七尺五寸

杨金刚正月十九日取捌拾文

四月廿六日赎付了

东头柒家

故绯罗领巾一 故白练二尺

崔基正月十九日取壹佰文

六月十七日入本册文利九文付帛去

七月十八日赎付了

东头住年廿

细细末珠四条约有四百颗

李元礼正月十九日取壹佰伍拾

文元三月十二日入本一百廿……

（十）

牛婆正月廿日取陆拾文

三月八日赎付了

东头住年六十

　　故破白绢衫子一　破缦青单裙替衫去

王爽正月廿日取肆拾文

　　四月十日入本十五文利二文却将去

　　四月十一日赎付了

　　　　　　　　北曲住年

（十一）

张元亮正月廿日取贰佰贰拾文

　　其月廿五日赎付了

　　　　　　　南坊钗师

廿一日

　　白练汗衫一　故绯绝被表一替汗衫去

□□姊正月廿一日取贰佰文

　　月五日更取贰拾文　三月十一日更取壹佰叁拾文付

　　……六日赎了

　　　　　　　山头西壁上

（十二）

　　麄麄麻鞋二量

董元正月卅日取陆拾文

　　二月二日赎付了

　　　　　　　北曲住

31　秦妇吟（881 年）[①]

本诗作者是韦庄。881 年，年纪尚轻的他进京赶考，正赶上黄巢叛军攻入长安。诗人以一名当地妇女的口吻，在三年后追述当时皇帝出逃和叛军统治的种种事件。诗歌和史籍有何区别？秦妇的邻居怎么了？秦妇自己是怎么活下来的？她口中的叛军是什么样子的？叛军走后的长安又是怎样的景象？有没有痕迹表明韦庄为了顾及诗意而故意歪曲史实？

中和癸卯春三月[87]，洛阳城外花如雪。

东西南北路人绝，绿杨悄悄香尘灭。

路旁忽见如花人，独向绿杨阴下歇。

凤侧鸾敧鬓脚斜，红攒黛敛眉心折。

借问女郎何处来？含嚬欲语声先咽。

回头敛袂谢行人：丧乱漂沦何堪说！

三年陷贼留秦地，依稀记得秦中事。

君能为妾解征鞍，妾亦与君停玉趾。

前年庚子腊月五[88]，正闭金笼教鹦鹉。

斜开鸾镜懒梳头，闲凭雕栏慵不语。

忽看门外起红尘，已见街中擂金鼓。

---

① 晚唐诗人韦庄的名篇《秦妇吟》本已失传，万幸重现于敦煌藏经洞，包括 905 年张龟写本（P.3381）、957 年马富德写本（P.3780）、919 年安友盛写本（S.692）等十个写本。1923 年 12 月，王国维发表《韦庄的〈秦妇吟〉》（《北大国学季刊》第一卷第四号，140—147 页）。其后陈寅恪、冯友兰、翟理斯（Lionel Giles）等学者陆续发表考释文章。

　　居人走出半仓惶，朝士归来尚疑误。

　　是时四面官军入，拟向潼关为警急。

　　皆言博野[89]自相持，尽道贼军来未及。

　　须臾主父乘奔至，下马入门痴似醉。

　　适逢紫盖去蒙尘，已见白旗[90]来匝地。

　　诗人随后讲述了四邻诸位女性的遭遇：东邻被掳走，为叛军缝旗子；西邻因抵抗强奸而被杀；南邻姐妹二人投井自杀；北邻藏在阁楼上，结果叛军烧了房子，她也被烧死。

　　扶羸携幼竟相呼，上屋缘墙不知次。

　　南邻走入北邻藏，东邻走向西邻避。

　　北邻诸妇咸相凑，户外崩腾如走兽。

　　轰轰崐崐乾坤动，万马雷声从地涌。

　　火迸金星上九天，十二官街烟烘焖。

　　日轮西下寒光白，上帝无言空脉脉。

　　阴云晕气若重围，宦者流星如血色。

　　紫气潜随帝座移，妖光暗射台星坼。

　　家家流血如泉沸，处处冤声声动地。

　　舞伎歌姬尽暗捐，婴儿稚女皆生弃。

　　东邻有女眉新画，倾国倾城不知价。

　　长戈拥得上戎车，回首香闺泪盈把。

　　旋抽金线学缝旗，才上雕鞍教走马。

　　有时马上见良人，不敢回眸空泪下。

　　西邻有女真仙子，一寸横波剪秋水。

妆成只对镜中春，年幼不知门外事。

一夫跳跃上金阶，斜袒半肩欲相耻。

牵衣不肯出朱门，红粉香脂刀下死。

南邻有女不记姓，昨日良媒新纳聘。

琉璃阶上不闻行，翡翠帘前空见影。

忽看庭际刀刃鸣，身首支离在俄顷。

仰天掩面哭一声，女弟女兄同入井。

北邻少妇行相促，旋拆云鬟拭眉绿。

已闻击托坏高门，不觉攀缘上重屋。

须臾四面火光来，欲下回梯梯又摧。

烟中大叫犹求救，梁上悬尸已作灰。

妾身幸得全刀锯，不敢踟蹰久回顾。

旋梳蝉鬓逐军行，强展蛾眉出门去。

旧里从兹不得归，六亲自此无寻处。

一从陷贼经三载，终日惊忧心胆碎。

夜卧千重剑戟围，朝餐一味人肝脍。

鸳帏纵入岂成欢，宝货虽多非所爱。

蓬头面垢眉犹赤，几转横波看不得。

衣裳颠倒言语异[91]，面上夸功雕作字。

柏台多士尽狐精，兰省诸郎皆鼠魅。

还将短发戴华簪，不脱朝衣缠绣被。

翻持象笏作三公，倒佩金鱼为两史。

朝闻奏对入朝堂，暮见喧呼来酒市。

一朝五鼓人惊起，叫啸喧争如窃议。

夜来探马入皇城，昨日官军收赤水。

赤水去城一百里，朝若来兮暮应至。

凶徒马上暗吞声，女伴闺中潜失喜。

皆言冤愤此时销，必谓妖徒今日死。

逡巡走马传声急，又道军前全阵入。

大彭小彭相顾忧，二郎四郎抱鞍泣。

沉沉数日无消息，必谓军前已衔璧。

簸旗掉剑却来归，又道官军悉败绩。

四面从兹多厄束，一斗黄金一升粟。

尚让厨中食木皮，黄巢机上刲人肉。

东南断绝无粮道，沟壑渐平人渐少。

六军门外倚僵尸，七架营中填饿莩。

长安寂寂今何有，废市荒街麦苗秀。

采樵斫尽杏园花，修寨诛残御沟柳。

华轩绣毂皆销散，甲第朱门无一半 ⁹²

含元殿 ① 上狐兔行，花萼楼 ② 前荆棘满。

昔时繁盛皆埋没，举目凄凉无故物。

内库烧为锦绣灰，天街踏尽公卿骨。

来时晓出城东陌，城外风烟如塞色。

---

① 唐朝大明宫中轴线上的第一座宫殿，是唐朝举行重大仪式的场所，最重要的殿宇之一。

② 即花萼相辉楼，在长安兴庆宫内，为唐玄宗所建，是玄宗接待外国使臣、举办国宴的地方。

路傍时见游奕军，坡下寂无迎送客。
霸陵东望人烟绝，树镰骊山金翠灭。
大道俱成棘子林，行人夜宿墙匡月。

明朝晓至三峰路，百万人家无一户。
破落田园但有蒿，摧残竹树皆无主。
路旁试问金天神，金天无语愁于人。
庙前古柏有残枿，殿上金炉生暗尘。
一从狂寇陷中国，天地晦冥风雨黑。
案前神水咒不成，壁上阴兵驱不得。
闲日徒歆奠飨恩，危时不助神通力。
我今愧恧拙为神，且向山中深避匿。
寰中箫管不曾闻，筵上牺牲无处觅。
旋教魇鬼傍乡村，诛剥生灵过朝夕。
妾闻此语愁更愁，天遣时灾非自由。
神在山中犹避难，何须责望东诸侯。

前年又出杨震关，举头云际见荆山。
如从地府到人间，顿觉时清天地闲。
陕州主帅忠且贞，不动干戈唯守城。
蒲津主帅能戢兵，千里晏然无戈声。
朝携宝货无人问，暮插金钗唯独行。

明朝又过新安东，路上乞浆逢一翁。
苍苍面带苔藓色，隐隐身藏蓬荻中。

问翁本是何乡曲？底事寒天霜露宿？

老翁暂起欲陈词，却坐支颐仰天哭。

乡园本贯东畿县，岁岁耕桑临近甸。

岁种良田二百廛，年输户税三千万。

小姑惯织褐绅袍，中妇能炊红黍饭。

千间仓兮万斯箱，黄巢过后犹残半。

自从洛下屯师旅，日夜巡兵入村坞。

匣中秋水拔青蛇，旗上高风吹白虎。

入门下马若旋风，罄室倾囊如卷土。

家财既尽骨肉离，今日垂年一身苦。

一身苦兮何足嗟，山中更有千万家。

朝饥山草寻蓬子，夜宿霜中卧荻花。

妾闻此父伤心语，竟日阑干泪如雨。

出门唯见乱枭鸣，更欲东奔何处所？

仍闻汴路舟车绝，又道彭门自相煞。

野色徒销战士魂，河津半是冤人血。

适闻有客金陵至，见说江南风景异。

自从大寇犯中原，戎马不曾生四鄙。

诛锄窃盗若神功，惠爱生灵如赤子。

城壕固护教金汤，赋税如云送军垒。

奈何四海尽滔滔，湛然一境平如砥。

避难徒为阙下人，怀安却羡江南鬼。

愿君举棹东复东，咏此长歌献相公。

第六章

敦煌藏经洞
丝路历史的凝固瞬间

如果只能参观一个丝路遗址，那就去敦煌。那里的自然景色非常壮观。深绿的杨柳环绕着郁郁葱葱的绿洲。石崖上开凿着大约五百座石窟，里面有美不胜收的佛教壁画。壁画融合了印度、伊朗、中国和中亚各地的元素。有四万余件文书的藏经洞（见下页）是丝路上保存文书和文物最多的地方。[1] 其中发现了佛教、摩尼教、祆教、犹太教、景教等各种宗教的文献，展现出这一地区曾经是多么国际化。在公元后的 10 世纪，敦煌是重要的边塞城市、佛教朝圣中心和贸易中间站。公元 1000 年之后，敦煌逐渐衰落，成了穷乡僻壤。当 1907 年斯坦因把这里定为自己第二次西域探险的目的地时，到过这里的欧洲人非常少。斯坦因在这里的发现为他赢得了英国的爵士头衔，以及在中国持久的骂名。

斯坦因在第二次探险中依据先前的经验率队穿越塔克拉玛干沙漠、发掘文书和文物并将其负责任地尽快发表。从他在和田、尼雅的第一次西域探险以来的六年中，英国与其他国家的竞争变得愈发激烈，俄国、德国、日本和法国都派出了探险队来新疆攫取文物。[2] 斯坦因申请了拨款得以离职两年。他的目标是重走克什米尔到和田的路，然后穿过沙漠一路直抵甘肃省西端的敦煌，直

斯坦因合成的敦煌藏经洞照片

　　照片中为 16 窟，窟中高台上有佛像。照片最右侧可见藏经洞洞口。该洞于公元 1000 年之后不久被封死，后于 1900 年前后被发现。洞中有文书约四万件，文书的语言包括汉语、藏语及其他丝路小语种。这是丝路上发现的最大文书群。斯坦因把两张负片叠在一起，在洞窟的原始照片中加上了两堆手稿。

线距离 1325 千米，全程长 1523 千米。

　　1902 年，在德国汉堡召开的东方学家大会上，匈牙利地质学家拉乔斯·洛克济（Lajos Lóczy）作了关于敦煌的报告，这是斯坦因首次听说敦煌。洛克济是 1879 年首次访问敦煌的欧洲人之一。那时只有两名僧人长年住在这个几近废弃的地方。尽管洛克济的专业是土壤和岩石研究，但他还是看出了洞窟中佛教壁画的重要性。[3] 中国学者一般忽视壁画而更重视卷轴画。敦煌最早的壁画年代为 5 世纪，大大早于现存的所有绢画。

　　第二批探险队的成员跟第一批的一样，包括照顾骆驼马匹的人、会拍照的测量员、仆人，以及厨子。加入队伍的还有一名能在沙漠中穿行几百千米而不迷路的信使。他的任务是去邻近的城镇取送斯坦因的邮件，以及英属印度政府以银锭的形式下发的拨款。

斯坦因的维吾尔语（斯坦因所谓的突厥语）口语能力在新疆工作时很有用，在甘肃却派不上用场，这里汉语才是主流。公元前111年，敦煌进入西汉版图。汉朝在一次成功的军事行动之后在敦煌建起了戍堡（悬泉置隶属于敦煌）。中原王朝对这一地区的控制时断时续。589年，隋朝统一中国，之后敦煌便一直处于中原王朝治下。[4] 敦煌是整个地区的学问中心，当地人在学校学习汉字并用汉字书写。[5] 在英国驻喀什领事的推荐下，斯坦因雇了一名叫蒋孝琬的中国师爷做秘书。此人不懂维吾尔语，因此最初交流有些困难。斯坦因从未学过汉字，但是两人一起旅行几个星期之后，斯坦因的汉语已经足够表达自己的意思了。

1907年春天，斯坦因在向敦煌进发的路上听到了一则传言，说敦煌洞窟里的东西远不止壁画。这则传言是从一个躲债的穆斯林商人口中首次听到的，此人给他讲了王圆箓的发现。王圆箓原先是当兵的，1899年或1900年从清军退出之后来到了敦煌。与许多老兵一样，他遇到一位云游的道士并皈依了道教，因此斯坦因称他为"王道士"。识字不多的王道士来到敦煌之后不久，有一天偶然敲了一处窟壁且听出里面是空的，这样便发现了墙后隐藏的藏经洞（17窟）。[6] 拆掉窟壁之后，王道士给本地和本省官员送去了几幅字画，其中至少有一位官员，即古文字学者叶昌炽，意识到了其重要性。但因为拳乱之后官府实在拿不出钱来，所以决定不取走这些文书，而是命令王道士将文书留在原处保管。

当斯坦因和他的秘书蒋孝琬于1907年3月第一次来到敦煌时，

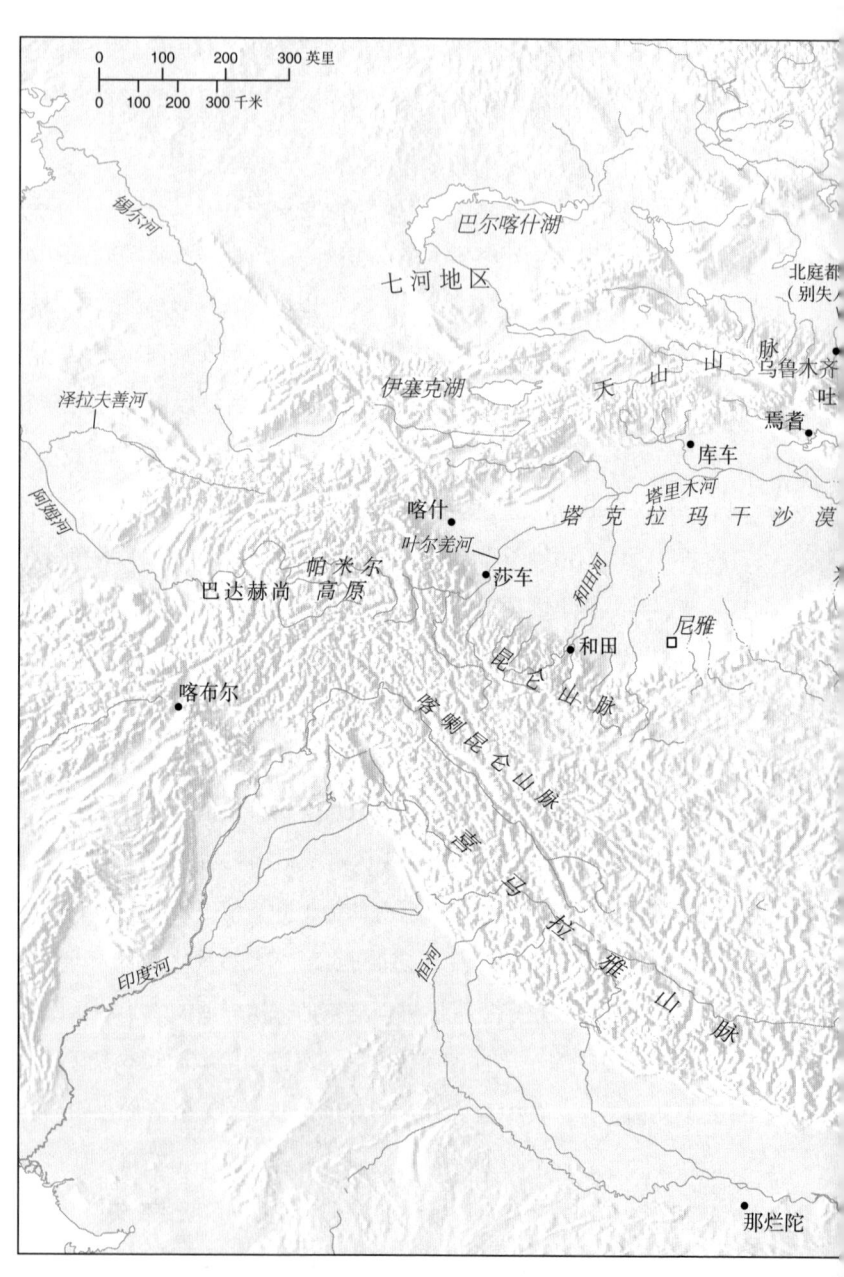

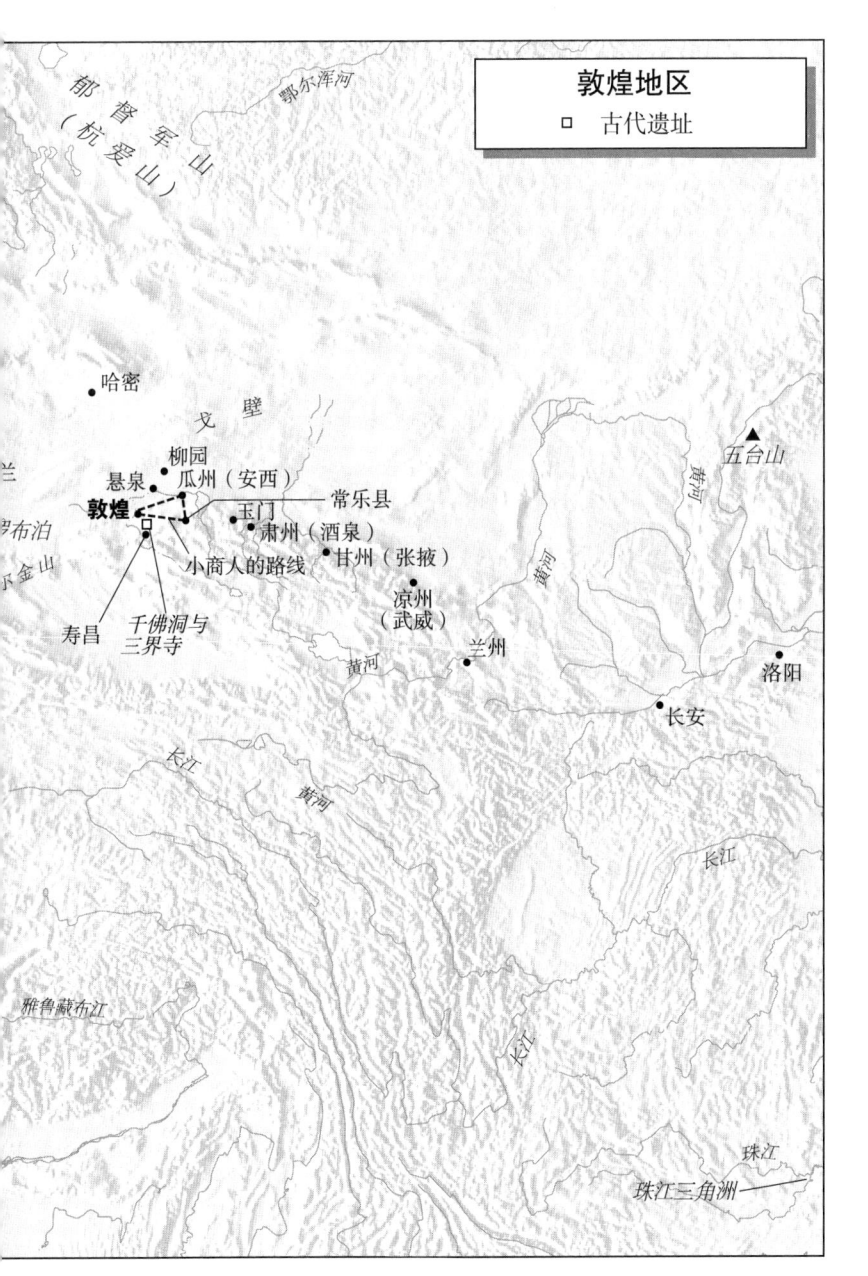

郁督军山
（杭爱山）

鄂尔浑河

戈　壁

哈密

柳园

悬泉

瓜州（安西）

兰

玉门

罗布泊

敦煌

常乐县

肃州（酒泉）

甘州（张掖）

凉州
（武威）

乐金山

小商人的路线

寿昌

千佛洞与
三界寺

黄河

兰州

五台山

黄河

洛阳

长安

长江

黄河

长江

雅鲁藏布江

长江

珠江

珠江三角洲

王道士出门"跟助手一起化缘去了"。他们借此机会在崖边的洞窟边转了转。这些洞窟完全露天且无人看守。斯坦因注意到一条 10 世纪的史料描述得非常准确：

> 古寺僧舍绝多。亦有洪钟。其谷南北两头有天王堂及神祠。壁画吐蕃赞普部从。其山西壁南北二里。并是镌凿高大沙窟。塑画佛像。每窟动计费税百万。前设楼阁数层。有大像堂殿。其像长一百六十尺。其小龛无数。悉有虚槛通。连巡礼游览之景。[7]①

斯坦因注意到，尽管窟前的遮檐大多已经坍塌，很多塑像和壁画依然完好。[8]

根据石窟中的一通石碑，一位僧人于 366 年造访此处并开凿了第一座洞窟。敦煌研究院将千佛洞（莫高窟）的 492 座石窟中年代最早的定在北凉（397—460 年）时期，最晚的定在十三四世纪。[9]最早的石窟与尼雅和龟兹的石窟类似，里面有单独的佛像或是佛陀前世的图景。公元 600 年之后建成的石窟中则是佛经故事中的场景。石窟凿在极为脆软的砂砾岩上，六七世纪时就坍塌

---

① 来自 S.5448《敦煌录》，作者所引英译文来自 Lionel Giles, "The Tun Huang Lu Retranslated", *Journal of the Royal Asiatic Society of Great Britain and Ireland*, 1915, pp.41-47。翟理斯于 1914 年首次发表《敦煌录》译注，见 Lionel Giles, "Tun Huang Lu: Notes on the District of Tun-Huang", *JRAS*, 1914, pp.703-728。译文发表后受到时年二十四岁的胡适批评，见 Suh Hu, "Notes on Dr.Lionel Giles' Article on 'Tun Huang Lu'", *JRAS*, 1915, pp.35-39。关于这段公案可见王冀青：《翟理斯两种〈敦煌录〉译释本与胡适校勘记之对比分析》，甘肃省古籍文献整理编译中心编：《文献研究（第 2 辑）》（北京：学苑出版社，2011 年）。关于《敦煌录》较新的研究见李正宇：《古本敦煌乡土志八种笺证》（兰州：甘肃人民出版社，2008 年），290—317 页。

斯坦因初到敦煌时的莫高窟

　　1907 年斯坦因第一次来到敦煌莫高窟时，石窟没有门，风吹雨淋毫无遮蔽，参观者必须爬墙钻洞才能进入。如今在敦煌研究院的管理下，所有石窟都有墙有门有锁，混凝土制的过道和楼梯连接着遗址中的 492 座石窟。（大英图书馆供图）

了几座。近年来持续增加的客流进一步损毁了石窟，敦煌研究院建了复制窟以期减少客流及其对壁画的损毁。只有几座石窟对普通游客开放。如果要参观最著名的那几座，则要支付每人几百美元的高额票价。

　　1907 年，斯坦因和蒋孝琬完成了对遗址的初步探查之后遇到了一位年轻的藏族僧人。蒋孝琬与之单独会面，僧人给他看了一件写有汉字的手稿。蒋孝琬看到"菩萨"一词多次出现，但由于缺乏阅读佛教材料的经验，他并不能看懂文书的内容。斯坦因想要酬谢为他们展示手稿的僧人，但是蒋孝琬"建议谨慎行事。过分慷慨的礼物会让人怀疑其动机不纯"。斯坦因和蒋孝琬商量出一个价码，然后付了"一块碎银子，相当于大约3卢比或者4先令"。斯坦因在关于这次发现的第一本书《沙漠契丹废墟记》（*Ruins of Desert Cathay*）中讲道，"我和蒋师爷密谈了很久，商量怎样才能接触到这些发现，如果遇到宗教势力的阻挠，要怎样才能化解"。

斯坦因和蒋孝琬都明白这项任务的敏感性，因此他们不敢声张。与其他斯坦因发掘过的遗址不同，敦煌是一处"有宗教活动进行"的地方，斯坦因不知道他将会面临什么样的困难。"当地修行之人会不会如此好心——而且在乎物质利益——以至于可以无视圣物被拿走？若果真如此，我们能否指望他们的精神影响可以减轻那些为朝圣地捐款且更为迷信的普通人的顾虑？"甚至在见王道士之前，斯坦因就已经决定把活动限制在拍照和画图之内，因为当地信徒肯定会反对他们拿走任何佛像和壁画。

由于王道士不在，斯坦因决定去调查从敦煌向西延伸出去的一排烽燧，并在那里发现了粟特古信札。当他于1907年5月15日回到千佛洞时，他目睹了一次"足有一万人"参加的年度宗教节日。斯坦因保持着距离，由蒋孝琬说服王道士与斯坦因见面。王道士出于焦虑，砌起了一堵墙封住了藏经洞的唯一出口。当二人终于见面时，王道士给斯坦因留下了不好的印象，这见于斯坦因后来的记载（见史料32）。

斯坦因在叙述自己在敦煌的经历时，总是不断地提到他和他在维也纳大学的导师乔治·比勒（Georg Bühler）在印度收集梵文手稿时遇到的困难。比勒一直想研究一份文献，在欧洲遍寻不得才去印度收集手稿。1875年，他终于看到了那份自己为之来到印度的手稿，可手稿主人之后又将其收了起来。比勒直到去世也没能再看到这份手稿一眼。斯坦因在印度最大的学术胜利之一就是在 14 年之后买下了这份手稿。[10]

斯坦因明白，在敦煌藏经洞面临的挑战与在沙漠迷路或者在尼雅发掘废弃遗址非常不同。他必须运用他在印度获得的能力，把手稿从其保管者手中拿下。与王道士初次见面之后，斯坦因有了"打一场持久战、攻坚战"的准备。

在蒋孝琬的建议下，斯坦因明确决定不与王道士讨论学术和考古，改为唤起他对求法僧玄奘——斯坦因的"中国主保圣人"——的记忆。斯坦因讲道，他用他那不流畅的中文告诉王道士自己对玄奘的虔敬："我沿着玄奘的脚步从印度跨越重山沙漠而来，我找寻到很多玄奘去过且描述过的佛寺的遗址。"斯坦因一直伪装成玄奘的信徒，他在 6 月 13 日离开之前甚至捐钱要做一尊新的玄奘"泥塑"。蒋孝琬和斯坦因告诉王道士，藏经洞里的文书应该属于一座印度的"佛学寺庙"，他们让王道士误以为斯坦因和很多世纪以前的玄奘一样，是来为一座远方寺庙取经的。

初次见面之后，斯坦因让蒋孝琬与王道士单独谈判。当天夜里，在黑暗的掩护下，王道士拿给蒋孝琬一卷文书，这恰好是一部玄奘翻译的佛教作品。蒋孝琬立刻把这一好兆头告诉了王道士，王道士便把临时封住藏经洞的墙拆了。

之后谈判进行得更顺利了，三人都同意此事需要绝对保密。据斯坦因讲，王道士规定："交易内容除了我们三人不许任何人知道，只要我（斯坦因）还在中国境内，就必须对这些'发现'的来源完全保密。"在接下来的三个星期里，王道士把一卷卷文书交给蒋孝琬，再由蒋孝琬和斯坦因从中挑出最重要的。临近尾声时，王道士突然惊慌失措地又把所有东西搬回了洞里，蒋孝琬又一次介入挽回了局面。蒋孝琬和斯坦因挑拣好之后，斯坦因命令自己最信任的两个人把这些文书缝进袋子里，这样就没人知道袋子里装的是什么了。

在这个过程中的每一步，斯坦因都讲到了谈价钱的事。他和蒋孝琬定下一个目标之后就由后者直接跟王道士谈。斯坦因在这里遵循了一个当时普遍的做法。全亚洲的外国人常常指派他们的手下或者仆人为自己买日常用品及其他东西。蒋孝琬和王道士最终就价格达成了一致，7 箱手稿、5 张绘画和其他东西，共计 130英镑。斯坦因在给好友阿伦的信中高兴地写道："这个价钱也就能买到一片梵文贝叶外加几件'古物'。"[11]

斯坦因于 1907 年夏天离开之后，王道士继续出售藏经洞文书，并用所得修复洞窟群。蒋孝琬在同年秋天回到敦煌，又买了两百三十捆文书并将其寄给斯坦因。斯坦因所得文书共约一万一千件。1908 年，天才的法国汉学家伯希和买了七千件文书并将其运回巴黎。[12]1910 年，中国政府下令将余下的一万件汉文文书（不包括藏文文书）运到北京。王道士扣下了一些，运往北京的途中又遗失了一些。[13]1912 年，俄国人奥登堡买走了大概一万件；1914 年，斯坦因最后一次回到敦煌又买了六百卷。[14]

1929 年，斯坦因在哈佛的一个系列讲座上自豪地向听众讲述了他在敦煌的经历。当斯坦因于 1914 年回到敦煌时，王道士热情地欢迎他，并向他展示了一份账目，上面详细记载了自己是如何用那些钱翻修洞窟的。"考虑到官方对于他（王道士）所珍视的这些文书的处理方式，他非常后悔自己当时没有足够的勇气和智慧接受我通过蒋师爷（蒋孝琬）提出的建议，将经卷全部卖出。"[15]斯坦因觉得，因为自己付给王道士的钱比其他人都多（中国政府没付钱），他当时应该能买下全部经卷并将其运出中国。即便 1929 年时很多欧洲和中国学者都认为中国文物应留在中国，斯坦因依然不觉得把文书和文物从中国运走有什么不对。

1998 年，《西域考古图记》（*Serindia: Detailed Report of Explorations in Central Asia and Westernmost China*）的中文全译本出版，其中包括斯坦因在敦煌与王道士交涉的详细记述。杰出的中国考古学家孟凡人为该书作序。《西域考古图记》一书包含当时顶尖学者对斯坦因所获材料的翻译，"代表了 20 世纪 20 年代以前在这一领域中的最高研究水平"，不过斯坦因的"劫掠行径""应受到严正谴责"。[16]

出版事业的发展使得藏于外国的敦煌文书越来越容易为中国学者所用：20 世纪 70 年代末，微缩胶卷首先发行。随后敦煌文书的多卷影印本于 20 世纪 90 年代陆续出版，其中的写本照片清晰可读。现在，写本照片正不断被上传到伦敦的国际敦煌项目的网站上。[17]

但是即便按照当时的标准，斯坦因的做法还是带有欺骗性质。他号称自己是玄奘的信徒。他购买文书和绢画时非常清楚自己所付的钱远低于市场价。他为了保密采取极端方式，一切都在夜间进行，而且只告诉极少数人自己的所作所为。人们不禁奇怪斯坦因之后为何如此大大方方地讲述自己当时是如何偷偷摸摸的。

虽然斯坦因在讨论敦煌时没有特别提到费林德斯·佩特里（William Matthew Flinders Petrie），但他在其他地方常常承认自己受到了此人的影响。[18] 佩特里是英国在埃及考古发掘的领军人物，他在 1902 年斯坦因第一次探险归来之后会见了斯坦因。在《古代和田：中国新疆考古发掘的详细报告》（*Ancient Khotan: Detailed*

Report of Archaeological Explorations in Chinese Turkestan）的前言中，斯坦因称佩特里为"有着无人可及的经验的考古探险者"。[19] 1904 年，佩特里的《考古学的方法与目的》（*Methods & Aims in Archaeology*）一书出版，该书为发掘的每一阶段提供指导，包括后勤准备、现场发掘、发表结果。佩特里曾在埃及发掘，他教给考古学家如何在落后国家开展工作，如何花少量的钱让工人上交他们发现的小件物品而不是自己去卖掉："出钱才能保证（对文物）最好的照顾。"佩特里还建议读者以两个版本发表结果，一个服务于"学生和普通民众"的图版较少、价格低廉的简装版，以及一个"服务于图书馆、藏书家和富有的业余爱好者的华丽的精装版"。斯坦因严格遵照佩特里的建议，他的书甚至连版式和字体都与后者的书一样。[20]

佩特里在"考古学的道德问题"一章中声称，考古学家一旦在遗址完成发掘，就不会给后世在此留下任何东西。考古学家可以把发现物置于博物馆中，但这些东西总会朽坏，出版物最终会成为唯一记录。

按照佩特里的指导，斯坦因试图尽可能重构 17 窟的本来面貌。藏经洞中的材料按层排列的方式显示，这不是偶然保存下来的一堆文书和绘画。这些材料显然是某人或者某个团体特意放置在洞中的。但这又是为什么呢？洞中有许多纸片，这让斯坦因认为该洞是一个废纸贮藏室。

北京大学的荣新江教授仔细地将斯坦因的记述与中文史料以及伯希和的记述进行比对。尽管斯坦因没有机会仔细考察藏经洞，但他的记载依然是对藏经洞最详细的描述。藏经洞被王道士先为斯坦因打开，第二年又为伯希和打开，其原貌已经无可挽回地被破坏殆尽了。荣教授挑战之前的"废弃说"，对藏经洞文书的存放提出了一种不同的解释。[21]

斯坦因使用的"library cave"一词容易让人产生误解。藏经洞不是一座单独的洞窟。它是一个小储藏室，面积不到三米见方，高不超过 2.7 米。藏经洞原本是看不到的，王道士敲了 16 窟的窟壁，发现窟壁后面是空的，他又把墙拆掉才找到了这个储藏室。

藏经洞本来是洪辩和尚的纪念窟，此人权力很大，曾在 851 年被唐朝皇帝册封为都僧统。862 年他去世以后，其弟子把与他相关的物品置于此窟，并来窟中祭拜。[22] 10 世纪初的某个时候，僧人们开始把此窟用作文书储藏室。[23] 王道士在 1900 年前后清理该窟时把塑像移走了。后来敦煌研究院又把塑像放回原来的位置，今天依然可见。

藏经洞中的很多文书都标着所属寺院。10 世纪的敦煌是个佛教中心，约有十五座寺庙，三界寺是其中较小的一座。[24] 因为三界寺的名字在藏经洞文献中最常出现，藏经洞有可能隶属于该寺。

有关藏经洞目的的一个重要线索来自一篇佛经序文，出自僧人道真（约 915—987 年）之手。他解释了自己为何要为寺院收集材料："乃见当寺藏内经论部［袟］不全，遂乃启颡虔诚，誓发弘愿，谨于诸家函藏，寻访古坏经文，收入寺中，修补头尾，流传于世。"[25] 987 年道真去世之后，其他僧人继续为三界寺收集文书。

敦煌的寺院都有僧人想得到的文书的清单，这说明他们在藏经洞关闭之前不久仍在收集文书和绘画。洞中最早的文书是一件佛教作品，年代为 405 年，最晚的年代为 1002 年。[26] 藏经洞中的文书远远不止佛教作品。[27]

因为纸张在敦煌比较昂贵，寺院学校的学生就在页边空白处

藏经洞北壁

　　藏经洞只有北壁有画。画面中央高台上是洪辩和尚的塑像，塑像左右各有一棵树及一名侍从，手举拐杖、男装打扮的女居士在左，手持绘凤团扇的尼姑在右。壁画绘于这座小石窟被用作洪辩和尚葬窟的时期。

或者废弃佛经的反面练字。寺院学校教学生读写，学生中有些后来成了僧人，有些没有。[28] 这些学生跟今天学中文的学生一样，反复抄写单个汉字，然后逐渐进阶到更复杂的课文。敦煌文书中有很多错误，因为并非所有学生都水平很高。老师经常划掉学生写的错字，在旁边插入正确的。学生为了学写字会抄写各种材料，其中当然有佛教作品，也有契约、文学小品（比如水和茶的对话），以及被称为"变文"的长篇叙事作品。[29]

　　藏经洞中最有名的文书是《金刚经》，该经不是手抄本而是木版印刷的印本。中国人在 8 世纪初发明了这种印刷术。把一张有字的纸面朝下贴在一块软木板上，在木板上刻字，就可以用这块木板印刷。敦煌的《金刚经》由七张木版印刷的纸页连缀而成（见 466 页图）。

其中的发愿文说明，这是一位佛教徒以父母的名义为造福众生而出资制作的。这样的行为会为他的父母和他自己积德。《金刚经》上所标年代为 868 年（四月十五日[①]）。藏经洞中还有早于 868 年的木版印书的片段，包括一件 834 年的历日。但是《金刚经》是世界上最早的完整印刷品。[30]学者们发现敦煌并不是四川那样的印刷中心。藏经洞文书中的绝大多数是手抄本。

敦煌管理文书的僧人用一种复杂的方法给佛经编目。他们参考了长安大型寺院图书馆的目录。这种目录把所有佛教文书分为布道文、律、史等类别。[31]启蒙读物《千字文》中有一千个汉字，这相当于一个汉字的字母表。僧人用这些字给佛教作品编号，再把卷帙分组，斯坦因称这些组为"常规经帙"。

共有 1050 个经帙，每帙有约十二卷汉文文书。此外，还有 80 包十一种藏语贝叶装文书。藏语于 786 年被引入敦煌。[32]那一年，吐蕃人帮助唐朝平定了一场叛乱，但是唐朝没有履行承诺赏赐吐蕃人，吐蕃人便征服了敦煌[②]。经帙外面原本都有封皮，但因为首先看到经帙的人——王道士、蒋孝琬、斯坦因、伯希和——都没意识到其重要性，只有很少被保存了下来。

除了常规的汉语藏语材料，藏经洞中还有一种被斯坦因称作"杂"帙或"混合"帙的经帙。[33]其中有贝叶装或卷轴装的梵语、

---

① 唐历。
② 指建中三年的泾原兵乱时唐德宗以让出安西和北庭为条件向吐蕃借兵，吐蕃出兵二万。叛乱平定后，唐德宗欲履行承诺，被李泌劝阻，见《资治通鉴》卷 231。

于阗语、藏语、回鹘语和粟特语佛教文书。有些是完整的佛经抄本，其他则是片段。僧人们也把绘画（几乎都是佛教神像）、绘画碎片、破损的经卷和单张的纸放在洞中。另外，他们还储存用于修复佛经的各种边角料。若是大一点的寺院图书馆，人家兴许早把这些东西扔掉了，但三界寺的收藏规模很小，这让管理员们更加谨慎。因为这些东西说不定哪天就会派上用场，所以所有有字的东西都应该留着。正因如此，藏经洞中保存的材料非常多样化。和吐鲁番用废纸做的鞋样不同，藏经洞文书之间并非毫不相关，所有文书都跟佛教有这样那样的联系，要么文书背面抄有佛经，要么文书出自寺院学校学生之手。

藏经洞文书的语言包括梵语、粟特语、藏语、回鹘语和于阗语，这非常好地体现了斯坦因的标签——"多语种图书馆"。[34] 有时，仅仅一张纸便揭示了一个宗教团体或者一位独自旅行者的存在。除了那张纸，我们对其一无所知。藏经洞中有这样一张纸，上书十八行希伯来语祷文，每行的打头字母按希伯来字母表顺序排列，之后是《圣经·诗篇》中的一段（见彩图 13 和史料 33 ）。这件文书被多次折叠，也许曾被当作护身符缝进小袋子里挂在脖子上。[35] 可能一个犹太人曾行至敦煌，也可能有人买下了这件护身符（字母的形状显示它出自巴比伦）并把它带到了敦煌。无独有偶，藏经洞中还有两张纸显示敦煌有一群讲粟特语的祆教徒。一张上写着祆教古经《阿维斯塔》中的诗句，另外一张上画着两尊面对面的祆教女神。[36]

伊朗的祆教是三夷教之一。三夷教是中国学者使用的术语，用来指称两种伊朗宗教祆教和摩尼教，以及源自叙利亚的东方基督教。这三者都起源于中国境外，都曾传入中国，845 年颁布禁

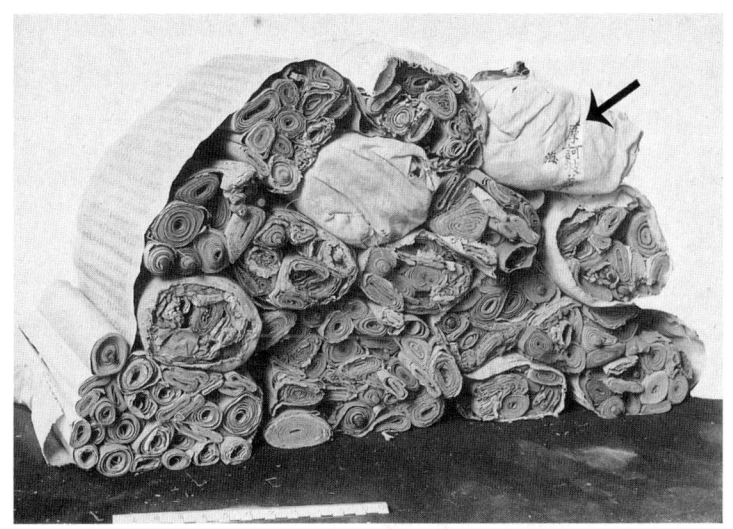

佛教图书馆的索书号

　　藏经洞中的汉文佛经差不多每十二卷分为一帙，每帙以帙皮包裹。图中右上角箭头处是帙皮上尚可见的文字，写着经名及其相当于现代图书馆索书号的《千字文》编号。（大英图书馆供图）

教令之后就消亡了[①]。藏经洞文书管理员们的兼容并蓄，使它成了包含丝路上各种宗教原始材料的最翔实的资料库。

　　藏经洞中的宗教文献显示，敦煌人对不同信仰的包容令人惊叹。管理这些文书的僧人不一定知道文书所用语言，很可能也读不懂这些文书，但他们还是愿意把这些文书保存好。这体现了丝绸之路国际化的特色。这个地区虽然只有三万人，但不同语言文字和信仰都得到了尊重。[37]

　　与吐鲁番文书和西安的景教碑一样，藏经洞的材料特别重要，因为这些材料提供了普通信徒的视角。与之相对，高级神职人员

---

① 845 年之后，摩尼教在福建还有涓涓细流。晋江有草庵摩尼教寺，最近在霞浦县发现了大量摩尼教文书，见马小鹤的一系列文章。

或者中国官府的视角则常常左右历史上对宗教的记载。敦煌的各种宗教文献虽然内容很丰富，但从不描述宗教集会，因此我们无从得知这些教团的规模。如果某种宗教的所有存世文献都是非汉语的，我们可以推测该教没有太多汉人信徒。反之，若某种宗教的文献有汉语翻译，则表明该教在当地有信徒。

　　在发现敦煌和吐鲁番的文书之前，人们对于摩尼教的了解大多来自圣奥古斯丁的《忏悔录》，书中讲述了奥古斯丁在皈依基督教之前做摩尼教徒的日子。[38]后来在吐鲁番发现了伊朗语（帕提亚语、中古波斯语和粟特语）和回鹘语摩尼教文献，在敦煌发现了汉语摩尼教文献，这使学者们得以直接了解这门世界性宗教的教义。藏经洞中共有三件汉语摩尼教文书①。

　　尽管这些摩尼教文献中有些是用汉字写的，但它们表明大多数摩尼教徒都讲伊朗语。三件中最长的是一卷赞美诗集，其中一部分是用汉字音写的 20 首帕提亚语和中古波斯语的赞歌和祷词。因为文书并未翻译这些音译文字，讲汉语的人肯定无法看懂（见史料 34）②。[39]其中一首题为《叹明界文》的赞美诗，似乎直接译

①《摩尼教残经》（现藏中国国家图书馆，北宇 56、新 8470、BD00256）、《下部赞》（现藏于大英图书馆，Or. 8210/S2659）、《摩尼光佛教法仪略》（断为两片，分别藏于大英图书馆和法国国家图书馆，S3969 和 P3884），最新最忠实的录文见芮传明：《东方摩尼教研究》（上海：上海人民出版社，2009 年），附录。

② 作者这里讲的应该是《下部赞》，共 1254 句，除了三段音译文字，均为汉语。三段音译文字中第一段为中古波斯语，第二段为阿拉米语和帕提亚语交替，第三段为帕提亚语。研究见 Peter Bryder, *The Chinese Transformation of Manichaeism*（Löberöd, Sweden: Bokförlaget Plus Ultra, 1985）。关于第二段音译文字见 Yutaka Yoshida, "Manichaean Aramaic in the Chinese Hymnscroll", *Bulletin of the School of Oriental and African Studies*（1983）No.2, 326-331。关于第三段音译文字见马小鹤：《摩尼教〈下部赞〉"初声赞文"新考——与安息文、窣利文、回鹘文资料的比较》，见氏著《摩尼教与古代西域史研究》（北京：中国人民大学出版社，2008 年），164—196 页。

自吐鲁番发现的一件帕提亚语文书。但汉语版把明界等同于阿弥陀佛的西方极乐世界。明界是一个"极乐世界"，那里"光明普遍皆清净，常乐寂灭无动姐，彼受欢乐无烦恼，若言有苦无是处"。[40] 摩尼鼓励他的追随者使用所在地宗教的术语吸引更多人入教。这件文书漂亮地展示了这一变色龙战略。它把摩尼称作三圣之一，与佛陀和老子并列，这样一来，摩尼就占据了孔子的位置①。

另一件摩尼教文书则更忠实地模仿了汉语文书，其开篇与《金刚经》如出一辙。但此处是摩尼而不是佛陀在向其信徒说话："善哉善哉，汝为利益无量众生，能问如此甚深秘义，汝今即是一切世间盲迷众生大善知识。我当为汝分别解说，令汝疑网永断无余。"[41] 这件文书与佛教文书是如此相似，甚至骗过了伯希和这样的专家，让他没有将其带到巴黎去。这是今天藏于北京的敦煌文书中最重要的藏品之一。粟特传教士为回应731年颁布的一条敕令而将这件文书翻译了出来，他们希望能使中国皇帝本人皈依摩尼教②。

不同宗教的传教者在翻译过程中会采取不同的策略。摩尼教徒们自由地运用佛教术语，而东方教会的基督徒们则注重精准，即使最终的译文让人很难读懂也要严格地照字面翻译。[42] "圣

---

① "三圣"的说法来自《摩尼光佛教法仪略》而不是《下部赞》，原文为"则老君托孕，太阳流其晶；释迦受胎，日轮叶其象。资灵本本，三圣亦何殊？成性存存，一贯皆悟道"。研究见林悟殊：《〈摩尼光佛教法仪略〉的三圣同一论》，见氏著《摩尼教及其东渐》（北京：中华书局，1987年），183—190页。
② 这句话讲的是《摩尼光佛教法仪略》，但这件文书并非译作，而是在华摩尼教徒奉旨用汉语撰写的一件文书，意在向朝廷介绍摩尼教的基本情况。文书写成之后的第二年，即开元二十年，玄宗便下旨禁止汉人信奉摩尼教。见林悟殊：《敦煌本〈摩尼光佛教法仪略〉的产生》，见氏著《摩尼教及其东渐》（北京：中华书局，1987年），168—176页。

父、圣子、圣灵"该如何翻译成中文？赞美诗《荣归主颂》的译者选择了最忠于原文的译法，即"慈父、明子、净风王"（见史料35）。这三个词中只有"慈父"能让中国皈依者看懂。与赞美诗写在同一页上的还有一份该教经典的书单，题为《尊经》。其中讲到"皇父""皇子""证身"的"三身同归一体"，即"三位一体"学说。这又是一条让中国读者摸不着头脑的教理。[43]书单末尾的说明中提到了景净（或亚当），即长安的《大秦景教流行中国碑》的作者。这说明该文书与景教碑一样，都写于8世纪末，此时东方教会正活跃于中国。

藏经洞文书的性质在8世纪中期发生了较为明显的变化。安史之乱以前，几乎所有的藏经洞文书都来自中原地区且全是佛教文书。最晚的来自长安的文书，年代为753年。在这之后，所有文书都产自本地。[44]就在此时，在家的学生们开始抄写种类繁多的各种材料，除了佛经还包括契约、社邑文书和文学作品（见史料37-2）。他们甚至在文书的空白处乱写乱画。[45]一份年代为742年到758年的市券副本中记载了一次交易，有人用21匹生丝买来了一名13岁的非汉族男孩做奴隶。该市券严格遵守唐律的细则，列出了卖方、奴隶和五名保人的姓名和年龄，证明唐律在整个疆域内都得到了贯彻。[46]

745年，朝廷分两笔拨给敦煌附近的一座戍堡15000匹丝绢的军费。[47]一件关于俸禄的官文书使我们清楚地知道这种款项是如何下拨的。朝廷先把两批丝绢存放在敦煌以东700千米的凉州，这里是整个地区的军事指挥中心，再从那儿把丝绢运到敦煌的戍堡。法国学者童丕敏锐地指出，"两个运输队每队带着超过七千匹丝绢，这与我们所熟知的民间商队形象大相径庭"。[48]这些单笔达到七千匹的款项比吐鲁番文书中最多几百匹的交易额要高得多。这件文书显示出朝廷下拨的军饷是多么重要。

唐朝有一套复杂的货币系统，织物（麻和绢）、粮食、钱币三种通货并行不悖。更麻烦的是，朝廷用统一的单位表示这三种通货。给敦煌戍堡的拨款包括六种不同类型的绸缎和生丝。因为各个地区都用本地出产的织物缴税，唐朝官府便把这些织物都运到了敦煌戍堡。戍堡官员把税绢先换成钱再换成粮食，有些用来供给戍卒，有些直接付给当地商人。这份记录让我们得以一瞥安史之乱以前的军费支出，唐朝政府以织物的形式向敦煌经济直接注入了海量现金。

如前几章所述，朝廷于 755 年失去了对西北的控制。唐朝皇帝为了平叛曾向吐蕃帝国求助。吐蕃的雅砻王朝可以说是西域政局中的一股新生力量。在 617 年以前，海拔 4000 米到 5000 米的青藏高原北部生活着在草原上牧马的牧民，南部生活着在河谷里种植青稞的农民。[49] 这里没有文字，人们结绳刻木以记事。617 年左右，从拉萨东南的雅砻河谷得名的雅砻王朝第一次统一了吐蕃。他们基于梵文字母创制了自己的文字系统，并同时采纳了一些唐朝法律系统的元素。

吐蕃人是优秀的骑手，汉人羡慕他们的军事装备。唐史记载："其铠胄精良，衣之周身，窍两目，劲弓利刃不能甚伤。"[50] 763 年秋，吐蕃士兵曾在长安劫掠长达两周。直到 777 年，每年秋天吐蕃骑兵都会袭扰唐朝，被削弱了的唐军无法阻止他们。

八世纪六七十年代，吐蕃人的力量达到顶峰，他们逐渐扩张并进入甘肃。781 年，敦煌以南的寿昌城陷落。786 年，唐朝政府没能按约定向帮助平叛的吐蕃支付酬劳，吐蕃便夺取了敦煌所在的沙州。吐蕃人占领了河西走廊原唐朝治下的八个州①，将这一地区划分为若干军区由军事将领统治，并很快建立起了一个双轨的行政系统，分别由吐蕃军事长官和最高民事长官领导。在敦煌，后者常常是汉人。每个军区被进一步分为若干千户，每个千户由二十个五十户构成。每个五十户的头领给每户分配任务以完成劳役。[51]

一些吐蕃占领区的男性被征召入伍，其他人则在军事屯田区劳作。除去负责保卫，屯田区的人还要种庄稼并以粮食缴纳农业税，且必须把粮食税运到收集点。有时要走几天的路才能到达这些收集点。吐蕃人以服兵役为劳役，与唐朝不同，他们不向士兵支付布匹、粮食和钱币。

从汉、藏契约中都可以看出吐蕃对敦煌的统治对于当地经济有着直接的影响。[52] 788 年到 790 年，也就是在吐蕃占领敦煌几年之后，一间仓库的记录中提到了钱币，这是年代最晚的提到钱币的汉语文书。[53] 一些 755 年以前铸造的钱币可能在 9 世纪或 10 世纪流通过，但在吐蕃治下，货币基本停止使用了。吐蕃时期，一般用粮食的容量单位或者布匹数来标示价格。[54] 有一件 803 年的契约很有代表性，其中记录了一头牛的价格是 12 石（720—1080 升）小麦加 2 石（120—180 升）小米，违约金也以粮食表示，为 3 石（180—270 升）小麦。[55] 除几处提到 dmar（藏语"铜"，可能指铜钱），契约中的交易几乎都是以粮食进行的。[56] 人们有时借入布匹或者纸张，但总是用粮食还债。

以前的学者把 786 年到 848 年的吐蕃统治时期看作敦煌历史

---

① 自西向东为沙州、瓜州、肃州、甘州、凉州、鄯州、河州、兰州。

上一个没有什么持久影响的短暂插曲。但对于当时的敦煌人来说，长达六十年之久的这一时期足够他们吸纳一些吐蕃人的习俗。在吐蕃统治的初期，绝大多数汉人按汉族习惯起名，有名有姓。但随着时间的推移，越来越多敦煌汉人开始使用类似藏语的名字。吐蕃统治时期的第二代或者第三代中，有些人甚至放弃了汉姓而像吐蕃人一样只用名。

有些吐蕃治下的汉人做了更大的改变。他们不再写汉字而改用藏文。吐蕃征服之后，当地书吏立刻就学会了藏文，为官员起草文书，为藏人起草契约。815 年到 841 年之间，吐蕃统治者开展了一项大规模写经活动，雇用了一千多名书吏，其中许多是汉人。[57] 随着写经的进行，这些书吏对藏文书写越来越熟悉，并且意识到使用字母文字比记住几千个汉字要容易得多。

统治者雇人大量抄写佛经以获得功德，同时还出资开凿新洞窟。66 座吐蕃时期开凿的石窟有一些突出的特点，其中大多绘有坛场，即宇宙的图示，并包含其他一些密教元素。这一时期的壁画特别强调吐蕃赞普等供养人。[58]

从吐蕃时期起，敦煌的画师们开始绘制五台山图，并一直持续到 10 世纪曹氏归义军时期。61 窟是敦煌最宏伟的洞窟之一，开凿于 950 年左右。[59] 窟壁西墙的上半部分高 3.5 米，宽 15.5 米，绘有一幅巨大的五台山图。画面顶部绘有诸天神，中间绘有 90 座五台山的建筑并注有名称，底部绘有旅途中的朝圣者。整件画作并非圣地的精确地图，而是为了让无法成行的人了解五台山而绘制的。该窟的供养人包括从 944 年到 974 年统治敦煌的曹元忠及其众位妻子，其中一位来自于阗。

虽然武装冲突时有发生，但敦煌的统治者在吐蕃时期维持了与唐和印度的联系。吐蕃、唐、印度派出的僧人和使臣在吐蕃和中原之间穿梭并常常在敦煌歇脚。没有货币流通并不妨碍他们在绿洲之间赶路。和以前一样，统治者为他们提供护卫、交通工具和食物。

848 年，一个汉人政权在敦煌重新建立了起来。老一辈学者认为藏经洞中的藏语材料都写于 848 年以前。最近学者们开始意识到，藏语作为国际共通语（lingua franca）在 848 年之后还在继续使用。[60] 在吐蕃治下，从吐蕃经敦煌到五台山的朝圣路线愈加繁忙。藏经洞中有五封藏语介绍信的副本。这些信属于一名去吐蕃的汉僧，年代在 848 年之后，那时汉人已经把藏人赶出了敦煌。[61] 信中解释道，该僧要去印度的佛教中心那烂陀学习并奉迎佛骨。他从五台山上路，沿途经过许多城市一直到了敦煌，并在敦煌把这些信留下，可能因为他在吐蕃用不着这些信了。

另外一件藏语文书由一位印度僧侣口授，并由他的藏人弟子笔录而成。笔录者懂一些梵语，不过犯了很多拼写错误。文书讲，977 年（或 965 年），印度僧人提婆弗呾罗（Devaputra）从印度经由吐蕃前往五台山，返回途中路过敦煌，向弟子传授佛法。文书中用藏语给出了很多专有名词，后面写着近似的梵语原文。[62] 吐蕃僧侣鼓励学习梵语，可能因为他们自己的字母基于梵文字母，这使梵语变得比较易学。[63] 梵语多在寺院中，特别是在学问深厚的高僧之间使用。玄奘去印度，一路上便是用梵语与各地僧人交流的。

842 年，支持吐蕃统治者的部落联盟突然瓦解，雅砻王朝随即崩溃，吐蕃对于敦煌的控制也随即削弱了。848 年，汉人将领张议潮起兵赶走了残存的吐蕃人。[64] 此时的唐朝国力衰退，远不如安史之乱以前。中原很多地区藩镇割据，节度使拥兵自立，税赋鲜入中央。851 年，张议潮从唐廷得到了节度使的头衔。他表面上向唐朝称臣，但敦煌实际上是个独立王国。在张氏家族的统治下，敦煌向长安派遣使者给唐朝皇帝进贡，与其他独立的西域统治者非常相似。

在 848 年，张议潮并没有取得完全的控制。按《张议潮变文》所述，他的军队于 858 年和吐蕃人再次开战（见史料 36）。藏经洞的所有文学类型中，散韵结合的变文最有特色。变文由吟唱出来的诗句和背诵出来的散文组合而成，中文的这种文学类型仅见于敦煌，藏经洞中保存有大概三十篇。（这一文学类型也见于龟兹语中。）[65] 最宽泛地讲，变文之"变"指不同事物之间的变化。说法僧演说这些故事是为了通过佛法帮助听众从生死轮回中解脱出来。变文都有一个标志性的套语："且看某处，若为陈说。"[66] 说法者边讲故事边指着画中场景，让听众可以对故事有个直观的认识。

《张议潮变文》讲述了 858 年他的军队与吐蕃的几场战斗，先是渲染气氛，然后以"汉军得势，押背便追。不过五十里之间"作结，最后说书人指着展现军队的图说："煞戮横尸遍野处。"[67] 虽然这类画无一保留下来，但是一幅 861 年的石窟壁画描绘了归义军的出行。[68]

该窟建成于 865 年，四年前由张议潮的从子张淮深开始修造。这是统治敦煌的张氏家族出资修建的第一座石窟。敦煌文书 P.2762《张淮深功德记》中说道：

（张淮深）更欲镌龛一所，踌躇瞻眺，余所竟无，唯此一

张议潮的军队

　　张议潮的军队手持迎风招展的旌旗，兵士中有人穿着汉人喜爱的素袍，有人穿着回鹘人和其他胡人常穿的鲜艳花袍，展示了张氏支持者的民族多样性。[阿梅利亚·萨珍特（Amelia Sargent）绘图]

岭，磋峨可劈。匪限耗广，务取工成，情专穿石之殷，志切移山之重。于是稽天神于上，激地祇于下，龟筮告吉，揆日兴工。鼚凿才施，其山自坼，未经数日，裂孔转开；再祷焚香，飞沙时起，于初夜分，欻尔崩腾，惊骇一川，发声雷震，豁开石壁，崖如削成。[69]

　　作者细致地描述了开凿洞窟的步骤：工人们首先在岩石上凿开一个缝，然后逐渐把石缝扩大到能容纳壁画和塑像的程度。开凿洞窟需要很多劳力，但并不需要用到特别昂贵的材料。当地画师就住在莫高窟北区，考古学家在那里发现了很多作坊，有些还有整罐的颜料。[70] 9 世纪，大多数画师都隶属于当地作坊；10 世

表 6-1　敦煌归义军统治者（848—1002 年）	
统治者	在位年
张议潮	848—867
张淮深	867—890
张淮鼎	890—892
索　勋	892—894
张承奉	894—910
曹议金	914—935
曹元德	935—939
曹元深	939—944
曹元忠	944—974
曹延恭	974—976
曹延禄	976—1002

纪中期，当地政府建起了由画师官员掌管的画院。[71]

与之前的吐蕃统治者一样，张淮深及其继任者出资兴建了很多洞窟。开凿洞窟的宗教仪式非常隆重。当统治者决定开凿一座洞窟时，他和妻子要吃斋一月、燃灯焚香、请僧人念经抄经，目的都是要获得功德。以上这些全部完成之后开凿工作才能真正开始。[72]

有些敦煌洞窟中有张议潮及之后统治者的画像：914 年从张氏手中接过政权的曹议金于 925 年左右命人在 98 窟绘制了一套前任者的画像。人们看到这些画像会觉得当时的权力交接很平稳，出资的曹家肯定也希望大家这样认为，但事实正好相反。867 年张议潮去世，其从子张淮深即位并一直统治到 890 年。那一年，张议潮的一个儿子，也就是张淮深的堂弟杀了张淮深夫妻及其六个儿子。新统治者张淮鼎在位不到两年即自然死亡，继任者尚未成年，随即被其监护人索勋推翻。894 年，前任统治者张承奉重新取得权力，并将其权力维持到 910 年。张氏家族掌权的最后岁月正好赶上唐朝灭亡，这一时期的政治局势有极大的不确定性。唐朝皇帝先被囚禁，唐朝后于 907 年被推翻。[73]

曹议金是张氏第一任统治者的外孙女婿，于 914 年上台。敦煌直到 1002 年都处于曹氏家族的统治之下。那之后的文献便不再提到任何曹氏的名字，表明甘州回鹘已经控制了敦煌。8 世纪时，回鹘人本来有一个统一的汗国，但 840 年黠戛斯人攻破回鹘汗国，回鹘人四散，有一部分西迁到了西州和甘州。西州回鹘的地盘包括北庭、高昌、焉耆和龟兹，甘州回鹘的地盘则要小一些。[74] 1028 年甘州回鹘被西夏攻破，11 世纪 30 年代敦煌陷落，与甘州一起归入领有今中国西北部的西夏王朝。对于公元 1000 年之后的权力斗争我们所知甚少，因为没有任何敦煌文书或者其他出土文书详细描述了这些事件。

848 年到 1002 年间，与之前的吐蕃时期一样，在文献中出现得最多的旅行者是使者和僧人。张氏、曹氏与其所有邻国都保持了外交关系。他们向长安及其他邻近的统治者，特别是于阗和两个回鹘政权，互派使团并互赠礼品。[75] 尽管很多文献记载了使团的往来，但很少详细说明其所带的礼物及得到的回礼。因此一个 877 年去往长安的使团所获回礼清单就显得格外重要。

877 年，张议潮的从子张淮深统治敦煌已有十年，但唐朝皇帝尚未将其认定为合法的继承人。张淮深因此派出一个使团向唐朝求取标志敦煌最高军事长官的正式旌节，以及他叔叔之前的官号。该团向唐朝皇帝呈上了一团玉（重量未注明）、一条牦牛尾、一副羚羊角（可能是入药用）和一封信。[76]

代表团于 12 月 27 日抵达、4 月 11 日离开，在长安逗留了将近四个月。唐人将该团人员分为三组（上级官员 3 人，下级官员 13 人，随从 13 人），给每组的回礼各不相同。比如官阶最高的三人得到布（未注明种类）15 匹、银碗 1 个、锦衣 1 套。下面的两组人所得相应递减。第二组的十三人得到布 10 匹（而不是 15 匹）、银杯（而不是碗）1 个、衣 1 套，最下层的十三人得到布 8 匹、衣 1 副，没有银器。把这些与从其他政府机构所得礼物加在一起，共有布 561 匹、银碗 5 个、银杯 14 个、衣 50 套。此外，每人还得到 43 匹布作为路费，即所谓"驼马费"，共 1247 匹，比全团得到的布匹数的两倍还多。使团成员把所有礼物集中之后列了一个清单，将其都装入带木制标签的皮革袋子中，制好标签，缝死袋子，抵达敦煌之后再打开。代表团没有得到旌节，唐廷直到 888年才将其赐予张氏。[77]

尽管唐朝皇帝没有把使团想要的旌节赏赐给他们，但他承担了使团在京期间的一切费用，并赏赐了大量礼物给使团成员。在丝绸之路的整个历史中，上溯至悬泉汉简中的粟特使团，进贡使团的成员除了履行义务呈上正式礼物，还在私下参与贸易。我们不知道贸易使团各个成员能从交易中获利多少——他们并未记录这种交易——但赏给一个人的丝绢就已经是很重的礼了。

曹氏统治敦煌期间有很多使者来到敦煌。酒账文书详细记载了提供给他们的酒和食物。[78]一件大概是 964 年的酒账记载了短短七个月中招待 51 位使者的用酒量，1 位来自宋朝，14 位来自吐蕃，11 位来自于阗，1 位来自西州回鹘，7 位来自伊州回鹘，17位来自甘州回鹘。[79]其中大多数只停留几天，但有一组使者滞留了 203 天。这对于接待方来说一定是不小的负担，因为每天早上要供面，晚上得管饭，中午还发饼。

正如这些酒账所示，敦煌官员这个时期接待的宾客来自社会各个阶层，包括于阗王子、使者、僧人、工匠、书吏、画匠，甚至还有一名"走来胡"（这个词可能指某种游商）。一件类似的记录中出现了一位"波斯僧"和一位"婆罗门僧"，两人似乎都是单独旅行。[80] 由于这些详细的记录，我们可以得知以上旅行者的信息，但更多往来敦煌的人在历史上没有留下任何痕迹。

难民、匪徒等其他人也活跃在路上。盗贼是文献中记录最少的一类人。玄奘曾经连衣服都被洗劫一空。旅行者频繁提到遭遇匪徒的风险，也经常结队出行以免被抢。

官方使团的成员确信自己能从参加进贡团中得到好处，他们甚至借钱租骆驼以成行。藏经洞中有五件这样的借贷契约。[81] 契约中设想了很多债务人不能归还骆驼的原因：牲口可能在路上生病、死去、走失、被窃，或者被使者本人偷走。[82] 所有契约都遵循同样的格式。先说明租骆驼的人要参加进贡使团，再写出租赁人返回时需要支付多少绢偿还骆驼租金①，最后是违约条款，写明若租赁人不回来需要支付多少罚金②。唐朝时使用的标准绢已经不复存在，这些契约中都指明了绢的尺寸，又一次证明 9 世纪到 10 世纪敦煌经济的运作方式与 755 年之前的盛唐时代不同。丝路经济向自给自足型转向之后，不仅没有钱币流通，连标准尺寸的丝绢都停用了。

虽然使者和僧人常去敦煌以外的地区，但更多的人不得不留在当地。很多敦煌人结成互助性质的团体——社邑。从他们签署

---

① 也有要求出发前付清的，比如 P.3448 "看行内［纳］骆驼价，将驼去"，便是要求上路之前付钱。
② 听任出租人去租赁人家里"掣夺"财物。

丝路劫案

图中劫匪拿着一柄长剑威胁着面前一群商人，畏缩的商人已经把货物卸下摊在地上。丝路劫匪的形象非常少见。这幅壁画描绘了观音菩萨听到信徒求救之后施行奇迹赶走劫匪的故事。（萨珍特绘图）

的章程中能看出其关心所在。一个社邑通常由 15 人到 20 人结成以共享资源。有些社邑是社交性质的，每月聚会一次，其章程要求每名成员聚会时要带些粮食或酒。其他社邑则在突发事件发生时互相帮助。如果某成员要参加亲戚的红白喜事需要用钱，便可以支用当月的社邑收入。因为要分摊费用，结成社邑的人的收入大致相同，而且有些社邑是由女人组成的（见史料 37–1）。[83] 敦煌富人结成的社邑能开凿新石窟。[84]

寺院是当地社会中最富有的机构。那里的粮食多到可以向穷人放贷。很多有关这种粮食的借贷合同都保存了下来。当地人向寺院借粮食，这样春天时才能有足够的种子。他们的生计完全依赖于这些借来的粮食。穷人的生活异常困苦，常常不得不把子女送人或卖掉。[85]

寺院会追踪这些借贷而且对其全部财产一直保有详细的清单。[86]这些财产清单记载了当地最富裕的机构所拥有的财物。因为富人经常向寺庙捐功德，与欧洲的宗教机构一样，佛教寺庙中也有很多值钱的东西。然而由于考古学家还未发现任何寺院的窖藏，我们只能依赖书面清单（施入疏和什物历）来了解寺院财物。很多物品前都带一个"番"字，意思是"外国货"。一些学者认为，这些东西一定是制作于外国的。但其实并不一定。炸薯条（French fries）并不一定要在法国制作，只不过其灵感来自法国。[87]同样地，对于寺院财产清单中列举的物品，若无实物在手，就无法判断该物是真的来自外国还是仅仅带有外国风格。

财产清单中的物品可分为四大类：织物、金属器、香料、宝石。有些织物明显产自本地（比如于阗花毡），有些比如"胡锦"或者"末禄①緤"则似乎来自外国。这些织物可能并不是产自外国，而只是外国丝绸的仿制品。37件金属器的情况也一样。"银香炉并银师子"可能来自伊朗世界，但"胡锁"则太笨重也太日常，不太可能经陆路长途运输至此。这些锁可能出自本地金属匠之手。"胡粉"频繁出现于香料清单上。这是一种白色铅底的化妆粉，也曾出现于粟特古信札中。敦煌文献中的"胡"常常表示"伊朗的"或"伊朗风格的"，但此处的意思是"膏"，因为必须把胡粉和水混合之后才能涂到皮肤上。[88]

---

① Merv，今译梅尔夫，位于今土库曼斯坦境内，是9世纪至10世纪中亚西部最重要的城市之一。

寺院财物中只有宝石一类肯定来自外国。青金石来自阿富汗东北的巴达赫尚地区，玛瑙来自印度，琥珀来自欧洲东北，珊瑚来自海洋（很可能经吐蕃传来），珍珠大多来自锡兰。唐代传奇中的外国商人几乎都是经营宝石的。宝石很轻便，适于长途贸易。敦煌的其他材料也印证了我们的印象，即当地经济中流通的商品大多是本地制造的。这些商品包括各种丝绸、棉花、皮毛、茶、瓷器、药品、香料、和田玉，以及运货的牲口。

是谁把这些物品带到敦煌来的？很多往来的使节也在顺带做贸易，他们最有可能是商品流通的媒介。周边城邦的使节常常来到敦煌并呈上礼物，比如在吐鲁番织的棉布或者和田玉，这些都是他们在路上买的。[89]敦煌文献详细记载了使团的活动，但其中绝少提到商人。有趣的是，提到商人的敦煌文献都是非汉语的，包括粟特语、回鹘语，以及二者的混合语，即所谓"突厥-粟特语"。这些材料揭示了商队的往来活动。

粟特语在公元1000年左右逐渐消亡。粟特语不再被用作书面语，很多（并非全部）讲粟特语的人改讲突厥语。从一组敦煌文献中恰好可以看到这一语言转换的发生。这组文献使用的语言被称为突厥-粟特语，即受到回鹘语强烈影响的粟特语。这种粟特语中不仅有回鹘语借词，更重要的是，其中还包含早期粟特语中不存在的回鹘式句子结构。[90]这组文献包括一份底层商人撰写的报告。该商人在报告中向其雇主汇报了他从生产者处得到的商品。此人可能属于基督教东方教会。他一个村一个村地走，从织户家中收集布匹。他记录了这次所走的路程：100千米到常乐县。此地位于敦煌东北100千米、瓜州以西50千米处。这份报告与敦煌汉文、藏文文献一样，都反映出当地货币短缺。

有一封信的开篇给出了写信人所携带布匹的总额：100块"白"和19块"红"raghzi布，这是一种用来做冬衣的布。[91]（raghzi是个粟特语词，指用羊毛或者某种其他毛皮做的布。）染成红色的比未染色的要值钱。一般三块未染色的可以换两块染过色的，四块染过色的可以换一只羊。下一次交易时，此人携带了四块染过色的和二十一块未染色的布。每次交易都有详细记录，所有交易额都比较小。这是典型的小贩贸易：在较小的一片地区，倒卖当地生产的商品，基本上都是用一种物品换外外一种。

这封信的年代为9世纪末，其作者的粟特语和回鹘语都很流利，可以轻松地用两种语言书写。在11世纪中期的词典编纂家麻赫穆德·喀什噶里（Mahmud Kashgari）笔下，位于今哈萨克斯坦七河地区的粟特人同时操粟特语和回鹘语，但在那之后不到两百年，粟特语就消亡了。[92]

另外一组回鹘语文献很好地补充了突厥-粟特语文献中反映的小贩贸易。回鹘语是回鹘汗国的语言。藏经洞中的回鹘语文献很少，大概只有四十件。[93]它们包括宗教文献、商品清单、信件、法律判决等，其中提到了各种当地生产的物品：织物（包括丝绸、羊毛和棉布）、奴隶、羊、染料、骆驼、漆器杯子、梳子、砂锅、小钢刀、镐头、手绢、刺绣、乳清、干果。银碗、银箭袋等物品可能产自外国。麝香、珍珠则肯定来自外国。（有一封信提到了117颗珍珠，这是价值最高的物品。）[94]这些材料中描述的世界东至肃州（今甘肃酒泉），北至新疆哈密和鄂尔浑河上游的郁督军山，西至近吐蕃境的米兰，西南至和田。回鹘语材料中展现的商业世界与突厥-粟特语材料中的完全一致：当地的小贩在一个划定的地区内游走，以一种当地生产的商品交换另外一种。

有些学者把这些突厥-粟特语和回鹘语文书看作丝路贸易繁荣的证据。[95] 仅仅是对贸易的提及就让他们确信了自己的期待。尽管文献中仅提到小规模贸易，且货物绝大多数都是本地生产的，那些先入为主的人依然将其看作是大规模丝路贸易的足够证据。但本书考察的所有文献——只有某些列出了拨给西北官兵大量军饷的官文书是例外——都指向小规模的本地贸易，而不是繁荣的长途贸易。

1907 年 3 月 23 日，当斯坦因第一次到达敦煌时，他遇到了一位来自喀布尔的名叫谢尔·阿里·汗（Sher Ali Khan）的商人。谢尔·阿里·汗的商队有 40 头骆驼，从阿富汗取道和田来到甘肃，返程也走南道。他做生意的方式很简单，在克什米尔和叶尔羌买英国布卖给中国人，在回喀布尔的路上卖中国丝绸和茶叶。谢尔·阿里·汗提出要帮斯坦因往喀什捎信。总是乐意跟朋友通信的斯坦因立刻开始写信，直到凌晨三点才写完。然后斯坦因出发去探访敦煌烽燧，并在那里发现了粟特古信札。有一天晚上，斯坦因回帐篷的时候吃了一惊，因为他瞥见了谢尔·阿里·汗的商队，他们"十一天里才走了不到 130 千米"。原来商队向导没有经验，在沙漠里迷了路。两匹价值不菲的小马的走失又进一步延缓了商队的行程。斯坦因跟谢尔·阿里·汗第二次告别，不过让他惊喜的是自己的信最终还是到达了英国。斯坦因的朋友们在 9月底收到了信，距写信时已经过了差不多六个月。[96]

20 世纪早期的谢尔·阿里·汗商队携带的商品绝大多数是本地生产的，只有刚刚在克什米尔和叶尔羌上市的英国布是例外。他的商队路线很长，不过斯坦因和赫定遇到的大多数商人做的都是短途贸易。敦煌文献显示，一千年前的商队基本也是这样。

9世纪到10世纪的敦煌经济中，本地制造的商品小量流通，长途旅行很有限，外国商品很稀少。贸易对于当地人的影响微乎其微，他们继续在自给自足的经济中生活。国家派遣的使团在货物流通中扮演了关键的角色。使者，包括僧人，肯定往来于路上。这一丝路贸易的图景与其他遗址的出土材料所显示的相互吻合。我们并不需要试图解释为什么敦煌文献中没有提到与罗马或其他遥远地点的长途贸易，而应该认识到，敦煌文献中呈现出的丝路贸易图景详细而精确。

［在本章的写作中，笔者得到了很多同事的帮助，特别是宾夕法尼亚大学的梅维恒教授和北京大学的荣新江教授。本章利用了两篇宣读过但从未发表的论文：第一篇是与瓦莱里娅·埃斯科瑞亚萨－洛佩兹（Valéria Escauriaza-Lopez）合作的《藏经洞：考古方法的个案研究》（The Negotiations for Cave 17: A Case Study in Archaeological Method），宣读于2007年12月14—15日在匈牙利布达佩斯罗兰大学远东系举办的"敦煌：过去、现在、未来——斯坦因探险100周年"学术研讨会上。笔者于2007年5月17—19日在伦敦大英图书馆和英国国家学术院举办的"敦煌百年1907—2007"学术研讨会上宣读了第二篇论文，题为《丝绸之路历史中的敦煌》（Locating Dunhuang in a Broader History of the Silk Road）。］

原始史料

32　斯坦因在敦煌的交涉 [97]

离开敦煌五年之后，斯坦因在写给大众的《沙漠契丹废墟记》（《斯坦因中国探险手记》）中仔细讲述了他是怎么一步步拿到藏经洞文书的。斯坦因是如何评价王道士的？他是以什么面目与王道士打交道才把文书带走的？斯坦因为何给了师爷蒋孝琬那些任务？考虑到斯坦因的最终目的，他说自己是求法僧玄奘的信徒是正当的吗？还是已经跟不道德、不诚实沾边了？

第二天早上，我开始了在遗址的主要任务，即勘查主要洞窟并拍摄一些重要的壁画。我有意避免与前来欢迎我的王道士长时间说话。一年中绝大部分时间里，他都把这里看作自己的地盘。他看上去很怪，极为紧张害羞，不时露出狡猾的神情，让人灰心丧气。我从一开始就很清楚，这是一个非常难对付的人。

…………

不过，一幅我特别感兴趣的画所表现的主题意外地符合我们自己的情况，但直到后来我才一次又一次地援引这幅画的道理。

画中唐僧站在水流湍急的岸边，身旁忠心耿耿的坐骑驮着大捆经文。一只大乌龟正向唐僧游来，准备帮他把这些宝贵的经文运到河对岸去。此处明显指的是玄奘用二十四匹马从印度完好运回来的经文和圣物。但这位虔诚的守卫能明白这个浅显的道理吗？他是否愿意行善积德，让我把一些凑巧由他保管的古代写本带回佛教的老家？看来还是暂不提及这个问题比较保险。但当我和王道士道别时，我本能地发觉我们之间正在建立起一种新的、更牢靠的关系。

············

我把蒋孝琬留在后面，目的是最大限度地给王道士留下好印象，促使他早点兑现承诺，把之前答应的一些写本样品借我们看。但道士又紧张起来，含糊地说"过一阵再说"，就把这事往后拖了。我只好等着。

不过，最后所有的疑虑都烟消云散了。蒋师爷深夜摸黑来到我的帐篷，手里拿着一捆经卷，沉默不语又异常兴奋。写本是刚才王道士藏在黑袍子里偷偷拿给他的。这是之前他答应借给我们看的第一份"样品"。从字迹和纸张看，经卷无疑很古旧，其内容可能是佛经。但蒋师爷需要一段时间才能确认它的性质。第二天天一亮他就来了，脸上洋溢着胜利和惊讶。他说这些经卷上写的是汉译佛经，经跋中还说这份经书是玄奘本人从印度取来并翻译的。从最开始我们就与这位中国圣人的名字不期而遇了，这捆经卷也毫无疑问是其圣典译著的早期抄本。我们俩都觉得这个神奇的巧合是极好的预兆。蒋师爷说，唐僧在这个时候让一个无知的道士发现了藏经洞，这难道不是为了给我——这个来自遥远印度的崇拜者和信徒——在汉地西陲准备的恰如其分的古物奖赏吗？

············

蒋师爷一个人陪我去了庙里。我发现道士明显还在与他的顾虑和紧张不安做斗争。但在那神谕般的指示的影响下，现在他终于鼓起勇气，在我面前打开了那扇粗糙的门。门后的狭窄入口把人从宽敞的石窟前厅过道引入石窟内室。内室地面比前厅过道地面高 1.2 米左右，小屋里的景象让我睁大了双眼。出现在微弱灯光下的是大量写本卷帙，毫无章法地层层堆积起来，几乎有 3 米高，其体积据后来测算有近 14 立方米。屋内空地只够让两个人站立。显然，我们无法在这个"黑洞"里检视写本，而且得花大量人力才能把里面所有东西都清出来。

············

一大问题是王道士是否愿意冒险把写本搬出来，然后接受我们关于这次行动的解释。跟他吐出买卖这种不纯洁的字眼肯定是行不通的。同样显而易见的是，我们必须以极为隐秘的方式搬出写本。所以我们走出寺庙时两手空空，人也无任何可疑之处。

尽管我们都很疲惫，但我还是借机再次与道士长谈我们共同的英雄和守护圣人玄奘。我得到允许，进入由这位如此热心的唐僧崇拜者修复过并守护着的石窟寺，看到这些来自唐僧那个时代、部分可能是由唐僧从印度带来的无与伦比的秘藏圣物，还有什么比这更能证明唐僧对我的指引和眷顾呢？当我们站在游廊上时，我让王道士又一次添油加醋地讲解了墙上精美壁画中所描绘的这位伟大圣人的非凡冒险。那是一幅描绘玄奘带着满载经卷的牲畜从印度归国的壁画，也是最能起作用的寓言故事，它可以帮我谋取由王道士发现并一直守着不许见光的古物。

道士在他多疑多虑时忍不住承认，那位伟大的圣僧让他找到这座佛教知识的宝库并不是为了将其一直锁在黑暗的洞窟中，而且他自己并没有能力通过研究或别的什么方式发挥其价值。这难道不明显吗？蒋师爷在竭力用其歪理说服道士，允许我——一名忠心的玄奘信徒——将这些上天让他偶然发现并保管的大量写本带回西方、在西方公布，是一件真正有功德的善举。这种出于虔敬的让步也会得到充分的捐助作为回报，用于他曾为了再现其往日辉煌而辛苦修复的庙宇。但这是次要的考虑，点到即可。

王道士一直犹豫不决。他既担心自己圣徒般的名声，也像生意人一样明白，如果配合我得到这些没什么用处的古物，他会有不少好处。无论这次以及类似的谈话在这位好道士的头脑中留下了什么印象，这天结束于一项令人满意的成就。我按照王道士的建议，留下蒋孝琬一人与他探讨如何才能悄悄地拿到挑好的写本和绢画。我听到谨慎的脚步声时已是深夜。那是蒋师爷在确认没人来惊扰我的帐篷。过了一小会儿，他肩上扛着一大捆东西回来了，其中包括我在白天挑出来的所有东西。

33　藏经洞中的希伯来语祷词（800—1000 年）[98][①]

这份祷词（见彩图 13）中的加下圆点部分引自《希伯来圣经》，括号内是引文出处。以不同圣经片段组合而成的礼拜诗歌或祷词比较常见，因为剪裁得当的圣经经文组合被认为是一种文学创作。这件藏经洞中唯一的希伯来语文书是怎么去到敦煌的？这

---

① 引文的译文出自《圣经和合本》。

是否表明敦煌地区有犹太人？丝路上还有哪些遗址留下了犹太人踪迹？它们在哪里？属于哪个时代？

……每一处住所。你要纠正罪孽（出埃及记 34：7）……并洁除我的罪（诗篇 51：2）。有何神像你，赦免罪孽（弥迦书 7：18）？因此，看看这余剩的民（撒迦利亚书 8：11）。原谅这抗命。不要嘲笑我们对你的赞美。求你照你的大慈爱赦免这百姓的罪孽（民数记 14：19）。集合散落之人。洗净犹大的罪恶（耶利米书 50：20）。赐给你的人一面旌旗……可以为真理扬起来（诗篇 60：4）。耶和华建造耶路撒冷，聚集以色列中被赶散的人（诗篇 147：2）。我们尚未求告，你必应允我（以赛亚书 65：24；诗篇 38：15）[99]。神啊，为我们保留快乐的国。耶和华啊，求你照着我们所仰望你的，向我们施行慈爱（诗篇 33：22）。谁会留下来？但在你有赦免之恩（诗篇 130：4）。主啊，请［施予］宽恕。他会听从宽恕。求主垂听，求主赦免（但以理书 9：19）。救赎的传令官，让你的人听到你。耶和华啊，求你顾惜你以色列[100]的百姓（约珥书 2：17）。我们宣布——你养育你的人，怜悯你的人。求你拯救你的百姓，赐福给你的产业（诗篇 28：9）。满足我们，给我们展示你的恩典。耶和华啊，以你的恩典怜悯我们。耶和华啊，回答我们，因你的恩典是好的。耶和华啊，求你记念你的怜悯和慈爱（诗篇 25：6）。耶和华啊，拯救那困苦穷乏的人（诗篇 40：17，70：5），因你是主，我们高高在上的神。拯救你草场的羊（诗篇 74：1，79：13），那是主的仆人[101]（历代志下 24：6，9）。

34 藏经洞中的摩尼教赞美诗（800—1000 年）[①]

这是仅存的几件从信徒角度宣扬摩尼教教义的汉文文书之一。创教人摩尼鼓励追随者将他的教诲传播四方，并借用当时的宗教术语表达摩尼教思想。下面这首赞美诗借用了哪个宗教的术语？诗中最核心的摩尼教教义是什么？摩尼教如何看待肉身？与佛教的观念有区别吗？

下部赞

□□□览赞夷数[②] 文

敬礼称赞常荣树，众宝庄严妙无比。

攉质弥纶充世界，枝叶花果□□□。

一切诸佛花间出，一切智惠果中生。

能养五种光明子，能降五种贪魔□。

心王清净恒警觉，与信悟者增记念。

如有进发坚固者，引彼令安平正路。

我今蒙开佛性眼，得睹四处妙法身。

又蒙开发佛性耳，能听三常清净音。

是故澄心礼称赞，除诸乱意真实言。

承前不觉造诸愆，今时恳忏罪销灭。

常荣宝树性命海，慈悲听我真实启。

名随方土无量名，伎随方土无量伎。

---

① 录文引自芮传明：《东方摩尼教研究》（上海：上海人民出版社，2009 年），385—389 页。

② "夷数"即"耶稣"。

一切明性慈悲父，一切被抄怜愍母。

今时救我离豺狼，为是光明夷数许。

大圣自是无尽藏，种种珍宝皆充满。

开施一切贫乏者，各各随心得如意。

大圣自是第二尊，又是第三能译者。

与自清净诸眷属，宣传圣旨令以悟。

又是第八光明相，作遵引者倚托者。

一切诸佛本相貌，一切诸智心中王。

诸宝严者真正觉，诸善业者解脱门。

与抄掠者充为救，与缠缚者能为解。

被迫迮者为宽泰，被烦恼者作欢喜。

慰愈一切持孝[102]人，再苏一切光明性。

我今恳切求哀请，愿离肉身毒火海。

腾波沸涌无暂停，魔竭出入吞船舫。

元是魔宫罗刹国，复是稠林簜笔泽。

诸恶禽兽交横走，蕴集毒虫及蚖蝮。

亦是恶业贪魔体，复是多形卑诉斯[103]。

亦是暗界五重坑，复是无明五毒院。

亦是无慈三毒苗，复是无惠五毒泉。

上下寒热二毒轮，二七两般十二殿。

一切魔男及魔女，皆从肉身生缘现。

又是三界五趣门，复是十方诸魔口。

一切魔王之暗母，一切恶业之根源。

又是猛毒夜叉心，复是贪魔意中念。

一切魔王之甲仗，一切犯教之毒网。

能沉宝物及商人，能翳日月光明佛。

一切地狱之门户，一切轮回之道路。

徒摇常住涅槃王，竟被焚烧囚永狱。

今还与我作留难，枷锁禁缚镇相萦。

令我如狂复如醉，遂犯三常四处身。

大地草木天星宿，大地尘沙及细雨。

如我所犯诸愆咎，其数更多千万倍。

广惠庄严夷数佛，起大慈悲舍我罪。

听我如斯苦痛言，引我离斯毒火海。

愿施戒香解脱水，十二宝冠衣缨珞。

洗我妙性离尘埃，严饰净体令端正。

愿除三冬三毒结，及以六贼六毒风。

降大法春荣性地，性树花果令滋茂。

愿息火海大波涛，暗云暗雾诸缭盖。

降大法日普光辉，令我心性恒明净。

愿除多劫昏痴病，及以魍魉诸魔鬼。

降大法药速医治，噤以神咒驱相离。

我被如斯多障碍，余有无数诸辛苦。

大圣鉴察自哀矜，救我更勿诸灾恼。

唯愿夷数降慈悲，解我离诸魔鬼缚。

现今处在火坑中，速引令安清净地。

一切病者大医王，一切暗者大光辉。

诸四散者勤集聚，诸失心者令悟性。

我今以死愿令苏，我今已暗愿令照。

魔王散我遍十方，引我随形染三有。

令我昏醉无知觉，遂犯三常四处身。

无明痴爱镇相荣，降大法药令瘳愈。

大圣速申慈悲手，按我佛性光明顶。

一切时中恒守护，勿令魔党来相害。

与我本界已前欢，除我旷劫诸烦恼。

尽我明性妙庄严，如本未沉贪欲境。

复启清净妙光辉，众宝庄严新净土。

琉璃绀色新惠日，照我法身净妙国。

大圣自是吉祥时，普曜我等诸明性。

妙色世间无有比，神通变现复如是。

或现童男微妙相，癫发五种雌魔类。

或现童女端严身，狂乱五种雄魔党。

自是明尊怜愍子，复是明性能救父。

自是诸佛最上兄，复是智惠慈悲母。

35　藏经洞中的基督教赞美诗（800—1000 年）[①]

　　下文是叙利亚语《荣归主颂》的汉译，七言体，共 44 句，采用常见的韵文文体。其中哪些教义容易理解？哪些难以明白？基督教并没有像摩尼教那样鼓励使用既有的宗教术语，但这首诗大量采用了一个已在中国广泛传播的宗教的用词和意象。这是哪个中国教派？赞美诗手稿的末尾概括了基督教东方教会的历史，其

---

① 录文引自林悟殊：《唐代景教再研究》（北京：中国社会科学出版社，2003年），125—127 页。

内容与《大秦景教流行中国碑》（史料 29）的相关段落有何异同？

景教三威蒙度赞

无上诸天深敬叹，大地重念普安和。

人元真性蒙依止，三才慈父阿罗诃[104]。

一切善众至诚礼，一切慧性称赞歌。

一切含真尽归仰，蒙圣慈光救离魔。

难寻无及正真常，慈父明子净风王[①]。

于诸帝中为帝师，于诸世尊为法皇。

常居妙明无畔界，光威尽察有界疆。

自始无人尝得见，复以色见不可相。

惟独绝凝清净德，惟独神威无等力。

惟独不转俨然存，众善根本复无极。

我今一切念慈恩，叹彼妙乐照此国。

弥施诃[105]普尊大圣子，广度苦界救无亿。

常活命王慈喜羔，大普耽苦不辞劳。

愿赦群生积重罪，善护真性得无繇。

圣子端在父右座，其座复超无量高。

大师愿彼乞众请，降筏[106]使免火江漂。

大师是我等慈父，大师是我等圣主。

大师是我等法王，大师能为普救度。

大师慧力助诸羸，诸目瞻仰不暂移。

复与枯燋降甘露，所有蒙润善根滋。

---

① "净风"即"圣灵"。慈父、明子、净风王三者合在一起即圣父、圣子、圣灵。

大圣普尊弥施诃，我叹慈父海藏慈。

大圣谦及净风性，清凝法耳不思议 [107]。

大秦景教三威蒙度赞一卷。

尊经

敬礼：妙身皇父阿罗诃、应身皇子弥施诃、证身卢诃宁俱沙。已上三身同归一体。

[敬礼：] 瑜罕难法 [王]、卢伽法王、摩矩辞法王、明泰法王、牟世法王、多惠法王、景通法王、宝路法王、千眼法王、那宁逸法王、珉艳法王、摩萨吉思法王、宜和吉思法王、摩没吉思法王、岑稳僧法王、廿四圣法王、宪难耶法王、贺萨耶法 [王]、弥沙曳法王、娑罗法王、瞿卢法王、报信法王。

敬礼：《常明皇乐经》《宣元至本经》《志玄安乐经》《天宝藏经》《多惠圣王经》《阿思瞿利容经》《浑元经》《通真经》《宝明经》《传化经》《馨遗经》《原灵经》《述略经》《三际经》《征诘经》《宁思经》《宣义经》《师利海经》《宝路法王经》《删河律经》《艺利月思经》《宁耶颐经》《仪则律经》《毗遏启经》《三威赞经》《牟世法王经》《伊利耶经》《遏拂林经》《报信法王经》《弥施诃自在天地经》《四门经》《启真经》《摩萨吉斯经》《慈利波经》《乌沙那经》。

谨案诸经目录，大秦本教经都五百卅部，并是贝叶 [108] 梵音 [109]。唐太宗皇帝贞观九年，西域太德僧阿罗本届于中夏，并奏上本音。房玄龄、魏徵宣译奏言。后召本教大德僧景净，译得已上卅部卷。余大数具在贝皮夹，犹未翻译。

36 张议潮变文（857 年后）^①

这篇变文讲述了唐朝将领张议潮打败吐蕃人、收复敦煌的一场战事。注意叙述者是如何称呼汉人、吐蕃人和吐谷浑人（慕容鲜卑的一支）的。叙述者有怎样的偏见？他认为谁是好人，谁是坏人？不同民族各用什么技巧和武备打仗？

（前缺）诸川吐蕃兵马还来劫掠沙州，奸人探得事宜，星夜来报仆射¹¹⁰："吐浑王集诸川蕃贼欲来侵凌抄掠，其吐蕃至今尚未齐集。"仆射闻吐浑王反乱，即乃点兵，鏊凶门¹¹¹而出，取西南上把疾路进军。才经信宿，即至西同¹¹²侧近，便拟交锋。其贼不敢拒敌，即乃奔走。仆射遂号令三军，便须追逐。行经一千里已来，直到退浑国内，方始趁趁。仆射即令整理队伍，排比兵戈，展旗帜，动鸣鼍；纵八阵，骋英雄。分兵两道，裹合四边。人持白刃，突骑争先。须臾阵合，昏雾涨天。汉军勇猛而乘势，曳戟冲山直进前。蕃戎胆怯奔南北，汉将雄豪百当千处：

忽闻犬戎起狼心，叛逆西同把险林。

星夜排兵奔疾道，此时用命总须擒。

雄雄上将¹¹³谋如雨，蠢愚蕃戎计岂深？

自十载提戈驱丑虏，三边犷狷不能侵。

何期今岁兴残害，辄尔依前起逆心。

今日总须摽贼首，斯须雾合已沉沉。

---

① 录文引自项楚：《敦煌变文选注（增订本）》（北京：中华书局，2019 年），310—323 页。

将军号令儿郎曰："勉励无辞百载劳。

丈夫名宦向枪头觅，当敌何须避宝刀！"

汉家持刃如霜雪，虏骑天宽无处逃。

头中锋芒陪垄土，血溅戎尸透战袍。

一阵吐浑输欲尽，上将威临煞气高。

决战一阵，蕃军大败。其吐浑王怕急，突围便走，登涉高山，把岭而住。其宰相三人，当时于阵面上生擒，只向马前，按军令而寸斩。生口细小等活捉三百余人，收夺得驼马牛羊二千头匹，然后唱《大阵乐》而归军幕。

敦煌北一千里镇伊州城西有纳职县，其时回鹘及吐浑居住在彼，频来抄劫伊州，俘虏人物，侵夺畜牧，曾无暂安。仆射乃于大中十年六月六日，亲统甲兵，诣彼击逐伐除。不经旬日中间，即至纳职城。贼等不虞汉兵忽到，都无准备之心。我军遂列乌云之阵，四面急攻。蕃贼獐狂，星分南北；汉军得势，押背便追。不过五十里之间，煞戮横尸遍野处：

敦煌上将汉诸侯，弃却西戎朝凤楼。

圣主委令权右地，但是凶奴尽总仇。

昨闻猃狁侵伊镇，俘劫边氓旦夕忧。

元戎叱咤扬眉怒，当即行兵出远搜。

两军相见如龙斗，纳职城西赤血流。

我将军意气怀文武，威胁蕃浑胆已浮。

犬羊才见唐军胜，星散回兵所在抽。

远来今日须诛剪，押背擒罗岂肯休。

千人中矢沙场殨，铦锷搯劈坠贼头。

闪铄红旗晶耀日，不凭田单纵火牛。

汉主神资通造化，殄却残凶总不留。

仆射与犬羊决战一阵，回鹘大败，各自苍黄抛弃鞍马，走投入纳职城，把牢而守。于是中军举画角，连击铮铮，四面簇兵，收夺驼马之类一万头匹。我军大胜，匹骑不输，遂即收兵，即望沙州而返。既至本军，遂乃朝朝秣马，日日练兵，以备凶奴，不曾暂暇。

先去大中十载，大唐差册立回鹘使御使中丞王端章持节而赴单于，下有押衙陈元弘走至沙州界内，与游弈使佐承珍相见。承珍忽于旷野之中，迥然逢着一人，猖狂奔走。遂处分左右领至马前，登时盘诘。陈元弘进步向前，称是"汉朝使命，北入回鹘充册立使，行至雪山南畔，被背乱回鹘劫夺国信，所以各自波逃，信脚而走，得至此间，不是恶人。伏望将军，希垂照察。"承珍知是汉朝使人，与马驮至沙州，即引入参见仆射。陈元弘拜跪起居，具述根由，立在帐前。仆射问陈元弘："使人于何处遇贼？本使复是何人？"元弘进步向前，启仆射："元弘本使王端章，奉敕持节北入单于，充册立使。行至雪山南畔，遇逢背逆回鹘一千余骑，当被劫夺国册及诸敕信。元弘等出自京华，素未谙野战，彼众我寡，遂落奸虞。"仆射闻言，心生大怒。"这贼争敢辄尔猖狂，恣行凶害！"向陈元弘道："使人且归公馆，便与根寻。"犹未出兵之间，至十一年八月五日，伊州刺史王和清差走马使至，云："有背叛回鹘五百余帐，首领翟都督等将回鹘百姓已到伊州侧。"（**下缺**）

37 敦煌女性的生活（9—10世纪）

在斯坦因从敦煌藏经洞取走的文书中，关于女性的文书是其中最有趣、最不寻常的一类，因为这些文书与其他汉文史料差异巨大。

下面的社邑文书展现了一个义结金兰的女性团体，她们会在结拜姐妹或其亲人去世时提供经济上的援助。从条文看，团体内会有什么矛盾？她们又是如何解决矛盾的？最后的《放妻书》很可能是一组文书模板中的一件，解释了夫妻离婚的原因。男子为前妻提供了什么帮助？男子对于前妻再婚有哪些不同寻常的期望？

37-1 后周显德六年（959年）正月三日女人社社条 [1]

显德六年己未岁正月三日，女人社因滋新岁初来，各发好意，再立条件。盖闻至城立社，有条有格。夫邑仪者，父母生其身，朋友长其值，遇危则相扶，难则相救。与朋友交，言如信。结交朋友，世语相续。大者若姊，小者若妹，让语先登。立条件与后。山河为誓，中不相违。

一、社内荣凶逐吉，亲痛之名，便于社格。人各油一合，白面一斤，粟一斗，便须驱驱，济造食饭及酒者。若本身死亡者，仰众社盖白耽拽，便送赠例，同前一般。其主人看待，不拣厚薄轻重，亦无罚责。

---

① 录文引自宁可、郝春文辑校：《敦煌社邑文书辑校》（南京：江苏古籍出版社，1997年），23—26页。

一、社内正月建福一日，人各税粟一斛，灯油一盏，脱塔印砂。一则报君王恩泰，二乃以父母作福。或有社内不拣大小，无格[114]在席上喧拳，不听上人言教者，便仰众社就门罚醴腻一筵，众社破用。若要出社之者，各人快杖三棒，后罚醴局席一筵，的无免者。

社人名目谘实如后：

其后是另外两名社官及社员的名字。每人都在名字后画押。有人画一个十字，也有人画一个独特的符号。

社官尼功德进（押）

社长侯富子（押）

录事印定磨柴家娘（押）

社老女子（押）

社人张家富子（押）

社人涡子（押）

社人李延德（押）

社人吴富子（押）

社人段子（押）

社人富胜（押）

社人意定（押）

社人善富（押）

社人烧阿朵（押）

社人富连（押）

社人住连（押）

　　右通前件条流，一一丁宁。如鱼如水，不得道说事非，更不于愿者，山河为誓，日月证知。恐人无信，故勒此条，用后记耳。

37-2　放妻书（样式）[①]

　　盖以伉俪情深，夫妇语义重，幽怀合卺之欢，叹念同牢之乐。夫妻相对，恰似鸳鸯双飞，并膝花颜，共坐两德之美。恩爱极重，二体一心。生同床枕于寝间，死同棺椁于坟下。三载结缘，则夫妇相和。三年有怨，则来雔隙。今已不和，想是前世怨家。反目生嫌，作为后代增嫉，缘业不遂，见此分离。聚会二亲，以俱（？）一别，所有物色书之。相隔之后，更选重官双职之夫，弄影庭前，美逞琴瑟合韵之态。解怨舍结，更莫相谈。千万永辞，布施欢喜，三年衣粮，便献柔仪。伏愿娘子千秋万岁。时厶年厶月厶日，厶乡百姓厶甲放妻书［一］道。

---

① 录文引自沙知录校：《敦煌契约文书辑校》（南京：江苏古籍出版社，1998年），479 页。

第七章

于 阗

佛教、伊斯兰教的入疆通道

　　和田（古称于阗）与附近的喀什一样，都以其星期天的巴扎闻名。在那里，游客可以买到本地制作的手工艺品、馕和羊肉串。当老乡们为一头驴的价钱争得面红耳赤的时候，很容易让人觉得和田一直以来就是这样，不过这是一个错觉。当地人口绝大部分不是汉族，这也使人产生类似的推想：他们肯定是最早的丝路开拓者的直系后代。然而事实上，今天的和田与丝路历史上的于阗之间有一个巨大的历史断层。1006 年，信奉伊斯兰教的喀喇汗王朝征服了信奉佛教的于阗国，这给当地带来了巨大的变化。最终，于阗及其周围绿洲城市的居民皈依了伊斯兰教，使伊斯兰教成了当地的主要宗教。[1]维吾尔语逐渐取代了于阗语，成为当地的主要语言。

　　几乎所有关于前伊斯兰时代于阗的材料都来自于阗城外。因为于阗城坐落在两条大河的交汇处，水资源比较丰富。广泛的灌溉和不时的洪水造成了一个相对潮湿的环境，使纸质和木质的材料都无法保存。有关于阗的文书和文物都被保存在邻近且干燥得多的沙漠地区。主要遗址共有九处：山普鲁、尼雅、热瓦克、安德悦、梅里卡瓦特（Melikawat）、约特干、丹丹乌里克、达玛沟、

于阗语敕令

图为 970 年于阗王向敦煌统治者同时也是自己的舅舅下发的敕令。"敕"字显示了中华文化对于阗王室的巨大影响。这件文书出自敦煌藏经洞，是为数不多的写于于阗城内的 10 世纪于阗语文书之一。（法国国家图书馆供图）

敦煌。最早的发现物来自山普鲁，年代为公元前 3 世纪，最晚的
来自敦煌藏经洞，年代在伊斯兰征服前不久。这些遗址有些在于
阗城内，距离最远的是敦煌，位于于阗城以东 1325 千米。从这些
遗址中出土的材料让我们得以重构和田不寻常的历史。

和田是新疆西南最大的居民点，因此也是宗教进入西域传播
的理想枢纽。公元 200 年，佛教徒首次从印度来到这里。之后的
八百年中，佛教不断向东传播并成为中原地区最重要的宗教，其
间于阗一直是研习、翻译佛教文献的重镇。

644 年玄奘路过于阗，当地人向他讲述了于阗建国的传说：崇
佛的印度孔雀王朝统治者阿育王（前 273—前 232 年在位）流放
了自己的儿子。王子翻越帕米尔来到于阗，成了一位牧羊人，在
荒凉的沙漠中驱赶羊群，逐水草而生（见史料 38）。因为无子，
他在佛教北方天王 [①] 的一座庙前祈祷，随后一个男孩自神像的前
额降生，庙前"地生奇味，甘香如乳"。[2] 这一传说的晚期版本有
些不同，有的版本中来到于阗的是王子的大臣，有的讲从地里冒
出了乳房。但在这些版本中都是印度移民建立了于阗国。

于阗建国的传说的早期版本与考古发现无法吻合，因为考古
显示这里最早的居民并非来自印度，而是来自欧亚草原的游牧民
族。于阗城以东 30 千米的山普鲁墓葬群中的出土文物，年代在
公元前 3 世纪到 4 世纪之间，其年代上限恰好是传说中于阗建国
的时间。[3] 这座古代墓葬遗址值得一去。在遗址地表便可看到被
遗弃的头骨、木制工具、鲜红的羊毛碎片等物，这些东西都来自
约两千年前。古代墓葬边上是一处现代穆斯林墓地，守墓人与考

---

① 毗沙门天王。

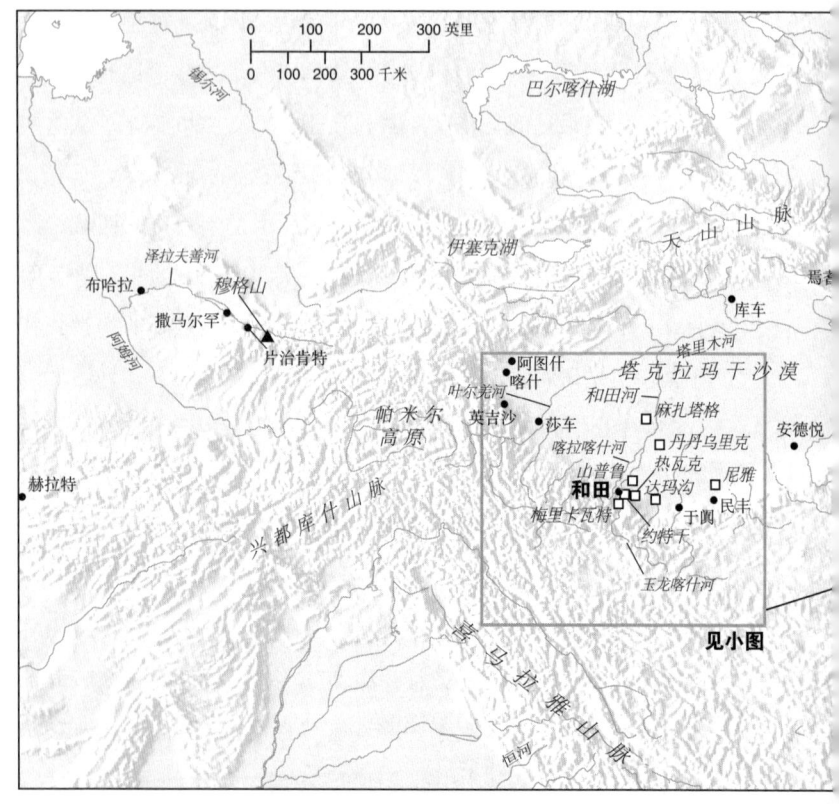

古当局共同守护着这座曾饱受侵扰的遗址。

　　20 世纪早期，挖宝人给斯坦因从山普鲁拿来过一些纸片和小件木制品，但斯坦因本人从没去过那里。[4]直到 20 世纪 80 年代初，一场大雨暴露出了很多墓葬，才有人对该遗址做系统发掘。1983年到 1995 年，当地考古学家在 6 平方千米的范围内发掘了 69 座墓葬和 2 座葬马的墓坑。山普鲁的先民和许多草原民族一样厚葬马匹，其中一匹还有一张漂亮的鞍毯陪葬。

　　山普鲁墓地中还有群葬，一个墓坑中最多可达两百人。墓中

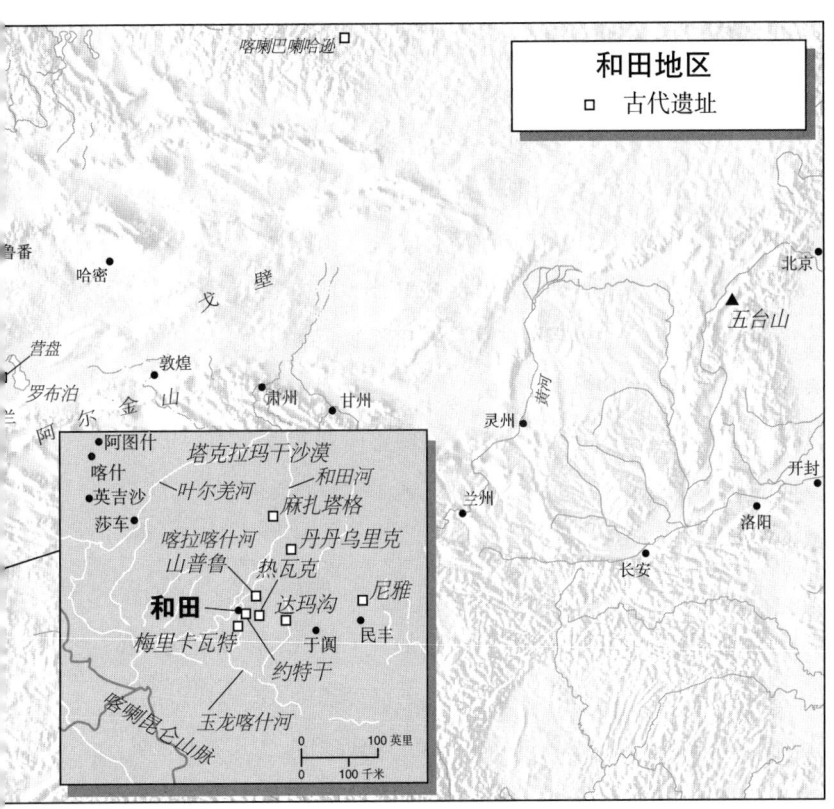

妇女穿着宽松的羊毛裙，其污渍和补丁显示墓主生前曾穿过这件裙子。裙子上有一块 16 厘米长的织锦做装饰。织锦是用小织机单独编织的，每次换色时都要剪掉经线再换另一种颜色。[5]

　　山普鲁遗址中有很多当地人与西方交往的生动例证，其中最有代表性的是一条男裤腿上的织锦，图片见彩图 14。（遗址中的其他裤子都没有装饰。）画面上方是半人马，下方站着一名西方人长相的士兵。虽然人马的图案常见于罗马，但士兵匕首上的兽头等其他元素显示，其出处可能是离于阗更近的伊朗安息王朝。[6]

山普鲁墓葬中还出土了来自其他地区的物品。四面铜镜产自中原地区，年代为中原王朝第一次在于阗驻军的 1 世纪末。据《汉书》记载，于阗有 3300 户，19300 人。[7]与尼雅出土的铜镜一样，这些铜镜很可能是汉朝使节带给当地统治者的礼物。

到公元 300 年，群葬逐渐消失，这是文化转变的一个重要标志。晚期的山普鲁墓葬都是埋葬单人的方形墓坑，与尼雅和营盘的墓葬非常相似。这表明与上述两地相关的一个族群在三四世纪来到于阗，并取代了之前的居民。

三四世纪也正是尼雅佉卢文文书的年代，其中常常提到尼雅以西 250 千米的于阗。尼雅的官员既苦于于阗骑兵的劫掠，也接纳来自于阗的避难者。

独特的汉佉二体钱，即一面有汉字、一面有佉卢文的钱币，印证了于阗人与其邻邦有着广泛的接触。于阗王结合贵霜钱币和汉式钱币的特点，创造出了属于自己的混合式钱币。古钱币学家还不能把这些钱币上的王名与汉文史籍中提到的国王对应起来，因此给这些钱币准确定年比较困难，只能说其铸造时间大概在 3 世纪前后。[8]

二三世纪，贵霜王朝逐渐衰落，一些印度人翻越帕米尔高原把佛教带到了于阗、尼雅等地。一位杰出的汉人译者①于 260 年从洛阳来到于阗寻找一部重要梵文典籍的原文。此人在于阗待了 22 年，之后把梵文佛经寄回洛阳，自己继续留在于阗，并埋骨于此。[9]这段记载保存在一部 6 世纪早期的译经目录当中，这是最早提到于阗佛教的材料。

---

① 朱士行（203—282），又称朱子行、朱士衡，法号八戒，颍川人，三国时期魏国僧人，汉地最早的西行求法僧，一说是《西游记》猪八戒的原型。

山普鲁裙边饰带

  饰带上一头雄鹿被鹿角压弯了头，夸张的鹿角和整条饰带一样宽。藏青色的背景衬托着粉、红、蓝三色的鹿腿和鹿尾。一只似乎是鸟类的生物面朝上骑在鹿背上。顶着巨大鹿角的鹿常出现于邻近的游牧部落的艺术品中。（© Abegg-Stiftung, CH-3132 Riggisberg, 2001.Photo: Christoph von Viràg）

  和田最壮观的佛教遗址热瓦克佛寺也来自这个时代。该遗址位于和田以北 63 千米的沙漠中，在玉龙喀什河以东。如今游客可以乘车到距离遗址几千米的地点，然后步行（如果不是太热）或者骑骆驼到达那里[①]。沙漠极热，沙子极细，但这里生机勃勃，脚下是灌木、蜥蜴和兔子，头上飞着云雀和苍鹰。路的尽头是遗址看护人的房子，铁索突兀地横在路中，旁边是考古遗址的标志牌。可以看到遗址中央的塔和周围的残垣断壁。沙子掩盖着大部分遗址，我们很容易就能想象到几年之内移动的沙丘就会掩埋整个

———————

① 现在路修好了，可以一直开车到遗址跟前。

山普鲁寿裙

　　图为山普鲁出土的最大寿裙，上缘长 1.88 米，裹在死者腰部。下缘展开长 5.03 米，这么笨重的裙子并非日常所穿，而是专为死者制作的寿裙。（© Abegg-Stiftung, CH-3132 Riggisberg, 2001.Photo：Christoph von Viràg）

建筑。

　　1901 年 4 月斯坦因来到这里时被热瓦克佛寺深深震撼。他意识到必须移开大量的沙子才能绘制遗址的平面图，而自己手下的劳工只有十二人，因此他找来了更多劳力加入。春季的沙尘暴把沙子吹进所有人的眼睛和嘴里，这让所有体力劳动变得异常艰苦。劳工们一点一点地推进，最后中心佛塔终于露出来了——这是用来存放佛陀遗骨的纪念碑。佛塔高达 6.86 米，平面呈十字状，四面都有台阶。[10] 工人们继续清理沙子，发现了一堵巨大的长方形内墙。内墙之外原本还有一周外墙，其西南角也被挖出。

　　信徒绕行佛塔时行进在一条壮丽的走道上，两边都是塑像。因为这些塑像实在太易碎了，斯坦因认为内墙和外墙之间的走道上肯定有木质屋顶。大塑像描绘的是佛陀，高可达 4 米，小塑像则是佛弟子。

由于没有木质物品存留，所以无法进行碳-14测定，只能通过与其他佛教塑像进行严格的风格比较来确定这些塑像的年代。热瓦克的塑像与犍陀罗、马土腊最早期的佛教塑像非常相似，因此，该遗址建造的第一阶段可能在三四世纪，第二阶段在4世纪末5世纪初，与米兰遗址基本同时。[11]

热瓦克佛塔比南道上的其他所有佛塔（包括中日探险队发现的尼雅方形佛塔）都要宏伟壮观。其规模反映出了绿洲的财富。401年，法显在赴印途中路过于阗，他也看到了绿洲的繁荣和当地民众对佛教的支持，所谓"家家门前皆起小塔"（见史料39）。

于阗有十四座大寺和许多小寺，法显及其同伴住在一座大寺中。该寺每年都会使用四轮像车举办大型的佛教行像仪式。车有三丈多高（7米左右），用珠宝和彩幡装饰。车中所立佛像和两尊菩萨像都是用金银打造的。法显还描述了绿洲以西一座建了八十年刚刚完工的新寺院。寺院里有佛堂、僧房，以及一座高达二十五丈（60米左右）的佛塔。[12]

虽然法显有时夸大了佛教徒的人数或其虔信的程度，但他并未歪曲基本的事实——于阗的寺院确实富有。尼雅僧人及其家人住在一起，只是偶尔参加佛教仪式，于阗僧人的生活则很不一样。因为有来自于阗王和其他供养人的大量捐赠，于阗僧人可以把全部时间都用来学习和举行仪式。

在之后的几个世纪里，由于国王的热情支持，于阗一直是佛教学问的中心。玄奘列出了当地的主要产品：毯子、细毡子、布匹、玉。于阗以玉闻名，这里的玉的学名为软玉（nephrite）。当地人在绿洲周围的河床中可以找到大块玉石。和田两条大河中的

热瓦克佛寺墙壁

　　图为热瓦克遗址的中心佛塔及其超过 1 米高的内墙，为斯坦因手下所摄。环绕佛塔的内墙长 50 米、宽 43 米，所围面积足有半个橄榄球场大。该墙还构成了信徒绕行佛塔的走廊。

一条叫玉龙喀什（维吾尔语"白玉"之意）河，另一条叫喀拉喀什（维吾尔语"黑玉"之意）河，两条河在城北汇流为和田河。在两条河中找到的玉的颜色不一样。安阳的商代王室墓葬中曾出土和田白玉做成的物件，年代为公元前 1200 年。

　　1900 年，当斯坦因第一次来到和田时，当地人还在河床中找玉，并且把金器和古物也纳入了搜索范围。斯坦因不无讽刺地记载道："'找宝'，也就是在废弃的城址上碰运气找贵重金属的活动，确实是整个和田绿洲历史悠久的一种职业。这和淘金、挖玉一样，对于命不好又不肯苦干的人来说有一种类似买彩票的吸引力。"[13] 这些找宝人恰恰是斯坦因在其探险和发掘中所特别倚重的。

　　在和田，斯坦因购买了一些散落在古城原址约特干地表上的

热瓦克遗址脆弱的泥像

清出沙子之后,斯坦因检视了遗址中的泥像,发现泥像原有木骨支撑。但木骨已不复存在,因此泥像变得非常易碎,无法转移。斯坦因决定将其拍摄下来,并命令手下用绳子绷着佛头,但这些脆弱的佛头最终还是断掉了。

文物,但此处没有遗迹保留下来,让斯坦因很是失望。不太清楚斯坦因为何没有发掘这里,因为今天依然能在一大片区域中看到一些让人心痒的断壁残垣的痕迹。斯坦因倒是在各处都发现了陶制的小猴子。[14]

今天的约特干遗址向游客开放,不过城南35千米玉龙喀什河上的梅里卡瓦特更有意思。几座沙丘下面是贫瘠却又让人浮想联翩的坑坑洼洼的地面。这处方圆10平方千米的遗址是一座消失在沙丘里的古城。游客可以雇一辆驴车或徒步在沙丘中游走。当地小孩会上前兜售他们找到的小物件，游客在这些明显是假货的东西中挑选，希望能发现一件真品。

1901 年，斯坦因离开尼雅向东走了八天之后，在和田以东350 千米的安德悦①绿洲发现了一枚木简，上面有关于和田当地语言的最早证据。这枚木简发现于佛塔附近的一间房屋遗迹中。与尼雅文书一样，它也用佉卢文写成，不过其笔迹和拼写与尼雅文书不尽相同。因为该木简与尼雅文书有很多相似性，多数学者认为其年代为 3 世纪到 4 世纪。[15]

这件文书对于于阗研究来说非常重要，值得全引：

> 于阗王、王中王 Hinaza Deva Vijitasimha 三年十月十八日，有一人名叫 Khvarnarse，他说道：我有一头骆驼，骆驼有个明显的烙上去的记号，像这样：VA SO。我现在以 8000 masha（很可能是汉式钱币）的价格把这头骆驼卖给 suliga Vagiti Vadhaga。Vagiti Vadhaga 以 masha 付清了买骆驼的全款，Khvarnarse 收讫。交易完成。从今起这头骆驼便是 Vagiti Vadhaga 的财产，他可以随意处置。关于这头骆驼今后若有人不满或提起论争，应按国法对其罚款。在 Khvarnarse 的提请下，本文书由本人 Bahudhiva 书写。

这件文书记载了一名于阗人以 8000 masha 的价格将一头骆驼卖给了粟特人 Vagiti Vadhaga。（修饰 Vagiti Vadhaga 的 suliga 一词

---

① 位于今民丰县安迪尔牧场境内的安迪尔老河床上。

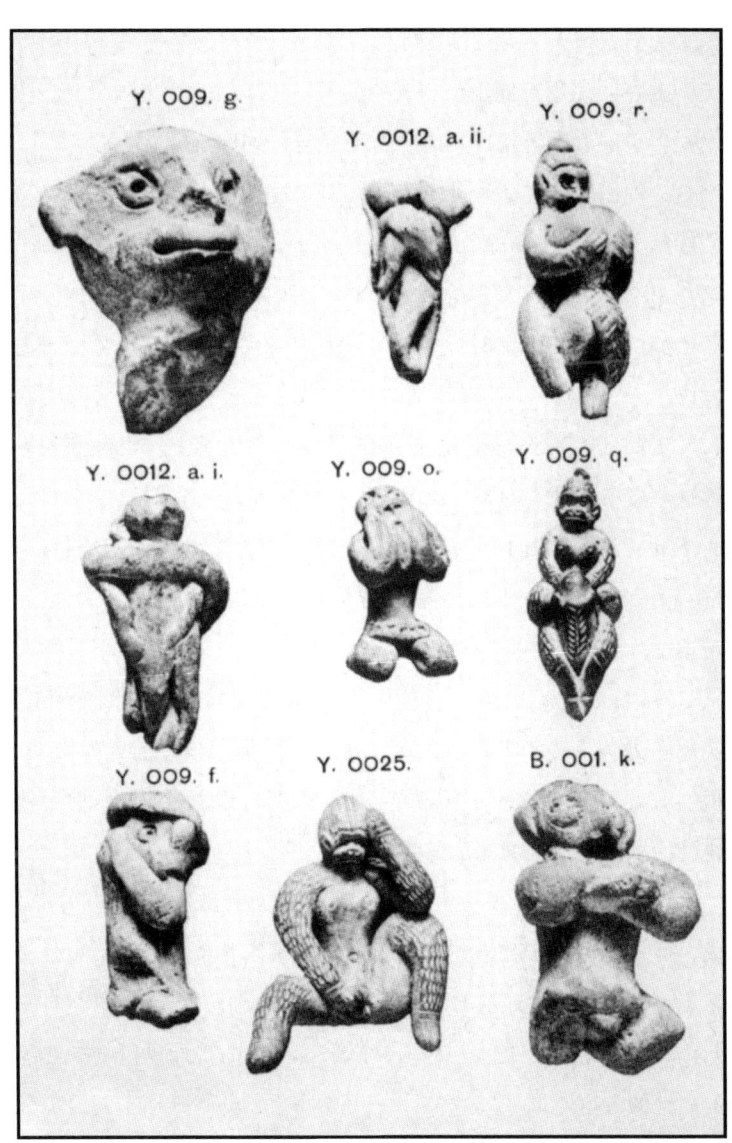

Y. 009. g.

Y. 0012. a. ii.

Y. 009. r.

Y. 0012. a. i.

Y. 009. o.

Y. 009. q.

Y. 009. f.

Y. 0025.

B. 001. k.

约特干出土陶猴

　　斯坦因按照自己的习惯做法把约特干出土的陶猴仔细编号后排在一起拍照。这些陶猴明显带有性意味的姿势表明它们是旨在提升生育能力的护身符。

本义为"粟特人"，不过后来泛指"商人"。）

　　该契约使用于阗王纪年表明其撰写于于阗，后来被带到了安德悦。于阗语学者发现契约中的所有人——于阗王、买主、卖主、书吏，他们的名字都来自伊朗语。"王中王"是伊朗语中对统治者的标准称呼，"Hinaza"是一个伊朗语词，意思是"将军"。因此，这枚由斯坦因偶然发现的木简记录了三四世纪时于阗通行属于伊朗语族的某语言，此时毗邻的尼雅人则操着属于印度语族的犍陀罗语。

　　于阗语文书最早出现在 1895 年的文物市场上。当地商人声称这些文书发现于库车。英国上尉高德福雷（S. H. Godfrey）将其买下并寄给了孟加拉皇家亚洲学会的鲁道夫·霍恩雷（Augustus Frederic Rudolf Hoernlé），后者曾解读过新疆发现的第一个重要写本——鲍尔写本。在接下来的几年中，英国驻喀什领事马继业（George Macartney）买下了更多的文书让霍恩雷解读。[16] 1899 年，霍恩雷退休，他离开印度回到了牛津。斯坦因按照前人的做法，把所有婆罗米文的写本都寄给了他。佉卢文在公元 400 年前后停止使用，取而代之的便是婆罗米文。[17]

　　早在 1901 年，霍恩雷便意识到有些文书虽然以婆罗米文写成，但语言迥异于梵语："目前虽然只能确定几个词、几个短语的意思，但这已清楚地说明文书所用语言是一种印度-伊朗语，与波斯语和印度语都有联系。此外，该语言自身的特点可以与中亚西部高地的方言① 联系起来。"[18] 一开始霍恩雷并不知道于阗语是有大量梵语借词的伊朗语，还是有很多伊朗语词汇的印度语。第一

_____

① 指帕米尔地区的东伊朗语诸语言，比如新疆塔什库尔干地区塔吉克族的色勒库尔语、阿富汗瓦罕走廊一带使用的瓦罕语等。

次遇到英语的语言学家也会有类似的疑问：英语虽然看上去像有大量日耳曼语词汇的罗曼语，但实际上是日耳曼语的一种，只是在 1066 年诺曼征服之后吸收了很多法语词。学界在 1920 年以前便达成了共识，认定于阗语是一种伊朗语，与中古波斯语和粟特语同时代，其中有大量来自梵语的借词。

根据于阗语文字、拼写、语法的不同，哈佛阿迦汗伊朗学讲席教授施杰我将于阗语划分为三个阶段：古于阗语（5—6 世纪）、中古于阗语（7—8 世纪）、晚期于阗语（9—10 世纪）。每个阶段都与特定的一组文书相联系：古于阗语文书几乎全是佛教文献的译本，来源不明；中古于阗语文书来自丹丹乌里克，以及和田地区的其他遗址；晚期于阗语文书来自敦煌藏经洞。[19]

《赞巴斯塔之书》是唯一一件非梵文佛教文献译本的古于阗语写本。[20] 此书因下令创作该书的官员而得名，书中多次提到"在官员赞巴斯塔及其子扎尔库拉的命令之下写成"。这部于阗语文学最重要的作品是一部佛教文书的合集。文书作者非常谦虚地说道："我所知极微极少，在将此译成于阗语的过程中若歪曲了原意，唯愿诸天诸佛宽恕。但无论在此取得何等功德，我定愿以此功德与众生共悟菩提。"菩提即对佛理知识的理解，得到菩提即开悟。菩提与空一样，都是本书的关键教理。

《赞巴斯塔之书》的内容对于佛教学者来说并不陌生，但有一章有些特别，讲的是女人的伎俩和如何识破这些伎俩。佛教作品中很少有这样的讨论。[21] 其中警告道："女人们对这些伎俩都无师自通。"最后说道："官员赞巴斯塔和他所有的子女令我写下此书，我定能成佛。"这是唯一一次提到赞巴斯塔的女儿。作者最后加了一条评论："阿阇梨（即'老师'，对僧侣的一种称呼）悉达跋陀罗为管束自己的心神反复读了这个关于女人的段落：'读过这经之后我依然心潮澎湃。实际上我无法静卧，就像睫毛、眉间的毛发、脸颊上的绒毛一样。'"在平淡无味的文集中，这一条显得格外有人间烟火的气息（见史料40）。

《赞巴斯塔之书》各章讲了一些佛教故事，很多都与大乘教理有关。有一章讲佛陀如何用智慧战胜外道跋陀罗（此人用魔法把墓地变成了"神殿"）的故事。有一章讲佛陀的生平和开悟，还有一章讲佛陀涅槃并把现世委托给弥勒佛。关于弥勒佛的那章与从Twghry语译成回鹘语的文书内容相同，而后者在西格和西格灵为吐火罗语定名时起到了关键作用。《赞巴斯塔之书》中汇集并转述了来自梵语、汉语、藏语、回鹘语和其他语言的文献，很好地展现出于阗作为周围各国僧侣往来交汇点的地位。[22]

《赞巴斯塔之书》并未完整保存下来。原书共298叶，其中207叶分别藏于加尔各答、圣彼得堡、伦敦、纽黑文、慕尼黑和京都的图书馆中。俄国领事尼古拉·彼得罗夫斯基（Nikolai Petrovsky）在喀什从当地人手中买到了192叶，没人知道该书的出土地点。[23] 学者们在这些残页中辨认出了五种抄本，其中最早的年代为5世纪后半叶。[24]

《赞巴斯塔之书》写成时，于阗还是个独立王国。7世纪初，于阗成了西突厥的附属国。630年玄奘到达那烂陀寺时，于阗依然是西突厥联盟的一部分。在之后的二十年中，唐太宗（626—649年在位）从西突厥手中夺下了西域。唐朝军队于640年攻下高昌，648年攻下龟兹，同年于阗王改投唐朝。他派儿子带三百头骆驼去援助唐军，自己去长安朝觐并把王子留下做人质。让未来的统治者在盟国的首都长大以习得盟国的风俗，这在当时是通行的做法。于阗成了唐朝在西域驻军的四镇之一，另外三镇为龟兹、疏勒、焉耆（679 年到 719 年，以碎叶代焉耆）。

648 年之后，于阗与龟兹的历史便交织在了一起。670 年，吐蕃人攻下这两个绿洲并统治到 692 年。之后唐朝重新控制了这里，直到 755 年安史之乱爆发才被迫从西域撤军。[25] 于阗与高昌、龟兹一样，丝路往来的高峰发生在唐朝驻军最多的七八世纪。

出土于阗语文书最多的遗址是和田东北 130 千米的丹丹乌里克。赫定曾于 1896 年 1 月在他第二次塔克拉玛干之行期间到过这里（在此之前一次灾难性的尝试中，他的两个手下死在了沙漠里）。一份关于沙漠中失落城市的剪报启发了斯坦因，促使他向英属印度政府申请资金去西域探险。[26] 1900 年出发进入沙漠之前，斯坦因让喀什的英国领事马继业和俄国领事彼得罗夫斯基帮忙询问卖给他们小件文物和出土文书的人。其中两人推荐斯坦因跟吐尔迪（Turdi）联系。斯坦因后来解释道："此人在对于一般人来说毫无标志物可言、死一样单调的沙丘中依然能找到方向。"[27] 当斯坦因雇用的向导无法找到丹丹乌里克时，吐尔迪带着斯坦因一行抵达了遗址所在地。

斯坦因在丹丹乌里克记录了十五座三三两两聚集在一起的建筑结构。最小的建筑结构 1.5 米见方，最大的 7 米长、6 米宽。有些建筑似乎是房屋，其中发现的文书显示这里曾是官员的居所，留有于阗语和汉语文件。

一处遗址中有许多佛教文献的残叶，表明这里之前是图书室。其他结构则明显是宗教性质的，其中供有泥塑，墙上有壁画，大多是神像。有些建筑中还有埋在地里的彩绘木板。

丹丹乌里克足够偏远，因此斯坦因推断，市场上卖的绝大多数文物都是个别几个人单独或结成小队来到这里做短暂停留后得到的。[28] 丹丹乌里克并非如斯坦因想的那样难以到达。遗址确实深藏在塔克拉玛干沙漠腹地而且不易找到，但是只要有足够的决心还是可以到达的。1905 年，美国地理学家埃尔斯沃思·亨廷顿（Ellsworth Huntington）来过。20 世纪 20 年代，德国探险家埃米尔·特灵克勒（Emil Trinkler）和他的瑞士同伴瓦尔特·伯斯哈德（Walter Bosshard）也来过。1998 年，瑞士旅行家克里斯托夫·鲍莫（Christoph Baumer）随驼队来到这里，未经批准就开始挖掘，并发现了一些新壁画，这让考古部门又惊又气。[29] 近年来，全球卫星定位系统、越野车等现代科技使盗挖者更容易到达丹丹乌里克。

自 1998 年起，很多于阗语文书和来源不明的文物——最可能来自丹丹乌里克或其附近——开始在文物市场上出现。如今中国的博物馆和大学面临着跟西方博物馆一样的两难处境：应该把盗掘的文物买下、好好保存并让学者分析研究吗？还是应该拒绝购买以劝阻盗掘者继续劫掠古代遗址？如果不买，这些文物就会流失，但若买下，会使盗挖继续且扩大规模。

2004 年，中国国家图书馆决定买下一部分来自丹丹乌里克的文书。于阗语专家辛勤工作，解读并翻译了这些文书，为其定年、确定出土地点（有时文书中出现的一些人名也出现在其他有确定出土地点的文书中）并阐释其意义。最后一点最为重要。这些新发现改变了我们对丝路历史一些关键发展的理解。

最早的丹丹乌里克文书的年代为 722 年，是一组木简，发现于丹丹乌里克以南、达玛沟的一处小遗址。[30] 这些木简宽不过 2.5 厘米，长 19 厘米到 46 厘米不等。木简一头有圆孔，可以挂在盛

制丝的秘密如何走出中国

　　图中彩绘木板是斯坦因在丹丹乌里克最著名的发现。木板长 46 厘米、宽 12 厘米，原本是信徒的供品。画中女性指着公主的头冠，因为传说中公主把蚕种藏在头冠中偷偷带出中国，把制丝的秘密传给了西域人民。事实上，养蚕缫丝技术与造纸术一样，都是通过丝路移民传出中国的。

粮食的容器上，边上有等距的刻痕，官员收到税谷时便用墨做上记号。以下是个典型的例子：

　　（汉语）：拔伽勃逻道才送小麦七硕（约 42 升）开元十年（722 年）八月四日典何仙官张并相惠。

　　（于阗语）：Birgamdara 的 Bradaysaa 于 shau 官 Marsha 之年交了 7 kusa 小麦。[31]

　　汉语和于阗语部分都给出了纳税人姓名、粮食缴纳量和缴税年份。汉语部分信息更多，包括纳税的具体日期、收税官员及其上级的名字。木简中提到了三种税谷：青麦、小麦、粟。[32] 所有木简（中国国家图书馆买了 35 枚，其他的在私人手中）都遵循同一格式。

　　这些木简让我们可以一窥唐朝税收系统是如何在于阗运作的。

生活在现代的我们已经习惯了欧盟和其他国际组织的多语种文书，但这些双语的木简并不寻常。它们显示 8 世纪唐朝政府对社会的管控一直延伸到最基层，即使是缴纳最小额的税谷也要用当地人的语言于阗语和统治者的语言汉语作双语记录。与之类似，所有政府官员都有汉语和于阗语的头衔。于阗官府雇有把于阗语文书译成汉语的专门人员。一些汉语文书提到当地人用于阗语写了请愿书，这些请愿书被译成了汉语，这样唐朝官员才能看懂。[33]

另外一组更多展现当地社会的木制文书中只有于阗语，其年代与税谷木简大致相同。这种文书的形状像个盒子，盒子有盖，盖上有个把手可以将文书像抽屉一样打开关上。盒子里侧、外侧和边上都写着字，其内容是当地人之间的契约。[34]

这些文书中提到一个可以执行官员决定的"集会"，这是于阗社会的一个显著特点。有一件案子是关于购买灌溉用水的，审理案子的官员规定，某人可以暂时使用归一个村子集体所有的水源，但那个村子保留收回水源的权利（见史料 41）。这项决定以"本案在合议处由破沙春固拉和破沙威克郎塔达塔审理"收尾，文中给出了两位官员的名字。[35]

这件案子说明，在 8 世纪早期或更早，于阗人已经发展出了一套复杂的法律系统，并在其框架中记录各种交易，比如移交用水权、借贷、收养等。在一个集会中，见证人为这些交易的具体细节做担保，由官员签署以保证交易双方遵守交易条款。决策一旦达成，每个人都应该遵守。整个村子有缴纳集体税的责任，村子全额付清税款之后，官员会开具收据。

755 年安史之乱爆发时这套系统还在运作。翌年，于阗王派五千兵勤王，这些士兵很多都是唐朝从内地派来驻守在于阗的。

755 年之后，唐朝在于阗只维持很低程度的控制，权力在当地唐朝军官的手中。但由于陆路交通受阻，于阗很难与唐朝中央政府取得联系。

755 年之后的几十年中，唐朝不再向驻扎在西北的军队派发军饷，此时的敦煌正经历货币短缺。而于阗在 755 年以前就有货币短缺的现象发生。比如有一对夫妻要领养孩子，支付 500 文领养费之后用素绢代替余下的 200 文，可能就是因为当时货币供给不足的现象已经出现。[36]

有些丹丹乌里克出土的汉语文书的年代为 780 年到 790 年，其中记录了超过 1 万文的借贷。[37] 到底是真付了这么多钱，还是说这只是价格单位，当地人用布匹或者粮食付的账？我们无从判断。在一件双语契约中，汉语部分提到了钱币的金额，而于阗语部分则指明要付多少布匹代替钱币。[38] 到 8 世纪末，以定量的布匹和粮食作为通货的自给自足经济代替了之前的货币经济。

唐朝军队继续向于阗百姓征税。比如，有一件文书记载军队向百姓征收羊皮以制作冬衣。这件文书和许多丹丹乌里克文书一样都是写给思略（Sidaka）的。此人是当地一名官员，头衔是萨波（spata），掌管村里的非军事事务。发出文书的人也是一名萨波，他说，思略的村子有 90 只羊，应付 28 张羊皮，税率是 6.5 只羊征 2 张羊皮，90 只羊应缴 27.69 张羊皮。思略缴了 27 张羊皮，但他的同事说不付满额就不能开收据。这件文书表明，于阗有详细的户口登记，不仅登记村中人口，还登记牲畜。没有这种登记，唐朝政府就不可能知道该从村子中征收多少张羊皮。实际上发现过一些这种登记。

京都大学语言学教授吉田丰根据发现地把于阗语文书分为四

组。两组在丹丹乌里克，其中一组提到思略且年代在 777 年到
788 年之间。[39] 这组文书以及其他在同样地点发现的文书显示，
于阗在 777 年到 788 年间有一个由唐人掌控的政府。在这些年中，
吐蕃人抓住了唐朝朝廷的弱点，逐渐蚕食西域。他们在 786 年征
服了敦煌，自 789 年起在西州与回鹘人交战直至 792 年取胜，并
在 796 年之前征服了于阗。[40] 吐蕃在 9 世纪 40 年代从内部崩溃了，
同时黠戛斯人也攻破了回鹘都城（今蒙古国喀喇巴喇哈逊遗址），
很多回鹘人西迁至今天的新疆地区。丹丹乌里克新发现的文书或
许可以让我们知道哪个绿洲在具体哪年陷入了吐蕃人还是回鹘人
之手。

　　麻扎塔格是一个军事要塞，位于龟兹、于阗之间的战略要道
上，在于阗以北 150 千米处。这里是沙漠无人区，于阗厨子和士兵
在此轮流值班。[41] 吐蕃人征服于阗之后也控制了这座堡垒。此处原
本驻扎的是唐朝士兵。一件 798 年的文书要求收到文书的官员把人
员牲畜都撤到附近的一个堡垒中去。文书中没有说明敌人是谁，不
过很可能是回鹘汗国，因为他们在公元 800 年左右占领了龟兹。[42]

　　吐蕃人基本维持了原来的行政系统。有些官员在吐蕃统治时
期依然做着之前的官，并用于阗语和汉语发布命令。从这一点可
以看出唐朝官僚系统是多么深刻地影响了于阗人及之后的吐蕃
人。[43] 有些官员继续用单个汉字作为签名。起草契约的书吏把汉语
条文逐字译成藏语。这些契约虽然从未在藏地使用过，却成了敦煌
藏语契约的范本。[44] 吐蕃对于阗实行间接统治。当地的吐蕃最高长
官会向于阗官员发布命令，再由后者转达给相应的下层官员。[45]

　　丹丹乌里克的税收文献尽管内容丰富，但并未揭示谁为了什
么在丝路上奔波。关于丝路文化交流最有启发性的文书之一是斯

坦因结束发掘并停掉雇工工资之后，雇工自己继续挖掘发现的。斯坦因在完成了对丹丹乌里克17天（1900年12月18日至1901年1月4日）的发掘之后遣散了一些雇工，带着剩下的人去了11千米外的另一处遗址。当斯坦因傍晚回到营地时，他惊奇地发现几个之前被遣散的雇工正在等他，而他在看到他们带来的东西时则更加吃惊：这些雇工在丹丹乌里克D.XII遗址的角落附近发现了一张皱成一团的文书，上面写着希伯来字母。斯坦因如此解释他为什么相信这些雇工的话：纸张确实很古老（8世纪），而且做一张假文书需要很长时间。[46] 斯坦因对于赝品非常警觉，因为他刚刚揭穿了伊斯兰·阿浑的骗局。此人伪造技术高超，骗得霍恩雷以为又发现了一种新语言。[47]

斯坦因在丹丹乌里克时清理了D.XII遗址的沙子，吐尔迪说他年轻时曾经在这儿找到过好几块银锭，价值200卢比或者13英镑（大概相当于今天的1000英镑）。[48] 虽然这间房子很大，边长有18米，其中一间屋子长6.7米、宽5.5米，但雇工们在这里只找到了一座壁炉和木质边框，因此斯坦因决定不发掘此处。[49] 斯坦因走后，被遣散的雇工在之前盗挖者在遗址旁留下的垃圾堆中挖掘，找到了写有希伯来字母的文书。

文书是一封信，语言是新波斯语，即9世纪在伊朗取代中古波斯语的语言。数量不多的犹太波斯语文书曾在阿富汗的赫拉特、南印度的马拉巴尔海岸、巴格达等地被发现。丹丹乌里克的这件犹太波斯语文书虽然不是年代最早的——最早的年代为8世纪50年代——但确实是较早者之一。[50]

文书只有纸页的中间部分保存了下来，每行的开头和结尾都没有了，因此这件文书非常难以解读。信是写给生意伙伴的。收信人似乎是寄信人的上级，内容有关一系列交易，包括羊、布匹、甘松（一种用来制药制香的植物）、马鞍、马镫、皮带等物品。寄信人很可能是个商人，他提到他想知道自己的"收益和损失"。我们不知道他为什么离开了伊朗，但我们可以推测他（或者他的祖先）为了逃避伊斯兰征服而前往东方，最后于一个格外动荡的时代在于阗地区落脚。

这封信直接证明，在 8 世纪末的丹丹乌里克，至少存在一名讲波斯语的犹太人。但因为文书过残，很难再得出更多结论。在这封信被发现一百多年之后，发生了一件完全意想不到的事情：一封几乎完好无缺的犹太波斯语信札出现了！中国国家图书馆把它买了下来。在北京大学取得硕士学位且目前在哈佛大学攻读博士学位的博士生张湛在 2009 年发表了这封信的全部转写和翻译，他的中译版见史料 42。[51]

新旧两封信非常相似，这使张湛有信心断言这两封信是在同一时间、同一地点，由同一个人所写，其时间地点即 8 世纪 90 年代的于阗。定年的关键信息来自信中对疏勒情况的描述："他们杀掉或抓住了所有吐蕃人。"[52] 张湛通过与发现于丹丹乌里克的几件于阗语文书对比，认为犹太波斯语信札中所指很可能是回鹘打败吐蕃的事件。如果确实如此，那么这封信的年代就应该在 790 年前后，在这期间回鹘人攻下疏勒赶走了吐蕃人。

新信的开头八行都是"在远方"的寄信人对收信人，即他的"主人尼西·齐拉格"一家的问候，后者很有可能是住在丹丹乌里克的犹太人。问候之后，信中详细讲述了寄信人和"刺史"关于羊的问题产生的争执：尽管他送出了包括麝香和糖在内的很多礼物（礼单中的其他物品尚不明确），但应该到手的羊还是没有到手。有趣的是，在他提及的一段对话中，寄信人被 tyb（可能是位医生）错认成了"粟特人"。考虑到丝路商人中粟特人之多与犹太人之少，这是很容易理解的误会。

犹太商人在丝路上只留下了不多的足迹。喀喇昆仑公路上年代最晚的石刻之一是希伯来语的；一条记载 9 世纪晚期大屠杀的阿拉伯语史料中提到，犹太商人与穆斯林、基督徒和祆教徒都住在广州；藏经洞中还有一件叠好的希伯来语文书（见彩图 13），写着一篇十八行的祷文及《圣经·诗篇》中的选段。

除了唯一一件希伯来语祷文和上万件汉语、藏语文书，敦煌藏经洞中还有大概两千件于阗语文书，其中大量是残片。[53]与很多强邻环伺的小国国民一样，于阗人非常善于学习语言。有些藏语文书是于阗书吏抄写的，因为于阗语页码泄露了抄写者的身份。[54]在没有词典的时代，于阗人是如何做到迅速掌握新语言的呢？

敦煌藏经洞中保存有汉语-于阗语常用语手册中的几页。[55]这种辅助学习的书籍不用汉字，而是用婆罗米字母写出汉语句子的读音，然后再给出于阗语的释义。研究这些文书的语言学家造诣很深，他们复原出了这些用于阗字母写的 10 世纪汉语发音的句子。和所有好的语言教科书一样，这件汉语-于阗语常用语手册不断重复重要的句子结构以便学生练习。这些句子都非常短：

> 枭担来！
>
> 瓜担来！
>
> 胡瓜担来！

手册中还包括在市场上买卖时会用到的句子。考虑到 10 世纪

新获犹太波斯语信札

　　信札作者很可能是一名讲波斯语的犹太人。此人在 8 世纪末用希伯来字母书写新波斯语，给另一名丹丹乌里克的犹太人写信，信中写到自己和一名官员的争执，因为对方没有把欠他的羊给他。（中国国家图书馆供图）

敦煌和于阗的诸多交往，形形色色的于阗人——包括使节、僧侣和商人——似乎都能从基本的汉语教学中获益。

与此相对，梵语-于阗语双语手册的受众面要窄得多。[56] 梵语对于阗人来说比较简单，因为两种语言都是用婆罗米字母书写，语言学习者只要把梵语句子抄下来背住就好了（见史料 43）。194 行的于阗语-梵语常用语手册以如下简单的对话开始：

> 你好不好？安否？
> 托你的福，我很好。
> 你好不好？
> 你从哪里来？
> 我从于阗来。

对话中也提到了其他地方：印度、中国，包括中国的西藏、甘州（甘州回鹘汗国的首都）。手册教人如何买马和草料、如何要针线，以及如何让人给自己洗衣服。有些对话则表现了冲突：

> 不要生我的气。我不会拽你的头发了。
> 如果你说话令人不快，我会生气。

有些甚至提到了性：

> 很多女人惹人喜爱。
> 他总是走来走去。他与女人厮混。

有些关于佛教经典的对话让人可以猜出手册使用者的身份：

> 你有书吗？
>
> 我有一些书。
>
> 什么书？
>
> 经、律、论和金刚乘。
>
> 这其中有什么书？
>
> 你喜欢什么书？
>
> 我喜欢金刚乘。

只有僧人或者资深的佛教学习者才会用到这样的句子。"经"泛指佛经，"律"指戒律，"论"指教理文献，"金刚乘"指密宗文献。从中国到印度一路上的寺庙中都讲梵语，于阗也是如此。下面的对话更清楚地揭示了手册受众的身份：

> 我要去中国。
>
> 你去中国有什么事？
>
> 我要去看文殊菩萨。

手册的假想使用者是朝觐路上的僧侣。这些僧侣从藏地或于阗出发向东，经停敦煌，最终目的地是文殊菩萨的道场：五台山（在今山西省内，位于北京西南，距北京约四个小时车程）。这条路从 8 世纪起变得热闹起来。

我们对 802 年到 901 年之间的于阗历史几乎一无所知。802年是最晚的丹丹乌里克文书的年代，901 年则是敦煌藏经洞中最早提到于阗的文书的年代，其中记载敦煌官员为于阗使臣提供"细纸一束八帖"。[57] 10 世纪，于阗王和敦煌的曹氏统治者都处在同一套国际秩序中：他们相互派遣使者，也向甘州回鹘、西州回鹘和中原王朝派遣使者。于阗使者要去中原就要先到敦煌，经过甘州，再到灵州（今宁夏灵武县，这里是使团前往首都途中重要的落脚点）。前往中原的路上有很多不确定因素，于阗和两个回鹘政权派出进贡的使节经常最远只能走到敦煌，他们有时也把这里称作"中国"。[58]

敦煌的曹氏家族和于阗王室关系密切。于阗王 Viśa Sambhava 的汉语名字是李圣天，912 年到 966 年在位 [59]，并于 936 年以前娶了曹议金的女儿。于阗王室在敦煌有官邸，李圣天的妻子经常在那里居住，于阗王室的继承人也住过。[60] 于阗王储的官邸相当于于阗国的代表处，而且敦煌藏经洞中的于阗语文书很有可能是王储官邸捐给三界寺的。[61]

938 年，李圣天从于阗向后晋首都开封派遣使者。他在位期间一共五次向中原派遣使者。[62] 汉语史料中对这些进贡的记载都非常简要："〔建隆二年（961 年）〕十二月四日于阗王李圣天遣使贡玉圭一盛以玉匣。"[63] 这种史料一般都会记载日期、进贡国、贡品，有时还有领衔使者的名字，但仅此而已。

与此相对，藏经洞中有一组于阗语文书，共约十五件，其中非常详细地记载了一次进贡之旅。大约在 10 世纪中叶，即李圣天执政末期，七位王子及其随从离开于阗，上路朝贡。[64] 这组文书揭露了 10 世纪这一艰难时期中许多丝路贸易的特质。

王子及其随从出发时带了 360 千克玉石。[65] 此外他们还带了一些皮货，可能是鞍子、辔头或者其他马具。马和玉是最常见的于阗贡品，其他贡品还包括骆驼、鹰、牦牛尾、织物、皮毛、药品、矿物、草药、香料、琥珀、珊瑚等。[66]统治者们也互送奴隶，这与当时的自给自足经济相符。[67]

统治者们明确地说自己喜欢这些礼物。有一次，于阗和甘州回鹘已经有十年没有互赠礼物了，回鹘可汗便写信给于阗王。（这封信只有于阗语译文，原件可能是汉语或藏语。这两种语言都是10世纪中国西北的外交语言。）回鹘可汗非常想要于阗使团以前带给他的"好多好多好东西"。[68]他最想得到的可能是情报，特别是关于敌对势力的军事情报，这种情报只有使者才能提供。[69]

对于当时的人来说，从一国到另一国的旅途似乎很是漫长。有一位随七王子进贡的使节抱怨道："去敦煌的旅途非常艰苦，要走45天，多么希望我能一天之内就飞到。"[70]骑马走这1500千米也要花18天。[71]难怪他们羡慕会飞的鸟儿。

七王子到最后也没能到达中原王朝的首都。敦煌统治者认为去甘州的路上太危险，因为回鹘可汗去世之后三支军队正为继位问题混战不断。敦煌统治者因此坚持让他们留在敦煌，这次朝贡计划彻底泡汤。七王子在家信中大吐苦水：他们被迫变卖携带的礼物，最后变得穷困不已。他们写道：

> 我们的人把牲口都丢了。衣服也丢了。……没人能跟我们前往甘州。我们怎么到得了朔方（这是使者进入中原王朝的第一站）呢？我们既没有贡品也没有国书给宋朝皇帝。……好多人都死了。我们没有吃的。什么时候命令能来？我们怎么能往有去无回的火坑里跳呢？[72]

敦煌石窟中的于阗王供养图

  图为敦煌 98 窟于阗王李圣天（912—966 年在位）及夫人像。李圣天夫人是敦煌统治者曹议金的女儿，两家关系密切，于阗王室常常在敦煌出资营建石窟。（萨珍特绘图）

一封随从的信解释了牲口是怎么丢的。[73]

不让王子们上路的统治者认为，王子们与随他一起赶路的僧人很不一样。赶路的僧人有时是朝觐者，有时是官方使团的一员。统治者接待僧人，是因为他们相信招待高僧可以立刻给他们带来好处，这种好处可以是神迹，也可以是作为崇佛者得到的威望。当七王子的使团解散时，僧人们也离开使团，并拿了一些给宋朝皇帝的贡品，娶了老婆在当地住了下来。实在料想不到受过色戒的僧人会这样做，但这与尼雅文书、敦煌文书中的佛教徒形象完全一致。

由于时局动荡，七王子不能继续前往甘州。敦煌统治者害怕如果于阗的贡品送不到首都，朝廷会拿他问罪。[74]但三名僧人在正式的免责声明上按了手印之后就被放行了，因为不带贡品的僧人在路上没那么危险。

使团的两名成员描述了其他成员在使团分崩离析时的反应。每个人都带着于阗王给宋朝皇帝的贡品潜逃了。[75]八个人当中只有两个人去了汉地：一个想重得自由的奴隶和一个计划"给朝廷一百张毯子"的商人。[76]其他人都带着偷来的东西回于阗了。

使团成员有时会把贡品换成盘缠。两个人在给已经上路的三名僧人发了封信之后便离开甘州去敦煌"做生意"。[77]他们后来在瓜州被抢劫了。在一次艰难的旅途中，七王子的很多牲口都死了，同行的两人"丢了货物"，一个粟特商人既找不到他的牲口也找不到"他藏在山里的货物"。[78]显然有些商人跟这些倒霉的使者同行，遇到了同样的困难。

王子们也做生意。有个于阗王子名叫 Capastaka，他用 18 千克玉跟敦煌官员换了两百匹绢，其中一百五十匹名义上是给于阗朝廷的礼物，另外五十匹是给他自己的汉族母亲 Khi-vyaina 夫人的。他的兄弟 Wang Pa-kyau 给母亲写信抱怨说，Capastaka 骗了自己，让母亲也给自己送点玉来："使者抵达的时候，您能不能也送点玉石来?"[79] 听上去他跟他的兄弟一样，准备拿玉石换丝绢，再拿丝绢换盘缠。

根据另外一组在路上的于阗人的开支清单来看，成匹的丝绢是旅人使用的主要通货（见史料 44）。他们用绢买大麦、骆驼、马匹，雇用向导，还给了同样来自于阗的商人们四十匹。丝绢并不总是当钱用。这些人用一匹绢做了一身衣服。除了用绢交易，他们还用羊和羚羊皮做交易，也就是说，在 10 世纪的丝路上，人们接受实物付款。[80]

东京大学的熊本裕教授是研究于阗语的杰出学者。他如此解释这件开支清单的特殊之处："这是敦煌为数不多的于阗语商业文书。值得注意的是，在当地 9 世纪到 10 世纪的汉语文书中只提到了于阗的使节和僧人，几乎从未提到过于阗的商人。"[81] 他说得很对，10 世纪的史料很少专门提及商人。

很长时间以来，丝绸之路一直被看作一条自主做生意的商人领着驼队行进的大路，但文献的记载挑战了这一印象。关于七王子的于阗语文书提到了使团中的不同成员：不同等级的使节、王子、僧人和居士。[82] 这些人之间的分别有时并不明显，在困难的时候更是如此。王子们为了盘缠也要卖玉换绢。这样一来，人人都要做生意，但买卖的物品都是当地的土产。如果有人要一件特别的东西，他就需要花一匹绢来买，或者用一只羊甚至一张羚羊皮来换。在动荡时期，很少有人冒险上路。上路的人经常和官方使团结伴而行，因为官方使团有权享受特殊待遇，虽然他们自己有时得不到这种待遇。

敦煌藏经洞的于阗语材料几乎都关乎于阗与其东方邻国（敦煌、回鹘汗国、唐朝，以及后来的中原王朝）的关系。但西方发生的变化彻底改变了于阗。

840 年黠戛斯攻破回鹘，导致回鹘一部分人口西迁，从蒙古来到西州和甘州，建立了两个小的回鹘政权。840 年之后又形成了一个新的部落联盟，当时的材料称他们为"汗"或者"可汗"，今天学者们称其为喀喇汗，以便与其他突厥民族相区别。其领袖萨图克·布格拉汗在 955 年之前皈依了伊斯兰教，他的儿子继承了他的遗志继续征战，并不断努力使突厥各民族皈依伊斯兰教。穆斯林史料中记载，960 年有"二十万帐突厥人"皈依了伊斯兰教。[83] 史料中并没有明说是哪一支或是哪里的突厥人，但现代学者认为，此处指的是以和田以西 500 千米的喀什噶尔为中心的喀喇汗突厥人。喀喇汗突厥人皈依之后便命令其军队摧毁包括佛教寺庙在内的所有非穆斯林宗教建筑。

喀喇汗国处于伊斯兰世界的东极，远离阿拔斯帝国的首都巴格达，汗国统治者可能是为了依靠伊斯兰教的强大势力才皈依的。同时代的哈扎尔、基辅罗斯、匈牙利等国都曾在中古世界的主要宗教犹太教、基督教①、伊斯兰教之中权衡挑选。喀喇汗国皈依伊斯兰的过程与之类似。[84]

于阗一开始在 970 年打败了喀喇汗国的军队并控制了喀什噶尔。李圣天之子、于阗王尉迟输罗（967—977 年在位）给敦煌统治者，也就是他的舅舅发了一封信（见 360 页图）。

---

① 基督教有拜占庭东正教和罗马天主教两个选择。

信中解释了于阗国给敦煌和中原的进贡为什么迟了。于阗王为他在喀什得到的"各种好东西、妻子和儿子、大象、纯种马及其他"感到欣喜若狂，不过也有一些抱怨："占领外国土地并维持统治非常困难。我们是外来人，没法完全控制。"然后他继续讲自己遇到的困难："钱、粮食、牲口、人口、军队都增加了，不过有好多冲突，还有流血事件。"尽管于阗赢了，但喀喇汗国的军队就在喀什噶尔城外，胜利并不彻底。

信的末尾是于阗王给他舅舅的礼单，都是于阗常送的礼：三团玉（分别给出了重量）、一副皮甲、一些工具和器皿。他在从喀喇汗国那里得来的东西中挑了一个带银匣的杯子和一个有盖的钢制工具。[85] 拿下喀什噶尔对于于阗来说是一次重大胜利。汉语史料记载，于阗王写信申请要进贡一只从喀什噶尔得来的"舞象"，中原王朝欣然应允。[86]

970 年之后，于阗与喀喇汗国继续对抗，不过史料中没有关于战争进程的详细记载。我们只知道喀喇汗国的领袖优素福·卡迪尔汗在 1006 年大举西征。因此，学者们认为，在 1006 年之前不久他已成功征服了于阗。[87] 麻赫穆德·喀什噶里为于阗的征服写过一首著名的诗歌：

> 我们像洪水一样冲向他们，
> 我们在他们的城市中游走，
> 我们拆毁偶像之庙，
> 我们在佛头上大便！[88]

惊恐向东传播。虽然敦煌藏经洞中并没有于阗陷落的记载，但北京大学历史系荣新江教授推测，于阗佛教寺院被毁的消息传到敦煌可能导致了藏经洞的封闭。这也使大量于阗语材料被封存。[89]

一夜之间于阗就不再是佛教国度了，但与之相关的历史记载少得可怜。我们知道，于阗陷落之后不久，辽朝皇帝向敦煌统治者赠送了马匹和"美玉"，而后者只可能来自被消灭的于阗。[90]再次提到于阗的是汉语史料，其中记载了一个来自喀喇汗国治下的于阗的进贡使团，年代为1009年。[91]

史料都在讲帝王将相，对于伊斯兰教对喀喇汗国新臣民的冲击很少涉及。一个例外是"1911年在叶尔羌城外花园的一棵树下发现的"一些阿拉伯语、回鹘语文书。叶尔羌位于于阗以西160千米。这组材料与其他在这一地区发现的文书一样被交给英国领事马继业保管，包括三件回鹘语契约，十二件阿拉伯语文书，其中五件以回鹘字母写成，年代为1080年到1135年，大概在喀喇汗国征服之后一百年，正是从回鹘字母到阿拉伯字母的过渡期。

所有的契约都是土地买卖。三件法律判决涉及监护人任命、遗产分割和土地归属。喀喇汗国至少在1100年的叶尔羌已经推行基本的伊斯兰教法。法律官员可以起草简单的阿拉伯语法律文书，再为控辩双方及证人将其译为回鹘语，这些人中有些用阿拉伯文签名，有些用回鹘文签名。[92]三件阿拉伯语文书中明确说，该文书被翻译成涉事人员听得懂的语言念给他们听了。至少可以说，喀喇汗国的法律官员熟悉伊斯兰教法，但国家皈依伊斯兰教对于普通人有什么影响依旧不是很清楚。[93]

喀喇汗国皈依了伊斯兰教，但其他的西域绿洲国家并未皈依。库车和吐鲁番的回鹘统治者在不同时期分别支持过摩尼教和佛教。控制甘州、敦煌的西夏，以及于阗以东的丝路南道都信奉佛教。[94]

新疆这种三部分的划分一直持续至 12 世纪，此时新疆名义上属于
西辽。这时基督教东方教会在全疆影响力上升，特别是在蒙古的
克烈部和乃蛮部之中。[95]

1211 年，乃蛮部的屈出律夺取西辽。屈出律本来是景教徒，
后改宗佛教并大肆迫害穆斯林。他攻打喀什噶尔与于阗，并强迫
两地居民放弃伊斯兰教而改宗基督教或者佛教。但屈出律是这一
地区最后一个取缔伊斯兰教的统治者。成吉思汗于 1206 年统一
蒙古各部之后开始了一系列令世人震惊的征服。1218 年，成吉思
汗击败屈出律并废除了他的宗教政策。[96] 穆斯林可以继续信仰伊
斯兰教。

相比于今天新疆的其他城市，可以感到和田的汉化程度很低。
和田人口中百分之九十八是维吾尔族，几乎所有出租车司机和导
游的母语都是维吾尔语，这种语言在 9 世纪到 10 世纪被引入这一
地区，完全代替了于阗语。

时至今日，喀喇汗国征服的记忆在新疆依旧鲜活，穆斯林们
仍去麻扎朝拜。朝拜者在麻扎朗读《古兰经》、上供并举行仪式。
他们为孩子的健康、病人的康复或者家族成员的幸福祈祷。最大
的、最多人去的麻扎之一是最先皈依伊斯兰教的喀喇汗国统治者
萨图克·布格拉汗的墓。该墓位于距喀什不到一个小时车程的阿
图什（见彩图 17）。[97] 另一处重要的麻扎是英吉沙的乌尔德麻扎，
此处被认为是布格拉汗之孙的墓，[98] 但更有可能是一位苏菲行者
在 16 世纪建造的。[99]

无法朝觐的人有时会耗时大半年按固定顺序拜访当地的麻扎。
最有名的两个麻扎群在和田和喀什，这里的麻扎属于词典编纂家
麻赫穆德·喀什噶里、新疆和卓家族及其女眷。参加这些活动的

人有时把和田称为"圣地",这倒是个很合适的名字,因为和田很早就接受了伊斯兰教。

（马修·安德鲁斯、熊本裕、施杰我、辛威廉、厄修拉·辛姆斯-威廉姆斯、文欣、吉田丰、张湛都非常耐心地解答了笔者的疑问并提供了未发表的材料。）

原始史料

38　玄奘笔下的于阗（644年）[100]

下文来自慧立撰写的玄奘传记，记录了玄奘于644年取经回国途中路过于阗时的见闻。请用自己的话概括这段传说。于阗王宣称自己是印度阿育王之后，其重要性在哪儿？

从此东行八百余里，至瞿萨旦那国。（此言地乳，即其俗之雅言也。俗谓涣那国，匈奴谓之于遁，诸胡谓之豁旦，印度谓之屈丹。旧曰于阗，讹也。）沙碛大半，宜谷丰乐。出氍毹、细毡、氎，工绩绝绸。又土多白玉、䃰玉。气序和调，俗知礼义，尚学好音[101]，风仪详整，异胡诸俗。文字远遵印度，微有改耳。重佛法，伽蓝百所，僧五千余人，多学大乘。

其王雄智勇武，尊爱有德，自云毗沙门大[102]之胤也。王之先祖即无忧王[103]之太子，在怛叉始罗国[104]，后被谴出雪山北，养牧逐水草，至此建都，久而无子，因祷毗沙门天庙，庙神额上剖出一男，复于庙前地生奇味，甘香如乳，取向养子，遂至成长。

王崩，后嗣立，威德遐被，力并诸国，今王即其后也。先祖本因地乳资成，故于阗正音称地乳国焉。

39 法显笔下的于阗（401 年）[105]

求法僧法显于 401 年经过于阗并详细记录了自己所见。于阗寺庙给他留下最深印象的是什么？于阗王是如何礼敬佛教的？考虑到法显是取经路上的僧人，他的记载可能会忽略什么、夸大什么？

在道一月五日，得到于阗。其国丰乐，人民殷盛，尽皆奉法，以法乐相娱。众僧乃数万人，多大乘学，皆有众食。彼国人民星居，家家门前皆起小塔，最小者可高二丈许。作四方僧房，供给客僧及余所须。

国主安堵①法显等于僧伽蓝②。僧伽蓝名瞿摩帝[106]。是大乘寺，三千僧共犍槌③食。入食堂时，威仪齐肃，次第而坐，一切寂然，器钵无声。净人④益食不得相唤。但以手指麾。

慧景、道整、慧达先发向竭叉国⑤。法显等欲观行像。停三月日。其国中十四大僧伽蓝，不数小者。从四月一日，城里便扫洒

---

① 古印度婆罗门在雨期禁足的习惯，后为佛教沿用。在古印度雨季的三个月（约 5 月至 8 月）里，僧尼禁止外出，说外出易伤草木小虫，应在寺内坐禅修学，接受供养。这段时期称"安居期"。在中国，安居期在夏历 4 月 16 日至 7 月 15 日。

② 梵文 Saṅghārāma 之音译，意为"众园"或"僧房"，佛教寺院之通称。

③ 梵文 Ghaṇṭā 之音译，指寺院中以金属或木制成，能击而发声以集众或消灾之物的通称。

④ 指未出家而在寺院中侍奉僧侣的俗人。

⑤ 位于今新疆塔什库尔干塔吉克自治县。

道路，庄严巷陌。其城门上张大帏幕，事事严饰。王及夫人、采女皆住其中。

　　瞿摩帝僧是大乘学，王所敬重，最先行像。离城三四里，作四轮像车，高三丈余，状如行殿，七宝[107]庄校，悬缯幡盖。像立车中，二菩萨侍，作诸天[108]侍从，皆金银雕莹，悬于虚空。像去门百步，王脱天冠，易着新衣，徒跣持花香，翼从出城迎像，头面礼足，散花烧香。像入城时，门楼上夫人、采女遥散众花，纷纷而下。如是庄严供具，车车各异。一僧伽蓝则一日行像。白月一日为始，至十四日行像乃讫。行像讫，王及夫人乃还宫耳。

　　其城西七八里有僧伽蓝，名王新寺。作来八十年，经三王方成。可高二十五丈，雕文刻镂，金银覆上，众宝合成。塔后作佛堂，庄严妙好。梁柱、户扇、窗牖皆以金薄。别作僧房，亦严丽整饰，非言可尽。

　　岭东六国诸王，所有上价宝物，多作供养，人用者少。

40 《赞巴斯塔之书》关于女性和抑制情欲的章节（约 500 年）[109]

　　第一段是《赞巴斯塔之书》中"论女人"一章的结尾，警告男人要警惕女人的诡计。悉达跋陀罗心中为何会起伏澎湃？下一段讲述当情欲等烦恼纠缠着年轻僧人时，春愁对他们的影响。佛陀是如何教人消灭情欲的？他的语言有什么特色？书中说佛陀的教诲起了作用。你觉得会有多大效力？你读过这段之后作何感想？

第十九章　论女人

你应该从这个女人的例子中得到教训。我已在你眼前展开描述。如果你不努力完全摆脱灾祸，我们就不会在灾祸中走到一起了。

官员赞巴斯塔[110]和他所有的子女令我写下此书。我定能成佛。

阿阇梨[111]悉达跋陀罗为管束自己的心神反复读了这个关于女人的段落："读过这经之后我依然心潮澎湃。实际上我无法静卧，就像睫毛、眉间的毛发、脸颊上的绒毛一样。"

第二十章　快乐不长久

如是我闻，一时佛与众僧在舍卫国。菩萨众多。春天来到，天气变暖。花开种种，绿树葱葱。藤蔓开花，在微风中摇曳。树林中的微风带着香气。莲花池、山泉、池塘、山林都绿意盎然。小鸟在唱最悦耳的歌。水涌出泉眼，流经绿色的两岸。天气转阴。临盆者非常热。所有人都变得像天神上身时一样热情。每个角落都有夜莺大声唱歌。音乐多种多样，或柔和或洪亮。男男女女都陶醉其中，意乱情迷。林子里的小鸟和野兽都兴奋起来。当时祇园[112]中有很多苦修者，他们年轻稚嫩，未离烦恼[113]。他们已放弃了广袤的田地、富裕的庄园。他们非常不舒服。热情让他们悲伤。当他们含情脉脉地看着这个世界时，他们与爱人得到愉悦。但他们被情欲吞噬，就像一棵干枯腐烂的树从内部燃烧。

他们不开心。他们想起从前的快乐。尊严及对尊严的焦虑都很强烈。烦恼已让他们把戒律完全放在一旁，就像背带拉得人很痛时，行李就被放在一旁了。他们的脸很红，眼神充满不安。他们变得敏感，频频看向远方。当看到两只红鹅坐在一起或者鸽子灵巧地一起行动时，他们会互相看看，随即感到极为羞耻。他们非常焦虑、悲伤。尽管坚守佛法让他们快乐，但是烦恼几乎要把他们毁了。……他们还一直记得女人的所有的美：她们怎样魅惑地仰头看着男人，怎样笑，怎样边看边揣度男人。他们一直记得那美丽的传言、对话、歌声和问题。他们心中很悲伤。

全知的佛陀以其慈悲像母亲保护爱子一样迅速地保护他们："我的儿子们被烦恼吞噬了。我要为他们扑灭情欲的大火。我要像大雨浇灭大火一样浇灭儿子们的烦恼。"

"首先，人需要有大厌恶、坚定的努力和好的记性。随后，智慧可以像太阳驱散黑夜一样，让所有恶和不洁的烦恼消失。"

那时已过中午，佛向前走去，呼唤众僧："我们一起去墓地看大厌恶。不远处有一片很大的墓地，恶臭熏天。那里有很多尸体、臭饿鬼、暗魂、豺、狼。鸦叫鸦号不停，狗吠豺吼不断。鸟儿们欢快地把滴血的肠子衔到树上，非常恐怖。"

天平静下来。风来得很快，吹散了臭气，驱走了臭饿鬼和鸦。狼、狗、豺都跑了。蛇和鸦回了树洞。

佛进入墓地时，众僧在墓地中看到了很多尸体。有些尸身鼓胀，有些肚皮已经胀破，肺、肝、肠都在外面。一些尸体的内脏散落一地，被太阳烤炙；紫青的腿散落四处，凌乱不堪。一些尸体被扔在地上，散落各处，皮肤被撕裂，脸皮被抓破，眼球爆出。有些半撕半裂半连着，有些已经完全分裂。一些尸体皮肉腐烂，露出白色的下颌骨；头发被风吹得四处飘散；肚子、眼睛、嘴里是厚厚的一层又一层的蛆。一些尸体很干枯，四肢皮肤像剥落的树皮；折断的额骨与脊椎堆在一起；四处是断肢、人头和白骨。肋骨、大腿、脚趾、粪便、骨盆、肩胛、脊椎散落一地，堆了厚厚一层，布满尘埃。风把这些骨头吹散四方，就像阳光中的灰尘。

众僧看了，心中生起大厌恶，也完全从情欲中走出来了。

41 以灌溉用水为抵押的于阗语贷款契约（731 年）[114]

我们很难理解下文中的争议，因为我们对 8 世纪时的于阗灌溉体系所知甚少。根据契约内容，巴拉和布兰加拉希望持有在他们名下的水的三分之二，并将剩余三分之一的水卖给亚固拉。亚固拉会为这水权支付 2500 文钱给布兰加拉，而不是巴拉。布兰加拉和他的两位亲戚同意将新近灌溉的农田所收获的粮食分给巴拉一部分，因为抵押的水也有巴拉的一份。他们也会将一部分粮食分给亚固拉。巴拉和潘野人保留从亚固拉处赎回水权的权利，而且他们没有义务向亚固拉支付那 2500 文钱的利息。但这件契约及其后的裁决都没有解释于阗居民是怎样衡量他们的水权的。此外，用水人显然有取水的时间限制，例如文中提及的"每天每夜"。

这件契约与本书的其他契约有何区别？在别处有类似合议处的机构吗？以水权作为抵押物的借贷呢？

（封牍顶部）

本案牍由破沙[115]巴拉和布兰加拉封印。

（封牍下部）

本案牍出于以下原因（而作）：

亚固拉从破沙巴拉和布兰加拉处拿到为 2500 文钱做抵押的

（灌溉用）水，（即）来自潘野湖、每天每夜被拦蓄在水渠中的水。破沙巴拉得两份水，亚固拉得一份。如果破沙巴拉或者潘野居民拿自己的钱（赎回水），则亚固拉在年末拿回 2500 文，不再收费。若是别人赎回（水），则需付双倍的钱。

见证人如下：

破沙春固拉、马拉尔朱纳家的沙尼拉、苏钱德拉。

（案牍内侧）

圣天、于阗大王中王伏阇达在位第四年[①]，知事芬都第二年，八月二十七日，在拔伽城有如下一案：

破沙巴拉和布兰加拉说道：

"来自潘野湖、每天每夜被拦蓄在水渠中的水属于我们。如今，我们为 2500 文钱抵押了三分之一的水。亚固拉用自己的钱得到这抵押的水为自己生利[116]。亚固拉交付了 2500 文钱。我们，即布兰加拉、桑加舒莱和喷亚达尔玛，收到 2500 文整。"

当着破沙巴拉和亲戚们的面，他们的约定如下：

他们将在同一块地中共同耕作。秋收时，破沙巴拉得两石，亚固拉得一石。如果潘野居民赎回水，则亚固拉拿回自己的 2500文。如果破沙巴拉自己有钱（赎回），则亚固拉拿回自己的 2500文，不再收费。破沙巴拉以外的潘野人的钱，亚固拉不拿[②]。

本案在合议处由破沙春固拉和破沙威克郎塔达塔审理。

见证人：

---

① 即 731 年。伏阇达于 728 年成为于阗王，见 ZHANG Zhan, "Kings of Khotan during the Tang Dynasty", *Bulletin of the Asia Institute* 27 (2013) [2017] : 158, Table 2。

② 这里说水权只能由破沙巴拉赎回。封牍下部却说其他人要赎回水权需要交两倍的钱，即 5000 文。

巡察吏沙尼拉、桑伽达塔、苏钱德拉、伊拉桑伽、喷耀达卡、帕城的苏威达塔、潘野的布塔纳卡。

本案牍在破沙巴拉封印后生效。

42　2号犹太波斯语信札（约790年）[①]

这封信（见384页图）是从于阗寄到杰谢（今丹丹乌里克遗址）的，寄信人和收信人都是说波斯语的犹太人。信中一共提及多少人？杰谢大概有多少波斯犹太人？信中反映寄信人和收信人过得如何？寄信人为什么生收信人的气？信中还写到当时的什么事件？

以仁慈的神主之名，我向主人尼西·齐拉格大人、尊敬的阿布·萨哈克、亲爱的兄弟沙瓦夫拉达尔、以撒·摩沙克，并向哈伦、哈沙克、小妹胡德纳克，向你们所有人，年长的与年少的，（致以）千万个问候。拉比啊，（祝你）平安健康。

我写（信）告诉你们："我、随从哈基姆和私生子沙比利

---

① 参见张湛、时光：《一封新发现犹太波斯语信札的断代与释读》，《敦煌吐鲁番研究》第11卷（2009年），71—99页。进一步的研究可参见张湛：《粟特商人的接班人？——管窥丝路上的伊朗犹太商人》，荣新江、罗丰主编：《粟特人在中国——考古发现与出土文献的新印证》（北京：科学出版社，2016年），661—672页；吉田丰：《于阗的粟特人——对和田出土的两件犹太波斯语信札的一些新见解》，荣新江、罗丰主编：《粟特人在中国——考古发现与出土文献的新印证》（北京：科学出版社，2016年），621—629页。我吸收了吉田丰的意见为韩森提供了这封信札的英译，发表在原书中。在前人工作的基础上，我在此给出新版汉译。

（都）健康平安。靠神主之力，家里的仆人们直到今天（也健康平安）。"然后，我要告诉兄弟沙瓦夫拉达尔："努尔巴克来于阗了，他带来了你们的信，我收到了。我读了你所写的。你们所有人都健康平安。我们在远方十分高兴，并向神主感恩。"

　　然后，你要知道，德赫干[117]非常慷慨地（答应）给我们羊。我们吩咐（带去）的礼物很合适，因为我把tyb[118]带进去了。tyb一看到起作用了（？），就命令刺史道："快把这个粟特人①的羊交出来！"刺史和他的关系不好。但是德赫干生气了，没有接受任何坏人的话。德赫干给了四个人。沙比利、哈基姆和两个奴仆于六月十日去了山[119]上。

　　给德赫干的礼物是：一个瓶子，一卡菲兹[120]刺山柑，五石dwgbyk，一石dmbyr，一斯塔特中国香料[121]。给syky的礼物是：一份丝绸，一份蚕丝。你们做得真好！德赫干女儿的syky cyk'šy名叫……ryq qr'q。（给他的）礼物是：一份丝绸，两份糖，两份lymcw。给管羊的判官的礼物是：一份lyqyn，一份糖，一份lymcw。给两个负责清点羊的mrnd的礼物是：lyqyn各一，糖各一，以及两份lymcw。给牧羊人的礼物是：bgdw[122]、糖和lymcw。他们去了山上，但是羊还没到我们手上。他们答应道："我们会好好把羊给（你们）的。"在信中，你曾写道："他们还想要羊钱，我没给。"你做得不好。如果你收到这封信，而德赫干的女儿还没出来，无论她要多少羊钱，请给她，和她一起出来。你是我的眼睛

---

① 指写信的这位犹太人。这封信中包含了很多粟特语的元素，表明这些犹太人是从粟特地区过来的。对于于阗人来说，他们就是粟特人。"粟特人"一词后来在于阗语中泛指商人。粟特（地区来的）人、说波斯语的人、犹太人这三种身份是不冲突的。

和光，对德赫干来说，他的女儿也是一样。好好谢谢她。谢谢她不会让你吃亏。

我要给你们寄很多信。但我不知道（这些信）能不能寄到。五月十八日，沙比利进来了。二十五日，德赫干派两个筋脚①去他女儿那里。我托这些筋脚给你们寄了三十封信。我写了除喀什噶尔外所有城市的情况。喀什噶尔的情况是这样的：他们 [123] 杀掉或抓住了所有吐蕃人。军副使带着五百人去了喀什噶尔，有的骑马，有的步行。军副使之后，兵马使为了战斗，为了和平和胜利派出了使者。我为战斗捐了价值 100 贯的物资。你们曾建议我，为了大卫、尼西的儿子和你们的外甥，为了战斗，为了和平和胜利："如果（战斗）来到喀什噶尔，不论他们要多少花销，千万不要有所保留。"我听从了，大卫和外甥也（听从了。）

43　于阗语–梵语常用语手册（10 世纪）[124]

这件常用语手册给出了于阗语与梵语对照的句子、短语和词汇。一些短语对所有旅人都有用，另一些则明显是为某一类人准备的。这是哪类人？他们需要学会哪些句子才能完成日常活动？他们的日常活动包括什么？手册中提到了哪些国家和地区？哪些目的地最常见？有些短语只有梵语没有于阗语，为什么？

你好不好？安否？

---

① 即跑腿的。

托你的福，我很好。

你好不好？

你从哪里来？

我从于阗来。

你是什么时候从印度来的？

两年前。

你在于阗住哪里？

我住在庙里。

住在哪个庙？

你见国王了吗？

见了。

你现在要去哪里？

我要去中国。

你去中国有什么事？

我要去看文殊菩萨。

你什么时候回来？

我要去看看中国，然后回来。

在这里多待会儿，待一两个月。

这里的国王和王后是信徒。

我不会多待。

我马上就要走了。

你在路上有行李装备吗？

我不喜欢带行李装备上路。

有一两匹马我就走了。

你有书吗？

我有一些书。

什么书？[125]

经、律、论和金刚乘。

这其中有什么书？

你喜欢什么书？

我喜欢金刚乘。

请教教（大家）这个。

我会教的。我马上就要走了，该什么时候教？

你去哪里就请你在哪里教。

你自己学学。

他们召你进宫？

让我去，我就去。

我听不懂他们的话。在国王面前必须言谈得体。

在这里多待会儿，学学这里的话。

这里的师父懂佛法吗？

他们懂一点儿。

我该走了。

去报告。

报告之后敕令来了：多待一会儿。

我没事做，不能多待。

你见到甘州的王了吗？你收了什么吗？

你回来了，过得好吗？

我精神上很满足。

那两位师父去中国了吗？

他们都走了。

一位印度师父来了。我要去见见这位师父。

我没有出来远迎。请不要生气。

这是我的荣幸。

我要进屋去。

你进屋有什么事？

有一些事要做。

快去快回。

你吃了吗？

我吃了。

我困了。我要上床睡觉了。

吃点东西。

早上不要说太多话。

放松点儿。

不要走来走去。

他害不害臊？

生火。

不要脸的人。

女人。

学徒，伙计。

我被召见。去宫里。问他们安。

他走了。

别撒谎。

他还没走。

他们在谈事。

他是要去中国干点什么事吗？

师父被叫走了，所以我还没走。

你饿吗？渴吗？

不饿，不渴。

骄傲的人。

有位师父来拜访了。

他是来要东西的吗？

我不知道。

他喜欢什么？

他是一位吐蕃师父。

胡说。

我问问他。

问吧。

他们见了我，吓跑了。

烦恼的人往前看，不往后看。[126]

他不说实话。

他造……他不造那个。

很多女人惹人喜爱。

他总是走来走去。他与女人厮混。[127]

特好，太棒了。你骂他。那人骂他了。[128]

又脏又贱。

疯子。

妻子。

房主。

拿一个碗。

那位吐蕃师父病了。

主人来了。

把你的东西藏好。

评估契约。

打那个人。

不要打他。

讨人厌的。

穿上衣服。

脱下衣服。

前面有一个人。[129] 他们在外面谈话。

钟声。

父母。

佛陀。

散开头发。

他回来了。

弟子。

墨瓶。

老。

长。

短。

主人。

不愉快的人的嘴。[130]

不要生我的气。我不会拽你的头发了。

如果你说话令人不快，我会生气。

黑，白，黄，红。青，蓝，鲜红。

盖上容器。

打开容器。

现在。

今天。

两三天。

我的房子不在皇亲府邸附近。[131]

这个人很贪心。

这个年轻人不明白。

他倒下了。

起来。

进去。

出来。

买一匹马。

我会走。

不要走。

使者。

他们马上就走了。

不要在中国长待。

一件让人不快的事情。

他们早就走了。

他正在回来。

拿上针线。

洗脏衣服。

我的不脏。

喂一些饲料。

我会喂一些。

44　于阗语支出账（10 世纪）[132]

虽然这份账目中有一些词义尚不明确的词，但其整体结构简单明了：账目中列出了很可能是使团成员的一组于阗旅人的支出和赠礼。这件难得的文书让我们得以一窥，在几乎没有钱币流通的地方，经济是如何运作的。文书时常提到钱币吗？更常见的通货是什么？如果要买的东西价值不到一匹布，该怎么办？为了取得所需货物，这些人还交易了什么物品？

我们先花了从 Tadrras[133] 人那里拿来的布中的一匹。另有一匹付给了 Pyatsvamsana[134]，然后有四匹付给了这里的 Sarai[135]。一匹买了 bughruq，一匹买了 rukyam，四匹买了女人，八匹买了马。Tvana-kau[136] 的两匹入账。我们去要了属于 Disaina[137] 的布匹。而后七匹用来买了第二匹马，他收到了三匹，四匹还没收到。三匹买了 painkyaima[138]。一匹买了 kajanau[139]。我们以一匹的价格买了汉人的大麦。Capastaka 收了三匹，他用一匹做了 musaka bila。我们给了 Toq 向导一匹。他只给了三分之一匹。我们用一匹缝了一个 drraijsai。他用一匹买了我们的骆驼。在去 Quz 的路上一共花了二十匹，十二匹是 Paudaina[140] 的，八匹是 Tvana-kau 的。

我们来到 Quz Tatar 人的地盘时，Paudaina 达干送来了一个用 durma 做的罐子，值六斤十二两丝。另有一把值三［斤］丝的阿拉伯剑、两匹布、两个 baicakama 和三个 puna。两匹买了 bughruq，一匹给了 Pyatsausana。他给 Tvana-kau 的达干送了三匹，三匹用他的 bughruq 换得。一共给了两人的手下四十匹。我们分了 Paudaina 的一匹，他们拿去付了 Apa 特勤的饭钱。我们给了 Inal 两个 yana。

三匹付给了 Apa 特勤。Saukvara[141] 收了，为了一个 hvala 在那买了一匹。他给四十个同胞买了礼物。

我们花了两匹给 musaka 买了 rima。给汉人花了一匹。我们分了 Tvana-kau 的一匹。然后我们分了 Paudaina 的一匹。四匹花在了女人身上。Inal 都督收了两匹。我们用一匹红布做了女人的 bila。我们用十二匹白布缝了 yalma。我们买羊花了两匹。我们买 painakyema[142] 花了四匹，又用它买了羊。Bars Toq 用 mula 收了两匹。他买 yarghaq 花了三匹。我们用一匹贵的让他们为 musaka 缝了 yarghaq。然后花了 Tvana-kau 的两匹在老可敦送来的饭菜上。然后我们分了 Paudaina 的一匹买了一头羊。然后我们分了一匹，给了六个 yidatta 换来了 yarghaq。然后他用一个 yidatta 的 painakyaima 买了一头羊，用 kalakam 买了两头羊。然后花了 Tvana-kau 的一个 Kacahara。然后我们用两个 yidatta 的 painakyema 买了四头羊。我们给了 Saghanaq 半个 yidatta 的 painakyema。我们用一个 yidatta 买了 aurmaka。我们用一个 kalakam 买了一头羊。我们分了 Tvana-kau 的一匹。我们给了 Apacha 半个 yidatta 的 painakyema。我们给了 Bughra Bars 值 80 文 [143] 的 hvala。我们用半个 yidatta 的 painakyema 在路上买了一头羊。Tughdi 收到了一张羚羊皮。Tughdi 的马花了十一匹。甘州人的马花了十五匹。Baikara 花了两匹，十二匹买了一匹马，一匹给了僧人 Khasara。九匹买了羊。

我们到 Saghrachuq 时，卖了十五头羊。然后又卖了十头。我们买了这里的这些。然后我们用一张羚羊皮买了一头羊。两张买了 yarghaq，一张买了 khaskya。两张买了羊，一张给了 Tughdi 买 bughruq。一张买了麝香 [144]。用两张羚羊皮买了两头羊。一张给了甘州的大使。他花了八张买了一 ttaskakana 的羚羊皮，花了两百 mula 买了两匹马。

第八章

北 京

穿越草原的新路

　　下页插图画的是从古至今最有名的丝路行者——马可·波罗。插图周围的花体字写道："这是尊贵的骑士、伟大的行者马可·波罗，他为我们描述了人们闻所未闻的世界奇观，那都是他从日出到日落亲眼所见。"[1]的确，马可·波罗的名声在很大程度上源自他宣称他描述的所有事情都是亲眼所见。学者们已为此是真是假激烈争论了超过一个世纪。

　　本章将介绍一条全新的丝绸之路。此前我们谈及的丝路都经过今中国新疆，本章将介绍的丝路则在更靠北的地方。这条路穿过今哈萨克斯坦和蒙古国，很多人因此将其称为"草原丝绸之路"。

　　我们来看看这几条不同的丝路。除了穿过前几章所述六个绿洲的丝路，还有两条丝路：一条是本章要讲述的草原丝路，另一条是第五章提过的从长安西行的海上丝路。草原丝路和海上丝路虽不属于李希霍芬一开始设想的丝路，但已广为人们接受，属于丝路研究的范畴。

　　13世纪初蒙古各部的统一及其后一个世纪的和平让人们可以沿着草原丝路通行。在世界历史中，这是人们第一次可以从欧洲

《马可·波罗游记》的卷首插画

　　这幅马可·波罗的肖像来自《马可·波罗游记》现存最早的印本。这本书的德语版于 1477 年由约翰内斯·谷登堡（Johannes Gutenberg）印刷。谷登堡是一名金属工匠，在中国人发明活字印刷术约 400 年后将该技术引进欧洲。

一直走到中国，即当时大蒙古国的东端。[2] 很多人从东到西或从西到东走过这条路，有的人还留下了游记。但奇怪的是马可·波罗没有走这条路，他选择的是通过今天新疆的传统路线。

大多数走北线的欧洲人都从克里米亚半岛出发，穿过如大海一般浩瀚、连绵不绝的草原，一路走到今蒙古国。欧亚大草原是大蒙古国的核心。1206 年，铁木真统一了蒙古各部，并取得尊号"成吉思汗"，意思是"天下之主"。[3] 走北线可以绕开穿过塔克拉玛干的南线上那令人生畏的高山和沙漠。大多数欧洲人都这样走，马可·波罗却是例外。[4]

在成吉思汗治下，蒙古人把恐怖手段运用到极致，恐吓对手，迅速占领了大片地区。他们的目的是迫使每座城池里的居民开城投降并放弃财产，这样蒙古军队就不用围城、切断粮食和饮水供给，等着城里的人投降了，非常省时。这高超战略掀起的恐怖浪潮席卷而来，让蒙古人不打仗就能占据新地盘。如果开城投降，居民就可以活命。蒙古军队劫掠一番后就会继续上路，让当地人在蒙古人指派的总督的管理下自治并维持原先的宗教信仰。如果居民不开城投降，蒙古军队就会屠城。在找出并抓走工匠、炮手、占星家和神职人员之后，他们把余下的居民一律杀掉，不留活口。

这一做法让蒙古人征服了中亚、金朝、高丽、俄罗斯和北印度。1227 年成吉思汗死于战场，其子窝阔台在 1229 年成为大汗，并带领蒙古人继续征战，在格鲁吉亚、亚美尼亚、波斯、基辅和匈牙利均取得了胜利，创造了世界历史中疆域相连面积最大的帝国。蒙古人的残忍骇人听闻，以至于同时代的欧洲史料将他们称作"鞑靼人"，这个词源自拉丁语的"地狱"（Tartarus），恰巧与蒙古一个部落的名字发音相似。[5]

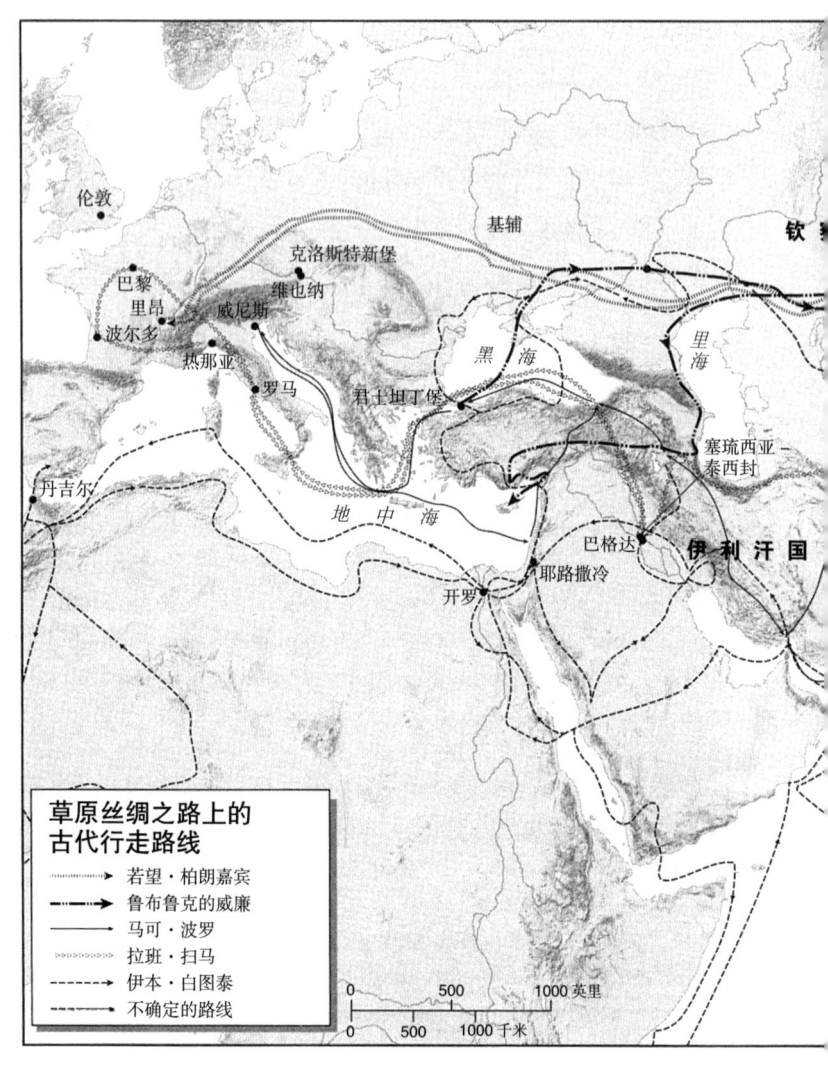

伦敦

基辅

钦

克洛斯特新堡

巴黎
里昂
波尔多
维也纳
威尼斯
热那亚
罗马
君士坦丁堡

黑 海

里 海

丹吉尔

地 中 海

塞琉西亚－
泰西封

巴格达
伊利汗国

耶路撒冷

开罗

草原丝绸之路上的
古代行走路线

∙∙∙∙∙∙▸ 若望·柏朗嘉宾
▬ ▬ ▸ 鲁布鲁克的威廉
▬▬▸ 马可·波罗
◇◇◇◇◇◇ 拉班·扫马
▬ ▬ ▬ 伊本·白图泰
▬ ▬ 不确定的路线

0   500   1000 英里

0   500   1000 千米

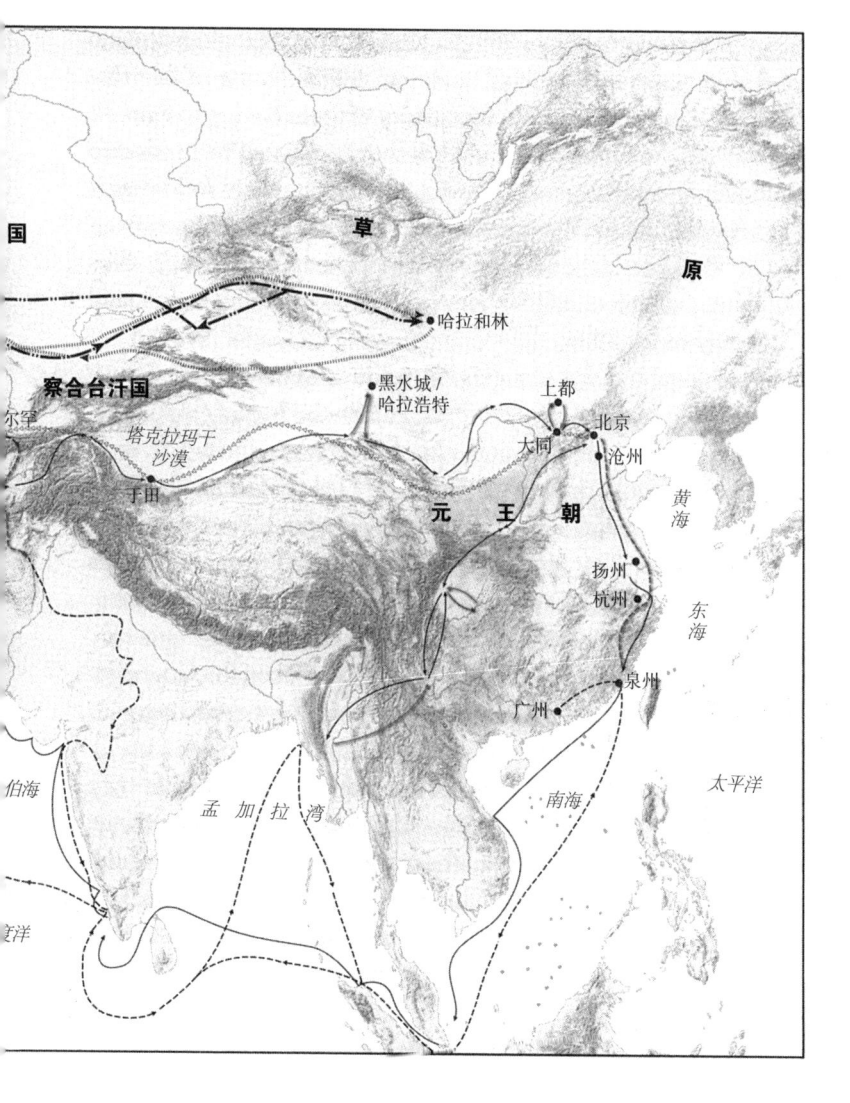

草原

哈拉和林

察合台汗国

尔罕

塔克拉玛干沙漠

黑水城/哈拉浩特

上都

北京

大同

沧州

于田

元 王 朝

黄海

扬州

杭州

东海

广州

泉州

伯海

孟加拉湾

南海

太平洋

美洋

　　1096 年，受教皇号召，欧洲的基督徒前往圣地，从伊斯兰统治者手中夺取耶路撒冷并将其置于基督教统治之下，十字军东征由此拉开帷幕。蒙古人扩展疆域时正值十字军东征开始后的第二个世纪。包括教皇在内的欧洲统治者希望能与蒙古人结盟，因为蒙古人是敌人的敌人，有可能成为盟友。欧洲人也曾听说有些蒙古人是基督徒。总部在伊拉克的叙利亚东方教会在 1200 年之前就曾向蒙古人的领土派出说回鹘语的传教士，成功使一些蒙古人信教。教徒大部分来自汪古部，1206 年之后克烈部和乃蛮部也有人皈依基督教。虽然成吉思汗本人不是基督徒，但他和他的某些子孙与这些蒙古基督徒通婚。欧洲人还相信神秘的祭司王约翰统治着亚洲某地。1177 年，教皇亚历山大三世（1159—1181 年在任）派他的医生去寻找祭司王约翰。虽然这位医生后来音信全无，但欧洲人始终相信他们能接触到这位传说中的君王。

　　在那个年代，欧洲很多基督徒看不惯过着奢侈生活的教皇和富裕修道院中的神职人员，因此在 12 世纪创建了多个托钵修会。托钵修会的修士靠信众供养，过着清贫的生活。亚西西的方济各（Francis of Assisi，约 1181—1226 年，又称圣方济各）创立了最大的托钵修会——方济各会。圣方济各作为十字军的一分子于 1219 年前往埃及，穿越前线深入敌区去说服埃及统治者改宗基督教。虽然没能成功，但方济各会士赢得了出色外交使节的名声。后来有些方济各会士作为特使被派往蒙古。[6] 他们留下了对蒙古人最为详尽的描述。

　　1242 年，蒙古兵锋抵达距维也纳不到 16 千米的克洛斯特新堡（Klosterneuburg），情况危急。西欧已门户洞开，凶残的蒙古战士可以轻松西进，欧洲的统治者们因此不顾一切想要挡住蒙古大军。教皇英诺森四世（Innocent IV，1243—1254 年在任）分几路派出特使前去求和。每名特使都带着两封给蒙古人的信，一封请求蒙古人停止进攻欧洲，另一封则总结了基督教的教义（见史料 45）。[7] 蒙古人攻下克洛斯特新堡后得知窝阔台在前一年去世了，因此急忙赶回蒙古去选下一任大汗。[8] 蒙古人再也没有回到西欧，不过对于生活在 13 世纪四五十年代的欧洲人来说，蒙古人一直是切实的威胁。

英诺森四世认为，他的特使能把信件交给蒙古下级军官，继而再转交给窝阔台的继任者。他仅指派了若望·柏朗嘉宾（John of Plano Carpini）修士一人出使蒙古汗廷并递交信件。柏朗嘉宾显然不是最佳的特使人选。他身材肥硕，而且已经六十多岁，不适合艰苦的长途旅行，但他参加过很多教会会议，对教皇想与之结盟的诸东方正教会有着深刻了解。柏朗嘉宾只会拉丁语和法语，但是与他同行的本尼迪克特修士懂波兰语和俄语，是柏朗嘉宾理想的翻译和旅伴。

柏朗嘉宾和本尼迪克特必须一路走到蒙古都城哈拉和林附近的贵由汗大帐才能把信送到。哈拉和林在乌兰巴托以西约 400 千米，几位修士最后并未到达这里。柏朗嘉宾、本尼迪克特和另一位修士史蒂芬一起于 1245 年 4 月 16 日从法国里昂出发，拜访了波希米亚（位于今捷克境内）、波兰和俄罗斯的几位统治者，随后进入了蒙古人控制的地区。他们的第一站是伏尔加河畔拔都的大帐。拔都是成吉思汗的孙子、贵由的堂兄弟，也是金帐汗国的创立者。因为当时没有人能把拉丁语直接译为蒙古语，所以拔都让人先把教皇的信从拉丁文译成俄语，再从俄语译成波斯语，最后从波斯语译为蒙古语。每次翻译都会减损一些文意，但由于蒙古语译本没有流传下来（现在仅存拉丁语原文），我们并不知道具体减损了多少。

因为信是写给贵由的，所以拔都命令柏朗嘉宾和本尼迪克特前往贵由汗廷，并留下一些人作为人质。史蒂芬病了，于是被留在拔都身边。蒙古人要求所有特使都要留下人质，直到使节们平安返回。作为正式使节，柏朗嘉宾和本尼迪克特被允许使用蒙古人的驿站，从中获得补给和驿马。虽然柏朗嘉宾没有提及他曾拿到一面被用作通行证的金属牌，但是蒙古人给所有使用驿传系统的人都下发了这样的"牌子"（见441页图），让他们在路上可以畅通无阻。

柏朗嘉宾和本尼迪克特在三个半月内走了近 5000 千米，每天走了 45 千米左右。[9] 他们于 1246 年 7 月 22 日抵达贵由的大帐，正好赶上 1246 年 8 月 24 日举行的新汗登基大典。约四千名特使前来观礼 [10]，蒙古人把他们带来的礼物放在帐篷里展示："特使们带来的礼物蔚为大观，有丝绸、金银织锦（samite，一种将金线、银线与丝线混织的织物）、丝绒、锦缎、金线丝绸腰带、上好的毛皮和其他礼物。"[11]

蒙古人喜欢织物。柏朗嘉宾注意到各部首领有一天穿着"白丝绒"，在贵由登基那天换成了"红"的，第三天是"蓝丝绒"，第四天则是"最上等的锦缎"。[12] 织物轻便易携，可以挂在蒙古人的帐篷壁上。柏朗嘉宾说贵由的帐篷"由鎏金的柱子支撑，金钉将柱子和木梁固定在一起，帐篷顶和内壁都挂满锦缎"。[13] 蒙古人特别喜欢织有金线的布而且不洗衣服，因为他们认为洗涤会玷污水的神圣，这可能会让长生天（蒙语是"蒙哥·腾格里"）不高兴，降下可怕的雷暴。若爱人不在身边，蒙古人有时会去闻爱人衣服的气味。主子把自己的衣服赐给下人也有深远意味。[14]

商人为蒙古人提供了一项至关重要的服务。他们可以为大量的金、银和其他在战斗中夺来的物品估值，并将这些财物兑换成蒙古人真正想要的物品，比如织物。蒙古人将海量的银子借给与之合作的商人让他们买东西。这些商人被称为斡脱商人，绝大多数是中亚穆斯林。他们的交易数目非常惊人。柏朗嘉宾估算，贵由与他的下属分了约五百车财物，其中"载满了金、银和丝绸衣服"。[15]这些商人与蒙古人合作无间，这在此前的中原王朝从未有过。[16]

蒙古人向修士们索要他们从欧洲带给大汗的礼物，修士们只能承认他们什么也没带，因为前来蒙古的旅途漫长，他们在路上把东西都扔了。贵由不高兴了，大大缩减了他们的配给。他们常常饥饿难耐，不得不向蒙古大营中的其他欧洲人讨要食物。

柏朗嘉宾和本尼迪克特在蒙古大营等了一个多月才得到贵由接见。等待期间他们遇到了"懂拉丁语和法语的俄罗斯人和匈牙利人"。这些人与蒙古人生活在一起，有些是在 13 世纪 20 年代被抓来的，在这里已经三十年了。这些欧洲人本是战俘，后来适应了蒙古人的生活方式，在蒙古大营里过得很舒服。"靠这些人帮忙，我们才彻底明白了所有事情。他们什么都愿意说给我们听，有时候我们甚至不用发问，因为他们知道我们要问什么。"[17]柏朗嘉宾写的一些不可思议的事情，比如长着狗脸或者嘴小得不能正常吃饭的边境民族，就是从这些俄罗斯人和匈牙利人那里听来的。[18]那时的欧洲和中国都广泛流传着这些远方民族的传说。

贵由终于召见了修士们。在翻译的帮助下，他们说明了来意。贵由汗在想如何回复教皇英诺森四世才最好，便问修士们教皇是否有能读懂俄语、波斯语和蒙古语的翻译。柏朗嘉宾建议贵由用蒙古语写信，这样他和本尼迪克特可以在蒙古大营里别人的帮助下将其译为拉丁语。贵由还给了一份波斯语版本，以防修士们的翻译没有准确传达他的意思。蒙古统治者的信很吓人。他先列举了教皇信中他不理解的地方，然后说他对很多人死于战争毫不遗憾，认为敌人的伤亡和他的胜利都是对他们的罪孽的惩罚（见史料 46）。

柏朗嘉宾和本尼迪克特在当地的熟人告诉他们，贵由想派使节跟他们回去，但他们力劝蒙古人不要这样做。柏朗嘉宾向贵由解释说他不想让蒙古人明白欧洲国家之间的斗争有多么严重。他也深切了解蒙古人的习俗，害怕蒙古使节被愤怒的欧洲人杀掉。他的一些去过德国的随行人员告诉他，他们穿上蒙古服装时"差点被德国人用石头砸死"。德国人痛恨蒙古人，恨不得杀了他们。柏朗嘉宾明白，如果蒙古使节遭遇不测，贵由会让接待方付出沉重的代价。成功劝阻大汗之后，柏朗嘉宾和本尼迪克特就启程往回走了。[19]

《柏朗嘉宾蒙古行纪》（*History of the Mongols*）并非逐日记述的旅行日志，而是一份经仔细编排的报告。它有前言，正文根据不同主题分为九章，包括风俗习惯、战斗技巧、宗教信仰等。此书起草于柏朗嘉宾等待贵由接见的那个月。第四章《鞑靼人的性格优缺点、风俗、饮食及其他》表明柏朗嘉宾是一个细致的观察者，他花了很多心血去了解蒙古人的优缺点（史料 47）。他的客观描述让他成为现代人类学的先驱。虽然他憎恶蒙古人，但就像现代的民族学家一样，他也想解释为什么蒙古人的行为会是那样的。[20]

柏朗嘉宾在最后一章的末尾写道:"有人质疑我们是否真的去过鞑靼人那里,为了打消他们的疑虑,我们记录了我们曾在那里接触过的人的名字。"[21] 然后他列举了他和本尼迪克特曾遇到的、有时还同行的俄罗斯人和其他东欧人的名字,还有在他们往返时都接待了他们的"基辅全城",以及形形色色的商人。这是他唯一一处提到了商人。柏朗嘉宾按出生地来区分他们,比如波兰商人、奥地利商人或君士坦丁堡商人,也提到了他们的名字,但他并没有提及这些商人运送什么货物或者做什么贸易,可能是因为他自己并不做生意。波斯史学家志费尼(al-Juwayni,约1226—1283年)记载了贵由继位大典时有法兰西使节在场,几乎可以肯定指的是柏朗嘉宾和本尼迪克特二人。这证明他们确实去过贵由汗廷。

柏朗嘉宾想写一部可信的记述。他在书的结尾写道:"恳求读过前文记述的各位不要删减也不要扩充任何内容,因为我们以真理为指导写下了亲眼所见,以及从我们信任的人那里听到的一切。上帝作证,我们没有故意添枝加叶。"他解释说,他在回程中遇到的人抄写并裁减了他的一部分稿子。柏朗嘉宾谦虚地总结道:"现在的记述中有更多内容,而且比之前几稿更准确,因为我们花时间订正了这一稿,使其完整无瑕。至少比还未完成的那些稿子要好。"[22] 有学者仔细比对了现存的不同手稿,发现年代更晚、篇幅更长的版本包含了一些言辞间对蒙古人更不满的段落,认为这可能是别人添加的。[23]

柏朗嘉宾和其他教皇特使的出访对于13世纪50年代的欧亚政局没有什么显而易见的影响。蒙古人继续在中东征战,攻下了巴格达,灭了阿拔斯王朝(750—1258年),持续进攻南宋。[24] 与此同时，欧洲的十字军继续攻打不同的伊斯兰国家以期夺回耶路撒冷。法兰西国王路易九世（1214—1270 年）俗称圣路易，他发起了第七次十字军东征进攻埃及，拿下了埃及港口城市杜姆亚特（Damietta），随后被俘，交了大量赎金才被释放。和教皇英诺森四世一样，他派了多名使节去与蒙古人讲和，但无人成功。

1253 年，方济各会士鲁布鲁克的威廉（约 1215—1270 年）决心上路，靠自己让蒙古人皈依基督教。他带着一封路易九世的介绍信，从港口城市阿卡（位于今以色列北部）出发。让蒙古人改宗基督教的想法太不寻常了，鲁布鲁克遇到的人中几乎没有人能理解他这趟旅程的目的。抵达克里米亚半岛上的索尔达亚（Soldaia，今苏达克）后，鲁布鲁克做了一次布道，同时表明他此行的目的。但他并不高兴，因为他听说"一些君士坦丁堡的商人在我们之前抵达，宣称使节们（指鲁布鲁克一行人）从圣地（指今以色列一带）来，要去拜访撒里答"。[25] 他确实要去拜访信奉基督教的蒙古王子撒里答，还带了一封路易九世的信。不过他觉得自己是传教士，不是使节。鲁布鲁克决定听从商人的建议，不情愿地接受了使节的身份，因为如果他坚持说真话，就可能无法继续这趟旅程了。

鲁布鲁克和柏朗嘉宾一样身材魁梧，他说蒙古人给了他"一匹壮马，因为我很重"。[26] 但他当时四十岁上下，比柏朗嘉宾年轻不少。他在 1255 年返程之后给路易九世写了一封信，篇幅是《柏朗嘉宾蒙古行纪》的两倍，内容也更详细。与柏朗嘉宾不同的是，鲁布鲁克对于新信息的态度更开放，即便新信息不容易被人们接受也没关系。柏朗嘉宾毫不怀疑地大谈怪兽，而鲁布鲁克说他没有见过这些东西，甚至怀疑它们是否存在。[27]

鲁布鲁克按时间顺序记录了旅程的细节，在适当的地方插入一些主题章节。他在离开克里米亚半岛后的第三天进入了蒙古人的地盘。他告诉路易九世："当我去到他们中间时，我好像进入了另一个世界。我要尽力向您描述他们的生活和习俗。"[28]鲁布鲁克谨慎地记下什么人告诉了他什么，即便是不可信的内容也记下来。一位中国牧师告诉他，在中国东部的"悬崖峭壁上生活着一种生物，各方面都像人，但是它们不能屈膝，只能跳着走路。这种生物有一腕尺（一种古代计量单位，长约 45 厘米）高，全身长满毛发，生活在偏僻的山洞中"。[29]鲁布鲁克的记载将他亲眼所见、别人讲述和道听途说的事情区分开来，增加了他作为大蒙古国观察者的可信度。

鲁布鲁克对蒙古人宗教习俗的观察格外细致。贵由之后的蒙古大汗是蒙哥汗（1251—1259 年在位）。他拜见蒙哥汗时注意到了萨满的重要性，并称这些人为"占卜师"。占卜师把帐篷搭在大汗的帐篷附近，每天接受大汗问询，还在营地间用车转移圣像。这些宗教人士为每个新生男婴算命，也给人治病。他们有很大的权力，比如冬天若是冷得让人无法忍受，大汗就会让他们查明原因，然后处死任何被萨满认定为引发了严寒的人。[30]

鲁布鲁克抵达蒙哥大营之后，看到有仆人拿着烧焦的羊肩胛骨从大汗帐篷里出来。他后来才得知，大汗"在做任何事之前都会用这些骨头问卜，若不占卜他不会让任何人进入他的住地"。[31]大汗遵循蒙古人的传统宗教习俗，包括每天让人灼烧骨头。"骨头烧成黑色之后，他们会把骨头拿给大汗看它是怎么裂开的。如果骨头纵向裂开，裂纹笔直，就表明他的行动将毫无阻碍。如果骨头横向开裂或者上面露出小圆点，他就不行动。"[32]

鲁布鲁克对基督教东方教会的信徒特别苛刻，称他们为"聂斯脱利派"并认为他们是教会历史早期的异端。实际上，东方教会的基督徒并不遵从说希腊语的聂斯脱利的学说。鲁布鲁克眼中二者的相似纯属巧合。这些人是基督徒，但他们的许多做法与鲁布鲁克不一样，这让鲁布鲁克一上来就严苛地评价他们。

> 聂斯脱利派信徒什么也不懂。他们以叙利亚语做祷告，读叙利亚语圣经，可他们对叙利亚语一无所知，他们像我们那完全不懂语法的僧侣那样唱圣歌，这就解释了他们为什么腐败得那么彻底。首先，他们放高利贷、酗酒。其中有些与鞑靼人在一起生活的人，甚至像鞑靼人一样有好几个老婆。他们进教堂时会像萨拉森人（即穆斯林）一样洗下肢，并按萨拉森人的习俗每周五吃肉宴饮。[33]

东方教会的牧师大多是回鹘人，鲁布鲁克与他们没有共同语言。

鲁布鲁克记录了很多关于复杂教义问题的对话，但他有时并不告诉我们谁在翻译或者有没有人翻译。举一个例子：

> 聂斯脱利派信徒："上帝在哪儿？"
>
> 鲁布鲁克："你们的灵魂在哪儿？"
>
> 聂斯脱利派信徒："在我们的身体里。"
>
> 鲁布鲁克："不是在你们身体里的各处吗？"

他们就这样继续对话，互相抛出一些没头没脑的问题。他们可能也不大明白对方说了什么。但鲁布鲁克在蒙古人中待久了之后，对东方教会的牧师的态度也软化了。他最后还按照罗马教廷的礼仪给一位牧师做了临终圣礼。[34]

蒙古人中有足够的基督徒来维持都城哈拉和林的一座基督教堂。鲁布鲁克不喜欢哈拉和林，觉得它不如圣但尼（St. Denis）——法国最富有的修道院之一。除了教堂，哈拉和林还有两座"宣扬伊斯兰教法"的清真寺。哈拉和林建于13世纪30年代，是整个蒙古帝国的首都。13世纪60年代，统一的大蒙古国分裂为四大汗国，各汗国的统治者都是成吉思汗的后代。哈拉和林规模最大的工程是城中的一处宫殿基址，台基长80米、宽55米，其上建有宫殿。[35]城中的穆斯林区"有市场，商人们汇聚于此，因为汗廷就在附近，也因为这里使节众多"。13世纪中叶鲁布鲁克来访时，很少有蒙古人皈依伊斯兰教。但到了1350年，除了忽必烈的继承者，所有蒙古统治者都成了穆斯林。汉人"都是工匠"，住在另一区。西门有羊的买卖，南门则卖牛卖车，北门卖马，东门有时卖小米和其他粮食。[36]鲁布鲁克很少提到市场和商人，很可能是因为他与大臣、商人不同，既没有钱买东西，也没有东西可以交易。他完全仰仗大汗下发的配给，外国友人有时也会分给他一点粮食。

1254年5月，蒙哥在鲁布鲁克回程前让基督徒、穆斯林和佛教徒进行了一场宗教辩论，因为他想"获知真理"。鲁布鲁克答应参加。他明白，相比于佛教徒，基督徒与穆斯林有更多共同点，因为穆斯林"和我们一样，也说世上只有一神，因此他们应该会站在我们这边，一起反对佛教徒"。他和东方教会的信徒举行了一次模拟辩论，他扮演反方的佛教徒。到了正式辩论那天，蒙哥派来三位大臣——一名基督徒、一名穆斯林和一名佛教徒——充当裁判。

鲁布鲁克的记述是这场辩论现存的唯一记载（见史料48），历史学家无法用其他材料核实到底发生了什么。比如鲁布鲁克很可能夸大了自己在这场辩论中的作用，而且没有听懂他的对手说了什么。每支队伍都依赖于他们的翻译。鲁布鲁克有一次找到了一个真正的双语者做翻译，此人的父亲是法国人并在蒙古人中长大。其他辩论者可能没有这么好的运气。鲁布鲁克记载，穆斯林"也承认，他们在祷词中祈求上帝让他们临终时像基督徒一样离世"。这种可能性很小。鲁布鲁克也明白他这一方输了。他在概括这场辩论时提到，没有人真的说出"我相信，我要成为基督徒"。[37]

鲁布鲁克和柏朗嘉宾一样，走的时候设法不让任何蒙古使节跟着。他回到阿卡后，他的方济各会上级不允许他去法国面见路易九世。鲁布鲁克虽然失望，但还是完成并发出了他的报告。他的报告非常详细，尽管有缺点，但已是流传至今关于蒙古帝国最翔实也是最准确的记载了。所有研究蒙古帝国的历史学家都要感谢他的贡献。鲁布鲁克完成报告后去了的黎波里，1255年时方济各会在那里建了新的分会。

1259年，自身是基督徒的亚美尼亚国王去的黎波里访问方济各会士，讲述了他从蒙古统治者那里听来的鲁布鲁克的事迹（史料49）。他没有说是哪位蒙古统治者，只说是"鞑靼人的王"，但他指的很可能是拔都而不是蒙哥。[38]历史学家总是更喜欢直接的而非间接的证词。他们希望有目击者精确记录下蒙古统治者对亚美尼亚国王说的话，而且最好是在谈话后就立刻记下来。但国王说鲁布鲁克阴沉地用永恒的诅咒威胁蒙古人，听上去惊人地真实。虽然亚美尼亚国王的记载来自转述，且记录在事件发生五年之后，但它非常重要，因为这是一份独立于鲁布鲁克的记述的证据，证实了鲁布鲁克的旅程，也增强了他的记述的可靠性。鲁布鲁克确实如他所说去过蒙古汗廷。

鲁布鲁克和柏朗嘉宾都去了蒙古，但没有继续走到汉地。蒙古人于1234年灭金朝（1115—1234年），而这两位修士都没有去那里的理由。他们见到大汗之后就打道回府了。两位修士对汉地的了解来自他们在蒙古遇到的人，包括来自汉地的人。鲁布鲁克说，这些人身材瘦小，有"小缝一样的眼睛"，"各领域的工匠都很出色，医生很懂草药，十分聪明地通过号脉诊病"。他还说汉地有穆斯林和基督徒："汉地北方的十五座城市里有聂斯脱利派，西京（即西京大同府，今山西大同）城里还有一个他们的主教区。"[39]哈拉和林归大同主教区管辖，大同主教区听命于大都（今北京）的都主教，即基督教东方教会在中国的领袖。[40]

统一的大蒙古国由一位大汗统治时，哈拉和林是蒙古人的首都。但蒙哥去世后，蒙古人对继任者无法达成一致意见，帝国分崩离析，分裂出来的每个汗国都各由一位成吉思汗的后代统治。最东边的汗国基本控制了今天的蒙古国、中国和朝鲜等地，统治者忽必烈汗（1260—1294年在位）先定都于上都（位于今内蒙古多伦县西北28千米处）。1267年，忽必烈将都城迁至金朝的故都金中都，并于1272年将中都改称大都。大都的营建始于1267年，完工于1285年。[41]于阗故地、撒马尔罕等丝路绿洲在1290年后隶属于察合台汗国。控制了今伊朗等地的汗国被称为伊利汗国，咸海、里海、黑海以北的地区则隶属于钦察汗国。

在汉地，很多基督教东方教会信徒的母语是回鹘语，比如鲁布鲁克遇到的那些叙利亚东方教会的人便是如此。不寻常的是一位名叫巴尔·扫马（Bar Sauma）的汪古部东方教会信徒。他决定带着一名弟子离开大都，前往位于今伊拉克巴格达附近的塞琉西亚-泰西封（Seleucia-Ctesiphon）拜访东方教会的领袖（被称作牧首或大公），以更多地了解教会的教义，并计划之后去耶路撒冷朝圣。巴尔·扫马和鲁布鲁克年龄相仿，出生于 1225 年前后。他和弟子马可在 1275 年至 1278 年间的某天离开了大都。[42] 后来，巴尔·扫马取得了"拉班"（rabban）的称号。拉班的意思是"老师"，与希伯来语的"拉比"（rabbi）同源。因此，绝大多数史料都称他为拉班·扫马。

虽然蒙古帝国已不再统一，但是人们依然可以穿行草原。1294 年，拉班·扫马在波斯去世，身后留下了游记。他的足迹从巴格达远至法兰西。可惜波斯语原文已佚失，只有一个大为简略的叙利亚语（东方教会使用的语言）版本流传下来。佚名的续作者补充了一些事件，将时间延续到 1310 年。缩减版仅关注教会事务，几乎删去了拉班·扫马遇到的人和社会的全部信息，因此这本书的吸引力有限。其中对巴黎的描述却是罕见的例外（见史料 50）。

但拉班·扫马的路线本身就非常重要，因为这表明当时的人要从大都去巴格达，再从那里前往欧洲，即使并不容易，但起码还是可行的。拉班·扫马被删节的记述也说明了柏朗嘉宾和鲁布鲁克是多么不同寻常。他们的记述详细，可读性极强，且其中信息量巨大。叙利亚东方教会波斯地区主教巴尔·希伯来（Bar Hebraeus，1226—1286 年）的独立记载证实了拉班·扫马的旅程——他确实从大都去了塞琉西亚-泰西封和巴黎。[43] 但拉班·扫马的记述几乎全是他与不同政治领袖和宗教领袖的谈话，内容无外乎东方教会和波斯的蒙古统治者夺取耶路撒冷的愿望，对我们没什么用处。

1271 年，与拉班·扫马西行造访欧洲差不多同一时期，马可·波罗跟着父亲尼科洛和叔叔马费奥从家乡威尼斯启程东行，一路前往大都。在大众的脑海里，马可·波罗是把面条带到意大利、把冰激凌引进欧洲的人。但实际上他从未提过冰激凌和雪贝（sherbet，一种波斯的发明），也只写道他在中国见过宽面条，没有提及细面条。[44]

一般认为马可·波罗先到了波斯的大不里士。意大利商人早在 1264 年就在那里建起了前哨站。有些历史学家认为，马可·波罗没有再往前走，他的游记只记录了途经大不里士的旅人的见闻。马可·波罗的游记很容易引起质疑。几个世纪以来，历史学家们一直在怀疑它的真实性，因为没有中国或西方的史料可以独立证明马可·波罗到过中国。[45]

总的来说，中国史学者对马可·波罗有所保留，可能是因为他们有很多其他史料可用。专门研究蒙古史的学者则会根据马可·波罗对元朝宫廷政治内情的了解，热烈地争辩他的游记可不可靠。[46] 参与这种辩论的人很少持中间立场，即认为马可·波罗只走了前往中国的部分路程。但针对这份情况复杂的文本，这种推测更有成效。

在《马可·波罗游记》中，叙述和描写交替展开。与拉班·扫马的记载一样，他的游记中完全没有柏朗嘉宾和鲁布鲁克笔下那些逼真的细节。他的旅伴是什么人？他吃什么？在哪里过夜？他说自己会什么语言？实际上掌握多少？读者对这些信息一概不知，也无法描绘出他的路线。马可·波罗在波斯等地时从一个城镇到

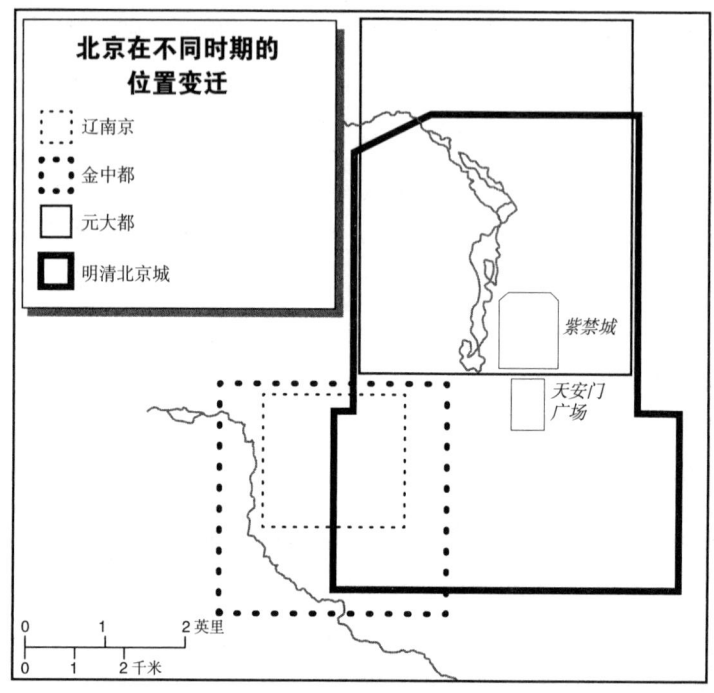

下一个城镇的路线还是清晰可知的，书中所述每段旅程的天数也还算合理，但是到了中国之后的行程就不可信了。他说他去过上都，但从未提过任何中国北方的城镇。这让很多学者感到困惑，不知道他是真的去过上都，还是只根据道听途说加了一段对上都的描述。因此马可·波罗的路线图会区分确定与不确定的部分。

马可·波罗用一章的篇幅写了忽必烈汗和元大都（见史料51），记载了这座都城的方形布局、夯土墙、城门和街道。他笔下的大都欣欣向荣、秩序井然："城中全是精致的宅邸、旅舍和民居，大街两侧布满各种店铺。城中所有宅地都方方正正，按直线排列。"[47]这一次，他觉得自己的描述能力十分有限："内城全照此布置成一个个方块，像棋盘一样，极其精准，无法尽述。"[48]

1969 年"文革"期间，北京的考古工作者调查并发掘了被覆盖在现代城市中心之下的元大都遗址。元大都的南城墙就在今天的长安街以南不远。对比考古成果，马可·波罗的描述还是比较准确的：元大都确实呈方形，夯土城墙基部有 24 米宽，有瓦制管道将水排出。[49] 马可·波罗说元大都有十二座城门，但实际上只有十一座。都城的主干道很宽阔，有 25 米左右宽，但比唐长安城宽达 155 米的大街要窄得多。小巷被称为胡同（一说来自蒙古语"水井"），有 6 米至 7 米宽。

马可·波罗描述了钟鼓楼。1970 年时考古工作者在这一带发掘出一处窖藏，包括十六件瓷器。与此前的窖藏不同的是，其中只有瓷器，没有钱币或金银，也没有金银器。中国的瓷器在 12 世纪至 13 世纪发展迅速。元朝时随着钴料从波斯进入中国，最早的高品质青花瓷也大量出现。

北京西南的卢沟桥又称"马可·波罗桥"，是中国最有名的桥梁之一。它的中文名来自桥下的卢沟河，即永定河。马可·波罗写道："世上没有一座桥能与之相比，我来告诉你原因。"这座桥"长 300 步，宽 8 步"，而且"全用灰色大理石修建，做工精细，建筑稳固"。他的描写格外精确。

因为早期作者经常会在游记中描写他们没有去过的地方，所以中世纪的读者也不期望马可·波罗和其他作者都有他们记载的每个地方的第一手材料。在这种常态下，马可·波罗完全可以写自己没去过的地方。在马可·波罗之后仅仅几十年，佛罗伦萨的一位商人弗朗西斯科·巴尔杜奇·佩戈罗蒂（Francesco Balducci Pegolotti）写了一本商旅指南。虽然作者从未去过中国，但书中描述了从意大利到北京的旅途，还写有中国当时的物价。[50] 那时

马可·波罗桥（卢沟桥）

这是今天的马可·波罗桥。当然，现在的桥已经与 13 世纪末马可·波罗所描写的不一样了。1949年之后，中国政府在原来的石板上重新铺了路，用混凝土修复了整座桥。后来政府为疏通现代交通而建了一座新桥，并复原了这座桥的原貌，仅供行人通行。这座桥的独特之处在于桥梁两侧各有一百多根望柱，柱头都雕有石狮子。这些石狮子大多雕于马可·波罗到访之后，个别出现在那之前。

去过中国的欧洲人实在太少，这类书籍完全可以基于别人的说法写成。

没有去过某地的人很可能有关于该地的准确信息，反之亦然。即使在今天也有去过某个国家的很多城市但什么都不记得的人。除非有人发现可以证明马可·波罗确实来过中国的新证据，否则我们只能将他到底去过哪里这个问题暂且放在一边。不过，中国不断进行的考古发掘有可能找到这样的新证据。

对于历史学家来说，更重要的是《马可·波罗游记》的准确度。其中描写的是不是 13 世纪末中国的真实图景？我们可以看看他如何描写从北京到山东路上的四个城镇（见史料 52）。几乎每个城镇的人都"崇拜偶像"，"死后火葬"，"臣服大汗，使用纸钞"，"经商做工"。部分描述或略有不同。马可·波罗一般还会说到当地的土特产，比如丝绸、枣、粮食、武器装备等，再提一句这个地方有几艘船，然后就跳到下一站了。这些段落的细节很少，读起来不像是亲眼所见。但要是马可·波罗对很多城镇没什么印象，那么他在每处重复一样的话也说得通。

不过，马可·波罗对景州长芦（今河北沧州）居民制盐的记载还是合理的。中国人确实采取先浸泡土壤把盐溶解，过滤后把溶液煮干的方法制盐。[51] 马可·波罗还记录了一些欧洲人不熟悉的中国习俗。他提到有一些跳大神的人十分擅长找寻失物，还有中国人下葬时用来陪葬的大量"奴婢、骆驼、马和金衣服，全是纸糊的"！[52] 能在其他史料中找到旁证的学者自然愿意相信马可·波罗。

质疑马可·波罗的记载的人则会指出书中不断出现的事实错误。马可·波罗说是自己设计出的攻城投石机让蒙古人于 1268 年拿下襄阳的，可他在 1270 年之后才来到中国。更让人起疑的是，汉文史料记载蒙古人是在阿拉伯工匠——而不是马可·波罗说的欧洲人——的帮助下，于 1273 年攻陷了襄阳城。马可·波罗坚称自己当过扬州总管，但汉文史料完整记录了元朝历任扬州总管，其中并没有马可·波罗。[53]

人们不能像信任鲁布鲁克那样信任马可·波罗，因为后者把完全不可信的事情也当作真事记录下来了。此前提到他对元大都的描述比较准确，但就在同一章，马可·波罗写到忽必烈汗有一头"大狮子"，"狮子一看见大汗就扑倒在地跪拜，表现出各种极度谦卑的样子，似乎将大汗认作主人。这狮子还没有拴上链子，可谓一桩奇事"。[54] 又有一次，马可·波罗在一座庙里看到了一个死鱼头，他写道："这鱼被发现的时候已经干了，横躺在高高的河床上。瞧瞧这鱼！足有 100 步长，但是宽度和长度完全不成比例，而且全身长着毛。"[55] 长毛的鱼虽然罕见，但确实存在，不过没有 100 步那么长的。

质疑马可·波罗的人还特别关注他没有写到的内容。他为什么不写茶、长城，或者裹脚？为马可·波罗辩护的人说可能是因为他从来没有喝过茶。我们现在看到的长城是在 15 世纪修筑的，马可·波罗来到中国的时候长城还没有修好，不像在今天是必看景点。我们还不太明白的是，马可·波罗记载女人用白布蹭一下新娘的处女膜以检验新娘的贞操，"于是白布会沾上一点下阴的血"，而且不能洗掉。也许马可·波罗还写过裹脚："为了严格保持贞操，女孩子走路步子都很小，每步不超过一指长。"[56]

是否因为马可·波罗的记载有时包含一些重要的信息，我们就应该相信他呢？为马可·波罗辩护的人常常把有问题的段落归咎于《马可·波罗游记》的执笔者比萨的鲁斯蒂谦（Rustichello da Pisa）。此人是骑士文学作家，添油加醋地讲故事对他来说是家常便饭。有学者发现，忽必烈汗对马可·波罗的欢迎词照搬自由鲁斯蒂谦改写的亚瑟王传说中特里斯坦第一次进宫的段落。[57] 另外，马可·波罗在 1271 年前往中国，近三十年后才向鲁斯蒂谦口述自己的经历，肯定记得不那么清楚了，况且他是参加海战被俘后在监狱里口述的，身边没有任何能帮助他回忆的笔记。

我们还记得柏朗嘉宾请求读者不要在他的稿子上擅自增添，可惜这种做法很普遍。《马可·波罗游记》肯定被后人润色过。

《马可·波罗游记》的成功引得许多后来者也创作了自己的"马可·波罗游记"，记录了欧洲以外很多地方的传闻。《马可·波罗游记》共有超过一百四十个现存抄本，所用语言多种多样，包括宫廷法语、拉丁语、德语、西班牙语、捷克语、葡萄牙语、爱尔兰语、英语、阿拉贡和加泰罗尼亚的西班牙语、威尼斯和托斯卡纳的意大利语，以及法语和意大利语的混合语言，表明这类游记在马可·波罗之后几个世纪都很流行。各位国王打造各自的"马可·波罗"，不同的作者也从各种抄本中自由取材，创作新的版本。我们今天翻阅的很多译本把这些不同的版本无缝连缀成一本书，让人误以为《马可·波罗游记》有唯一的定本。实际上众多抄本彼此重合，有时还相互矛盾，这可能也是马可·波罗口述原文会出现的问题。

一些征引最广泛的段落来自晚期抄本，有些晚至马可·波罗去世后两百年以上。其中一个版本里有一段称赞"行在（即南宋首都临安，今杭州）毫无疑问是世上最精致最辉煌的城市"。城中有很多水路和桥，市场随处可见，商品琳琅满目。"城中总有丰富的食物，有野味，比如獐子、鹿、兔子，也有禽类，比如山鸡、雉鸡、鹧鸪、鹌鹑、母鸡、阉鸡，鸭和鹅要多少有多少。"字里行间也一如既往地夸大了现实："这些地方常年贩卖各种蔬菜水果，其中有一种大梨，一个就有 10 斤……"[58] 虽然有点夸张，但这些描写生动地展现出中国古代都城的繁荣。城中还有救火队、医馆、画舫、石屋、石板路、浴堂等各种城市组织和设施。这更让欧洲人觉得中国极其富裕，比欧洲好得多。[59]

马可·波罗和鲁斯蒂谦创作出了一本有史以来最成功的畅销书。哥伦布在他发现美洲新大陆的航程中就随身带了一本《马可·波罗游记》。与之形成鲜明对比的是，《鲁布鲁克东行纪》严谨精确、信息量大，却基本无人阅读，拉班·扫马的记载也一样。不过坦诚地说，《马可·波罗游记》是谈论的人多，真正读过的人少。

简而言之，《马可·波罗游记》的内容证明这本书，包括各种打着马可·波罗名号的书，包含了各类内容，有些准确，有些则不那么可靠。虽然书中有部分不准确的信息，但马可·波罗的热心辩护者找来了一些支持其可靠性的外部材料。[60]最近的辩护来自德国的汉学家傅汉斯（Hans-Ulrich Vogel），他将注意力放在马可·波罗描述的元朝纸币上。他仔细研究了现存的元朝纸币，发现马可·波罗的记载非常精确，而且比现存所有汉文、非汉文史料中对中国纸币的记载更全面。[61]马可·波罗对纸币的细致了解与他的商人家族背景相称。虽然史料中提到的斡脱商人大多来自中亚，但也有叙利亚人、亚美尼亚人和犹太人。来自意大利的波罗家族可能也是斡脱商人。[62]

1291年，马可·波罗离开中国，随三名使节经海路护送蒙古公主阔阔真到波斯。因为伊利汗国的统治者阿鲁浑丧妻后想娶与前妻同族的女子续弦，忽必烈汗便派阔阔真前往波斯与之成婚。一行人经历了一番艰辛抵达波斯后得知阿鲁浑已去世，三名使节中的两名也已去世。记载这次出访的汉文史料没有提到马可·波罗[63]，但这不能证明马可·波罗没来过中国。

蒙古时代的通行证

　　蒙古统治者向所有使节和信差颁发"牌子"。牌子是一个金属圆盘,如图所示。有了它,人们就能在驿站食宿、换马。这种通行证为横跨帝国的旅程提供了便利。图中这画铁制嵌银牌子高 18 厘米,来自 13 世纪晚期。1324年,马可·波罗给他的继承人留下了一面金牌子,这是证明他去过蒙古帝国的一项关键证据。(大都会艺术博物馆供图)

　　1342 年,一名热那亚商人的女儿卡特琳娜·维里奥尼死于扬州,两年后弟弟安东尼奥也随她而去。汉文史料中没有对这两个人的记载,但他们的墓碑发现于 20 世纪,无可辩驳地证明二人曾在扬州生活。[64] 史料中的这类空白表明,汉文史料不可能记下某段时期内的所有人,更不可能记下所有在中国生活的外国人。虽然现存史料中没有马可·波罗的痕迹,但他依然可能来过中国。《马可·波罗游记》记载了被派往波斯的三名使节的名字,与汉文文献及同时代的波斯语史料中的记载吻合。[65] 马可·波罗的支持者把这份证据看作他曾与公主、使节同行的铁证,但也有一丝微弱的可能,那就是马可·波罗从别人那里知道了使节的名字。

　　在我看来,具有决定性的也是最有说服力的外部证据是一面金牌子。忽必烈给包括马可·波罗在内的所有特使都颁发了这种金属牌，让他们在路上可以使用国家的驿马和驿站。牌子分为金、银、铜、铁几种，分别发给不同级别的特使。[66]马可·波罗说他的父亲和叔叔在13世纪60年代第一次去中国时，忽必烈汗给他们发了一面牌子。1291年他们与马可·波罗离开中国时，忽必烈汗赐予他们一行人两面牌子。1293年他们离开波斯时，波斯的统治者又给了第四面。[67]1324年，马可·波罗去世，遗嘱里列举了他的遗物，其中包括一面"圣旨金牌"。怀疑者可以说这是马可·波罗从其他渠道得到的，不是忽必烈赏赐的。但最合理的解释是马可·波罗确实来过中国，而且忽必烈赐予他一面金牌。[68]

理解《马可·波罗游记》的最好办法是，认识到他的记载都来自他的亲身经历。作为商人，马可·波罗可能与朝廷关系密切。他可能是大汗的扈从之一，或者与扈从有接触。想想柏朗嘉宾从他在贵由帐中结识的俄罗斯人那里了解到多少事情。马可·波罗的商人身份可以解释他为什么长篇大论地讲述某些他知道的事，比如与他同去波斯的三名使节，再比如元朝官府用新钞换旧钞时克扣几个百分点。如果他确实是斡脱商人，就有可能随官方使团巡游中国，而极少接触到当地人，也肯定与他们没有共通的语言。中国史学者有时不明白元朝与之前之后的朝代差别巨大，因此会觉得《马可·波罗游记》中的中国不是他们了解的那个中国。

还有一名来自西方的旅行者在元朝时到过中国并宣称自己到过大都，他就是伊本·白图泰（Ibn Battuta，1304—1369）。与上文说过的欧洲修士和旅行者不同，伊本·白图泰是摩洛哥穆斯林，他一开始旅行是为了去麦加朝觐。[69]他靠着做法官挣的钱及其他穆斯林的接济，在欧亚非三大洲走了12万千米。伊本·白

图泰于 1346 年夏抵达泉州，并于同年秋离开。他只说阿拉伯语，
每到一处都详细描述那里的穆斯林群体，对泉州穆斯林的记载格
外详细。他写道，"中国每个城市"都有两名穆斯林官员，其中
一名头人、一名法官，"掌管一切穆斯林事务"。[70] 来自内蒙古的
考古发现证实了他的说法，即由穆斯林法官审理判决穆斯林的
争讼。但元朝政府不大可能派穆斯林法官去没有穆斯林的城市
断案。

早期有学者怀疑伊本·白图泰没有来过中国，不过最近的研
究发现，他提到自己在泉州遇见过两名穆斯林头人，他们的名字
与一则 1350 年的石刻记录吻合。如果伊本·白图泰从未来过中
国，那他是不可能知道这两个人的名字的。[71] 但所有学者都认为
他不可能像他说的那样从泉州由陆路往返大都，因为时间上来不
及。伊本·白图泰的记载的重要性在于提醒我们，尽管有些地区
和城市有穆斯林区，而且在元朝任职的绝大部分中亚官员是穆斯
林，但元朝是蒙古四大汗国中唯一的统治者和居民都没有大规模
皈依伊斯兰教的政权。

14 世纪，蒙古人建立的政权纷纷瓦解。1335 年，伊利汗国
最后一任蒙古统治者去世，汗国分崩离析。察合台汗国也是如此。
在中国，1344 年黄河决口，但衰弱的元朝政府在七年后才采取措
施为黄河改道。工程征发了大量民工，引发了多次农民起义，最
终导致元朝于 1368 年覆灭。元朝之后的明朝把自己描绘成正统的
中原王朝，但其实明朝从元朝继承了很多东西。

从 1206 年到 13 世纪 60 年代的头几年，蒙古帝国尚未分裂，
柏朗嘉宾和鲁布鲁克在欧亚大草原上通行无阻。在四大汗国时代，
马可·波罗从意大利来到了大都，拉班·扫马沿相反的方向从大

都去到巴黎。但草原丝路在蒙古势力衰退之后就不那么畅通了。与早期丝路的历史一样，留下记载的都不是典型的旅行者。只有一小撮使节像柏朗嘉宾一样从欧洲一直走到了蒙古。鲁布鲁克的传教之旅更不寻常。很多长途旅行者，比如柏朗嘉宾和鲁布鲁克遇到的战俘，是因为他们会某项技术（一般是冶炼或者武器制造）才被蒙古人抓走并强制迁移到蒙古首都的。蒙古政府雇用的斡脱商人负责把战利品兑换成商品，这些商品通常是他们的蒙古主子喜欢的带金线的织物。马可·波罗和他的父亲、叔叔可能也做这种生意。

蒙古人治下的丝路旅行与此前的丝路旅行有很多不同之处。旅行者不会再遇到独立的绿洲王国的统治者。他们遇到的是统治着蒙古帝国一部分的成吉思汗的后裔。蒙古人与之前绿洲王国的统治者一样，允许臣民信仰各自的宗教。蒙古统治者扶持萨满，也在一定程度上支持所有宗教的圣人。就像鲁布鲁克亲身经历的那样，蒙古人举办辩论会，让各宗教人士阐述各自信仰的优点，但从不说最后谁在辩论中胜出。蒙古人也不长时间地只扶持某一宗教团体。[72]

蒙古各政权灭亡之后，进贡的使团依然穿越草原前往北京，但频次比之前要少得多了。延续时间最长的蒙古政权在克里米亚半岛一直坚持到16世纪。在那之后，通过草原丝路穿行欧亚大陆变得更加困难了。

原始史料

45　教皇英诺森四世给蒙古人的信（1245年）⁷³ ①

教皇英诺森四世与蒙古大汗贵由之间的通信是欧亚之间最早
的信件往来之一，揭示了欧洲人与蒙古人之间巨大的鸿沟。语言
不是唯一的问题。教皇的信涉及宗教，预设收信人懂得很多基督
教神学中复杂的知识点。读信的时候想一想教皇写信的主要目的
是什么。信中哪些部分对蒙古人来说最难懂？

一

仁慈的天父上帝，怀着无法言表的慈爱注视着人类的不幸命
运。魔鬼的嫉妒通过一个狡猾的建议败坏了第一个人（亚当）。人
类因他的罪恶而堕落，在盼望着天父以极大的仁慈将其拯救。天
父上帝从天堂的崇高宝座派下与他同质② 的独子（耶稣）降临尘

① ［英］道森著，吕浦译：《出使蒙古记》（北京：中国社会科学出版社，1983
年），90—93页。译文有修改。
② 基督教三位一体学说认为耶稣与上帝在本质上完全相同，与上帝是相等
的。这一学说在325年的第一次尼西亚会议上被基督教会接受，成为基督教
的正统学说。

世。通过圣灵的活动，他（耶稣）在一个事先选出的处女子宫中受孕，在那穿上人类肉体之衣，然后经由他母亲贞操的关闭之门出世。他（天父）以可见的形象向所有人显露了自己。

人类被赋予了理性。永恒的真理适于作为最优质的食粮滋养人类。但是人类因其罪孽，被束缚在终有一死的（命运）锁链中受罚，其能力已大大削弱，必须通过来自具体事物的推论努力（思考），才能理解作为理性食粮的抽象事物。造物主具体了，与我们一样有血有肉，但他的本性并没有变化。他变成具体（的人形）是为了召唤那些追求具体事物的人们回到抽象的他本身，以他有益的教导塑造人，并以他的教诲向人们指出到达完美境地的途径：他展现了神圣的生活方式，讲述了福音的教导，之后不惜在残酷的十字架上受虐而死。他的现世生命以死刑结束。这是为了让永恒死亡的刑罚从此结束。这种刑罚是世世代代的人类由于其第一代祖先的罪过而蒙受的。这也是为了让人们能及时从他死亡的苦杯中喝到永生的甜蜜。我们和上帝之间的中保（耶稣），理应既有短暂的生命也有永恒的真福。有了短暂的生命，他就会像注定要死的人们。（有了永恒的真福，）他就可以把我们从死者中（救起），送至永生（的天国）。

因此，他为了替人类赎罪，献出自身作为牺牲，而且他击败了不使人类得救的敌人，把人类从奴役的耻辱中抢救出来，使之享受自由的光荣，并为人类打开了天堂祖国的大门。然后，他从死亡中复活，升入天堂。他把他的教皇留在世上，并且在教皇由于三重职业的证据而证明了他对人类的恒久不变的爱以后，把保护人类灵魂的责任托付给教皇，希望教皇留心地注视着人类的得救。为了人类的得救，他曾经降低了他崇高的尊严；他把天国的钥匙交给教皇，有了这把钥匙，教皇和他的继任者们就有了向一切人打开和关闭天国之门的权力。我们虽不配当此重任，但由于上帝的安排，现已继任教皇之职。因此，我们在履行由于我们的职务而肩负的一切其他责任以前，把我们敏锐的注意力集中到拯救你和其他人的问题上。在这个问题上我们特别倾注我们的心意，以勤奋的热情和热情的勤奋孜孜不倦地始终注视着这个问题，以便我们能够在上帝慈悲的帮助下，把那些误入歧途的人引导到真理之路，并为上帝赢得一切。但是，由于我们不能在同一个时间里亲自来到各个不同的地方——因为这是我们人类状况的本性所不许可的——因此，为了使我们不显得在任何方面忽视那些远离我们的人们，我们派遣谨慎小心的人作为我们的代表到他们那里去。通过他们，我们便可履行我们教皇对他们的天职。

正因如此，我们认为派我们钟爱的儿子葡萄牙人劳伦斯修士及其方济各会的同伴们[74]带信给你是合适的。他们的宗教精神非凡，德行高洁，精通圣典。因此你们遵循他们的有益教导，就可以认耶稣基督为上帝的独子，皈依基督教以敬拜他的荣名。因此，我们劝告、请求并真诚地恳求你们所有人，出于对上帝和对我们的尊敬，要像接待我们一样和善地接待这些修士，体贴地对待他们，以不伪装的诚实对待他们将代表我们向你们讲述的那些事情。我们还要请求你们，在同他们谈完上述关乎你们的利益的事情之后，发给他们安全通行证和来回旅途中的其他必需品，以便他们愿意时可以安全地回到我们身边。

我们认为把上面提到的几位修士派到你处是合适的，他们是我们从其他人中特别挑选出来的。经过多年的证明，他们是一贯遵守并精通圣经的。因此，鉴于他们遵循我们的救世主的谦恭精神，我们相信，他们将会对你有较大帮助。如果我们想到对你更为有益和你更可以接受的高级教士或其他能力强的人，那我们就会派那些人前来你处了。

1245 年 3 月 5 日于法国里昂

二

不仅人类，甚至还有无理性的动物，不，就连组成世界的元素，都遵循某种内在的法则按照天上神灵的方式结合在一起。造物主上帝将所有这些分为万千群体，使之处于和平秩序的持久稳定之中。鉴于此，我们被迫强硬地表达我们的惊讶就并非没有道理的了。我们听说，你们侵略了许多基督教徒及其他人的国家，使之化为焦土，荒凉得可怖。你们的狂暴并未消退，不仅没有停止把毁灭之手伸向更多更远的国度，还打破天然联系的纽带，男女老少，一概不饶。你们用惩罚之剑无差别地向所有人倾泻怒火。

因此，我们遵循和平之王的榜样，渴望所有人都在敬畏上帝时联合一致，共同生活。兹特劝告、请求并真诚地恳求你们所有人：从今以后，完全停止这种袭击，特别是停止迫害基督教徒。而且，你们犯了这么多这么严重的罪，应当通过适当的苦修以平息上帝的愤怒。毫无疑问，你们的挑衅已严重激起了上帝的愤怒。当你们挥舞着强权之剑进攻其他人时，全能的上帝迄今容许了许多民族在你们面前败亡。你们不应因此受到鼓舞，进一步犯下野蛮罪行。上帝有时会暂不惩罚现世的傲慢。如果这些人不主动俯首，上帝不仅不再延缓对他们恶行的现世惩罚，还会在死后世界额外加重报应。因此，我们认为派我们钟爱的儿子（柏朗嘉宾）及其同伴带信给你是合适的。[75]

他们有非凡的宗教精神，德行高洁，精通圣经知识。出于对上帝和对我们的尊敬，请像接待我们一样和善地接待这些修士，体贴地对待他们，并且在他们代表我们向你讲述的那些事情上诚实地同他们商谈。当你就上述事务特别是与和平有关的事务同他们进行了有益的讨论后，请通过这几位修士使我们充分地知道，究竟是什么东西驱使你去毁灭其他民族，你未来的意图是什么。请发给他们安全通行证和来回旅途中的其他必需品，以便他们愿意时可以回到我们身边来。

1245 年 3 月 13 日于法国里昂

46　贵由汗给教皇的回信（1245 年）[76]

下文是贵由让柏朗嘉宾和本尼迪克特带给教皇的回信。教皇写信后隔了多久收到了蒙古人的回信？蒙古人没有明白教皇两封信中的哪些段落？贵由回信的主要目的是什么？针对教皇让蒙古人停止杀人占地，贵由宣称他有什么权力？他是如何挑战教皇权威的？他说如果教皇和欧洲的君主不亲自来觐见臣服，他就要怎么做？

凭长生天之力，全体伟大人民的大海之汗圣旨：
这是给大教皇的命令，为的是知会他，让他明白。
我们用克勒尔之地的语言（拉丁语？）书写。
我从你们的使臣那儿听说（你们）开了会，并发了求和请愿。
如果你说话算话，你大教皇和所有国王必须亲自来觐见我。

那时我们会告诉你们扎撒（法典）中的每一条。

此外，你说："皈依基督吧，那很好。"你自作聪明，发了请愿。但你的请愿我们没能读懂。

再者，你在信中说："你占了马扎尔人和基督徒的所有土地。我很惊骇。他们犯了什么罪？告诉我们。"你的话我们也不明白。成吉思汗和窝阔台汗二人传出神的命令让人听到。这些人不信服神的命令。他们也像你的话一样鲁莽轻率。他们傲慢行事，杀了我们的使节。这些国家的人，是古神杀了毁了他们。如果没有神的命令，一个人怎能杀戮？怎能靠自己的力量征服？

你还说："我是基督徒，我崇拜上帝。我鄙视……"你怎么知道上帝宽恕了谁？对谁慈悲？你说了这些话，你是怎么知道的？

凭神之力，他把从日出到日落的全部土地都交给了我们。我们持有这些土地。若不是凭借神的命令，人能做什么？如今你们必须诚心地说："我们要成为你们的臣民。我们会奉献我们的所有力量。"你必须立刻领着众王一起来觐见我们。那时我们会认可你们的臣服。如果你们不接受神的命令，违背我们的命令，我们将视你们为敌。

我们如此告知你们。如果你们行事与之相违，我们不知道将会发生什么，只有神知道。

1246 年 11 月 3—11 日

47　柏朗嘉宾笔下的蒙古人（1246 年）[77]

柏朗嘉宾写给教皇的报告共有九章，下文是其中一章。概括一下柏朗嘉宾笔下的蒙古人的优缺点。他是否一直保持客观？你觉得他说的都可信吗？具体有哪些事情看上去不太可信？男性和女性各有什么不同的任务？

第四章　鞑靼人的性格、优缺点、风俗、饮食及其他

说完鞑靼人的宗教，现在该说说他们的性格了。我们用这种方式阐述：先说他们的优点，再说缺点，然后讲述他们的风俗，最后是饮食。

这些鞑靼人对自己的主子比对世上任何人都更服从，无论其主子是修士还是俗人。他们非常尊敬主子，不轻易对其撒谎。他们很少或从不口角，绝不动手，根本不会打架、斗殴、伤人、杀人。他们之中没有大量偷窃抢劫的人，因此存放财宝的营帐和马车从不上锁上门。若有人遇到走失的牲畜，要么不加理会，要么将其赶到收容处；失主可以从收容处毫不费力地领回走失的牲畜。他们互相尊重，彼此友好，食物不多也乐于分享。

他们生活困苦，断炊时一两天没有粮食也不会烦躁，而是像吃饱时一样歌唱作乐。他们骑马时耐严寒也耐酷热，不喜奢华，彼此从不嫉妒，没有讼案，也不蔑视他人，而是帮助他人尽可能发挥长处。

他们的妇女是贞洁的，没有人听说过她们有可耻的行为。但有些女子开玩笑时也会说粗野下流的话。她们之间很少有争执。大醉时也不会吵架打架。

鞑靼人的优点说完了，该说说缺点了。他们对其他民族非常傲慢，看不起所有人。无论对方出身高低，他们都不会将别人放在眼里。

我们在汗廷见到了贵族出身、强大的弗拉基米尔大公雅罗斯拉夫 [78]，他也是格鲁吉亚国王和王后的儿子。我们还见到了许多显赫的苏丹，以及肃良合人[①]的领袖。他们都没有得到应有的尊重。被派来接待宾客的鞑靼人，无论身份多么低微，始终走在前面并占据首席高位，贵客经常只得坐在他们身后。

鞑靼人暴躁易怒，爱撒谎，没有一句真话。他们起初油嘴滑舌，最后却像蝎子一样螫人。他们满腹狡诈欺骗，只要有机会就会用诡计欺骗每一个人。他们吃喝或干别的事时都非常脏，害人时会巧妙伪装，让被害者无法预防或识破他们的诡计。他们认为醉酒是光荣的，喝吐了还要继续喝。他们格外贪婪吝啬，索取时却极为苛刻，对自己的东西死不放手，特别小气。他们并不将屠杀其他民族一事放在心上。总而言之，他们缺点太多，不可能写全。

能吃的东西鞑靼人都吃。他们吃狗、狼、狐狸、马，必要时还吃人肉。比如，当他们攻打契丹 [79] 皇帝所在的城池时，由于围城太久，给养告罄，他们便从十人中挑出一人吃掉。他们也吃母马生马驹时分泌的脏东西。更有甚者，我还见过他们吃虱子。他们会说："它吃我儿子的肉、喝我儿子的血，我为什么不该吃它？"我们也见过他们吃老鼠。他们不用桌布餐巾。鞑靼人不吃面包、蔬菜或其他东西，只吃肉，但吃得很少，其他人靠这点肉几乎活不下去。他们吃肉时双手满是油脂，就擦在护腿、草或其他东西上。按照习俗，受人尊敬者会带几块小碎布，用来在吃完肉之后擦手。他们中有一人负责切肉，另一人从刀尖上取肉，分给众人。

---

① Solangi，即高丽人。

根据受尊重程度的不同，每人得到的肉块大小不一。他们从不洗碗，偶尔用肉汤涮一下，还要把刷碗水跟肉一起倒回锅里。要洗锅、勺等其他器具时他们也这么做。他们认为浪费饮食是大罪。因此他们在吸尽骨髓前，不会把骨头给狗。他们不洗衣服也不许别人给他们洗，雷雨期间更加不行。鞑靼人喝大量马奶，也喝羊奶、牛奶，甚至骆驼奶。他们自己没有葡萄酒、啤酒或蜜酒，有的都是其他民族送来运来的。另外，冬天的时候一般只有富人能喝上马奶，大多数人只能煮很稀的小米粥喝着吃。每人在清晨喝一两碗米粥，白天不吃，到晚上时再分点肉，喝肉汤。但在夏天，因为有充足的马奶，他们很少吃肉，除非是别人送的或是打猎时抓到的。

他们有处死被当场捉奸的通奸者的法律或习俗。类似地，若未婚女子与人私通，则要处死男女双方。如果在他们的地盘上抓住劫掠或行窃的人，他们会毫不留情地将其处死。此外，如果有人泄密，特别在即将开战时，泄密者就要受臀杖一百下，执刑的大汉会用粗棒下最大力气击打。底下人若犯错，他的上级不会轻饶，而是狠打一顿。儿子之间没有嫡庶之别，父亲会按照自己的意愿对待儿子。王公家庭中，庶子和嫡子享受同样的待遇。鞑靼人若有多位妻子，那么每位妻子都有自己的营帐和家庭。丈夫今天与一位妻子同吃同住，第二天再轮到另一位。其中一位是正妻，与丈夫同住时间最长。尽管妻妾众多，但她们从不轻易争吵。

男子除了造箭不制造其他东西，有时会放放羊，但都打猎射箭，因为大人小孩都善射。孩子两三岁就开始骑马驭马，纵马驰骋，拿着适合儿童的弓学射箭，极为敏捷无畏。女子在马背上和男子一样敏捷。我们甚至看到她们也带着弓箭。男女都能长途骑马。他们的马镫很短，马匹被精心照料。实际上，他们对自己的所有东西都很上心。女子会制作各种东西，包括皮衣、长袍、靴子、护腿和各种皮具。她们还驾车、修车、将货物搬到骆驼背上。所有这些事她们都干得非常麻利。所有女子都穿马裤，有些人的射箭技术跟男子一样好。

48　蒙哥汗廷的宗教辩论（1254 年）[80]①

鲁布鲁克离开蒙古汗廷之前，大汗给他和一些基督教东方教会的牧师（聂斯脱利派）机会，让他们与脱因（汉传佛教徒）和萨拉森人（穆斯林）辩论。你觉得鲁布鲁克是否在写给路易九世的信中歪曲了部分事实？你觉得哪一方的辩论最有理？辩论的结果如何？

于是基督徒让我站在中间，叫脱因跟我对阵。他们有一大群，开始嘟哝着抱怨蒙哥汗，说没有别的汗企图窥探他们的秘密。他们推出一个来自契丹的人跟我辩论，他有他的翻译，我则有金匠威廉之子。

他开场对我说："朋友，如果你被说得无言以对，就找一个更聪明的来。"我心平气和，没有回答。然后他问我想先谈什么，是天地的创造，还是死后灵魂的归宿。

我答道："朋友，这不应当是我们辩论的开端。万物来自上

---

① 耿昇、何高济译：《柏朗嘉宾蒙古行纪　鲁布鲁克东行纪》（北京：中华书局，2002 年），299—302 页。译文略有修改。

帝，上帝是万物的源头，所以我们应该先谈上帝。你们对上帝的看法与我们不一样，蒙哥汗想知道谁的最好。"裁判判定这是对的。

他们想从上述问题开始，因为他们认为这些是最重要的。他们都信奉摩尼教的异说：世间的造物一半是恶，一半是善，世界至少有两个本源。他们相信所有灵魂都在肉体间转移。

连聂斯脱利教徒中最智慧的人也问我，动物的灵魂能否在死后逃脱，不再被迫劳作。金匠威廉给我讲了一个这种谬论的证据，说有个被从契丹带来的孩子，看样子不过三岁，但他的推理能力已完全成熟，他说自己已经投胎三次。他还能读书写字。

于是我对脱因说："我们心里坚信且开口承认上帝存在，他独一无二，是完美的结合体①。你们信什么？"

他答："蠢人说神只有一个，但聪明人说神有很多个。你们国家不也有很多君主吗？这里的君主不就是蒙哥汗吗？神也一样，不同地方有不同的神。"

对此我答道："你提出的这个例子或比喻将人与神相提并论，并不恰当。要这么说，随便一个有权势的人都可以在自己的地盘称神了。"

当我反驳这个类比时，他打断我，问道："你说上帝唯一，那他是什么样子的？"

我答道："我们的上帝无所不能，除他外别无他神。他无须别人帮助，而我们都需要上帝帮助。人不这样。没有人能做所有事，因此世上必定有众多君王，因为一个人无法承受所有。上帝无所

---

① 指圣父、圣子、圣灵三位一体，完美结合。

不知，无须与人商议，一切智慧都源自上帝。此外，上帝至善至美，不需要我们的财物。我们在上帝之中生活、行动、存在。这就是我们的上帝，因此不应考虑其他（神的存在）。"

他回答说："不是这样。正相反，天上有一个我们不知其来源的至高神，在他下面又有十个神，他们之下还有一位地位更低的。地上则有无数多。"

他还想继续编神话故事时，我问他是认为这个至高神无所不能还是从属于其他神。

他害怕作答，就问道："（世间善恶各半，）如果你的上帝确实如你所说，他为什么创造了占世间一半的恶？"

我说："这不对，创造恶的不是上帝。一切存在的东西都是善的。"

所有的脱因都对这句话震惊不已，认为这是假的、不可能的事并将其记了下来。然后他问："既然如此，那么恶从哪里来？"

我答道："你问错了。应该先问什么是恶，再问恶从哪里来。回到第一个问题，你是否认为任何神都是万能的，然后我会回答你想问的所有问题。"

他坐了很久不愿回答，后来代表大汗听辩论的书记不得不命令他回答。最后他说没有神是万能的。话一出口，萨拉森人都哈哈大笑起来。

平静下来后，我说："那么你有危难时，不能保证你们众神中的一位会来救你，因为他可能对发生的灾祸无能为力。再者，人不侍二主。你们怎能服待天上地下那么多神呢？"

观众叫他回答，但他一言不发。当我要向全体听众解释神性本质的结合与三位一体时，当地的聂斯脱利派信徒告诉我我说得已经够多了，他们要讲话。

我把位置让给他们。当他们要跟萨拉森人辩论时，后者答道："我们承认你们的信仰是真的，福音中的一切也是真的，所以我们不想跟你们争辩任何问题。"他们也承认，他们在祷词中祈求上帝让他们临终时像基督徒一样离世。在场有一个老年畏吾儿教士。他说，尽管他们创造偶像，但神仍然只有一个。他们（聂斯脱利）跟他谈了很久，把基督到来至审判日的一切都向他讲明，并且用类比法向他和萨拉森人阐述三位一体。他们都听着，没有异议，但也没有人说："我相信，我要成为基督徒。"

这事结束后，聂斯脱利信徒和萨拉森人齐声高唱，脱因则沉默不语，随后他们都喝掉了杯中的酒。

49　亚美尼亚国王关于鲁布鲁克的报告 [81]

这是一份第三手材料。亚美尼亚国王于 1259 年在的黎波里讲述他从蒙古统治者（可能是蒙哥，更可能是拔都）口中听到的鲁布鲁克的布道，意大利修士詹姆斯把国王的讲述记了下来。这份材料与我们对鲁布鲁克的了解吻合吗？这份材料可信吗？它有何历史意义？

伊塞奥（Iseo）的詹姆斯修士说，他在的黎波里的方济各会会堂里见到亚美尼亚国王在讲从鞑靼人的王那里听到的事。鞑靼王讲的是一位弗拉芒的读经员威廉修士对待他的方式。修士的方式并不受鞑靼王赞许。法国国王给了威廉修士一封信派他去见鞑靼人的大王。威廉修士一见到鞑靼王就强行向他灌输基督教的信仰，说鞑靼人和所有不信教的人都会下地狱，遭受永火的诅咒。鞑靼王很吃惊，既然修士想吸引他入教，怎么会是这样的立场。"奶妈，"鞑靼王说，"都会先喂孩子几滴奶，让甜味鼓励孩子吸吮，然后才把奶头给孩子。你这个教义看上去完全是外来的，因此应该先用简单有理的方式说服我们。但你一上来就用永久的刑罚威胁我们。"根据亚美尼亚国王的说法，这位信徒采取了不同的方式，得到了鞑靼王的赞许。

50　拉班·扫马笔下的法国（约 1300 年）[82]①

拉班·扫马的游记原本是用波斯语写的，现在只有叙利亚语缩略本传世。这份缩略本已是现存关于拉班·扫马的旅程最为详细的记载。因为波斯语原稿已失传，没有人知道叙利亚语译者删去了什么内容。拉班·扫马觉得自己在巴黎的经历中什么最值得记录？他为什么记下了那些对话？有什么你想知道但他没有写下的细节？比如国王长什么样、他们用什么语言对话。如果这是拉班·扫马去过巴黎的唯一证据，你相信他真的亲身到过那里吗？请阐述理由。

之后，他们去巴黎之国觐见法兰西王[83]。王派一大拨人迎接他们，极隆重地带他们入城。当时法王的疆域有一个多月行程之广。

---

① 朱炳旭译：《拉班·扫马和马克西行记》（郑州：大象出版社，2009 年），35—36 页。译文略有修改。

法兰西王给拉班·扫马安排了住处，三天后派一个艾米尔[84]去召他觐见。

他到时，法兰西王站在他面前，向他表示敬意，对他说："你为何而来？谁派你来的？"

拉班·扫马对他说："阿鲁浑王和东方教会大教长[①]为耶路撒冷之事派我来。"他说出自己所知的一切，并把带来的信件和礼物交给国王。

法兰西王答道："虽然蒙古人不是基督徒，但如果他们真要为了夺取耶路撒冷与阿拉伯人开战，我们特别应当与之并肩作战，如我主愿意，我们将全力以赴。"

拉班·扫马对他说："既然我们已见到贵国的荣光，亲眼观看了您的军容之盛，我们请求国王令此城之人带我们参观教堂、圣殿、圣徒遗迹，以及只有您有、在其他国家见不到的东西，以便回去后让各国知道我们在您这里看到了什么。"

国王随即命众艾米尔道："带他们去看我们这里所有的宝物，然后，我要亲自让他们看看我有什么。"众艾米尔便带他们出去了。

拉班·扫马及其同伴在这巴黎大城中逗留一月，遍览城中之物。城内有三万学者[85]从事神学研究，即注解和阐释圣经，以及世俗研究。他们研究哲学、话术（修辞学）、医术、几何、算术、星辰的科学（天文），不停地写论文。所有这些学生皆由国王出钱供养。

他们还参观了一座大教堂，里面有已故国王的棺椁，国王墓

---

① 即东方教会的最高领袖。

上立有其金银塑像。五百僧侣负责在王陵操办祭礼，其吃喝用度皆由国王支付。他们在王陵斋戒，不停祈祷。国王的王冠、甲胄、服饰都放在墓上。总之，拉班·扫马及其同伴观览了所有华丽、著名之物。

之后，国王召见拉班·扫马一行人。他们去教堂觐见他，见国王站在祭坛旁，便向国王行礼。国王问拉班·扫马："你看完我们所有的东西了吗？有没有你还没见过的？"

拉班·扫马致谢，并说"没了"。国王立即带他上楼去一间金色房间。国王打开门，从中取出一个绿宝石[86]盒，里面是荆棘冠[①]。这是我们的主被钉上十字架后，犹太人戴在他头上的。[②]因为绿宝石透明，可以看到盒内的荆棘冠，所以国王并没有打开盒子。盒内还有一片真十字架[③]的木头。

国王对拉班·扫马及其同伴说："我们的先辈在攻下君士坦丁堡、劫掠耶路撒冷时，取回了这些圣物。"我们祝福国王，并请他下令让我们返回。

他对我们说："我会派一位我身边的大艾米尔与你们同行，去给阿鲁浑王一个答复。"国王赏给拉班·扫马礼物和昂贵衣物。

51　马可·波罗笔下的大都 [87]

仔细阅读马可·波罗笔下的大都。大都的什么让他印象深

---

① 1238 年，君士坦丁堡的拉丁皇帝将荆棘冠赠予法兰西王路易九世。自 1806 年起，荆棘冠藏于巴黎圣母院，2019 年 4 月 15 日大火时被救出。
② 实际上是被钉上十字架前，罗马士兵给耶稣戴上的。
③ 指耶稣受难的十字架，后来也藏于巴黎圣母院。

刻？记载中的哪些部分比较切合实际？哪些部分像是夸张？大都
跟当时的欧洲城市比怎么样？

　　大都[88]城正方，四边相等，周长24英里。绕城有夯土城墙，
高20步，墙基宽10步，从下到上向内倾斜，顶部只有3步宽。城
墙带有城垛并刷白。大都有十二个城门，每个城门上都建有精致
的大城楼，城四角有角楼，因此城墙每边有三道门五座楼。城楼
和角楼里有大厅，其中收藏着护城军的武器。我向你们保证，城
中街道又宽又直，从城门可以看到通往对面城门的整条大街。城
中全是精致的宅邸、旅舍和民居，大街两侧布满各种店铺。城中
所有宅地都方方正正，按直线排列。每块地上都建有宽敞的宅子，
其中有众多院落和花园。这些地分给各家族长，因此某块地属于
代表某个家族的某人，旁边一块地属于另一家的代表，全都如此。
宅地周围有很好的公共街道。内城全照此布置成一个个方块，像
棋盘一样，极其精准，无法尽述。
　　城墙内外的房屋和居民众多，没有人能数得过来。实际上，
城郊的居民比内城的多。城门外是城郊，各郊区相互连成一体，
绵延三四英里。每个郊区离城约一英里处有许多精致的客栈，给
来自不同地方的商人居住。不同国家的人各有一个指定客栈，比
如有一个专门接待伦巴第人的客栈，接待德国人和法国人的也各
有一个。来这儿做生意的人很多，既因为这里是大汗居所，也因
为这里的市场有利可图。城郊的宅子跟城里的一样好，不过当然
比不过大汗的官殿。你们应该知道，城内不埋死人。拜偶像者
（佛教徒）若去世，人们就把尸体运到郊外的火葬场。其他人也一
样，死后被运到郊外埋葬。同样，城中没有刑场，都在郊外。

　　我告诉你们，罪恶的女人不敢住在城中，除非没人知道。我指的是做皮肉生意的那些人。她们全住在城郊，人数多得难以置信。我向你们保证，她们共有两万人，都以服侍男人挣钱。这些人有一个总管，总管之下有百人和千人的首领。凡有使节来拜访大汗并受大汗款待时，总管要负责给使节及其下属安排女人，每人一名，每夜换人。她们没有报酬，算是向大汗交税。你们可以从妓女人数推知，每天有多少生意人和其他来访者来来往往。

　　你们应该相信，运进汗八里的罕见贵重货物比世上任何一个城市的都多。我来仔细说说。来自印度的宝物，比如宝石、珍珠和其他罕见物品全都运到这里来了。此外还有来自中国北方和其他行省的最贵、最好的物品。因为这里住着大汗本人，达官贵人及其妻室，大量的旅馆主和居民，以及来觐见大汗的访客。因此这里内外贸易的总量和总额超过世上任何一个城市。因为这里织造大量金丝布，每天有一千辆车的丝运进城来。

　　此外，汗八里周边远近两百多座城市都有商人来此买卖，因此城中交通如我说的那样并不奇怪。城中心有一座巨大的钟楼，到了晚上会响起三下钟声，表示此后人们不许在城中游荡。敲钟之后，城里就没人出门了。若是在分娩或生急病等紧急情况下出门，则要携带灯火。

　　夜里有三四十人一队的卫兵在城中骑马巡查，看是否有人在钟响三下之后还在外面游荡，一旦发现就会立刻将其逮捕下狱。第二天一早，被捕者由专门的官员拷问，若有罪就按罪行轻重受板子若干下，但有时他们会被打死。

　　采用这种刑罚的目的是避免流血，因为深谙占星术的八合识[89]说流血不对。每个城门各有一千人把守。不要觉得设置这些守卫是因为不信任居民。实际上，这既是对住在城里的大汗表示尊敬，也是为了防范坏人。大汗确实因为占星术士的预言而对契丹人心怀疑虑。

52　马可·波罗从大都南下的行程[90]

这一段《马可·波罗游记》节选在他对大都的描写之后，其中写到四个不同的地方。这四段中有多少重复之处？这些描写可信吗？你觉得马可·波罗真的到过这些地方吗？说出你的理由。

我们从涿州向南走了四天，经过许多城镇，那里的人经商做工，崇拜偶像。他们臣服大汗，使用纸钞。四天之后，我们到达河间府城，此地隶属契丹省。我来给你讲讲这地方。

河间府是一座大而繁盛的城市，位于南方。人们崇拜偶像，死后火葬。[91]他们臣服大汗，使用纸钞，经商做工。那里产丝很多，出产大量金丝布和绸缎。有许多城镇归此地管辖。城中流过一条大河，货物从河上运往大都，因为人们开凿了许多水渠和水道使这河水流至大都。

离开河间府，向南走三天，就到了长芦。这也是一座隶属契丹省的大城，人们臣服大汗，使用纸钞。他们崇拜偶像，死后火葬。你们必须知道此地是用如下工艺生产大量食盐的。这里有一种土，含盐量很高。人们把这种土堆成大土堆，从顶部倒入大量的水。由于土中含盐，水经土堆流出后就成了盐水。人们用管子把盐水导入不到四指深的大缸和大铁锅里煮干。这样做出的盐又纯又白又细。我向你保证，这种盐出口到周围许多国家，是当地财富和大汗岁入的一大来源。此地还产大桃，每个有两磅重。

此外没什么可讲的了。我们继续向南，到达契丹省的另一座城——将陵（今山东德州）。此地隶属大汗，人们奉拜偶像，使用纸钞。将陵距长芦五天路程，其间有许多城镇，商品繁多，给大汗带来大量岁入。一条大河流经将陵中心，大量丝织品、香料和贵重货物沿河运往上下游。

离开将陵，我们向南走六天，经过许多富庶繁盛的城镇。人们信奉偶像，死后火葬。他们臣服大汗，使用纸钞，经商做工，享有大量丰富的食材。到东平府（今山东泰安市东平县）前没有什么特别值得说的。东平府很大，以前是一个大国，但大汗用武力征服了这里。我向你们保证，这里仍是这地区最精致的城市。富商们在这里的生意兴盛。丝的产量大得惊人。城里有很多宜人的庭院，里面满是上好的水果。你们也必须知道，东平府下辖十一个官城，个个繁荣辉煌，都是赢利丰厚的贸易中心，产丝不计其数。

结　论
中亚陆路的历史

如果通行货物的重量或者往来人数是考察一条道路重要性的唯一标准，那么丝绸之路曾是人类历史上交通流量最少的道路之一，也许并不值得研究。

然而丝路之所以改变了历史，很大程度上是因为在丝路上穿行的人们把他们各自的文化像其带往远方的异国香料种子一样沿路撒播。他们在丝路上落户并蓬勃发展，与当地人融合，也与后来者同化。这些绿洲城市有着持久的经济活动，像灯塔一样吸引着人们翻山越岭穿越沙海而来。丝路在很大程度上并非一条商业道路，却有很重要的历史意义。这个路线网络是全球最著名的东西方宗教、艺术、语言和新技术交流的大动脉。

严格说来，丝绸之路指全部从中国向西经过中亚到达叙利亚甚至更远地区的陆上道路。这段路从空中看来并没有什么特别的地貌。山口、峡谷、沙漠中的甘泉这些划定路线轨迹的标志物并非出自人工而是完全源于自然。丝绸之路并非人为铺就的道路，到了 20 世纪才第一次得到了系统勘查。在公元 200 年到 1000 年间，即丝路上汉人活动的高峰时期，生活在这里的人从未说过"丝绸之路"这个词。不要忘了"丝绸之路"这一术语要到 1877

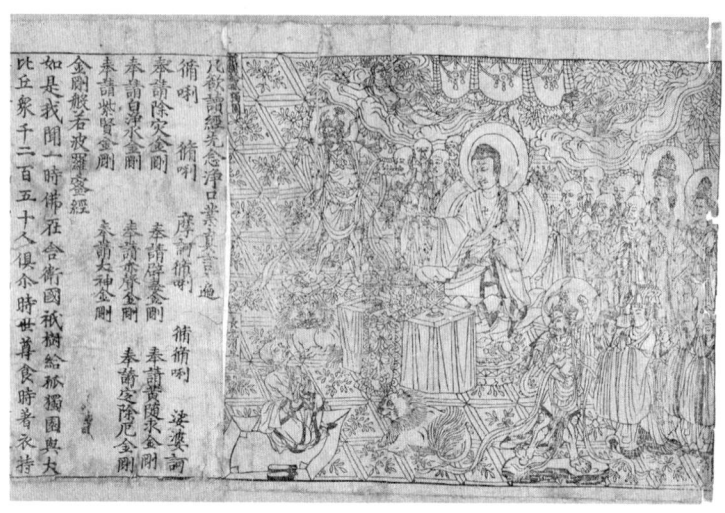

世界上最早的印刷书籍

　　敦煌藏经洞中的《金刚经》是世界上最早的完整印刷书籍，这也可能是最有名的丝路文书。整件作品由七张纸粘为一卷。在开篇的佛陀讲法图与第二张纸的经文之间可以看到一条缝。据卷末题记，该书于868年制版，距离木版印刷在东亚第一次出现约一百五十年。累积功德是印刷术发展的一大动因。（大英图书馆供图）

年李希霍芬男爵在地图上使用时才诞生（见彩图2）。

　　这些路线的年代可以追溯至人类起源的时期。人类只要能够行走就可以通过陆路穿行中亚。在遥远的史前时代，人们沿此路迁徙。地区间货物往来最早的证据来自公元前1200年左右，在黄河以北河南安阳的商代墓葬中就发现了和田玉。中国、印度、伊朗等中亚周边不同文明之间的接触在公元前1千纪一直未曾中断。

　　公元前2世纪，汉武帝派张骞出使西域。他们原意是要结成一个联盟，以对抗蒙古高原上的匈奴人。张骞在阿富汗北部注意到那里有汉朝的货物并在回朝后把这一发现汇报给了皇帝。很多书都把张骞之行看作丝路开通的标志。但我们要记住，汉武帝派出张骞是出于国家安全的考虑，而不是因为重视贸易。他之前并不知道贸易的存在，而且贸易的规模也很小。汉朝随即派军出征西北并在那里驻扎以防御北方的敌人。汉朝驻军与当地人的接触有限。他们首次与当地人的持久交往发生在尼雅和楼兰，当地人是来自印度的移民——这是第一章开头部分的内容。

在本书所讨论的每一处丝路遗址中，包括尼雅、楼兰、龟兹、高昌、撒马尔罕、长安、敦煌、于阗，都有贸易存在，但规模有限。年代在三四世纪的尼雅佉卢文文书有近千件，但只有一件提到了"商人"，这些从汉地来的商人经过村子时可以给丝绢估价。往来的商人为数不多，且都被严密监视。地方官员给他们签发过所。过所上会列出商队中所有人畜，并按顺序规定他们能去的地方。并非只有汉地官员监控贸易，龟兹的官员也做类似的事情。官府是货物和服务的购买者，在丝路贸易中扮演了主要的角色。

这些地方都有市场，其中本地货物大大多于外来的进口货。在743年西州的一个市场上，当地官员记录了三百五十多种物品的高中低三种价格，其中包括硇砂、香料、糖、黄铜矿等典型的丝路商品。店主可以买到各种当地的蔬菜、粮食和牲畜。有些牲畜是从很远的地方赶过来的。还有各种中原生产的织物被运到西北在市场上出售，这是因为中央政府把这些织物当作军饷发放给士兵，士兵们再用它们在市场上换其他东西。

海量财富从中原注入有大量驻军的西北地区，这是755年之前盛唐时期丝路贸易繁荣的原因。745年有两批丝绢运到敦煌的军营，总量达到一万五千匹。据《通典》记载，730年到750年，唐朝政府每年向西域投入多达九十万匹绢帛。这比任何有记载的个人贸易的交易额都要大得多。正是这种持续的投入支撑了地区的繁荣。755 年安史之乱一爆发，唐朝就切断了对该地区的供应，丝路经济随之崩溃。

755 年之后，这一地区退回到与之前非常相似的物物贸易。有一名商人在敦煌附近方圆约 250 千米的小范围内游走，只买卖本地生产的货物，其生意大多是用一种货物换另外一种货物。此人的活动证实了公元 800 年之后西北地区的货币短缺。这种低端贸易在丝路贸易高峰过后持续了很久。20 世纪初，斯文·赫定和斯坦因都遇到过这样的游商。这种交易对于在丝路沿线生活的人们影响很小。种地的人依旧种地，并不购买或生产丝绸之路上闻名遐迩的奢侈品。

本书的很多材料证明了丝路贸易常常限于当地且规模较小。即使是对丝路贸易数量大且频率高这一观点最热心的拥护者也应该承认，丝路贸易常因论据不足而被夸大。对本书所讨论的零星证据或许可以进行不同的解读，但难以否认的是，并没有大量证据支持丝路上曾出现繁荣的大规模贸易。

因为每处遗址都有其各自的特点，且出土文献语言不同，大多数学者主要只研究一处丝路遗址。他们分别发现自己所研究的遗址中几乎没有有关丝路贸易的直接证据保存下来，并长篇大论地解释其原因。本书证明，这种对贸易的失语广泛存在于丝路遗址的出土文书中。

对贸易的最坚定的支持者也许认为还有更多证据藏于地下且尚未被发现。这种观点让人无从反驳。我们谁能知道未来会有什么发现？与此同时，本书深入且细致地分析了现有证据，因为这是推进对于丝路贸易和丝路历史理解的唯一途径。出土证据因其真实性及一手性在本书中占主导地位。与商人的税单相比，对贸易的泛泛之谈就黯然失色了。诚然，证据并不总是充分的，而且经常缺乏关键信息，但这种证据在许多不同的地点均有发现，因而使得当地的小规模贸易图景显得更加合理。

虽然贸易有限，但因为各色人等沿着不同的路线在中亚穿行，东西方——中国与南亚，之后是西亚，特别是伊朗——之间的文化交流非常普遍。难民、画师、工匠、传教士、劫匪和使节都走同一条路。他们有时做做生意，但这并不是他们在路上的主要目的。

往来于丝路上最重要也最有影响力的人群是难民。一拨一拨的移民把技术从家乡带来，并在他们的新家运用这些技能。经常有人逃离家乡以躲避战争或者政治纷争，这意味着技术的流传有时向东有时向西。在造纸和纺织技术从中国向西传播的同时，制造玻璃的技术刚好进入中国。画师也在丝路上活动，其家乡的样式和花纹因此随之传播。

第一拨进入西域并在尼雅定居的移民来自今阿富汗和巴基斯坦的犍陀罗地区。这些来自印度的难民把佉卢文、书写技术和带沟槽的木板带给了当地人。他们还带来了自己的信仰——佛教。早期佛教戒律要求僧侣独身，但有些尼雅的僧侣结婚生子并在家生活，只参加寺院里重要的仪式。

中国西部最重要的移民是粟特人，其家乡在今乌兹别克斯坦的撒马尔罕及其周边。几乎在每个中国城市里都有粟特人的聚落，由粟特头人萨宝监管当地事务。有些粟特移民是商人，总以一种固化的粟特富商形象出现在虚构文学中。

对丝路贸易最详细的描述之一来自八封粟特古信札。这些古信札被遗弃于敦煌之外的一个邮包中，年代为 313 年或 314 年，其中提到了羊毛、亚麻、麝香、铅白（化妆用）、胡椒、银子等具体商品，可能还有丝绸。商品量都不大，从 1.5 千克到 40 千克不等，是适合商队进行的小额贸易。

商队经常在陆路穿行。在 3 号信札中，一位名叫米乌奈的粟特女人因为丈夫行为不当而被困在敦煌。她说自己曾有五次机会离开敦煌，但为了生计最后不得不带着女儿一起放羊。粟特人定居中国之后的职业选择很灵活，有人种地，有人做手艺人，有人做兽医，也有人参军。

古都长安也因其丝路艺术而闻名。最集中的发现当数何家村遗宝，其中结合了中国和西方特点的金银器共有一百多件。仔细研究之后发现，这些物品都是本地制造的，要么出自客居中国的粟特人之手，要么出自学会了粟特样式的中国工匠之手。只有珠宝肯定是进口的。这些珠宝很轻便，很容易通过陆路输送进来。

与其他难民一样，粟特人把他们的宗教信仰也带到了中国。他们放弃了曝露死者之后将其遗骨收敛至纳骨器中的习俗，接受了汉式葬俗，把死者埋入带斜坡墓道的地下墓室中。在西安和中国其他一些城市，考古学家们发掘了多座饰有祆教死后场景的墓葬，其中一座还有汉语-粟特语双语墓志铭。

西域的每个地方都有多个移民组成的聚落，很多都延续着母国的宗教习俗。与难民出于无奈背井离乡不同，宗教学习者为了学到更多东西而上路，导师们在能够吸引学生的城镇中定居。最详细的旅行记录出自经海路或陆路去印度取经的中国僧人之手。他们生动地描写了路上的危险。5 世纪初，与法显同船的旅客差点把他扔下船去，只是由于另一名旅客说如果把法显扔下去就告发他们，他们才没有这样做。

两个多世纪后的玄奘在翻越山口时有很多同伴死于寒冷，他自己也被洗劫一空，甚至连衣服都不剩。玄奘还曾遇到因忙于分赃而无暇偷他的匪徒。他很罕见地讲了很多盗贼的事情。尼雅文书曾记载，携带珍珠、镜子、银饰、丝绸或羊毛料子的难民遇到了窃贼，但并未说明罪犯是谁。敦煌的一幅壁画栩栩如生地描绘了商人被武装匪徒劫持的场面，后来观音菩萨解救了他们。

玄奘这样的僧人是最重要的翻译家。他们摸索出了一套把梵文术语音译为汉语的方法。汉语吸收了约三万五千个新词汇，一些是佛教专门用语，一些是日常用词。操不同语言的人常常在丝路上相遇。有些人，比如鸠摩罗什，从小就会说好几种语言。其他人则需要在长大以后学外语。考虑到当时语言学习材料之少，学习外语的过程肯定比在今天更痛苦。

通过保存下来的常用语手册可以看出外语学习者的身份和目的。梵语因为于公元1千纪在寺院中通行，总能吸引到学生，但于阗语、汉语和藏语就不是这样了。755年之后，越来越多的佛教徒从于阗和藏地出发经敦煌去山西五台山朝圣。也有人向相反的方向走，前往一直以来的佛教最高学府——印度那烂陀寺。

丝路上除了朝圣者，还有统治者之间互派的使臣。这些使臣在文书中留下了比其他任何人都要清晰的印记。他们带给其他统治者礼物和信件，并把自己国家的信息告诉对方，返回后再把路上得知的情报汇报给本国君主。其中有些人肯定是间谍。

从敦煌附近出土的悬泉汉简中可以看到，公元前后汉朝与西方统治者定期互派使节。在之后的几个世纪里，外交人员继续在丝路上穿行。在丝路的高峰时期，所有强国都互派使节。中国使节去往撒马尔罕，粟特使节前往中国。手中满是自己国家特产的使节在撒马尔罕的阿弗拉西阿卜壁画中占据了重要的位置。

755 年之后，丝路经济大幅下滑，但使节依旧往来如常。于阗的七王子使团无法完成旅程，是因为敦煌的统治者怕路上危险不允许他们离开。使团成员开始随意地把丝绢、羊，甚至羚羊皮换成当地产的物品以维持生计，就连于阗王子们也不得不贩卖玉石换取盘缠。

记录七王子困境的文书只是四万多件敦煌藏经洞文书中的沧海一粟。藏经洞封闭于1002 年之后不久，成了记录丝路多元文化的时间胶囊。收藏这些文书的僧人自然收集了自己宗教的文书，但他们也保存了所有大大小小的纸片以备不时之需。他们所收藏文书的语言包括梵语、于阗语、藏语、回鹘语、粟特语，所涉及的宗教包括摩尼教、祆教、基督教、犹太教、佛教。《金刚经》是藏经洞中最有名的文献，因为这是世界上最早的有纪年的印刷品。但其他文献也许更不寻常，比如那件纸折的护身符，上面写着希伯来语《圣经·诗篇》的选段，还有那件摩尼教赞美诗文书。藏经洞代表了对不同宗教的宽容，而这正是丝绸之路这段近千年历史的突出特征。

封闭藏经洞的僧人并没有记下这样做的原因，但他们肯定听说了和敦煌结盟、信仰佛教的于阗与信仰伊斯兰教的喀喇汗王朝之间的战争。即使1006 年于阗的灭亡没有直接导致藏经洞的关闭，但该事件将西域引入了新时代，整个地区逐渐伊斯兰化。在之后的几个世纪里，每个绿洲都变成了独立的伊斯兰小国。一小部分去麦加朝觐的人回来后享有了巨大的影响力。在马可·波罗、鄂本笃（后文会讨论他）的描述中，西域的城市比之前的要小。

除了马可·波罗，前往蒙古的欧洲旅行者都没有走之前沿塔克拉玛干南缘或北缘的路线。本书的第一至第七章写了这些路线经过的大部分绿洲。柏朗嘉宾和鲁布鲁克都去了蒙古但没去汉地。虽然都是宗教人士，但他们的旅行经验跟之前几个世纪的僧侣有很大不同。他们拿着可以让他们在路上使用驿站和驿马的通行证"牌子"。而且他们在蒙古办完事后就立刻返回了，不能自由地独自旅行。基督教东方教会的拉班·扫马在从北京去西欧的路上有更多自由，但他也只见了最高级别的统治者。虽然我们无法确定马可·波罗是否随阔阔真公主出海到了波斯，但他给后代留下了一面牌子，说明他曾作为大汗的代表出访。就连伊本·白图泰也是作为德里苏丹国的代表走访各处。这些旅行者留下的游记揭示了蒙古汗廷的方方面面，但对于日常生活的记载则不如出土的更早期史料丰富。

有一位晚期的欧洲旅行者是在没有政府资助的情况下出行的，他就是鄂本笃。他是一名生于亚速尔群岛（Azores）的耶稣会士。鄂本笃在 1602 年从印度启程，一直走到了中国。他蓄须留发，把自己打扮成波斯商人的模样。[1] 他在第一站喀布尔遇到了于阗王的母亲（同时也是叶尔羌王的妹妹），她被抢了，需要钱。于是他卖了点货，无息借了她 600 枚金币。她答应用和田玉偿还。翻过帕米尔前往叶尔羌的路上危险重重，他的五百人商队中雇有四百名保镖。

平安到达叶尔羌后，鄂本笃前往于阗，在那儿拿到了于阗王的母亲欠他的玉。接下来的一年，他在叶尔羌等待去北京的商队。商队很难组织。明朝规定一个商队只能有 72 名商人。叶尔羌王出售商队名额，出价最高者付了 200 袋麝香拿到了领队的位置，其他 71 个名额的价格则略低。商队满员之后于 1604 年秋出发，走的是塔克拉玛干北缘。鄂本笃和两名同伴脱队访问了吐鲁番、哈密和嘉峪关。他们得到入境许可后，于 1605 年圣诞节抵达甘肃肃州。在肃州，他给利玛窦写了好几封信。利玛窦也是耶稣会士，从 1601 年起一直待在北京。他派了一名皈依基督教的信徒来看鄂本笃。这位教友到肃州之后证实了鄂本笃一直以来的猜想——此前旅行者口中的"契丹"就是中国。十一天后，鄂本笃去世，当时是 1607 年。

鄂本笃的旅伴瓜分了他的财产，还撕了他的日记，只留下一小部分。这部分日记被其他耶稣会士抢救下来寄给了利玛窦，其中有现存最详细的关于朝贡贸易的记录。从西域来中原的商队不多，仅有的几支商队人马众多，号称是来给明朝皇帝进贡的。

17、18 世纪很少有商队进入今新疆一带，也没什么人离开这片地区。一小队新疆和甘肃的穆斯林去过中东，一般是去跟苏菲派学者学习，有些人也完成了朝觐。17 世纪，一位苏菲派学者从帕米尔进入南疆、甘肃传教，获得了巨大成功。他的儿子生于哈密，继承了他的事业并变得极为有名，后来被人尊称为阿帕克和卓（Afaq Khoja）。18 世纪，阿帕克和卓的后人去也门跟随纳格什班迪耶教团（Naqshbandiyya）学习，回国后影响力超群。他们说话很有权威，因为很少有穆斯林有机会去新疆以外的地方学习。[2][①] 后来，这些苏菲派的后代成了和田、叶尔羌的和卓。在其影响下，越来越多生活在新疆的人信仰伊斯兰教。

1759 年，清军打败了最后的对手，控制了西域。[3]清政府将这片土地称为"新疆"。清朝官员通过当地头人进行统治，把圣旨

---

① 去也门学习的是创立哲合忍耶门宦的甘肃回族人马明心，不是新疆的和卓家族。

译为维吾尔语，用阿拉伯字母书写。新疆的法律跟内地不同。满人要求所有汉人剃发易服，但新疆的穆斯林不用。只有当上高官的穆斯林才可以向政府提出留辫子的申请。[4]

清朝控制时期经济有所好转。与唐朝时一样，由于军队获得了大量现金和织物的供给，贸易重新焕发出活力，商人们开始敢于尝试更长的贸易路线。2013 年，中国提出"一带一路"（正式名称是"丝绸之路经济带"和"21 世纪海上丝绸之路"，简称"一带一路"）倡议，并从 2015 年开始实施。这项计划涉及对高速公路、港口、铁路的大量投资，可以让古老的丝路变成周边国家的一条金丝带。很多新设计的贸易走廊会穿过中国新疆，并经过巴基斯坦、阿富汗和其他斯坦共和国，包括土库曼斯坦、哈萨克斯坦、乌兹别克斯坦、吉尔吉斯斯坦、塔吉克斯坦等，一路直到欧洲。

丝绸之路主要地名中英古今对照表

张　湛

地名	所在地	英语	简要说明
安国	布哈拉	Bukhara	昭武九姓之一，在今乌兹别克斯坦境内。
巴克特里亚	阿富汗北部	Bactria	又名大夏、吐火罗斯坦。
别失八里	新疆吉木萨尔县北庭镇	Beshbaliq	庭州别名，回鹘语，意为"五城"。
葱岭	兴都库什山脉	Hindukush	位于阿富汗和巴基斯坦北部，由中亚进入南亚次大陆的门户。
怛罗斯	哈萨克斯坦塔拉兹，邻近吉尔吉斯斯坦	Talas	751年，唐军与阿拉伯军队在此发生遭遇战，唐军战败。
大秦	罗马帝国	Da Qin	有时特指叙利亚地区。
大宛	费尔干纳盆地	Ferghana Valley	在今乌兹别克斯坦东部，汗血宝马产地。
大夏	阿富汗北部	Bactria	见"巴克特里亚"。
甘州	甘肃张掖	Gan Zhou	河西重镇，曾是甘州回鹘政权的中心。

（续表）

地名	所在地	英语	简要说明
高昌	新疆吐鲁番	Turfan, Turpan	640 年被唐朝攻破后改称西州。
弓月城	新疆伊宁县	Gongyuecheng	元代称阿力麻里，是察合台汗国的都城。
花剌子模	乌兹别克斯坦西北，阿姆河下游三角洲	Khwarezm, Chorasmia	唐代称火寻。11 世纪伊斯兰大学者比鲁尼即花剌子模人。
犍陀罗	阿富汗东部和巴基斯坦西北部	Gandhara	希腊化佛教艺术的发源地，通行于精绝国的犍陀罗语亦来自此处。
精绝国	新疆民丰县以北尼雅遗址	Jingjue Kingdom	汉代西域古国之一。
康国	乌兹别克斯坦撒马尔罕	Samarkand	昭武九姓之一，粟特地区最重要的城市，粟特古信札的目的地之一。
凉州	甘肃武威	Liang Zhou	河西重镇，粟特移民聚居地之一。
楼兰	新疆若羌县以北	Kroraina	汉代西域古国之一，4 世纪之后灭亡。
莫贺延碛	哈顺戈壁	Gashun Gobi Desert	敦煌至哈密一带的戈壁沙漠，玄奘曾徒步穿越。
那烂陀	今印度比哈尔邦巴特那市东南 90 千米	Nalanda	古代印度佛教的学术中心，玄奘和义净都曾于此处修习佛法。
媲摩	大致在新疆于田县	Phema, Pem, Keriya	于阗以东三百余里，玄奘和马可·波罗都曾经路过。
龟兹	新疆库车	Kucha, Kuchar	安西四镇之一，安西都护府所在地。当地语言为龟兹语，又称吐火罗语 B。

（续表）

地名	所在地	英语	简要说明
热海	伊塞克湖	Lake Issyk-kul	吉尔吉斯斯坦境内，高山湖泊，因终年不冻而得名。
鄯善	新疆若羌县一带	Shanshan	公元前77年，汉朝使者傅介子刺杀楼兰王，之后楼兰国号改为鄯善。勿与今新疆吐鲁番市鄯善县混淆。
沙州	甘肃敦煌	Dunhuang	莫高窟、藏经洞所在地。
石国	乌兹别克斯坦塔什干	Chach, Tashkent	昭武九姓之一，又称赭时。
史国	乌兹别克斯坦沙赫里萨布兹	Kesh, Shahr-i Sabz	昭武九姓之一。这里也是帖木儿的故乡。
室利佛逝	印度尼西亚苏门答腊岛巨港	Palembang	中印间海路的重要中转站，义净曾在此停留。
寿昌城	甘肃敦煌南湖乡	Shouchang	沙州辖下一县。
疏勒	新疆喀什	Kashgar	安西四镇之一。后来是喀喇汗国的都城之一。
碎叶	吉尔吉斯斯坦托克马克西南阿克贝希姆遗址	Suyab	679年到719年取代焉耆成为安西四镇之一。
粟特地区	乌兹别克斯坦泽拉夫善河流域	Sogdiana	又译索格底安那。
泰西封	伊拉克巴格达东南约35千米，底格里斯河畔	Ctesiphon	伊朗萨珊王朝都城，现有废墟尚存。
庭州	新疆吉木萨尔县北庭镇	Ting Zhou	北庭都护府所在地，统御天山以北地区。又称北庭。
同州	陕西大荔	Tong Zhou	安伽曾任同州萨宝。
吐火罗斯坦	阿富汗北部	Tocharistan	见"巴克特里亚"。

（续表）

地名	所在地	英语	简要说明
乌浒河	阿姆河	Amu Darya	中亚大河，发源于天山，流入咸海。
西州	新疆吐鲁番	Turfan, Turpan	640 年被唐朝攻破前称高昌。
焉耆	新疆焉耆	Agni, Yanqi, Karashahr	安西四镇之一，679 年到 719 年被碎叶取代。当地语言为焉耆语，又称吐火罗语 A。
药杀水	锡尔河	Syr Darya	中亚大河，发源于天山，流入咸海。
伊吾	新疆哈密	Hami, Kumul	又称伊州。
于阗	新疆和田	Khotan	安西四镇之一。佛教兴盛的绿洲，玄奘从印度回国时曾经路过。
支汗那	乌兹别克斯坦迭纳乌附近，撒马尔罕以南	Chaghanian	唐代中亚小国之一。

注 释

序 章

1　Jonathan M.Bloom，"Silk Road or Paper Road?" *Silk Road* 3，no.2（December 2005）：21-26，电子版：http://www.silk-road.com/newsletter/vol3num2/5_ bloom. php。

2　Jonathan M.Bloom，*Paper before Print*：*The History and Impact of Paper in the Islamic World*（New Haven，CT：Yale University Press，2001），1.

3　王炳华：《西域考古历史论集》（北京：中国人民大学出版社，2008年），1—54页。

4　李希霍芬基于托勒密和马里努斯的记载用红线画出主干道，用蓝线标出中国地理 学家的记载。地图见李希霍芬《中国》第一卷500页的对页。Richthofen，China：Ergebnisse eigener Reisen und darauf gegründeter Studien（Berlin：D.Reimer，1877）.

5　Tamara Chin2008年2月21日在耶鲁做了一场题为"1877年：丝绸之路的发明"的 报告，并计划将其结果发表。参见Daniel C.Waugh，"Richthofen's'Silk Roads'：Toward the Archaeology of a Concept"，*Silk Road* 5，no.1（Summer 2007）：1-10。 该文网上可下载，网址为：http://www.silk-road.com/newsletter/ vol5num1/srjournal_ v5n1.pdf。

6　*Times of London*，December 24，30，1948；Tamara Chin，私下交流，2011年9月6日。

7　Peter C.Perdue，*China Marches West*：*The Qing Conquest of Central Eurasia*（Cambridge，MA：Belknap Press of Harvard University Press，2005）.

8　Charles Blackmore，*Crossing the Desert of Death*：*Through the Fearsome Taklamakan*（London：John Murray，2000），59，61，64，104，图14的标题。

9　Peter Hopkirk，*Foreign Devils on the Silk Road*：*The Search for Lost Cities and Treasures of Chinese Central Asia*（Amherst：University of Massachusetts Press，1984），45-46；Rudolf Hoernle，"Remarks on Birch Bark MS"，*Proceedings of the Asiatic Society of Bengal*（April 1891）：54-65.

10　Sven Hedin，*My Life as an Explorer*，trans.Alfhild Huebsch（New York：Kodansha，1996），177.

11　Hedin，*My Life*，188.

12　Jeannette Mirsky，*Sir Aurel Stein*：*Archaeological Explorer*（Chicago：University of Chicago Press，1977），70页（厄内斯特的信件及剪报），79—83页（斯坦因申 请拨款）.

13　王炳华：《丝绸之路的开拓及发展》，《丝绸之路考古研究》（乌鲁木齐：新疆人民出版社，1993年），2—5页。另见，E. E.Kuzmina, *The Prehistory of the Silk Road*, ed.Victor H.Mair（Philadelphia：University of Pennsylvania Press，2008），119页，书中强调新疆与今哈萨克斯坦七河地区之间的接触。

14　J.P.Mallory and Victor H.Mair, *Tarim Mummies：Ancient China and the Mystery of the Earliest Peoples from the West*（New York：Thames & Hudson，2000），179-181.

15　J.P.Mallory and D.Q.Adams, *The Oxford Introduction to Proto-Indo-European and the Proto-Indo-European World*（New York：Oxford University Press，2006），460-463.

16　Elizabeth Wayland Barber, *Mummies of Ürümchi*（New York：W.W.Norton，1999）.

17　笔者曾写过关于交河遗址的文章，但其中有些错误。最遗憾的是笔者把定居开始的年代搞错了，正确的年代应为公元前2000—前1800年，见"Religious Life in a Silk Road Community：Niya during the Third and Fourth Centuries", in *Religion and Chinese Society*, ed.John Lagerwey（Hong Kong：Chinese University Press，2004），1:279-315。新疆维吾尔自治区文物考古研究所：《2000年交河墓地调查与发掘报告》，《新疆文物》2003年第2期，8—46页；Victor H.Mair, "The Rediscovery and Complete Excavation of Ördek's Necropolis", *Journal of Indo-European Studies* 34，nos.3-4（2006）：273-318。

18　Sergei I.Rudenko, *Frozen Tombs of Siberia：The Pazyryk Burials of Iron Age Horsemen*, trans.M.W.Thompson（Berkeley：University of California Press，1970），115，图55（铜镜），彩图178（凤绢）。

19　王炳华：《丝绸之路的开拓及发展》，4页。关于阿拉沟的现场报告，见《文物》1981年第1期，17—22页。丝绸见新疆维吾尔自治区文物事业管理局等编：《新疆文物古迹大观》（乌鲁木齐：新疆美术摄影出版社，1999年），165页，图0427。

20　关于张骞出使的最早记录来自司马迁的《史记》（北京：中华书局，1972年）卷123以及班固的《汉书》（北京：中华书局，1962年）卷61，2687—2698页。本书引用的是中华书局出版的标点版正史，台湾"中研院"的汉籍电子资料库中有电子版：http://hanchi.ihp.sinica.edu.tw/ihp/hanji.htm。何四维说《史记》中的记载可能已经佚失，现在《史记》中张骞的部分是后来根据《汉书》的记载补全的。见A.F.P.Hulsewé, *China in Central Asia：The Early Stage，125 B.C.-A.D.23；An Annotated Translation of Chapters 61 and 96 of the History of the Former Han Dynasty*（Leiden：E.J.Brill，1979），15-25。他翻译的《汉书·张骞传》在207—238页。

21　王炳华：《丝绸之路的开拓及发展》，4页。关于阿拉沟的现场报告，见《文物》1981年第1期，17—22页。丝绸见新疆维吾尔自治区文物事业管理局等编：《新疆文物古迹大观》（乌鲁木齐：新疆美术摄影出版社，1999年），165页，图0427。

22　悬泉发现于1987年，发掘于1990年和1991年，出土了很多文书，目前只发表了一小部分。见甘肃省文物考古研究所：《甘肃敦煌汉代悬泉置遗址发掘简报》，《文物》2000年第5期，4—45页，遗址确切位置的地图见第5页，竹简数量见第11页。

23　何双全：《双玉兰堂文集》（台北：兰台出版社，2001年），30页。

24　Joseph Needham, ed., *Science and Civilisation in China*, vol.5, part 1, *Paper and Printing*, by Tsien Tsuen-hsuin（Cambridge，UK：Cambridge University Press，1985），40；*Han shu* 97b：3991.

25　Nicola Di Cosmo, "Ancient City-States of the Tarim Basin", in *A Comparative Study of Thirty City-State Cultures*, ed.Mogens Herman Hansen（Copenhagen：Kongelige Danske Videnskabernes Selskab，2000），393-409.

26　胡平生、张德芳：《敦煌悬泉汉简释粹》（上海：上海古籍出版社，2001年），110页。

27　王素：《悬泉汉简所见康居史料考释》，荣新江、李孝聪主编：《中外关系史：新史料与新问题》（北京：科学出版社，2004年），150页对II 90DXT0213③:6A号简进行了录文和解说。

28　Lothar von Falkenhausen，"The E Jun Qi Metal Tallies：Inscribed Texts and Ritual Contexts"，in *Text and Ritual in Early China*，ed.Martin Kern（Seattle：University of Washington Press，2005），79-123；程喜霖：《唐代过所研究》（北京：中华书局，2002年），2页。

29　胡平生、张德芳：《敦煌悬泉汉简释粹》，77—80页，I 0112③：113-131号简。

30　王素：《悬泉汉简所见康居史料考释》，荣新江、李孝聪主编：《中外关系史：新史料与新问题》（北京：科学出版社，2004年），155—158页。

31　记载见于范晔《后汉书》（北京：中华书局，1965年）卷118，2920页。Manfred G.Raschke，"New Studies in Roman Commerce with the East"，in *Aufstieg und Niedergang der römische Welt：Geschichte und Kultur Roms im Spiegel der neueren Forschung*，vol.2，part 9.2，ed.Hildegard Temporini（Berlin：Walter de Gruyter，1978），853-855nn848-850，其中讨论了学者对于这则记载的很多怀疑。

32　Raschke，"New Studies in Roman Commerce"，604-1361.至于他为何相信《厄立特里亚海航行记》成书于公元70年以前，见755页注478。

33　Lionel Casson，*The Periplus Maris Erythraei：Text with Introduction，Translation，and Commentary*（Princeton，NJ：Princeton University Press，1989），91.

34　Étienne de la Vaissière，"The Triple System of Orography in Ptolemy's Xinjiang"，in *Exegisti Monumenta：Festschrift in Honour of Nicholas Sims-Williams*，ed.Werner Sundermann，Almut Hintze，and François de Blois（Wiesbaden，Germany：Harrassowitz，2009），527-535.

35　笔者于2006年6月12日参观了杭州丝绸博物馆，并看到了这件来自河南省荥阳市青台村的丝绸残片。

36　英文中关于中国织物最完备的研究是Joseph Needham，ed.，*Science and Civilisation in China*，vol.5，part 9，*Textile Technology：Spinning and Reeling*，by Dieter Kuhn（Cambridge，UK：Cambridge University Press，1988），272。

37　Pliny the Elder，*The Natural History of Pliny*，trans.John Bostock and H.T.Riley（London：H.G.Bohn，1855-1857），6.20（赛里斯和穿丝绸的罗马女人，以及对其他进口商品的反对）；6.26（向印度出口钱币）；11.26-27（科斯丝）。电子版：http://www.perseus.tufts.edu/hopper/text?doc=Perseus%3atext%3a1999.02.0137。

38　I.L.Good，J.M.Kenoyer，and R.H.Meadow，"New Evidence for Early Silk in the Indus Civilization"，*Archaeometry* 51，no.3（2009）：457-466.

39　Irene Good，"On the Question of Silk in Pre-Han Eurasia"，*Antiquity* 69（1995）：959-968.

40　Lothar von Falkenhausen，"Die Seiden mit Chinesischen Inschriften"，in *Die Textilien aus Palmyra：Neue und alte Funde*，ed.Andreas Schmidt-Colinet，Annemarie Stauffer，and Khaled Al-As'ad（Mainz，Germany：Philipp von Zabern，2000）；书评见Victor H.Mair，*Bibliotheca Orientalis* 58，nos.3-4（2001）：467-470。通过与中国出土织物的比对，von Falkenhausen将目录中521号样品的年代定在公元50—150年之间。521号样品于一座年代为公元40年的墓葬中出土，这是西方发现的年代最早的丝绸之一。两件织物肯定都制于帕尔米拉被萨珊王朝攻破的273年之前。另参见von Falkenhausen's "Inconsequential Incomprehensions：Some Instances of Chinese Writing in Alien Contexts"，*Res* 35（1999）：42-69，特别是44—52页。

41　Anna Maria Muthesius，"The Impact of the Mediterranean Silk Trade on Western

Europe Before 1200 A.D.", in *Textiles in Trade*：*Proceedings of the Textile Society of America Biennial Symposium*，*September 14-16*，*1990*，*Washington*，*D.C.*（Los Angeles：Textile Society of America，1990），126-135，129页提到了荷兰马斯特里赫特圣瑟法斯圣殿圣物匣中唯一的一件中国织物；Xinru Liu, *Silk and Religion*：*An Exploration of Material Life and the Thought of People*，*AD 600-1200*（Delhi：Oxford University Press，1996），8。

42　Pliny，*Natural History*，6.20.

43　Trevor Murphy，*Pliny the Elder's Natural History*：*The Empire in the Encyclopedia*（Oxford：Oxford University Press，2004），96-99（奢侈品），108-110（赛里斯）。

44　罗丰：《胡汉之间——"丝绸之路"与西北历史考古》（北京：文物出版社，2004年），中国境内发现的金币列表见117—120页。

45　Vimala Begley，"Arikamedu Reconsidered"，American Journal of Archaeology 87，no.4（1983）：461-481，esp.n82.

46　拉西克不认为罗马人统计过这种数据。他认为普林尼是出于道德原因而夸大其词。（"New Studies in Roman Commerce,"634-635）："因此，罗马的官僚作风以及来自埃及的现存记载都显示老普林尼不可能得到罗马与东方年度贸易逆差的准确数字。"另见邢义田对该书的书评，《汉学研究》3.1（1985），331—341页及其续篇《汉学研究》15.1（1997），1—31页。其中邢义田表达了对汉与罗马贸易程度的深切怀疑。

47　齐东方，私下交流，2006年6月。一个重要的例外见Anthony J.Barbieri-Low，"Roman Themes in a Group of Eastern Han Lacquer Vessels"，*Orientations* 32，no.5（2001）：52-58.

48　Wu Zhen，"'Hu'Non-Chinese as They Appear in the Materials from the Astana Graveyard at Turfan"，*Sino-Platonic Papers* 119（Summer 2002）：1-21.

49　Charles Blackmore，*Crossing the Desert of Death*，1995.

50　Seven Hedin，*My Life as an Explorer*，1925.

51　赫定把他原来的营地称作"死亡营地"，因为那里死了两个他的人。

52　《汉书》卷61《张骞李广利传》。

53　《后汉书》卷88《西域传》大秦条。

54　Periplus，公元1世纪一位航海家写的关于红海及更远地方的游记。

55　一种大叶植物，气味与肉桂类似，用于制作香油。

56　尽管学者们已经确定了这一段落所提及的地点，但现代的地理位置无益于将希那的位置落实到现代地图上，因为希那处于当时希腊人和罗马人认知之外的世界。

57　Pliny the Elder，*The Natural History*，c.77 CE.

58　爱琴海东部一小岛，今属于希腊，离土耳其海岸仅4千米。

第一章

1　本章关于斯坦因在尼雅发掘的讨论主要基于M.Aurel Stein，*Ancient Khotan*：*Detailed Report of Archaeological Explorations in Chinese Turkestan*（Oxford：Clarendon，1907），1:310-315；2:316-385。

2　Aurel Stein，*On Central-Asian Tracks*：*Brief Narrative of Three Expeditions in Innermost Asia and North-Western China*（London：Macmillan，1933），1-2；Valéria Escauriaza-Lopez，"Aurel Stein's Methods and Aims in Archaeology on the Silk Road"，in *Sir Aurel Stein*，*Colleagues and Collections*，ed.Helen Wang，British Museum Research Publication 184（London：British Museum，forthcoming）。

3 该河又名Konche-daria 或 Qum-darya。

4 中日联合探险队发表了两份报告，第一份是《中日日中共同尼雅遗迹学术调查报告书》（乌鲁木齐：新疆维吾尔自治区文物局，1996年），其内容涵盖了1988—1993年的发掘，1994—1997年的发掘工作写在三卷本的第二份报告中，书名相同，出版于1999年。感谢林梅村把这套书带到纽黑文来。

　　罗布泊地区的早期考察包括俄国人普尔热瓦尔斯基1876—1877年的考察、美国耶鲁大学地理学教授亨廷顿1906年的考察、日本大谷探险队1908—1911年的考察、斯坦因1914年的考察、黄文弼1930年和1934年的两次考察，新疆维吾尔自治区文物考古研究所1959年和1980—1981年的两次考察，以及中日联合考察队1988—1997年的发掘。关于这些考察的历史综述，见王炳华：《尼雅考古百年》，马大正、杨镰主编：《西域考察与研究续编》（乌鲁木齐：新疆人民出版社，1998年），161—186页。

5 Jean Bowie Shor, *After You*, *Marco Polo*（New York：McGraw-Hill, 1955）, 172；John R.Shroder, Jr., Rebecca A.Scheppy, and Michael P.Bishop, "Denudation of Small Alpine Basins, Nanga Parbat Himalaya, Pakistan", *Arctic*, *Antarctic*, *and Alpine Research* 31, no.2（1999）: 121-127.

6 Jason Neelis, "*La Vieille Route* Reconsidered：Alternative Paths for Early Transmission of Buddhism Beyond the Borderlands of South Asia", *Bulletin of the Asia Institute* 16（2002）: 143-164.

7 *Antiquities of Northern Pakistan：Reports and Studies*, vol.1, *Rock Inscriptions in the Indus Valley*, ed.Karl Jettmar（Mainz, Germany：Verlag Philipp von Zabern, 1989）.

8 Richard Salomon, *Indian Epigraphy：A Guide to the Study of Inscriptions in Sanskrit*, *Prakrit*, *and the Other Indo-Aryan Languages*（New York：Oxford University Press, 1998）, 42-56.

9 Richard Salomon, "New Manuscript Sources for the Study of Gandhāran Buddhism", in *Gandhāran Buddhism：Archaeology*, *Art*, *and Texts*, ed.Pia Brancaccio and Kurt Behrendt（Vancouver：UBC Press, 2006）, 135-147.关于这一地区佛教部派早期历史的更多情况，见Charles Willemen, Bart Dessein, and Collett Cox, eds., *Sarvāstivāda Buddhist Scholasticism*（Leiden, the Netherlands：Brill, 1998）。

10 套语表格见 Neelis, "Long-Distance Trade", 323-326。

11 Jettmar, *Antiquities of Northern Pakistan*, 1:407.

12 *Corpus Inscriptionum Iranicarum*, part 2, *Inscriptions of the Seleucid and Parthian Periods and of Eastern Iran and Central Asia*, vol.3, *Sogdian*, section 2, *Sogdian and Other Iranian Inscriptions of the Upper Indus*, by Nicholas Sims-Williams（London：Corpus Inscriptionum Iranicarum and School of Oriental and African Studies, 1989）, 23, Shatial I inscription 254, 这里为方便阅读省略了括号。根据吉田丰的修正对 Nicholas Sims-Williams 的译文做了改动，以体现文中提到了塔什库尔干。见 Étienne de la Vaissière, *Sogdian Traders：A History*, trans.James Ward（Boston：Brill, 2005）, 81页注42。

13 Karl Jettmar, "Hebrew Inscriptions in the Western Himalayas", in *Orientalia：Iosephi Tucci Memoriae Dicata*, ed.G.Gnoli and L.Lanciotti, vol.2（Rome：Istituto Italiano per il Medio ed Estremo Oriente, 1987）, 667-670, Plate 1.

14 C.P.Skrine 生动地描绘了1922年翻越该山口的旅程，见氏著 *Chinese Central Asia*（London：Methuen, 1926）, 4—6页。

15 根据在阿富汗发现的"罗巴塔克碑铭"，Joe Cribb 和 Nicholas Sims-Williams 提出了一个新的贵霜王统世系，其中迦腻色伽的统治开始于公元100年或120年，

见氏著 "A New Bactrian Inscription of Kanishka the Great", *Silk Road Art and Archaeology* 4（1995-1996）: 75-142。Harry Falk 通过分析天文文献提出公元 127 年为迦腻色伽统治开始的年份，见氏著 "The Yuga of Sphujiddhvaja and the Era of the Kuṣāṇas," *Silk Road Art and Archaeology* 7（2001）: 121-136。虽然 Falk 给出的年代还没有被普遍接受，但学界中很多人都认为迦腻色伽的统治可能开始于公元 120 年到 125 年之间。Osmund Bopearachchi 提出贵霜于公元 40 年左右开国，见氏著 "New Numismatic Evidence on the Chronology of Late Indo-Greeks and Early Kushans"，见上海博物馆编:《丝绸之路古国钱币暨丝路文化国际学术研讨会论文集》，259—283 页。

16　正史编纂者、编撰或出版时间的列表见 Endymion Wilkinson, *Chinese History : A Manual*, rev.ed.（Cambridge, MA : Harvard University Asia Center, 2000）, 503-505。

17　Lin Meicun, "Kharoṣṭhī Bibliography: The Collections from China（1897-1993）," *Central Asiatic Journal* 40（1996）: 189. 林教授翻译了《出三藏记集》的《支谦传》，《大正新修大藏经》（东京: 大正新修大藏经刊行会, 1962—1990）2145 号, 55:97b。

18　Erik Zürcher, "The Yüeh-chih and Kaniṣka in Chinese Sources", in *Papers on the Date of Kaniṣka*, ed. A.L. Basham（Leiden : E.J. Brill, 1968）, 370; 范晔《后汉书》卷 47, 1580 页; 余太山:《两汉魏晋南北朝正史西域传要注》（北京: 中华书局, 2005 年）, 281 页注 221。余著对中华书局版正史是个很有价值的补充，因此本书注释中也会引用余著（以下简称《西域传》）。

19　中国正史记载，其中一部分所谓大月氏迁至了印度西北，人数较少的另一部分小月氏在新疆南部尼雅附近定居。学者对于这段描述的可靠性和准确性有极大的分歧。John Brough 认为这些叙述必然有些事实基础，但没有其他独立证据能用来判断其中有多少事实成分。与之后的时代一样，中亚有很多民族，大部分是游牧民族。即使仅仅只隔一代人的时间，便很难再得到准确的信息。至少应该承认，传统叙述在试图解释为何帕米尔以东有月氏人（所谓"小月氏"）。见氏著 "Comments on Third-Century Shan-shan and the History of Buddhism", *Bulletin of the School of Oriental and African Studies* 28（1965）: 585。

　　早先，日本历史学家白鸟库吉在他的粟特史中提道:"有人注意到中国传统史家对于把外族的起源追溯到中国某物或者汉语文献中的某个名字非常着迷。"白鸟库吉继而给出了几个很有说服力的例子: 中国人为匈奴人、日本人，甚至世界最西端的大秦人（可能对应的是罗马人）都安上了中国故乡。见氏著 "A Study on Su-t'ê, or Sogdiana," *Memoirs of the Research Department of the Toyo Bunko 2*（1928）: 103。然而其他人认为正史作者这样说一定有其事实基础。François Thierry, "Yuezhi et Kouchans : Pièges et dangers des sources chinoises", in *Afghanistan : Ancien carrefour entre l'est et l'ouest*, ed.Osmund Bopearachchi and Marie-Françoise Boussac（Turnhout, Belgium : Brepols, 2005）, 421-539。

　　Craig G.R.Benjamin 考察了所有论据（该作者不通汉语，但对于数量庞大的俄文考古文献却很熟悉），认为没有考古证据显示有移民曾迁出新疆又返回。见氏著 *The Yuezhi : Origin, Migration and the Conquest of Northern Bactria*（Turnhout, Belgium : Brepols, 2007）。对这一问题有兴趣的读者应该先读 Thierry 的文章和 Benjamin 的书，二者都考察了大量探讨这一问题的二手文献。

20　对斯坦因第四次考察的简述见 Mirsky, *Sir Aurel Stein*, 466-469。兰州大学教授王冀青充分研究了斯坦因所拍相片、他关于被没收文物的信件，以及这些文物的重要性。他有一篇英文文章 "Photographs in the British Library of Documents and Manuscripts from Sir Aurel Stein's Fourth Central Asian Expedition", *British Library Journal* 24, no.1（Spring 1998）: 23-74, 是他著作的缩略版。见《斯坦因第四次

中国考古日记考释：英国牛津大学藏斯坦因第四次中亚考察旅行日记手稿整理研究
报告》（兰州：甘肃教育出版社，2004 年）。

21 Mirsky, *Sir Aurel Stein*，469 页所引斯坦因 1931 年 2 月 3 日致包德利图书馆阿伦信件。

22 Enoki Kazuo, "Location of the Capital of Lou-lan and the Date of the Kharoṣṭhī Inscriptions", *Memoirs of the Research Department of the Toyo Bunko* 22 (1963): 129n12；Hulsewé, *China in Central Asia*, 10-11.

23 《汉书》卷 96 上，3875—3881 页；余太山：《西域传》，79—93 页；译文见 Hulsewé, *China in Central Asia*, 7-94。

24 一里的长度随时间地点有所变化。汉朝时一里大约为 400 米。*Cambridge History of China*, vol.1, *The Ch'in and Han Empires*, 221 B.C.-A.D.220, ed.Denis Twitchett and Michael Loewe (Cambridge, UK: Cambridge University Press, 1986), xxxviii 页中给出一里的长度为 0.415 千米并注释道："在某些语境下，里是虚指，不表示精确的距离。"

25 Hulsewé, *China in Central Asia*, 29.从斯坦因报告的照片中读不出这些字。中国学者将印文读作"诏鄯善王"。孟凡人：《楼兰鄯善简牍年代学研究》（乌鲁木齐：新疆人民出版社，1995 年），261 页，625 号，N.XV.345。斯坦因还发现了一枚印章，印文作"鄯善郡印"，*Ancient Khotan*, N.XXIV.iii.74。

26 Aurel Stein, *Serindia*: *Detailed Report of Explorations in Central Asia and Westernmost China* (Oxford: Clarendon, 1921), 1:219；1:415（Rapson 认为楼兰就是 Kroraina）；1:217-281, 3：彩图 9（N.XIV 遗址）；1:227（鲁斯塔姆的发现）；1:226（N.XXIV 遗址的大小）；1:530（M.V 遗址的壁画）。

27 Brough, "Comments on Third-Century Shan-shan", 591-592.

28 《汉书》卷 96 上，3878—3879 页；余太山：《西域传》，84—86 页；Hulsewé, *China in Central Asia*, 89-91；Brough, "Comments on Third-Century Shan-shan", 601。

29 Helen Wang, *Money on the Silk Road*, 25—26 页提醒笔者注意这个发现；Aurel Stein, *Innermost Asia*: *Detailed Report of Explorations in Central Asia, Kansu and Eastern Irān* (Oxford: Clarendon, 1928)，287—292 页详细讨论了这一发现。

30 211 枚钱币中有 50 枚现藏于伦敦，年代为公元前 86 年到公元前 1 年。这些发现将新疆发现的最古五铢钱的年代推到了公元前。Helen Wang, *Money on the Silk Road*, 295-296.

31 Stein, *Innermost Asia*, 290.

32 居延（内蒙古额济纳旗，甘肃金塔县东北 90 千米）和疏勒（敦煌、酒泉附近）发现的文书证实了汉朝曾在此处大量驻军。文书记载了公元前 140 年至公元前 32 年超过十万文的大笔支出。官府向士兵发放钱币，士兵用发给他们的钱币购买衣服等物品。Helen Wang, *Money on the Silk Road*, 47—56 页中对这些材料进行了详细的剖析。

33 Mariner Ezra Padwa 分析了尼雅的每座房屋，见氏著 "An Archaic Fabric: Culture and Landscape in an Early Inner Asian Oasis (3rd-4th century C.E.Niya)" (Ph. D.diss., Harvard University, 2007)。

34 玉被称作"琅玕"和"玫瑰"。简无纪年，但其隶书水平非常高，据此国学大师王国维认为其年代必晚于公元 75 年、早于汉朝灭亡的公元 220 年。见氏著《观堂集林》（北京：中华书局，1959 年），833—834 页。

　　沙畹认为这些文书与遗址出土的其他材料同时代，年代为三四世纪。见氏著 *Les documents chinois découverts par Aurel Stein dans les sables de Turkestan oriental* (Oxford: Oxford University Press, 1913)，199-200。最新的录文来自孟凡人：《楼兰鄯善简牍年代学研究》，269—271 页。

35　N.XXIV.Ⅲ；孟凡人：《楼兰鄯善简牍年代学研究》，269页，668号。

36　N.XXIV.Ⅱ.6，N.XXIV.Ⅱ.19，N.XXIV.Ⅱ.12.8；具体讨论见王冀青：《斯坦因第四次中亚考察所获汉文文书》，《敦煌吐鲁番研究》第3卷（1998），286页。

37　N.XXIV.Ⅱ.1；具体讨论见王冀青：《斯坦因第四次中亚考察所获汉文文书》，264页。

38　孟凡人：《楼兰鄯善简牍年代学研究》，262页，627号（N.XV.109），628号（N.XV.353），629号（N.XV.314）；264页，639号（N.XV.152）；具体讨论见程霖：《唐代过所研究》（北京：中华书局，2000年），39—44页；王炳华：《精绝春秋：尼雅考古大发现》（杭州：浙江文艺出版社，2003年），101页。

39　Stein, *Innermost Asia*, 288, 743.J. P.Mallory and Victor H.Mair's *Tarim Mummies*是英文中对这些发现最好的概述。

40　新疆维吾尔自治区博物馆考古队：《新疆民丰大沙漠中的古代遗址》，《考古》1961年第3期，119—122页，126页，彩图1—3。当时新疆维吾尔自治区博物馆和新疆维吾尔自治区考古文物所联合组成了新疆维吾尔自治区博物馆考古队。

41　照片见马承源、岳峰：《新疆维吾尔自治区丝路考古珍品》（上海：上海译文出版社，1998年），273页，图62。

42　Éric Trombert, "Une trajectoire d'ouest en est sur la route de la soie : La diffusion du cotton dans l'Asie centrale sinisée", in *La Persia e l'Asia Centrale : Da Alessandro al X secolo*（Rome：Accademia Nazionale dei Lincei，1996），212页注25和注27；李昉：《太平御览》（北京：中华书局，1960年）卷820，3652—3653页，"白叠条"（棉布）。

43　见《1960年新疆民丰北大沙漠中古遗址墓葬区东汉合葬墓清理简报》，《文物》1960年第6期，9—12页，插图5—6。

44　文字为"王侯合昏千秋万岁宜子孙"，《新疆文物古迹大观》（乌鲁木齐：新疆人民出版社，1999年），图0118。M3和M8墓葬中织物的进一步分析见王炳华：《精绝春秋》，11—20页。

45　《后汉书》卷88，2909页；余太山：《西域传》，233页。

46　斯坦因在第三次考察期间发掘营盘遗址时发现了一些佉卢文文书，这表示这里在三四世纪时还有人居住（*Innermost Asia*，749—761页）。最近发现的佉卢文材料见林梅村：《新疆营盘古墓出土的一封佉卢文书信》，《西域研究》2001年第3期，44—45页。

47　周学军、宋伟民编：《新疆维吾尔自治区丝路考古珍品》（上海：上海译文出版社，1998年），63—74页，图132（死者照片），图133（面罩细部），图134（红色织物细部）。

48　王炳华，私下交流，2005年秋；《汉书》卷96下，3912页；余太山：《西域传》，201页。

49　胡平生：《胡平生简牍文物论集》（台北：兰台出版社，2000年），190—192页。

50　侯灿、杨代欣：《楼兰汉文简纸文书集成》（成都：天地出版社，1999年）。

51　伊藤敏雄：《魏晋期楼蘭屯戍における交易活動をめぐって》，《小田義久博士還暦記念東洋史論集》（京都：龍谷大学東洋史学研究会，1995），4页，7页。

52　Yü Ying-shih, "Han Foreign Relations," in Twichett and Loewe, *Cambridge History of China*, 1:405-442；孟池：《从新疆历史文物看汉代在西域的政治措施和经济建设》，《文物》1975年第5期，27—34页。

53　伊藤敏雄：《魏晋期楼蘭屯戍における水利開発と農業活動——魏晋期楼蘭の基礎的整理（3）》（以下简称《魏晋期楼蘭屯戍》），《歴史研究》28（1991），20页。

54　Stein, *Serindia*, 373-374, 432, 701页图版 XXXVII。

55　伊藤敏雄在《魏晋期楼蘭屯戍》中对这些文书进行了仔细的录文和研究。

56　"粟特胡楼兰"字面意思为"楼兰的粟特人"，见 Chavannes, *Documents chinois*，886页；侯灿、杨代欣：《楼兰汉文简纸文书集成》，61—62页。

57　简上没写哪种牲畜，但量词"匹"显示交易物是马。简上也没写支付者是谁。支付接收者（"住人"）的身份亦不明。孟凡人和段晴认为该词指商人，伊藤敏雄认为"住人"是在戍堡中长住的汉人，见氏著《魏晋期楼蘭屯戍》，4—5页。该文书最先发表于 August Conrady, *Die chinesischen Handschriften und sonstige Kleinfunde Sven Hedins in Lou-lan*（Stockholm：Generalstabens Litografiska Anstalt，1920），46号，124—125页；最近发表于侯灿、杨代欣《楼兰汉文简纸文书集成》，107页。

58　Vaissière，*Sogdian Traders*，58；关于安德悦骆驼买卖的解说见58页。

59　表格见孟凡人：《楼兰简牍的年代》，《新疆文物》1986年第1期，33页。

60　伊藤敏雄：《魏晋期楼蘭屯戍》，22—23页。

61　Brough，"Comments on Third-Century Shan-shan"，596-602.

62　中日联合考察队发现了在已知五王之前在位的童格罗伽王（Tomgraka），以及五王之后于336—359年在位的疏梨阇（Sulica）王的证据。林梅村：《尼雅新发现的鄯善王童格罗伽纪年文书考》，马大正、杨镰主编：《西域考察与研究续编》（乌鲁木齐：新疆人民出版社，1998），39页。有些学者对于布腊夫提出的年代持不同意见。有人提出了受封"侍中"年代的新说。中国社会科学院考古研究所新疆考古专家孟凡人列出了四位学者（布腊夫、榎一雄、长泽和俊、马雍）提出的五王年代。这些说法中五王在位的起始年份最早为203年，最晚为256年，结束年份最早为290年，最晚为343年。孟凡人支持242—332年说，见氏著《新疆考古史地论集》（北京：科学出版社，2000年），115页，117页。

63　Thomas Burrow，"Tokharian Elements in Kharoṣṭhī Documents from Chinese Turkestan," *Journal of the Royal Asiatic Society*，1935：666-675.

64　T.Burrow，*A Translation of the Kharoṣṭhī Documents from Chinese Turkestan*（London：The Royal Asiatic Society，1940），no.292，no.358（难民成为奴隶）。Burrow 翻译了他能读通的文书并略去了残片。包括未译文书在内的所有文书转写见 A.M.Boyer，E.J.Rapson，and E.Senart，*Kharoṣṭhī Inscriptions Discovered by Sir Aurel Stein in Chinese Turkestan*，3 vols.（Oxford：Clarendon，1920-1929）。书中给出了斯坦因的原始编号和 Burrow 使用的新编号（1-764），以及斯坦因考古报告中的相关页码，还包括亨廷顿发现的六件文书。中日联合考察队又发现了二十三件，由莲池利隆转写并译成日语，见《尼雅遗迹学术调查》1：281—338页，2：161—176页。这些文书很多尚未被译成英语。

65　Stein，*Central Asian Tracks*，103-104.

66　斯坦因对这次发现的描述见 *Serindia*，1：225—235页。这组文书的 Burrow 编号为516-592号。

67　Burrow 582号。赤松明彦：《楼蘭・ニヤ出土カロシュティー文書について》，富谷至编著：《流沙出土の文字資料：楼蘭・尼雅（ニヤ）文書を中心に》（京都：京都大学学术出版会，2001），369—425页，特别是391—393页。

68　Burrow 581号。

69　图片见 Susan Whitfield and Ursula Sims-Williams，eds.，*Silk Road：Trade，Travel，War，and Faith*（Chicago：Serindia，2004），150页。

70　Burrow 1号。

71　cozbo 也拼作 cojhbo。因为佉卢文中没有表示 /z/ 的字母，但伊朗语中有这个音，楼兰人便用佉卢字母 j 加上标来表示 /z/。这个字母被 Boyer 等人转写为 jh。cozbo 几乎肯定是个伊朗语词汇，是尼雅文书中最常出现的头衔，约四十个人带有这个头衔。见 T.Burrow，*The Language of the Kharoṣṭhī Documents from Chinese Turkestan*（Cambridge，UK：Cambridge University Press，1937），90-91。Christopher Atwood，"Life in Third-Fourth Century Cadh'ota：A Survey of Information Gathered from the Prakrit Documents Found North of Minfeng（Niya）"，*Central Asiatic*

Journal 35（1991）：195-196. 文中有cozbo官姓名及其所出现文书编号的表格，非常有用。Atwood指出cozbo这一头衔有三种不同含义："一州之长""某种副官""泛指官员"。

72　赤松明彦描述了五类文书（楔形木板［W］、长方形木板［R］、takhti形木板［T］、椭圆形木板［O］、皮制文书［L］及其他），给出了每一类的照片，并做出很有说服力的分析。他把文书中指称不同命令类型的术语与现存文书联系了起来。文中还有一个非常清晰易懂的表格，列出尼雅、楼兰发现的每件佉卢文文书的发现地及其类型。见氏著《楼蘭・ニヤ出土カロシュティー文書について》，410—412页。

73　Thomas R.Trautmann, *Kauṭilya and the Arthaśāstra：A Statistical Investigation of the Authorship and Evolution of the Text*（Leiden, the Netherlands：Brill, 1971）.

74　Kautilya, *The Arthashastra*, ed.and trans.L.N.Rangarajan（New Delhi：Penguin Books India, 1992）, 213-214, 380.

75　Hansen, "Religious Life in a Silk Road Community", 290-291.

76　Burrow 39号、45号、331号、415号、434号、592号。

77　Burrow 569号，另见19号、54号、415号及其他许多文书。

78　Burrow 207号；Atwood, "Life in Third-Fourth Century Cadh'ota", 167-169。

79　Helen Wang认为muli 的意思是"价格"，来自梵语mūlya，原义为"价格"或"价值"。一muli等于一milima，即一粒谷。对于在尼雅使用的不同类型的钱币，详细讨论见氏著 *Money on the Silk Road*，65—74页。

80　Helen Wang, *Money on the Silk Road*，37—38页所引蒋其祥的文章载于《舟山钱币》1990年第1期，6—11页；1990年第2期，3—10页；1990年第3期，8—13页；1990年第4期，3—11页。文中称目前共发现汉佉二体钱352枚，其中256枚藏于大英博物馆。François Thierry, "Entre Iran et Chine, la circulation monétaire en Sérinde de 1er au IXe siècle", in *La Serinde, terre d'échanges：Art, religion commerce du Ier au Xe siècle*, ed.Jean-Pierre Drège（Paris：Documentation Française, 2000）, 122-125.文中概述了和田与尼雅发现的文书和钱币，非常有用。

81　Burrow 431-432号。

82　Burrow 133号。其他涉及金子但非金币的交易见177号和494号。

83　Burrow 324号。伯希和接受F.W.Thomas 的意见，认为佉卢文文书中提到的Supiye 和Supiya人就是七八世纪吐蕃文书中的孙波（Sumpa）人，见氏著 *Notes on Marco Polo*, vol.2（Paris：Imprimerie National, 1963）, 712-718；Thomas, trans., *Tibetan Literary Texts and Documents Concerning Chinese*（London：Royal Asiatic Society, 1935）, 9-10, 42, 156-159。

84　Burrow 494号。

85　Burrow 255号：说话者"从这个汉人口中"听到有地可用。文书686A和686B记载了汉人开具的走失母牛的收据。

86　Burrow 35号。

87　Burrow 660号。

88　Burrow 14号。这些地名吸引和困扰了历史地理学者超过一个世纪之久，关于Nina 的位置无法达成共识。见Heinrich Lüders, "Zu und aus den Kharoṣṭhī-Urkunden", *Acta Orientalia* 18（1940）：15-49，地名讨论见36页。中日联合考察队的第一次报告的作者认为Nina是乌宗塔提，《尼雅遗迹学术调查》第一卷，235—236页。吉田丰提出Nina是尼雅遗址的古名，见《コータン出土 8-9世紀のコータン語世俗文書に関する覚え書き》（神戸：神戸市外国語大学外国学研究所, 2006）, 20页。

89　见Burrow 136号、355号、358号、403号、471号、629号、632号、674号。译文经耶鲁大学梵语与比较语文学Edward E.Salisbury荣休教授Stanley Insler修订。私下交流，2006年11月14日："该词是 'palayamna-'，是动词palāyati的分词。动

词的意思是'跑走、逃亡、逃跑'……我认为Burrow将其译作'逃犯'没有问题，但也许地译作'逃跑者'或者'逃户'更好。"

90　Burrow 149号。Heinrich Lüders, "Textilien im alten Turkistan", *Abhandlungen des Preussischen Akademie des Wissenschaften, Philosophisch-Historische Klasse 3*（1936）: 1-38. 其中讨论了佉卢文文书中很多织物术语的词源。遗憾的是，21—24页中的讨论并未给定 soṃstaṃni 的意思。māṣa 一词的含义难住了很多分析者。大英博物馆馆员 Helen Wang 提出了一个很有意思的解释。她认为这个词可能指五铢钱，是这个逃户路上用的，见 *Money on the Silk Road*, 68页。

91　Burrow 566号。另见318号，这是另一起抢劫的报告，其中列出了被劫后又被找回来的各种织物。

92　文书中商人一词为 vaniye（来自梵语 vaṇij）。2008年8月17日，Stefan Baums 非常友善地帮笔者检索了"早期佛教手稿项目"（http://ebmp.org/p_abt.php）的数据库，发现该词没有在其他地方出现过。

93　Burrow 489号。

94　Burrow 510号、511号、512号、523号。讨论见 Hansen, "Religious Life in a Silk Road Community", 296-300。

95　Jonathan A.Silk, "What, if Anything, is Mahāyāna Buddhism? Problems of Definitions and Classifications", *Numen* 49, no.4（2002）: 355-405.

96　Richard Salomon, "A Stone Inscription in Central Asian Gandhārī from Endere, Xinjiang", *Bulletin of the Asia Institute* 13（1999）: 1-13.

97　Corinne Debaine-Francfort and Abduressul Idriss, eds., *Kériya, mémoire d'un fleuve: Archéologie et civilisation des oasis du Taklamakan*（Suilly-la-Tour, France: Findakly, 2001）.

98　Stein, *Serindia*, 1:485-547.

99　王炳华:《精绝春秋》，121页。

100　法显:《高僧法显传》,《大正新修大藏经》51卷，2085号，857a。比较 Samuel Beal, trans., *Si-yu-ki Buddhist Records of the Western World translated from the Chinese of Hiuen Tsiang（A.D.629）*（1884; repr., Delhi: Motilal Banarsidass, 1981）, xxiv. 关于法显路线的讨论见 Marylin Martin Rhie, *Early Buddhist Art of China and Central Asia*, vol.1, *Later Han, Three Kingdoms, and Western Chin in China and Bactria to Shan-shan in Central Asia*（Leiden, The Netherlands: Brill, 1999）, 354。

101　日本学者桑山正进对印度、中国间道路的变迁做了大量的研究。见 Kuwayama Shōshin, *Across the Hindukush of the First Millennium: A Collection of the Papers*（Kyoto: Institute for Research in Humanities, Kyoto University 2002）; Enoki Kazuo, "Location of the Capital of Lou-lan", 125-171。

102　Aural Stein, *Ancient Khotan*, 1907.

103　斯坦因发掘的另一个遗址，在和田以北100多千米的沙漠深处，见第七章。

104　尼雅佛塔的近照见彩图6。

105　满语，即大臣。

106　Charles Blackmore, *Crossing the Desert of Death*,1995.

107　《汉书》卷96上《西域传上》精绝国条、鄯善国条。

108　匈奴官名，具体职掌不明。

109　斯坦因从尼雅和其他遗址发掘出土的佉卢文文书，年代约为公元250—350年。

110　指能耕种的土地。

111　某种容积单位。

112　686A 及 686B 两件文书中提及的母牛从它们主人的田地里跑到别处。包括这两件文书在内，只有很少文书提及汉人。

113　同一书吏也出现在上述582号和715号文书中。

114　佛教仪式，每月初一、十五举行，又被称作诵戒日、六斋日。

第二章

1　这是关于鸠摩罗什生卒年的传统说法。实际上由于史料互不统一，无法确知其生年，见Yang Lu, "Narrative and Historicity in the Buddhist Biographies of Early Medieval China: The Case of Kumārajīva", Asia Major, 3rd ser., 17, no.2（2004）: 1-43，特别是28—29页注64。这篇文章很有用，其中分析了为鸠摩罗什作传的三位作者所描述的鸠摩罗什一生中的几件大事。

2　Hedin, My Life as an Explorer, 250-251.赫定在Central Asia and Tibet: Towards the Holy City of Lassa（New York: Charles Scribner, 1903）, 63—102页中更详细地讲述了他的旅程。

3　Hedin, My Life as an Explorer, 253, 261.

4　德国人在20世纪初记录了235座石窟，但最近的调查发现了更多石窟。见赵莉:《龟兹石窟百问》（乌鲁木齐：新疆美术摄影出版社，2003年），12页。

5　Albert von Le Coq, Buried Treasures of Chinese Turkestan（1928; repr., Hong Kong: Oxford University Press, 1985）, 129.

6　碳-14测年结果为公元320年，误差正负80年。《中国石窟：克孜尔石窟》（北京：文物出版社，1997年）卷1，210页。Angela F.Howard总结了北京大学考古学家宿白提出的为没有带纪年题记的石窟断代的几条标准，非常有用，见氏著 "In Support of a New Chronology for the Kizil Mural Paintings", Archives of Asian Art 44（1991）: 68-83。

7　季羡林等编:《大唐西域记校注》（北京：中华书局，1985年），61页；Beal, Si-yu-ki, 21。

8　Le Coq, Buried Treasures, 127.

9　伯希和、医生及制图师Louis Vaillant、摄影师Charles Nouette于1906年到1909年从喀什走到西安。Louis Vaillant对旅程做了详细描述，包括路线图及在每一处遗址停留的日期，见氏著 "Rapport sur les Travaux Géographiques faits par la Mission Archéologique d'Asie Centrale（Mission Paul Pelliot 1906-1909）", Bulletin de la Section de Geographie du Comité des Travaux Historiques et Scientifiques 68（1955）: 77-164。

10　余太山:《西域传》，29页；《史记》卷123，3168—3169页。

11　余太山:《西域传》，187—190页；《汉书》卷96下，3916—3917页。

12　余太山:《西域传》，180页；《汉书》卷96下，3911页。

13　石碑年代为公元158年，发现于拜城附近的山中，其中记载了一位汉朝将军的名字和头衔。Éric Trombert, with Ikeda On and Zhang Guangda, Les manuscrits chinois de Koutcha: Fonds Pelliot de la Bibliothèque Nationale de France（Paris: Institut des Hautes Études Chinoises du Collège de France, 2000）, 10.

14　寺院列表见Mariko Namba Walter, "Tokharian Buddhism in Kucha: Buddhism of Indo-European Centum Speakers in Chinese Turkestan before the 10th Century C.E.", Sino-Platonic Papers 85（October 1998）: 5-6。库车发现的梵文佛经所用字体是中亚发现的最古字体，其年代甚至可能早于3世纪，桑山正进编:《慧超往五天竺国传研究》（京都：京都大学人文科学研究所，1992），187页注207。

15　佛教学者一直在争论"说一切有部"和"根本说一切有部"这两个佛教部派之间

的关系，库车出土的许多文献都与这两派相关。见 Ogihara Hirotoshi, "Researches about Vinaya-texts in Tocharian A and B"（Ph.D.diss., École Pratique des Hautes Études, 2009）。

16　《出三藏记集》，《大正藏》2145 号，79c-80a；Walter, "Tocharian Buddhism in Kucha", 8-9。

17　Silk, "What, if Anything, Is Mahāyāna Buddhism?" 355-405.

18　此人是新罗僧人慧超。见《往五天竺国传笺释》（北京：中华书局，2000 年），159 页。

19　李昉等：《太平御览》卷 125，604 页引《十六国春秋》；Trombert, *Les manuscrits chinois de Koutcha*, 11。

20　Yang Lu, "Narrative and Historicity", 23-31.

21　John Kieschnick, *The Eminent Monk: Buddhist Ideals in Medieval Chinese Hagiography*（Honolulu: University of Hawai'i Press, 1997）, 19; Bernard Faure, *The Red Thread: Buddhist Approaches to Sexuality*（Princeton, NJ: Princeton University Press, 1998）, 26-27.

22　E.Zürcher, "Perspectives in the Study of Chinese Buddhism", *Journal of the Royal Asiatic Society* 2（1982）: 161-176.

23　*The Essential Lotus: Selections from the Lotus Sutra*, trans.Burton Watson（New York: Columbia University Press, 2002）.

24　Daniel Boucher, *Bodhisattvas of the Forest and the Formation of the Mahāyāna: A Study and Translation of the Rāṣṭrapālaparipācchā-sūtra*（Honolulu: University of Hawai'i Press, 2008）.

25　Edwin G.Pulleyblank, *Lexicon of Reconstructed Pronunciation in Early Middle Chinese, Late Middle Chinese and Early Mandarin*（Vancouver: University of British Columbia Press, 1991）, 160, 203, 217, 283.

26　Victor H.Mair, "India and China: Observations on Cultural Borrowing", *Journal of the Asiatic Society*（Calcutta）31, nos.3-4（1989）: 61-94.

27　Victor H.Mair and Tsu-Lin Mei, "The Sanskrit Origins of Recent Style Prosody", *Harvard Journal of Asiatic Studies* 51, no.2（1991）: 375-470，特别是 392 页；Victor Mair，私下交流，2011 年 9 月 7 日。

28　Douglas Q.Adams, *Tocharian Historical Phonology and Morphology*（New Haven, CT: American Oriental Society, 1988）, 1.

29　Denis Sinor, "The Uighur Empire of Mongolia", in *Studies in Medieval Inner Asia*（Brookfield, VT: Ashgate, 1997）, 1-5.

30　在 Twghry 一词中，笔者用了 /gh/，有些学者用希腊字母伽马（γ）。Adams, *Tocharian*，2 页，引用了整段。Le Coq, *Buried Treasures*，84 页提到了这个发现。1974 年又有 44 叶同一文本的文书发现于焉耆，见 Ji Xianlin, trans., *Fragments of the Tocharian A Maitreyasamiti-Nataka of the Xinjiang Museum, China*（New York: Mouton de Gruyter, 1998）。

31　Adams, *Tocharian*, 3.

32　最近 François Thierry 重新研究了所有关于月氏的材料并将其再次译为法语。他给出了几个敦煌和祁连的异读，并提出了一种可能：在匈奴将月氏赶走的公元前 175 年之前，月氏人的活动范围可能已经遍布祁连山和天山之间的整个区域（今甘肃大部和新疆全境），而不是史书中所讲仅是敦煌附近的祁连山地区。Thierry, "Yuezhi et Kouchans," in *Afghanistan: Ancien carrefour*, 421-539.

33　Christopher I.Beckwith, *Empires of the Silk Road: A History of Central Eurasia from the Bronze Age to the Present*（Princeton, NJ: Princeton University Press, 2009）, 380-383.

34　见于粟特语、汉语、古突厥语的三语碑铭《九姓回鹘可汗碑》，立于回鹘都城、今蒙古国境内鄂尔浑河谷的喀喇巴喇哈逊遗址。

35　W.B.Henning，"Argi and the 'Tokharians'"，*Bulletin of the School of Oriental Studies* 9，no.3（1938）：545-571.Larry Clark 讨论了"四 Twghry"的几次出现，提出了与 Henning 不同的看法，认为这四个地区包括龟兹。"The Conversion of Bügü Khan to Manichaeism"，in *Studia Manichaica*：*IV.Internationaler Kongress zum Manichäismus*，*Berlin*，*14.-18.Juli*，*1997*，ed.Ronald E.Emmerick，Werner Sundermann，and Peter Zieme（Berlin：Akademie Verlag，2000），83—84页注1。

36　Nicholas Sims-Williams，*New Light on Ancient Afghanistan*：*The Decipherment of Bactrian*；*An Inaugural Lecture Delivered on 1 February 1996*（London：School of Oriental and African Studies，University of London，1997），1-25.

37　George Sherman Lane，"On the Interrelationship of the Tocharian Dialects"，in *Studies in Historical Linguistics in Honor of George Sherman Lane*，ed.Walter W.Arndt et al.（Chapel Hill：University of North Carolina Press，1967），129.

38　Stanley Insler，私下交流，1999年4月22日；Lane，"Tocharian Dialects"，129。

39　Douglas Q.Adams，"The Position of Tocharian among the Other Indo-European Languages"，*Journal of the American Oriental Society* 104（July-September 1984）：400.

40　说突厥系语言的不同民族并不以突厥指称自己。随着操突厥语民族与穆斯林接触的增加，这一提法被越来越广泛地使用。见 P.B.Golden，*Ethnicity and State Formation in Pre-Čingisid Turkic Eurasia*（Bloomington：Department of Central Eurasian Studies，Indiana University，2001）；Golden，*An Introduction to the History of the Turkic Peoples*：*Ethnogenesis and State-Formation in Medieval and Early Modern Eurasia and the Middle East*（Wiesbaden，Germany：O.Harrassowitz，1992）。

41　Melanie Malzahn，"Tocharian Texts and Where to Find Them"，in *Instrumenta Tocharica*，ed.Melanie Malzahn（Heidelberg，Germany：Universitätsverlag Winter，2007），79.

42　Georges-Jean Pinault，私下交流，2010年4月3日。

43　Georges-Jean Pinault，"Introduction au tokharien"，*LALIES* 7（1989）：11.另见 Pinault 最近发表的 *Chrestomathie tokharienne*：*Textes et grammaire*（Leuven，Belgium：Peeters，2008）。

44　Adams，*Tocharian*，7页注8。

45　Georges-Jean Pinault 分析了这个故事，并对其中的片段进行了逐字翻译和整段翻译。见氏著"Introduction au tokharien"，163—194页。文书的转写和翻译见 Pinault 的 *Chrestomathie tokharienne*，251—268页，所引部分见262页。

46　Lane，"Tocharian Dialects"，125页讨论了西格和西格灵所编吐火罗语A文书目录中的394号文书。

47　Michaël Peyrot，*Variation and Change in Tocharian B*（Amsterdam：Rodopi，2008）.

48　Pinault，"Introduction au tokharien"，11；Emil Sieg，"Geschäftliche Aufzeichnungen in Tocharisch B aus der Berliner Sammlung"，*Miscellanea Academica Berolinensia* 2，no.2（1950）：208-223.

49　"目前各地所藏文书数目大致为柏林藏3480件、伦敦藏1500件、巴黎藏1000件（约1000件小残片不算在内）、圣彼得堡藏180件、日本藏30件、中国藏50件（题记和石刻不算在内），共计6060个号码。"Pinault，私下交流，2010年4月3日。

50　今天该遗址的名称为玉其吐尔，法语拼写为 Douldour-âqour。对该遗址的详细描述见 *Madeleine Hallade et al.*，*Douldour-âqour et Soubachi*，*Mission Paul Pelliot IV*

（Paris：Centre de recherché sur l'Asie centrale et la Haute-Asie，Instituts d'Asie，Collège de France，1982），31-38。

51 kuśiññe一词意为"龟兹语"，见Pinault，"Introduction au tokharien"，20。

52 Éric Trombert，*Les manuscrits chinois de Koutcha*，25-27.伯希和收集到的汉语和龟兹语文书现藏于法国国家图书馆。第一次世界大战前活跃于中亚的日本大谷考察队也在库车买到了文书，很可能来自同一遗址。另见Georges-Jean Pinault，"Economic and Administrative Documents in Tocharian B from the Berezovsky and Petrovsky Collections"，*Manuscripta Orientalia* 4，no.4（1998）：3-20。

53 Édouard Chavannes，*Documents sur les Tou-kiue（Turcs）occidenteaux*（Paris：Adrien-Masonneuve，1941）；Christopher I.Beckwith，*The Tibetan Empire in Central Asia：A History of the Struggle for Great Power among Tibetans，Turks，Arabs，and Chinese during the Early Middle Ages*（Princeton，NJ：Princeton University Press，1987）.

54 《魏书》（北京：中华书局，1974年）卷102，2266页；余太山：《西域传》，448页，449页注136。

55 《魏书》（北京：中华书局，1974年）卷102，2266页；余太山：《西域传》，636页。

56 François Thierry，"Entre Iran et Chine：La circulation monétaire en Sérinde de 1er au IXe siècle"，in Drège，*La Serinde，terre d'échanges*，121-147，特别是126页。原文见玄奘《大唐西域记校注》，54页。这段文字的不同版本提到了金币或金子，没有提到银币和铜币。

57 Thierry，"La circulation monétaire en Sérinde"，129-135.

58 龟兹语钱币一词为cāne，借自汉语"钱"，翻译和讨论见Georges-Jean Pinault，"Aspects de bouddhisme pratiqué au nord de désert du Taklamakan，d'après les documents tokhariens"，in *Bouddhisme et cultures locales：Quelques cas de réciproques adaptations；Actes du colloque franco-japonais de septembre 1991*，ed.Fukui Fumimasa and Gérard Fussman（Paris：École Française d'Extrême-Orient，1994），85-113；Pinault，"Economic and Administrative Documents"。原始文献保存在法国国家图书馆，编号为Pelliot Kouchéen Bois，série C，1。

59 Pinault，"Economic and Administrative Documents"，12.

60 Georges-Jean Pinault，"Narration dramatisée et narration en peinture dans la region de Kucha"，in Drège，*La Serinde，terre d'échanges*，149-167；Werner Winter，"Some Aspects of 'Tocharian' Drama：Form and Techniques"，*Journal of the American Oriental Society* 75（1955）：26-35.

61 Klaus T.Schmidt，"Interdisciplinary Research on Central Asia：The Decipherment of the West Tocharian Captions of a Cycle of Mural Paintings of the Life of the Buddha in Cave 110 in Qizil"，*Die Sprache* 40，no.1（1998）：72-81.

62 Peyrot，*Variation and Change*，206.

63 伯希和把这个山口称作Tchalderang，现在的拼法是Shaldïrang。关于这些过所最详细的研究见Georges-Jean Pinault，"Épigraphie koutchéenne：I.Laisser-passer de caravanes；II.Graffites et inscriptions"，in Chao Huashan et al.，*Sites divers de la région de Koutcha*（Paris：Collège de France，1987），59—196页，特别是67页注4引用的伯希和1907年1月致Émile Senart的信件。庆昭蓉目前正在皮诺教授的指导下完成关于库车发现的世俗文书的博士论文。笔者的讨论完全基于皮诺的叙述：埋在雪里的过所（67页），对文书的描述（69—71页），过所使用的套语（72—74页），正式数字的使用（79页），结束用语和日期（84—85页），信息列表（78页）。

64 没有一件木盒子或者过所被完整地保存下来。现存文书的照片见Pinault，"Laisser-passer de caravans"，彩图40—52。

65 Pinault，"Aspects de bouddhisme"，100-101.

66 《周书》（北京：中华书局，1971年）卷50，9123页。

67 陈国灿：《唐安西四镇中"镇"的变化》，《西域研究》2008年第4期，16—22页。

68 Beckwith，*Tibetan Empire in Central Asia*，197-202.

69 对于这些复杂政治事件的一个非常好的概述见François Thierry，"On the Tang Coins Collected by Pelliot in Chinese Turkestan（1906-1909）"，in *Studies in Silk Road Coins and Culture：Papers in Honour of Professor Ikuo Hirayama on His 65th Birthday*，ed.Joe Cribb，Katsumi Tanabe，and Helen Wang（Kamakura，Japan：Institute of Silk Road Studies，1997），149—179页，特别是158—159页。

70 Moriyasu Takao，"Qui des Ouighours ou des Tibétains ont gagné en 789-792 à Beš-Balïq"，*Journal Asiatique* 269（1981）：193-205；Beckwith，*Tibetan Empire in Central Asia*，166-168.

71 池田温是日本的汉语文书专家，张广达是中国的唐史专家，Éric Trombert在上述两位学者的协助下发表了这些文书的最终版本。带纪年文书的列表见Trombert，*Les manuscrits chinois de Koutcha*，141。

72 Trombert，*Les manuscrits chinois de Koutcha*，28—30号、5号。

73 Trombert，*Les manuscrits chinois de Koutcha*，21号（诵经）、6号（女子写信）、19号（农田大小）、125号（道教经幡）、117号（官员考课）。

74 Trombert，*Les manuscrits chinois de Koutcha*，35号。

75 Trombert，*Les manuscrits chinois de Koutcha*，121号、131号。

76 Trombert，*Les manuscrits chinois de Koutcha*，114号（铁）、129号（布；"一千尺布"的读法把握不大）、108号（支付给官员的物品）。

77 Trombert，*Les manuscrits chinois de Koutcha*，41号。Trombert认为（35页）"行客"指的是附属于行进中的军事单位的人（行营客），而不是敦煌吐鲁番文献中的"远行商客"，即长途贸易商人。

78 Trombert，*Les manuscrits chinois de Koutcha*，121号、220号、77号（可能）、112号。

79 Trombert，*Les manuscrits chinois de Koutcha*，20号、93号（免除徭役）、24号（债主列表）。

80 Helen Wang，*Money on the Silk Road*，85—87页分析了这些文书。87页的表中列出了译文中的日期和钱币数量，非常好用。Yamamoto Tatsuro and Ikeda On，*Tunhuang and Turfan Documents Concerning Social and Economic History*，vol.3，*Contracts*（Tokyo：Tokyo Bunko，1987），74—76页中有契约的录文。

81 对这些问题进行学术讨论的学术参考文献见Hansen，"Place of Coins and their Alternatives"。

82 Thierry，"Tang Coins Collected by Pelliot"，151.

83 Trombert，*Les manuscrits chinois de Koutcha*，35.

84 Sven Hedin，*My Life as an Explorer*，1925.

85 1895年，赫定的两名队员在探险途中遇难，见序章。

86 银元宝，形如马蹄，重量约1磅或不足500克。

87 沙皇尼古拉二世是赫定探险的一大支持者，他派了几个哥萨克护卫随赫定同行。这些哥萨克人会向沙皇汇报赫定的活动。不清楚赫定知不知道这一点，不过他会把信息告诉俄国人、英国人、中国人，希望他们能报之以李，他们也确实常常如此。瑞典斯文·赫定基金会主任豪坎·瓦尔奎斯特，私下交流，2015年7月11日。

88 一种有钢梳状"键盘"，长得像唱机，用于播放铜制唱片的机器。

89 Albert von le Coq，*Buried Treasures of Turkestan*，1928.

90 H. T. Francis and R. A. Neil，trans.，*The Jātaka，or Stories of the Buddha's Former Births. Vol. III*，Cambridge: Cambridge University Press，1897，225-227.

91 即佛陀。

92 George S. Lane，"The Tocharian Puṇyavantajātaka: Text and Translation"，*Journal of the American Oriental Society* 67/1 (1947): 33-53.

93 《太平御览》卷125《偏霸部九》后凉吕光条。

94 位于龟兹以西。

95 《晋书》卷95鸠摩罗什条。

96 土葬是中国的传统，因为人们觉得如果尸骨遭破坏，死者就无法往阴间。佛教则相信魂魄变幻无常，不与尸身绑定，因此提倡火葬。久而久之，汉人僧尼都采用火葬，俗家弟子则很少如此。

第三章

1 Yoshida Yutaka，"Appendix：Translation of the Contract for the Purchase of a Slave Girl Found at Turfan and Dated 639"，*T'oung Pao* 89（2003）: 159-161.

2 尽管历史学家对于玄奘的出发日期是627年还是629年有争论，但Etienne de la Vaissière支持629年说的文章很有说服力，见氏著"Note sur la chronologie du voyage de Xuanzang"，*Journal Asiatique* 298, no.1（2010）: 157-168.另见玄奘最详细的现代传记——桑山正进、袴谷宪昭：《玄奘》（东京：大藏出版，1981），58—82页。

3 慧立写了前五章，写到649年玄奘归国受到唐太宗接见。当年的出境禁令就是唐太宗颁发的。彦悰写了后五章，一直写到664年玄奘去世。见慧立、彦悰：《大慈恩寺三藏法师传》（北京：中华书局，2000年），11页。该书有两个英语译本。Beal的译本有些古老但带有详尽注释，Li的现代译本没有注释。Samuel Beal, trans., *Life of Hiuen-Tsiang, by the Shaman Hwui Li*（London：K.Paul, Trench, Trübner, 1911）; Li Rongxi, trans., *A Biography of the Tripiṭaka Master of the Great Ci'en Monastery of the Great Tang Dynasty*（Berkeley, CA：Numata Center for Buddhist Translation and Research, 1995）.

　　学者们尚无法确定玄奘和慧立的生年。Alexander Leonhard Mayer比较了相互矛盾的各种史料，接受了道宣在《续高僧传》的说法，认定玄奘的生年为600年（其他可能的年份是596年至602年）。见Alexander Leonhard Mayer and Klaus Röhrborn, eds., *Xuanzangs Leben und Werk*, vol.1（Wiesbaden, Germany：Harrassowitz, 1991），34页（关于慧立），61页（关于玄奘）。感谢Friederike Assandri为笔者指出这篇参考文献。

4 只有《集古今佛道论衡》中一部简短的玄奘传记明确提到了玄奘学习梵语。桑山正进、袴谷宪昭：《玄奘》，43—44页。

5 笔者关于玄奘旅程的叙述及之后的引文均来自《大慈恩寺三藏法师传》，11—29页。

6 玄奘一直用里作为长度单位，斯坦因以五里为一英里换算了玄奘给出的距离。从瓜州到伊吾的351千米，玄奘共走了11天。斯坦因根据玄奘的记载画了一张路线图。Aurel Stein, "The Desert Crossing of Hsüan-Tsang, 630 A.D.", *Geographical Journal* 54（1919）: 265-277.

7 见Yoshida Yutaka and Kageyama Etsuko, "Sogdian Names in Chinese Characters", in *Les Sogdiens en Chine*, ed.Étienne de la Vaissière and Éric Trombert（Paris：École Française d'Extrême-Orient, 2005），305—306页的表格。

8 斯坦因认为这段路程的长度可信，因为玄奘的五天四夜相当于20世纪初的五"站"路。他估计玄奘找到水源之前走了171千米。斯坦因还说他的马可以在无水的情况下走四天，并因此认为马在无水的情况下坚持更久也是非常可能的。见氏著 "The Desert Crossing"，276—277页。

9 桑山正进、袴谷宪昭：《玄奘》，48—49页。

10 高昌王和西突厥可汗有姻亲关系。614年到619年义和政变期间，高昌王麹伯雅很可能就待在西突厥那里。吴震：《麹氏高昌国史索隐》，《文物》1981年第1期，38—46页。

11 最近，荒川正晴把慧立记载中玄奘护卫的名字与出土文书中的一个类似名字联系了起来，该文书列出了赶车人的劳役。荒川正晴提出，玄奘在十二月坐着其中一辆车离开了高昌。"Sogdians and the Royal House of Ch'ü in the Kao-ch'ang Kingdom"，*Acta Asiatica* 94（2008）：67-93.

12 从502年到640年高昌灭亡共有十位高昌王，高昌王表见 Valerie Hansen，"Introduction：Turfan as a Silk Road Community"，*Asia Major*，3rd ser.，11，no.2（1998）：1-12，王表在第8页。至于502年之前各王朝的详细讨论见王素：《高昌史稿：统治编》（北京：文物出版社，1998年），265—307页。

13 《后汉书》卷88，2928—2929页，译文见 Zhang Guangda and Rong Xinjiang，"A Concise History of the Turfan Oasis and Its Exploration"，*Asia Major*，3rd ser.，11，no.2（1998）：14. 有关吐鲁番历史的英文文章中，张广达与荣新江合撰的这篇是最可靠的。中文可参见王素《高昌史稿》中的年表。

14 Wang Binghua，"New Finds in Turfan Archaeology"，*Orientations* 30，no.4（April 1999）：58-64.

15 Zhang and Rong，"Concise History of the Turfan Oasis"，14-17.

16 Yamamoto and Ikeda，Tun-huang and Turfan Documents，3A:3.

17 《周书》卷50，915页；余太山：《西域传》，510—511页。

18 Zhang Guangda，"An Outline of the Local Administration in Turfan"，网上可见：http://eastasianstudies. research.yale.edu/turfan/government.html。

19 Valerie Hansen，*Negotiating Daily Life in Traditional China：How Ordinary People Used Contracts*，600-1400（New Haven，CT：Yale University Press，1995），29-31.

20 《旧唐书》（北京：中华书局，1975年）卷198，5295页。

21 李吉甫：《元和郡县图志》（北京：中华书局，1983年）卷40，1030页。

22 考古学家在敦煌北区洞窟中发现了一些冥衣：一只纸鞋（B48窟）和一件纸衣。彭金章、王建军：《敦煌莫高窟北区石窟》（北京：文物出版社，2000—2004年）第1卷，151—152页，177页；第3卷，337页。

23 唐长孺主编：《吐鲁番出土文书》（北京：文物出版社，1992—1996年）卷1，10页；陈国灿，私下交流，2006年4月10日。本注释所引吐鲁番文书和照片来自四卷本，这一版比之前的十卷本更准确。

24 王素：《长沙走马楼三国吴简研究的回顾与展望》，《中国历史文物》2004年第1期，18—34页，特别是25页；《周书》卷50，915页；余太山：《西域传》，510—511页。

25 Stein，*Innermost Asia*，2:646.

26 Frank Dikötter，*Mao's Great Famine：The History of China's Most Devastating Catastrophe，1958-1962*（New York：Walker，2010），x.

27 这段叙述基于笔者2006年3月29日与不久前去世的新疆维吾尔自治区博物馆吴震先生的谈话。

28 新疆维吾尔自治区博物馆发表了几次简报，见《文物》1960年第6期，13—21页；1972年第1期，8—29页；1972年第2期，7—12页；1973年第10期，7—27页；1975年第7期，8—26页；1978年第6期，1—14页。阿斯塔那墓地更完整的发掘报告见《新疆文物》2000年第3、4期的专号。

29　Hansen, "Turfan as a Silk Road Community", 1.

30　唐长孺:《新出吐鲁番文书简介》,《東方学報》54（1982）:83—100页。大多数吐鲁番文书都发表于唐长孺主编的四卷本《吐鲁番出土文书》。另见陈国灿:《斯坦因所获吐鲁番文书研究》（武汉:武汉大学出版社,1995年）;陈国灿、刘永增:《日本宁乐美术馆藏吐鲁番文书》（北京:文物出版社,1997年）;柳洪亮:《新出吐鲁番文书及其研究》（乌鲁木齐:新疆人民出版社,1997年）;荣新江、李肖、孟宪实:《新获吐鲁番出土文献》（北京:中华书局,2008年）。

31　荣新江:《阚氏高昌王国与柔然、西域的关系》,《历史研究》2007年第2期,4—14页;荣新江:《新获吐鲁番出土文献》卷1,163页。

32　Jonathan Karam Skaff, "Sasanian and Arab-Sasanian Silver Coins from Turfan: Their Relationship to International Trade and the Local Economy", *Asia Major*, 3rd ser., 11, no.2（1998）: 67-115, 特别是68页。

33　大部分高昌故城发现的钱币都出自包含10枚、20枚和100枚钱币的三处窖藏,见skaff, "Sasanian and Arab-Sasanian Silver Coins", 71-72。

34　唐长孺主编:《吐鲁番出土文书》卷1,143页;讨论见Hansen, "The Path of Buddhism into China: The View from Turfan", *Asia Major*, 3rd ser., 11, no.2（1998）: 37-66, 特别是51—52页。

35　Skaff, "Sasanian and Arab-Sasanian Silver Coins", 108—109页的图表很有帮助。

36　Yoshida, "Appendix: Translation of the Contract", 159-161.

37　Helen Wang, *Money on the Silk Road*, 34-36.

38　Skaff, "Sasanian and Arab-Sasanian Silver Coins", 68.

39　Helen Wang, *Money on the Silk Road*, 35.

40　王炳华, 私下交流, 2009年6月25日;李遇春:《新疆乌恰县发现金条和大批波斯银币》,《考古》1959年第9期,482—483页。

41　2006年, Stephen Album检视了新疆维吾尔自治区博物馆收藏的100枚乌恰钱币。他估计其中四分之一以上是萨珊银币的"同时代仿制品"或"嚈哒人所造卑路斯风格钱币",见Stephen Album, 上海博物馆2006年12月6日举办的"丝绸之路古国钱币暨丝路文化国际学术研讨会"会议论文。乌恰所有银币的照片见*Silk Roadology* 19（2003）: 51-330。

42　Valerie Hansen, "Why Bury Contracts in Tombs?" *Cahiers d'Extrême-Asie* 8（1995）: 59-66.

43　Hansen, *Negotiating Daily Life*, 35, 43.

44　唐长孺主编:《吐鲁番出土文书》卷3,517页。

45　罗丰:《胡汉之间——"丝绸之路"与西北历史考古》（北京:文物出版社,2004年）, 147页。

46　罗丰:《胡汉之间》, 117—120页;François Thierry and Cecile Morrisson, "Sur les monnaies byzantines trouvées en Chine", *Revue Numismatique* 36（1994）: 109-145。

47　Helen Wang, *Money on the Silk Road*, 34.

48　《胡汉之间》146页的表格列出了中国境内发现的32枚真币和15枚仿币。关于这些金币的汉语参考文献太多,不胜枚举,详见罗丰的注释。

49　林英、迈特里希（Michael Metlich）:《洛阳发现的利奥一世金币考释》,《中国钱币》2005年第3期,70—72页。

50　五枚发现于北周田弘墓;罗丰:《胡汉之间》, 118页,21—24号物品。

51　罗丰:《胡汉之间》, 96页。

52　Wu Zhen, "'Hu' Non-Chinese as They Appear in the Materials from the Astana Graveyard at Turfan", *Sino-Platonic Papers* 119（Summer 2002）: 7.

53　Yoshida Yutaka, "On the Origin of the Sogdian Surname Zhaowu and Related

Problems", *Journal Asiatique* 291, nos.1-2（2003）: 35-67.

54 Yoshida Yutaka and Kageyama Etsuko, "Appendix I: Sogdian Names in Chinese Characters, Pinyin, Reconstructed Sogdian Pronunciation, and English Meanings", in Vaissière and Trombert, *Les Sogdiens en Chine*, 305-306.

55 六七世纪高昌的粟特人大多是祆教徒而不是摩尼教徒。见 Valerie Hansen, "The Impact of the Silk Road Trade on a Local Community: The Turfan Oasis, 500-800", in Vaissière and Trombert, *Les Sogdiens en Chine*, 283-310, esp.299.

56 影山悦子:《東トルキスタン出土のオッスアリ（ゾロアスター教徒の納骨器）について》, *Oriento* 40, no.1（1997）: 73-89。

57 Zhang Guangda, "Iranian Religious Evidence in Turfan Chinese Texts", *China Archaeology and Art Digest* 4, no.1（2000）: 193-206.

58 萨宝（或称萨保、萨薄）是汉语对粟特语 s'rtp'w 一词的音译，该词可能（借由大夏语）来自梵语 sārthavāha，意为"商队首领"，见吉田丰:《ソグド語雑録 II》, *Oriento* 31, no.2（1988）: 168-171。

59 Hansen, "Impact of the Silk Road Trade", 297-298.

60 吐鲁番地区文物局:《新疆吐鲁番地区巴达木墓地发掘简报》,《考古》2006年第12期, 47—72页。

61 Jonathan Karam Skaff, "Documenting Sogdian Society at Turfan in the Seventh and Eighth Centuries: Tang Dynasty Census Records as a Window on Cultural Distinction and Change", in Vaissière and Trombert, *Les Sogdiens en Chine*, 311-341.

62 这些文书没有纪年，但其中一个人名曾在另外一件619年的文书中出现，此人名为车不六（吕）多，不六多或不吕多即粟特语 Parwēkht 的音译。见 Skaff, "Sasanian and Arab-Sasanian Silver Coins", 90页注71。

63 Skaff, "Sasanian and Arab-Sasanian Silver Coins", 93-95.

64 八处记录表明之前半个月没有收税，也就是说当年共有四个月没有收税。

65 高昌国时期斤的重量不明，因为从未出土那时的秤砣。晋用旧制，高昌国采用了很多晋制，因此这些文书中的一斤相当于200克左右。陈国灿，私下交流，2006年5月18日。

66 Skaff, "Sasanian and Arab-Sasanian Silver Coins", 93.

67 Ronald M.Nowak, *Walker's Mammals of the World*, 5th ed.（Baltimore: Johns Hopkins University Press, 1991）, 2:1357.

68 更完整的讨论见 Valerie Hansen, "How Business Was Conducted on the Chinese Silk Road during the Tang Dynasty, 618-907", in *Origins of Value: The Financial Innovations That Created Modern Capital Markets*, ed.William N.Goetzmann and K.Geert Rouwenhorst（New York: Oxford University Press, 2005）, 43-64; Arakawa Masaharu, "Sogdian Merchants and Chinese Han Merchants during the Tang Dynasty", in Vaissière and Trombert, *Les Sogdiens en Chine*, 231-242。

69 Éric Trombert, "Textiles et tissus sur la route de la soie: Eléments pour une géographie de la production et des échanges", in Drège, *La Serinde, terre d'échanges*, 107-120, 特别见108页。

70 Trombert, "Textiles et tissus"; Michel Cartier, "Sapèques et tissus à l'époque des T'ang（618-906）", *Journal of the Economic and Social History of the Orient* 19, no.3（1976）: 323-344.

71 Hansen, *Negotiating Daily Life*, 51-52.

72 Arakawa Masaharu, "The Transit Permit System of the Tang Empire and the Passage of Merchants", *Memoirs of the Research Department of the Toyo Bunko* 59（2001）: 1-21; 程喜霖:《唐代过所研究》, 239—245页。

73 Arakawa, "Transit Permit System" 中有过所全译（8—10页）和路线图（11页）。

74 Skaff, "Sasanian and Arab-Sasanian Silver Coins", 97-98.

75 唐长孺主编：《吐鲁番出土文书》卷4，281—297页。

76 Hansen, "Impact of the Silk Road Trade".

77 Wallace Johnson, trans., *The T'ang Code*, vol.2, *Specific Articles* (Princeton, NJ: Princeton University Press, 1997), 482; Denis Twitchett, "The T'ang Market System", *Asia Major* 12 (1963): 245. 下文所引《交河郡市估案》中记录了相距两个星期的两组价格。

78 池田温整理并转录了这些文书，见氏著《中国古代籍帐研究》（东京：東京大学出版会，1979），447—462页。Éric Trombert 和 Étienne de la Vaissière 做了法语全译并进行了大量注释，见氏著 "Le prix de denrées sur le marché de Turfan en 743", in *Études de Dunhuang et Turfan*, ed.Jean-Pierre Drège (Geneva, Switzerland: Droz, 2007), 1-52。

79 20之后的数字缺失，肯定是7。

80 Arakawa, "Transit Permit System", 13.

81 王炳华：《吐鲁番出土唐代庸调布研究》，《文物》1981年第1期，56—62页。Helen Wang 非常友善地给笔者看了她尚未发表的此文翻译。

82 Jonathan Karam Skaff, "Straddling Steppe and Sown: Tang China's Relations with the Nomads of Inner Asia (640-756)" (Ph.D.diss., University of Michigan, 1998).

83 Skaff, "Straddling Steppe and Sown", 224, 82n147, 图表86；杜佑：《通典》（北京：中华书局，1988年）卷6，111页。Skaff的文章是英语中最新、最下功夫的作品，其中有详细的中日文参考资料。另见荒川正晴：《オアシス国家とキャラバン交易》（东京：山川出版社，2003）。

84 Skaff, "Straddling Steppe and Sown", 86, 244; D.C.Twitchett, *Financial Administration under the T'ang Dynasty*, 2nd ed. (Cambridge, UK: Cambridge University Press, 1970), 86.

85 Jonathan Karam Skaff, "Barbarians at the Gates? The Tang Frontier Military and the An Lushan Rebellion", *War and Society* 18, no.2 (2000): 23-35, esp.28, 33.

86 Twitchett, *Financial Administration*, 97-123.

87 Larry Clark 指出，要确定可汗皈依的确切年份很难，可能的年份包括755—756年、761年、763年。见氏著 "The Conversion of Bügü Khan to Manichaeism", in Emmerick, *Studia Manichaica*, 83-123。

88 Hans-J.Klimkeit, "Manichaean Kingship: Gnosis at Home in the World", *Numen* 29, no.1 (1982): 17-32.

89 Michael R.Drompp, *Tang China and the Collapse of the Uighur Empire: A Documentary History* (Leiden, The Netherlands: Brill, 2005), 36-38; Zhang and Rong, "Concise History of the Turfan Oasis", 20-21; Moriyasu Takao, "Qui des Ouighours ou des Tibetains", 193-205.

90 Moriyasu Takao, "Notes on Uighur Documents", *Memoirs of the Research Department of the Toyo Bunko* 53 (1995): 67-108.

91 Nicholas Sims-Williams, "Sogdian and Turkish Christians in the Turfan and Tun-huang Manuscripts", in *Turfan and Tun-huang, the Texts: Encounter of Civilizations on the Silk Route*, ed.Alfredo Cadonna (Florence, Italy: Leo S.Olschki Editore, 1992), 43-61; Nicholas Sims-Williams, "Christianity, iii.In Central Asia and Chinese Turkestan", in *Encyclopædia Iranica*, Online Edition, October 18, 2011, 网址：http://www.iranicaonline.org/articles/christianity-iii；Sims-Williams, "Bulayïq", in *Encyclopædia*

Iranica，Online Edition，December 15，1989，网址：http://www.iranicaonline.org/articles/bulayq-town-in-eastern-turkestan.

92　S.P.Brock，"The 'Nestorian' Church：A Lamentable Misnomer"，*Bulletin of the John Rylands University Library of Manchester* 78，no.3（1996）：23-35.

93　全文翻译见 Hans-Joachim Klimkeit，*Gnosis on the Silk Road：Gnostic Texts from Central Asia*（San Francisco：Harper San Francisco，1993），353-356。

94　Klimkeit，*Gnosis on the Silk Road*，40-41.

95　Zsuzsanna Gulacsi，*Manichaean Art in Berlin Collections*（Turnhout，Belgium：Brepols，2001），70-75.

96　森安孝夫：《ウイグル＝マニ教史の研究》（大阪：大阪大学文学部，1991），18—27页，彩图1。

97　Werner Sundermann，"Completion and Correction of Archaeological Work by Philological Means：The Case of the Turfan Texts"，in *Histoire et cultes de l'Asie centrale préislamique*，ed.Paul Bernard and Frantz Grenet（Paris：Éditions du Centre National de la Recherche Scientifique，1991），283-289.

98　Zhang and Rong，"Concise History of the Turfan Oasis"，20-21；Morris Rossabi，"Ming China and Turfan，1406-1517"，*Central Asiatic Journal* 16（1972）：206-225.

99　Perdue，*China Marches West*.

100　〔唐〕慧立、彦悰、道宣著，孙毓棠、谢方、范祥雍点校：《大慈恩寺三藏法师传 释迦方志》（北京：中华书局，2000年），12—14页。

101　此人名字石盘陀显示他是粟特人。"胡"泛指非汉人，但在6世纪到9世纪常指粟特 等伊朗系民族。

102　即不杀生、不偷盗、不淫邪、不妄语、不饮酒。

103　斯坦因重走唐僧路，算出玄奘所说的一里约等于0.3千米。

104　Stein，*Innermost Asia*，1928.

105　日本大谷光瑞探险队成员之一，在1902—1904年、1908—1909年和1910—1912 年三次随探险队前往新疆。

106　1865—1877年窃据新疆的统治者。

107　吉田丰，"Appendix: Translation of the Contract for the Purchase of a Slave Girl Found at Turfan and Dated 639"，*T'oung Pao* 89 (2003): 159-161。

108　原文意为"中国城"，因为高昌有大量汉人，接受了很多汉文化习俗。

第四章

1　Shiratori，"Study on Su-t'ê"，81-145.

2　慧立、彦悰：《大慈恩寺三藏法师传》，27页。

3　Arthur Waley，*The Real Tripitaka and Other Pieces*（London：George Allen & Unwin，1952），21.

4　学者们尚不能确定玄奘翻越天山的路线。他可能走的是别迭里山口，那里不算太 高。更可能是从库车直接向北进入西突厥的腹心地带，即北疆小洪那海地区，从那 儿向西前往伊塞克湖。见向达：《西域见闻琐记》，《文物》1962年第7—8期，35页。

5　Beal，*Life of Hiuen-tsiang*，25页注80。

6　玄奘遇到的是统叶护可汗的儿子肆叶护可汗。统叶护可汗于628年或629年被弑之 后，肆叶护可汗继之成为西突厥的统治者。见 Étienne de la Vaissière，"Oncles et frères：Les qaghans Ashinas et le vocabulaire turc de la parenté"，*Turcica* 42（2010）：267-278。

7 中文里粟特有好几种写法，见季羡林等在《大唐西域记校注》73—74页中所做渊博的注释。

8 玄奘：《大唐西域记》，72页；Beal, *Life of Hiuen-tsiang*，27。

9 《旧唐书》卷198下，5310页；《新唐书》（北京：中华书局，1975年）卷221下，6243—6244页。

10 Klimkeit, *Gnosis on the Silk Road*；Nicholas Sims-Williams, "Sogdian and Turkish Christians in the Turfan and Tun-huang Manuscripts", in Cadonna, *Turfan and Tun-huang*, 43-61.

11 Frantz Grenet, "Old Samarkand: Nexus of the Ancient World", *Archaeology Odyssey* 6, no.5（2003）: 26-37.

12 Nicholas Sims-Williams and Frantz Grenet, "The Sogdian Inscriptions of Kultobe", *Shygys* 2006, no.1: 95-111.

13 房间和烽燧遗址的照片见 M.Aurel Stein, *Ruins of Desert Cathay: Personal Narrative of Explorations in Central Asia and Westernmost China*（London: Macmillan, 1912; repr., New York: Dover, 1987），图 177。

14 Aurel Stein, *Ruins of Desert Cathay*, 2:113.

15 关于这次发现的周边环境，见 Stein, *Serindia*, 669—677页及地图 74。关于这些信札的基本概况，见 Vaissière, *Sogdian Traders*, 43-70。原件于 2002 年以法文发表，笔者为读者方便起见引用英文版。另见 Nicholas Sims-Williams and Frantz Grenet, "The Historical Context of the Sogdian Ancient Letters", in *Transition Periods in Iranian History*, *Actes du symposium de Fribourg-en-Brisgau*（22-24 Mai 1985）（Leuven, Belgium: E.Peeters, 1987），101-122。

  Nicholas Sims-Williams 把 1、2、3、5 号信札的译文都发布到网上了：http://depts.washington.edu/silkroad/texts/sogdlet.html。

  每封信札的最新翻译如下：

  1 号信札：Nicholas Sims-Williams, "Towards a New Edition of the Sogdian Ancient Letters: Ancient Letter 1", in Vaissière and Trombert, *Les Sogdiens en Chine*, 181-193.

  2 号信札：Nicholas Sims-Williams, "The Sogdian Ancient Letter II", in *Philologica et Linguistica: Historia, Pluralitas, Universitas; Festschrift für Helmut Humbach zum 80.Geburtstag am 4.Dezember 2001*, ed.Maria Gabriela Schmidt and Walter Bisang（Trier, Germany: Wissenschaftlicher Verlag Trier, 2001），267-280；Nicholas Sims-Williams, "Sogdian Ancient Letter 2", in *Monks and Merchants: Silk Road Treasures from Northwest China*, ed.Annette L.Juliano and Judith A.Lerner（New York: Harry N.Abrams with the Asia Society, 2001），47-49.

  3 号信札的概括见 Nicholas Sims-Williams, "A Fourth-Century Abandoned Wife", in Whitfield and Ursula Sims-Williams, *Silk Road*, 248-249.

  5 号信札：Frantz Grenet, Nicholas Sims-Williams, and Étienne de la Vaissière, "The Sogdian Ancient Letter V", *Bulletin of the Asia Institute* 12（1998）: 91-104.

16 Nicholas Sims-Williams, "Sogdian Ancient Letter II", 261.

17 3 号到 5 号信札于 313 年 5 月 11 日到 314 年 4 月 21 日或者 313 年 6 月到 12 月写成。见 Grenet et al., "Sogdian Ancient Letter V", 102；另见 Vaissière, *Sogdian Traders*, 45 页注 5。

18 Etienne de la Vaissière, "Xiongnu", in *Encyclopædia Iranica* Online Edition, November 15, 2006, 网上可见：http://www.iranicaonline.org/articles/xiongnu。

19 Pénélope Riboud, "Réflexions sur les pratiques religieuses designees sous le nom de

xian", in Vaissière and Trombert, *Les Sogdiens en Chine*, 73-91.

20 Nicholas Sims-Williams, "Fourth-Century Abandoned Wife", 249.

21 即一个单位重 25 克，见 Vaissière, *Sogdian Traders*, 53-55。关于重量单位的总体研究见 Б.И.Маршак и В.И.Распопова, Согдийские гири из Пенджикента（Санкт-Петербург：Издательство Государственного Эрмитажа, 2005）。

22 Nicholas Sims-Williams, "Ancient Letter 1", 182.

23 Grenet et al., "Sogdian Ancient Letter V", 100; Vaissière, *Sogdian Traders*, 53-54.

24 Grenet et al., "Sogdian Ancient Letter V", 101.

25 Étienne de la Vaissière, "Is There a 'Nationality' of the Hephthalites?" *Bulletin of the Asia Institute* 17（2007）：119-132.

26 Frantz Grenet, "Regional Interaction in Central Asia and Northwest India in the Kidarite and Hephthalite Periods", in *Indo-Iranian Languages and Peoples*：*Proceedings of the British Academy*, ed.Nicholas Sims-Williams（Oxford：Oxford University Press, 2002）, 220-221.

27 Vaissière, *Sogdian Traders*, 112-117.

28 关于这处遗址最重要的出版物是 Boris I.Marshak and Valentina Raspopova, "Wall Paintings from a House with a Granary, Panjikent, 1st Quarter of the 8th Century A.D.", *Silk Road Art and Archaeology* 1（1990）：123-176, 特别是 173 页注 3。目前主持发掘工作的是艾尔米塔什博物馆东方部的负责人 Pavel Lur'e。

29 A.M.Belenitski and B.I.Marshak, "L'art de Piandjikent à la lumière des dernières fouilles（1958-1968）", *Arts Asiatiques* 23（1971）：3-39.

30 Frantz Grenet and Étienne de la Vaissière, "The Last Days of Panjikent", *Silk Road Art and Archaeology* 8（2002）：155-196, 特别见 176 页；Marshak and Raspopova, "Wall Paintings from a House with a Granary", 125.

31 Vaissière, *Sogdian Traders*, 190-194.

32 Vaissière, *Sogdian Traders*, 191.

33 Valentina Raspopova, "Gold Coins and Bracteates from Pendjikent", in *Coins, Art and Chronology*：*Essays on the Pre-Islamic History of the Indo-Iranian Borderlands*, ed.Michael Alram and Deborah E.Klimburg-Salter（Vienna：Österreichische Akademie der Wissenschaften, 1999）, 453-460.

34 Boris Marshak, 私下交流, 2002 年 2 月 7 日。

35 Raspopova, "Gold Coins and Bracteates from Pendjikent", 453-460.

36 G.A.Pugachenkova, "The Form and Style of Sogdian Ossuaries", *Bulletin of the Asia Institute* 8（1994）：227-243; L.A.Pavchinskaia, "Sogdian Ossuaries", *Bulletin of the Asia Institute* 8（1994）：209-225; Frantz Grenet, "L'art zoroastrien en Sogdiane：Études d'iconographie funéraire", *Mesopotamia* 21（1986）：97-131.

37 Boris I.Marshak, "On the Iconography of Ossuaries from Biya-Naiman", *Silk Road Art and Archaeology* 4（1995-1996）：299-321.

38 Raspopova, "Gold Coins and Bracteates", 453-460.

39 Boris I.Marshak and Valentina Raspopova, "Cultes communautaires et cultes privés en Sogdiane", in Bernard and Grenet, *Histoire et cultes de l'Asie préislamique*, 187-195, 特别是 192 页。

40 Boris A.Litvinskij, *La civilisation de l'Asie centrale antique*, trans.Louis Vaysse（Rahden, Germany：Verlag Marie Leidorf, 1998）, 182.

41 A.M.Belenitskii and B.I.Marshak, "The Paintings of Sogdiana", in *Sogdian Painting*：*The Pictorial Epic in Oriental Art*, by Guitty Azarpay（Berkeley：University of California Press, 1981）, 11-77, 特别是 20—23 页。

42 Marshak and Raspopova, "Cultes communautaires et cultes privés", 187-193.

43 Vaissière, *Sogdian Traders*, 163; Marshak and Raspopova, "Wall Paintings from a House with a Granary", 140-142, 认为这是胜利之神，但葛乐耐认为这是幸运之神，见氏著 "Vaiśravaṇa in Sogdiana: About the Origins of Bishamon-Ten", *Silk Road Art and Archaeology* 4（1995-1996）: 277-297, 特别见279页。

44 Marshak and Raspopova, "Wall Paintings from a House with a Granary", 150-153, 151页图24。

45 Boris Marshak, Legends, *Tales*, *and Fables in the Art of Sogdiana*（New York: Bibliotheca Persica, 2002）.

46 Vaissière, *Sogdian Traders*, 162, plate 5, illustration 1.

47 《旧唐书》卷221下，6244页；Chavannes, *Documents sur les Tou-Kiue*, 135。

48 关于壁画的总体介绍见 Matteo Compareti and Étienne de la Vaissière, eds., *Royal Naurūz in Samarkand: Proceedings of the Conference Held in Venice on the Pre-Islamic Painting at Afrasiab*（Rome: Instituto Editoriali e Poligrafici Internazionali, 2006）, 59-74。书中文章代表了对阿弗拉西阿卜壁画的最新分析。另见 Л.И.Альбаум，Живопись Афрасиаба（Ташкент, СССР: ФАН, 1975）; Boris I.Marshak, "Le programme iconographique des peintures de la 'Salle des ambassadeurs' à Afrasiab（Samarkand）", *Arts Asiatiques* 49（1994）: 5-20; "The Self-Image of the Sogdians", in Vaissière and Trombert, *Les Sogdiens en Chine*, 123-140; Matteo Compareti, "Afrāsiāb ii.Wall Paintings", in *Encyclopædia Iranica* Online Edition, April 14, 2009, 网上可见: http://www.iranicaonline.org/articles/afrasiab-ii-wall-paintings-2。

49 Grenet, "Self-Image of the Sogdians".

50 Frantz Grenet, "What was the Afrasiab Painting About", in Compareti and Vaissière, *Royal Naurūz in Samarkand*, 43—58页, 特别是讲东墙的44—47页。

51 Frantz Grenet, "The 7th-Century AD 'Ambassadors' Painting at Samarkand", in *Mural Paintings of the Silk Road: Cultural Exchanges between East and West*, ed.Kuzuya Yamauchi（Tokyo: Archetype, 2007）, 16; Vladimir Livšic, "The Sogdian Wall Inscriptions on the Site of Afrasiab", in Compareti and Vaissière, *Royal Naurūz in Samarkand*, 59-74.

52 穴泽和光、马目顺一:《アフラシャブ都城址出土の壁画にみられる朝鮮人使節について》,《朝鮮学報》80（1976）: 1-36.

53 Etsuko Kageyama, "A Chinese Way of Depicting Foreign Delegates Discerned in the Paintings of Afrasiab", *Cahiers de Studia Iranica* 25（2002）: 313-327.

54 圣彼得堡艾尔米塔什博物馆东方部主任马尔沙克将墙的上半部复原为粟特主神娜娜女神在所有使节之上端坐于王座之中，见氏著《ソグドの美術》，田边胜美、前田耕作编:《世界美術大全集・東洋編 15: 中央アジア》（东京: 小学館, 1999）, 156-179。与此相对，葛乐耐在 "Self-Image of the Sogdians" 一文中认为王座上的应该是拂呼缦。魏义天则认为王座上的应该是西突厥可汗，见 Étienne de la Vaissière, "Les Turcs, rois du monde à Samarcande", 147-162, in Compareti and Vaissière, *Royal Naurūz in Samarkand*。

55 北墙的示意图见 Compareti and Vaissière, *Royal Naurūz in Samarkand*, 图版5、27。

56 Marshak, "Le programme iconographique des peintures"; Grenet, "Self-Image of the Sogdians".

57 al-Bīrūnī, *The Chronology of Ancient Nations*, trans.C.Edward Sachau（Frankfurt: Institute for the History of Arabic Islamic Science at the Johann Wolfgang Goethe University, 1998; reprint of 1879 original）, 201-204, 222.

58　Grenet，"Self-Image of the Sogdians"，132.

59　Grenet and Vaissière，"Last Days of Panjikent"，155.

60　穆格山文书已分三卷发表：А.А.Фрейман，Описание，публикации и исследование документов с горы Муг：Согдийские документы с горы Муг 1（Москва：Издательство восточной литературы，1962）；Владимир А.Лившиц，Юридические документы и письма：Согдийские документы с горы Муг 2（Москва：Издательство восточной литературы，1962）；М.Н.Боголюбов и О.И.Смирнова，Хозяйственные документы：Согдийские документы с горы Муг 3（Москва：Издательство восточной литературы，1963）.最近 В.А.Лившиц将这些文书重新编辑后再次发表：Согдийская эпиграфика Средней Азии и Семиречья（Санкт-Петербург：Филологический факультет Санкт-Петербургского государственного университета，2008）.

61　Ilya Yakubovich 说村民们误把粟特文当作阿拉伯文，并相信文书中写着如何找到古代宝藏。见 "Mugh 1.I Revisited"，*Studia Iranica* 31，no.2（2002）：231-252.

62　笔者的叙述基于2000年3月25日在宾夕法尼亚大学与马尔沙克的一次谈话。马尔沙克教授认识普罗提，这个故事是普罗提讲给他听的。见 Лившиц，Согдийские документы с горы Муг 2。书中108—109页有一个较短的版本，112页对页是文书1.I的照片。

63　Yakubovich，"Mugh 1.I Revisited".

64　О.И.Смирнова，Очерки из истории Согда（Москва：Наука，1970）.书中14页给出了文书总数。穆格山文书是按发现时间编号的。文书1.I发现于1932年春。普罗提1933年5月发掘所获文书的编号以俄文字母 В 打头。A.Vasil'ev于1933年夏发掘所获文书的编号以 A 打头。Freiman考察队1933年11月所获文书的编号以 Б 打头。普罗提1934年交出的文书编号带Nov.（即"新"）。发掘结束之后 Freiman 的队伍回列宁格勒了。普罗提迫于压力上交了一组 Freiman 来之前别人给他的文书。这是一个装有六件皮质文书的倒扣篮子，其中包括穆格山文书中最长的一件，即附有"新娘副本"的婚约。

65　А.С.Поляков，"Китайские рукописи，найденные в 1933 г.в Таджикистане"- В кн. Согдийский сборник，Ред. Н.И.Крачковский и А.А.Фрейман.（Ленинград：Академия наук СССР，1934），91—117页，特别是103页，图片见99页。

66　I.Y.Kratchkovsky，"A Letter from Sogdiana（1934）"，in *Among Arabic Manuscripts：Memories of Libraries and Men*，trans.Tatiana Minorsky（Leiden，the Netherlands：Brill，1953），142-150.

67　该信译文见 Richard N.Frye，"Tarxūn-Türxūn and Central Asian History"，*Harvard Journal of Asiatic Studies* 14（1951）：105-129，译文见108—109页。

68　David Stephan Powers，trans.，*The History of al-Ṭabari*（Ta'rīkh al-rusul wa'l mulūk），vol.24，*The Empire in Transition*（Albany：State University of New York Press，1989），171，177-178，183.

69　Фрейман，Согдийские документы с горы Муг 1，7.

70　Крачковский и Фрейман，Согдийский сборник，29.

71　Боголюбов и Смирнова，Хозяйственные документы.

72　Крачковский и Фрейман，Согдийский сборник，29.

73　Nov.3号文书（婚约）和Nov.4号文书（新郎义务）最早由 Livshits 完成了转写及翻译，见Лившиц，Согдийские документы с горы Муг 2，21-26。最新译文见Ilya Yakubovich，"Marriage Sogdian Style"，in *Iranistik in Europa-Gestern，Heute，Morgen*，ed.H.Eichner，Bert G.Fragner，Velizar Sadovski，and Rüdiger Schmitt（Vienna：Österreichische Akademie der Wissenschaften，2006），307-344。简

短讨论见 Ilya Gershevitch，"The Sogdian Word for 'Advice', and Some Mugh Documents"，*Central Asiatic Journal* 7（1962）：90-94；W.B.Henning，"A Sogdian God"，*Bulletin of the School of Oriental and African Studies* 28（1965）：242-254。

74　Maria Macuch，*Das sasanidische Rechtsbuch "Mātakdān i hazār dātistān"*（Teil 2）（Wiesbaden，Germany：Kommissionsverlag F.Steiner，1981）.

75　Yakubovich 的 "Marriage Sogdian Style" 一文调查了大量的婚约文书，发现只有一组文书中的妻子可以提出离婚，这组文书是公元前 5 世纪埃及象岛（Elephantine）上犹太居民的阿拉米语文书。他就此提出了两种可能：粟特女人也许比周围民族享有更多的权利，或者 Cher 为他的被监护人取得了不寻常的优厚待遇。

76　粟特语学者对于这段话的意思有分歧。有人认为 "在密特拉神面前" 应该译作 "在神［即阿胡拉·马兹达］和密特拉面前"。见 Henning，"A Sogdian God"，248；Yakubovich，"Marriage Sogdian Style"。

77　文书 B-4 由 Livshits 转写并翻译为俄语，见 Лившиц，Согдийские документы с горы Муг 2，56-58；另见 Gershevitch，"Sogdian Word for 'Advice'" 84 页中的简短讨论。

78　文书 B-8 由 Livshits 转写并翻译为俄语，见 Лившиц，Согдийские документы с горы Муг 2，47-48。Ilya Gershevitch 改订了译文，见氏著 "Sogdians on a Frogplain"，in *Mélanges linguistiques offerts* à *Emile Benveniste*（Paris：Société de Linguistique de Paris，1975），195-211。

79　Gershevitch，"Sogdians on a Frogplain"，205-206，为了让译文更流畅，笔者去掉了 Gershevitch 文中的括号。另见 Frantz Grenet，"Annexe：Le contrat funéraire sogdien du Mont Mugh"，in *Les pratiques funéraires dans l'Asie centrale sédentaire de la conquête Grecque* à *l'Islamisation*（Paris：Éditions du CNRS，1984），313-322。

80　例如 Paul Bernard 的回应，见 Grenet，"Annexe"，321-322。

81　Grenet and Vaissière，"Last Days of Panjikent" 一文为厘清这些混乱的事件做出了突破性的贡献。

82　Vaissière，*Sogdian Traders*，199-200.

83　Vaissière，*Sogdian Traders*，161-162.

84　Yakubovich，"Mugh 1.I Revisited"。

85　Frantz Grenet，"Les 'Huns' dans les documents sogdiens du mont Mugh（avec an appendix par N.Sims-Williams）"，in *Études irano-aryennes offertes* à *Gilbert Lazard*，ed.C.-H.de Fouchécour and Ph.Gignoux，Cahiers de Studia Iranica 7（Paris：Association pour l'Avancement des Études Iranniens，1989），17.

86　A-14，A-9，Grenet and Vaissière，"Last Days of Panjikent"，168-169，172.

87　Powers，*Empire in Transition*，172-174；Grenet and Vaissière，"Last Days of Panjikent"，156.

88　E.V.Zeimal，"The Political History of Transoxiana"，in *The Cambridge History of Iran*，volume 3，*The Seleucid，Parthian and Sasanian Periods*，ed.Ehsan Yarshater，part 1（New York：Cambridge University Press，1983），259-260.

89　Richard Frye，"Tarxūn-Türxūn and Central Asian History"，112-113；E.V.Zeimal，"Political History of Transoxiana"，259-260；Powers，*Empire in Transition*，171，177-178，183.

90　Powers，*Empire in Transition*，178.Powers 把阿拉伯语中迪瓦什梯奇的名字写作 al-Diwashini，克拉奇科夫斯基将其转写作 Divashni。Powers 在 "埋葬地" 之前的括号中加入 "基督徒" 一词，但阿拉伯语原文是 nāwūs（Yakubovich，"Mugh 1.I Revisited"，249n31），因此在这里笔者去掉了 "基督徒" 一词。

91　Yakubovich，"Mugh 1.I Revisited"。

92　文书A-21，讨论见Поляков，"Китайские рукописи"。

93　Anna A.Ierusalimskaja and Birgitt Borkopp，*Von China nach Byzanz*（Münich：Bayerischen Nationalmuseum，1996），item no. 120.

94　Elfriede R.Knauer，"A Man's Caftan and Leggings from the North Caucasus of the Eighth to Tenth Century：A Genealogical Study"，*Metropolitan Museum Journal* 36（2001）：125-154.

95　Hyunhee Park，"The Delineation of a Coastline：The Growth of Mutual Geographic Knowledge in China and the Islamic World from 750-1500"（Ph.D.diss.，Yale University，2008），45.

96　Bloom，未发表论文。

97　Grenet，"Self-Image of the Sogdians"，134.

98　Nicholas Sims-Williams (translator)，"The Sogdian Ancient Letters"，2004.

99　即凉州，今甘肃武威。

100　今甘肃兰州。

101　一种源自印度的重量单位。

102　"黑人"可能指粟特平民，因为他们暴露在阳光下劳作。

103　Ilya Yakubovich，"Marriage Sogdian Style"，2006.

104　来自《历代先知和帝王史》，即《塔巴里史》，成书于923年。英译见David Powers，The History of al-Tabari (Ta' rikh al-rusul wa' l muluk)，vol.24，*The Empire in Transition*，Albany: State University of New York Press，1989: 176-178。

105　哈拉希是呼罗珊总督，阿拉伯军队的统帅。

106　即穆格山文书中的粟特王迪瓦什梯奇。

107　位于撒马尔罕和布哈拉之间的一个城镇。

108　〔唐〕玄奘、辩机著，季羡林等校注：《大唐西域记校注》（北京：中华书局，2000年），72页。

109　《旧唐书》卷198《西戎传》康国条。

110　此处关于粟特昭武姓氏的解释并不正确，见吉田丰，"On the Origin of the Sogdian Surname Zhaowu and Related Problems"，*Journal asiatique* 291，nos. 1-2 (2003): 35-67。

第五章

1　George F.Hourani，*Arab Seafaring in the Indian Ocean in Ancient and Early Medieval Times*，ed.John Carswell，rev.ed.（Princeton，NJ：Princeton University Press，1995），61.

2　西安市文物保护考古所所长孙福喜，私下交流，2004年4月30日。

3　程林泉、张翔宇、张小丽：《西安北周李诞墓初探》，《艺术史研究》2005年第7辑，299—308页。

4　关于最重要的发现以及文献的综述见Judith Lerner，"Aspects of Assimilation：The Funerary Practices and Furnishings of Central Asians in China"，*Sino-Platonic Papers* 168（2005）：1-51。

5　这种结构在学界一般被称作"屋形棺（house-shaped sarcophagi）"。巫鸿认为这种墓葬结构可能在几个世纪之前就有了，见于距西安有一段距离、发现有粟特墓葬的几座城中，见氏著"A Case of Cultural Interaction：House-Shaped Sarcophagi of the Northern Dynasties"，*Orientations* 34，no.5（2002）：34-41。

6　Juliano and Lerner，*Monks and Merchants*，59.

7　有个洞贯穿墓道，是唐朝时打的一口井。陕西省考古研究所：《西安北周安伽墓》（北京：文物出版社，2003年），12页；Rong Xinjiang，"The Illustrative Sequence on An Jia's Screen：A Depiction of the Daily Life of a *Sabao*"，*Orientations* 34，no.2（2003）：32-35。

8　陕西省考古研究所：《西安北周安伽墓》，61—62页。

9　此人母亲姓杜，其家庭与外国人无关。

10　荣新江：《中古中国与外来文明》（北京：生活·读书·新知三联书店，2001年），119页。

11　由于材料不足，无法确知萨宝在北周的品级（共十八级，从九品下到一品上），但北周之后的隋朝继承了北周的官僚体系。隋朝时万人以上辖区即置萨宝，为九品上，雍州（首都所在地）萨宝为七品下。北周时萨宝的官品应该差不多。见Albert E.Dien，"Observations Concerning the Tomb of Master Shi"，*Bulletin of the Asia Institute* 17（2003）：105-116，特别是109—111页。

12　Frantz Grenet，Pénélope Riboud，and Yang Junkai，"Zoroastrian Scenes on a Newly Discovered Sogdian Tomb in Xi'an，Northern China"，*Studia Iranica* 33（2004）：273-284，特别是278—279页。

13　荣新江：《中古中国与外来文明》，32页。

14　Grenet，"Self-Image of the Sogdians"，134-136；反对意见见Lerner，"Aspects of Assimilation"，29页注73。

15　Grenet，Riboud，and Yang，"Zoroastrian Scenes"；另见Yang Junkai，"Carvings on the Stone Outer Coffin of Lord Shi of the Northern Zhou"，in Vaissière and Trombert，*Les Sogdiens en Chine*，21-45。墓志粟特语部分的最佳翻译见Yoshida Yutaka，"The Sogdian Version of the New Xi'an Inscription"，in Vaissière and Trombert，*Les Sogdiens en Chine*，57-71，墓志汉语部分的最佳翻译见Dien，"Observations Concerning the Tomb of Master Shi"。

16　另外一方汉语中古波斯语双语墓志的年代为874年，发现于西安，见 Yoshida，"Sogdian Version"，60页。

17　汉语部分也记载三个儿子为父亲建了一个石制的东西，但 "石" 字后面没有字 。Yoshida，"Sogdian Version"，59，68；吉田丰译文中括号里的内容。

18　Grenet，Riboud，and Yang，"Zoroastrian Scenes"。

19　Arthur F.Wright，*The Sui Dynasty*（New York：Alfred A.Knopf，1978）。

20　Heng Chye Kiang，*Cities of Aristocrats and Bureaucrats：The Development of Medieval Chinese Cityscapes*（Honolulu：University of Hawai，i Press，1999），9.

21　唐朝首都发掘的简报见《考古》1961年第5期，248—250页；1963年第11期，595—611页。

22　Twitchett，"T'ang Market System"，245.

23　Heng，*Cities of Aristocrats and Bureaucrats*，22.

24　Edwin O.Reischauer，trans.，*Ennin's Diary：The Record of a Pilgrimage to China in Search of the Law*（New York：Ronald，1955），333.

25　Wallace Johnson，trans.，*The T'ang Code*，vol.1，*General Principles*（Princeton，NJ：Princeton University Press，1979），252页：第6章，第48条；刘俊文点校：《中华传世法典·唐律疏议》（北京：法律出版社，1999年），144页；刘俊文：《唐律疏议笺解》（北京：中华书局，1996年），478页。

26　[唐]韩愈著，马其昶校注：《论今年权停选举状》，《韩昌黎文集校注》卷8（上海：上海古籍出版社，1986年），586—588页。

27　向达：《唐代长安与西域文明》（北京：生活·读书·新知三联书店，1987年重印版），28页注8。

28 Rong Xinjiang, "The Migrations and Settlements of the Sogdians in the Northern Dynasties, Sui and Tang", *China Archaeology and Art Digest* 4, no.1（2000）: 117-163, esp.138.

29 Matteo Compareti, "Chinese-Iranian Relations, xv.The Last Sasanians in China", in *Encyclopædia Iranica*, Online Edition, July 20, 2009, 网址见: http://www.iranicaonline.org/articles/china-xv-the-last-sasanians-in-china .

30 Rong, "Migrations and Settlements", 141.

31 James Legge, *The Nestorian Monument of Hsî-an Fû in Shen-hsî, China*（1888; repr., London: Trübner, 1966）.

32 Pénélope Riboud, "Tang", in *Handbook of Christianity in China*, ed.Nicolas Standaert vol.1, *635-1800*（Boston: Brill, 2001）, 1-42. 近期对其中叙利亚语铭文的研究见 Erica C.D.Hunter, "The Persian Contribution to Christianity in China: Reflections in the Xi'an Fu Syriac Inscriptions", in *Hidden Treasures and Intercultural Encounters: Studies on East Syriac Christianity in China and Central Asia*, ed.Dietmar W.Winkler and Li Tang（Piscataway, NJ: Transaction, 2009）, 71-86. 文中有铭文的逐行翻译，非常有用。

33 Valerie Hansen and Ana Mata-Fink, "Records from a Seventh-Century Pawnshop in China", in Goetzmann and Rouwenhorst, *Origins of Value*, 54-64.

34 Deng Xiaonan, "Women in Turfan during the Sixth to Eighth Centuries: A Look at Their Activities Outside the Home", *Journal of Asian Studies* 58, no.1（1999）: 85-103, esp.96.

35 这些器皿发现时的素描见 Helmut Brinker and Roger Goepper, eds., *Kunstschätze aus China: 5000 v.Chr.bis 900 n.Chr.: Neuere archäologische Funde aus der Volksrepublik China*（Zurich: Kunsthaus, 1980）, 33页。与"文革"时期的许多发现一样，何家村遗址一直没有详细的遗址报告。简报中有一份所有发现物的清单，见《文物》1972年第1期，30—42页。笔者曾用英语发表过一篇关于该遗址的短文，其中有一个包括所有发现物的表格，见拙著"The Hejia Village Hoard: A Snapshot of China's Silk Road Trade", *Orientations* 34, no.2（2003）: 14-19。中文最详尽的研究为齐东方：《唐代金银器研究》（北京：中国社会科学出版社，1999年）。英语概括见 Qi Dongfang, "The Burial Location and Dating of the Hejia Village Treasures", *Orientations* 34, no.2（2003）: 20-24。

36 Qi, "Burial Location", 202页，图47。

37 Frédéric Obringer, *L'aconit et l'orpiment: Drogues et poisons en Chine ancienne et médiévale*（Paris: Fayard, 1997）; Edward H.Schafer, "The Early History of Lead Pigments and Cosmetics in China", *T'oung Pao*, 2nd ser., 44（1956）: 413-438.

38 照片、外部内部细节以及外部图案的线图见齐东方：《唐代金银器研究》，66—73页。

39 François Louis, "The Hejiacun Rhyton and the Chinese Wine Horn（*Gong*）: Intoxicating Rarities and Their Antiquarian History", *Artibus Asiae* 67, no.2（2007）: 201-242, 特别是207—208页。

40 Liu Xinru, *Ancient India and Ancient China: Trade and Religious Exchanges, AD 1-600*（Delhi: Oxford University Press, 1988）, 160-161; Jens Kröger, "Laden with Glass Goods: From Syria via Iraq and Iran to the Famen Temple in China", in *Coins, Art and Chronology: Essays on the pre-Islamic History of the Indo-Iranian Borderlands*, ed.Michael Alram and Deborah E.Klimburg-Salter（Vienna: Österreichische Akademie der Wissenschaften, 1999）, 481-498.

41 Li Jian, ed., *The Glory of the Silk Road: Art from Ancient China*（Dayton, OH: Dayton Art Institute, 2003）, 208页，116号。

42 Louis，"Hejiacun Rhyton"，207-208.

43 Louis，"Hejiacun Rhyton"，210；Yao Runeng，*Histoirede Ngan Lou-Chan*（*Ngan Lou-Chan Che Tsi*），trans.Robert des Rotours（Paris：Presses Universitaires de France，1962），81-84.

44 《旧唐书》卷8，171页。

45 François Thierry，"Sur les monnaies Sassanides trouvées en Chine"，*Res Orientales* 5（1993）：89-139.

46 Charles A.Peterson，"Court and Province in Mid-and Late T'ang"，in *The Cambridge History of China*，*vol.3*，*Sui and T'ang China*，*589-906*，*Part 1*，ed.Denis Twitchett（Cambridge，UK：Cambridge University Press，1979），474-486.

47 荣新江：《安史之乱后粟特胡人的动向》,《暨南史学》2004年第2辑，102—123页。

48 Vaissière，*Sogdian Traders*，220，200n77；Yao Runeng，*Histoire de Ngan Lou-chan*，238，239，254，346.

49 Rong，"Migrations and Settlements"，138-139;《资治通鉴》（北京：古籍出版社，1957年）卷232，7493页。

50 Edward H.Schafer，"Iranian Merchants in T'ang Dynasty Tales"，in *Semitic and Oriental Studies*：*A Volume Presented to William Popper*，*Professor of Semitic Languages*，*Emeritus*，*on the Occasion of his Seventy-Fifth Birthday*，*October 29*，*1949*，ed.Walter J.Fischel（Berkeley：University of California Press，1951），403-422，411页（"传奇"），409页注58（胡人定义）. See also Francis K.H.So，"Middle Easterners in the T'ang Tales"，*Tamkang Review* 18（1987-1988）：259-275.

51 李昉：《太平广记》（北京：人民文学出版社，1959年）卷403，3252—3253页。

52 判文保存于敦煌文献P3813《文明判集》。刘俊文：《敦煌吐鲁番唐代法制文书考释》（北京：中华书局，1989年），444—445页；荣新江：《中古中国与外来文明》，81页；Rong，"Migrations and Settlements"，139.

53 只有一方商人墓志保存了下来。荣新江、张志清：《从撒马尔干到长安——粟特人在中国的文化遗迹》（北京：北京图书馆出版社，2004年），137页。

54 Axelle Rougelle，"Medieval Trade Networks in the Western Indian Ocean（8th-14th centuries）"，in *Tradition and Archaeology*：*Early Maritime Contacts in the Indian Ocean*，ed.Himanshu Prabha Ray and Jean-François Salles（New Delhi：Manohar，1996），159-180.

55 巨港古名Bhoga。

56 该港古名Tamralipti。

57 James Legge，trans.，*A Record of Buddhistic Kingdoms*：*Being an Account by the Chinese Monk Fa-Hien of Travels in India and Ceylon*（*AD 399-414*）*in Search of the Buddhist Books of Discipline*（1886；repr.，Delhi：Munshiram Manoharlal，1991），103，37.

58 学者们对这段话解读不同。罗丰译文作"sabao and merchants"，其他人把萨宝看作商人的修饰语，并译作"sabao merchants"。Luo Feng，"Sabao：Further Consideration of the Only Post for Foreigners in the Tang Dynasty Bureaucracy"，*China Archaeology and Art Digest* 4，no.1（2000）：165—191页，特别是178—179页；Legge，*Fa-Hien*，104，38。

59 Legge，*Fa-Hien*，111，42.

60 Joseph Needham，*Science and Civilisation in China*，vol.4，*Physics and Physical Technology*，part 3，*Civil Engineering and Nautics*，by Joseph Needham，Wang Ling，and Lu Gwei-Djen（Cambridge，UK：Cambridge University Press，1971），563—564.

61　Beal, *Si-yu ki*, xxxiv；《大唐西域求法高僧传》,《大正新修大藏经》卷51, 2066号, 1-12b, 特别是11a。

62　Schafer, "Iranian Merchants in T'ang Dynasty Tales", 404n8.

63　关于这条史料非常有益的讨论见Park, "Delineation of a Coastline", 87-99。

64　Sulayman al-Tajir, *Ancient Accounts of India and China, by Two Mohammedan Travellers Who Went to Those Parts in the 9th Century*, trans.Eusebius Renaudot (London：Printed for Sam.Harding at the Bible and Author on the Pavement in St.Martins-Lane, 1733), 20页（货单）, 21页（瓷器）, 40页（晚期编者的看法）; 注册 Google Books 可以在其*Eighteenth Century Collections Online*数据库中看到 (http://mlr.com/DigitalCollections/products/ecco/), Range 1831。另外一个节译本 见S.Maqbul Ahmad, trans., *Arabic Classical Accounts of India and China* (Shimla, India：Indian Institute of Advanced Study, 1989)。

65　Robert Somers, "The End of the T'ang", in Twitchett, *Cambridge History of China*, 3:682-789.

66　Park, "Delineation of a Coastline", 98.

67　Edward H. Schafer, "The Last Years of Ch'ang-an", *Oriens Extremus* 10 (1963)：133-179, 特别是157—158页所引 Lionel Giles, "The Lament of the Lady of Ch'in", *T'oung Pao*, 2nd ser., 24 (1926)：305-380, 诗文见343—344页。

68　陕西省考古研究所:《西安发现的北周安伽墓》,《文物》2001年第1期, 25—26页; 陕西省考古研究所:《西安北周安伽墓》(北京：文物出版社, 2003年), 59—63页。

69　"萨薄/萨保/萨宝" 即 "头人", 借自梵语 "商队队长", 进入汉语体系后变为官名, 负责管理胡人事务。

70　535年。

71　吉田丰, "Sogdian version of the new Xi'an inscription", in Étienne de la Vaissière and Eric Trombert (eds.), *Les Sogdiens en Chine*. Paris: École française d' Extrême-Orient, 2005, 59.

72　579年6月15日。

73　579年7月15日。这天正好是他们结婚六十周年纪念日。

74　A.C. Moule, *Christians in China before the year 1550*, 1930.

75　"阿罗诃", 即 "神, 上帝", 音译自叙利亚语alāhā。

76　作者在此批判了佛教思想。

77　泛指西方, 有时特指罗马, 这里所指更可能是罗马帝国西境的加利利（Galilee）。 见史料5。

78　即洛阳, 武周时期的都城。

79　即长安, "镐" 是其别称。

80　指皇帝御笔。

81　又称灵州, 位于今宁夏银川。安史之乱爆发后, 肃宗逃离长安, 在马嵬坡与玄宗分 道扬镳, 北上朔方, 在灵武称帝。

82　即唐德宗（780—805年在位）。立碑时正是德宗朝, 因此不称德宗。

83　大致相当于今宁夏回族自治区。

84　这是给予最杰出僧人的荣誉。

85　伊斯是叙利亚文名字伊兹德·布兹德（Izd-buzid）的汉译。

86　即宫城。

87　883年4月11日至5月10日。

88　881年1月8日。

89　博野县, 在今河北保定。

90　黄巢军队的军旗。

91 指叛军讲方言。

92 "甲第"即长安沦为一片废墟前的豪门宅第，此处指住在里面的豪门贵族。

第六章

1 国际敦煌项目（The International Dunhuang Project）网址为 http://idp.bl.uk，其中
有藏经洞中四万件物品的图片。Victor Mair给出了不同机构收藏的文书数目，见氏
著 "Lay Students and the Making of Written Vernacular Narrative：An Inventory of
Tun-huang Manuscripts", *CHINOPERL Papers* 10（1981）：95-96。

2 Mirsky, *Sir Aurel Stein*, 212-229.

3 Lilla Russell-Smith, "Hungarian Explorers in Dunhuang", *Journal of the Royal
Asiatic Society*, 3rd ser., 10, no.3（2000）：341-361.

4 一张有用的年表见Roderick Whitfield, *Dunhuang：Caves of the Singing Sands：
Buddhist Art from the Silk Road*（London：Textile & Art Publications, 1995）, 341-
343。

5 Éric Trombert, "Dunhuang avant les manuscrits：Conservation, diffusion et
confiscation du savoir dans la Chine médiévale", *Études chinoises* 24（2005）：11-55.

6 Rong Xinjiang, "The Nature of the Dunhuang Library Cave and the Reasons for Its
Sealing", trans.Valerie Hansen, *Cahiers d'Extrême-Asie* 11（1999-2000）：247-275.
斯坦因错误地以为王圆箓是在1905年发现的藏经洞，*Ruins of Desert Cathay*, 2:164。

7 Lionel Giles, *Six Centuries at Tunhuang：A Short Account of the Stein Collection of
Chinese Mss.in the British Museum*（London：China Society, 1944）, 18.

8 本章中对于斯坦因第一次敦煌之旅的描述基于Stein, *Ruins of Desert Cathay*, 2:28-
30, 159, 165, 798；Stein, *Serindia*, 2:805, 813, 825。

9 Donohashi Akio, "A Tentative Inquiry into the Early Caves of the Mo-kao Grottoes at
Tun-huang：Questions Regarding the Caves from the Sui Dynasty", *Acta Asiatica* 78
（2000）：1-27, 特别见第2页。马德画出了4世纪到9世纪中九个时间点的崖壁外
观，见氏著《敦煌石窟营造史导论》（台北：新文丰出版社，2003年），119—150
页，图1—9。每个时期开凿洞窟数目的年表见马德：《敦煌莫高窟史研究》（兰州：
甘肃教育出版社，1996年），43—46页。

10 Mirsky, *Sir Aurel Stein*, 36-37.

11 见Mirsky, *Sir Aurel Stein*, 280页所引斯坦因1907年10月14日致阿伦的信件。

12 Paul Pelliot, "Une Bibliothèque Médiévale Retrouvée au Kan-sou", *Bulletin de l'Ecole
Française d'Extrême-Orient* 8（1908）：501-529；Stein, *Serindia*, 2:820.

13 Rong, "Nature of the Dunhuang Library Cave", 256.

14 James Russell Hamilton, ed.and trans., *Manuscrits ouïgours du IXe-Xe siècle de
Touen-houang*（Paris：Peeters, 1986）, ix.

15 Stein, *On Central Asian Tracks*, 211.

16 Helen Wang, *Sir Aurel Stein in* The Times：*A Collection of over 100 References to Sir
Aurel Stein and His Extraordinary Expeditions to Chinese Central Asia*, *India*, *Iran*,
Iraq and Jordan in The Times *Newspaper 1901-1943*（London：Saffron Books,
2002）, 147-151, appendix 2："Meng Fanren's Preface to the Chinese Translation of
Serindia".

17 Hao Chunwen, "A Retrospective of and Prospects for Historical Studies Based on
Dunhuang Conducted this Century", *Social Sciences in China* 20, no.4（1999）：95-
110.这是1998年《历史研究》上论文的翻译。

18 Valéria Escauriaza-Lopez，"Aurel Stein's Methods and Aims".

19 Stein, *Ancient Khotan*，ix.

20 W.M.Flinders Petrie, *Methods & Aims in Archaeology*（London：Macmillan，1904），35页（小费），119页（出版），175页（"权利"），187页（政府的规章制度）。

21 Rong, "Nature of the Dunhuang Library Cave"，247-275.

22 荣新江：《归义军史研究：唐宋时代敦煌历史考索》（上海：上海古籍出版社，1996年），3页。

23 John C.Huntington, "A Note on Dunhuang Cave 17：'The Library'，or Hong Bian's Reliquary Chamber", *Ars Orientalis* 16（1986）：93-101；Imaeda Yoshirō, "The Provenance and Character of the Dunhuang Documents", *Memoirs of the Research Department of the Toyo Bunko* 66（2008）：81-102.另见ARTstor.org数据库中的数字洞窟（搜索"Dunhuang""cave 16"和"QTVR"）。

24 Éric Trombert, *Le crédit à Dunhuang：Vie matérielle et société en Chine médievale*（Paris：Collège de France，Institut des Hautes Études Chinoises，1995），76；引S2729，解说见藤枝晃：《敦煌の僧尼籍》，《東方学報》29（1959）：293-295。

25 敦煌研究院0345号文书的节译见Rong, "Nature of the Dunhuang Library Cave"，260；全译见Stephen F.Teiser, *The Scripture of the Ten Kings and the Making of Purgatory in Medieval Chinese Buddhism*（Honolulu：University of Hawai'i Press，1994），142-143。

26 最早的文书（S797），Stein, *Serindia*，2：821页注2a；施萍婷主编：《敦煌遗书总目索引新编》（北京：中华书局，2000年），27页。这是一份斯坦因收集品、伯希和收集品和北京收集品（不包括俄国收集品）中所有文书的列表，非常有用。年代最晚的文书见Rong, "The Nature of the Library Cave"，266。

27 关于一组不见于佛教典籍的敦煌文献的讨论见 *Cahiers d'Extrême-Asie* 7（1993-1994），禅学专号。

28 Victor Mair给出了不同收藏机构所藏学生手抄文书的数量，见氏著"Lay Student Notations from Tun-huang", in *The Columbia Anthology of Traditional Chinese Literature*，ed.Victor H.Mair（New York：Columbia University Press，1994），644-645。另见Erik Zürcher, "Buddhism and Education in T'ang Times," in *Neo-Confucian Education：The Formative Stage*，ed.Wm.Theodore de Bary and John W.Chaffee（Berkeley：University of California Press，1989），19-56。

29 Giles, *Six Centuries at Tunhuang*.

30 Frances Wood and Mark Barnard, *The Diamond Sutra：The Story of the World's Earliest Dated Printed Book*（London：British Library，2010）.关于历日（Дx.2880）见Jean-Pierre Drège, "Dunhuang and the Two Revolutions in the History of the Chinese Book", in *Crossing Pamir：Essays Dedicated to Professor Zhang Guangda for His Eightieth Birthday*，ed. Rong Xinjiang and Huaiyu Chen，Brill，待出版。

31 Jean-Pierre Drège, *Les bibliothèques en Chine au temps des manuscrits（jusqu'au Xe siècle）*（Paris：École Française d'Extrême-Orient，1991）.

32 现在历史学家将吐蕃征服敦煌的年代定在786年。肯定不是781年，787年也不太可能。见山口瑞凤：《吐蕃支配時代》，榎一雄编：《講座敦煌2：敦煌の歴史》（东京：大東出版社，1980），195—232页，特别是197—198页。感谢Sam van Schaik和岩尾一史提供这条引文。

33 Rong Xinjiang, "Nature of the Dunhuang Library Cave"，251-254.

34 Stein, *Serindia*，2:813.

35 原编号为Pelliot Hébreu 1；现编号为Manuscrit hébreu 1412，Bibliothèque Nationale。Wu Chi-yu, "Le Manuscrit hébreu de Touen-huang", in *De Dunhuang*

au Japon: *Études chinoises et bouddhiques offertes à Michel Soymié*, ed.Jean-Pierre Drège（Geneva, Switzerland: Librairie Droz, 1996）, 259-291（照片见291页）。照片网址: http://expositions.bnf.fr/parole/grand/ 018.htm。

36 《阿维斯塔》祷文见K.E.Eduljee, *Scriptures Avesta*。网址为 http:// www. heritageinstitute.com/zoroastrianism/scriptures/manuscripts.htm；画有两位神祇的那张纸见Frantz Grenet and Zhang Guangda, "The Last Refuge of the Sogdian Religion: Dunhuang in the Ninth and Tenth Centuries", *Bulletin of the Asia Institute* 10（1996）: 175-186。

37 没有9世纪和10世纪人口普查的数据，学者们使用《新唐书》所载755年之前沙州的人口数据来估算敦煌的人口。"沙州敦煌郡……户四千二百六十五，口万六千二百三十"，《新唐书》卷40，1045页。

38 Jason David BeDuhn, *The Manichaean Body in Discipline and Ritual*（Baltimore: Johns Hopkins University Press, 2000）.

39 Peter Bryder, *The Chinese Transformation of Manichaeism*: *A Study of Chinese Manichaean Terminology*（Löberöd, Sweden: Bokförlaget Plus Ultra, 1985）; Gunner B.Mikkelson, "Skilfully Planting the Trees of Light: The Chinese Manichaica, Their Central Asian Counterparts, and Some Observations on the Translation of Manichaeism into Chinese", in *Cultural Encounters*: *China*, *Japan*, *and the West*, ed.Søren Clausen, Roy Starrs, and Anne Wedell-Wedellsborg（Aarhus, Denmark: Aarhus University Press, 1995）, 83-108; J.G.Haloun and W.B.Henning, "The Compendium of the Doctrines and Styles of the Teaching of Mani, the Buddha of Light", *Asia Major*, n.s., 3（1952）: 184-212. 一个《仪略》的节译本中包括了赞美诗的全译: Tsui Chi, trans., "Mo Ni Chiao Hsia Pu Tsan; 'The Lower（Second?）Section of the Manichæan Hymns", *Bulletin of the School of Oriental and African Studies* 11, no.1（1943）: 174-219。

40 Mikkelson, "Skilfully Planting the Trees of Light", 87页, S.2659的节译。

41 Mikkelson, "Skilfully Planting the Trees of Light", 93.

42 对于这些文献最新的综述见Riboud, "Tang", 4—7页，其中讲到日本人在1916年到1922年间购得的景教文书来源不明，其他的则是赝品。

43 A.C.Moule, *Christians in China before the Year 1550*（New York: Macmillan, 1930）, 53页对页有P.3847的照片，译文见53—55页。其他译文的参考文献见Riboud, "Tang"。

44 Jean-Pierre Drège, "Papiers de Dunhuang: Essai d'analyse morphologique des manuscrits chinois datés", *T'oung Pao*, 2nd ser., 67（1981）: 305-360.

45 Mair, "Lay Student", 644-645.

46 Hansen, *Negotiating Daily Life*, 50.

47 P3348, 录文见池田温:《中国古代籍帐研究: 概観·録文》（东京: 東京大学出版会, 1979）, 463—464页。

48 Trombert, "Textiles et tissus", 111.

49 R.A.Stein, *Tibetan Civilization*, trans.J.E.Stapleton Driver（Stanford, CA: Stanford University Press, 1972）, 这是一本引人入胜的介绍西藏历史地理的书。

50 《新唐书》卷216上, 6073页。

51 Tsughito Takeuchi, *Old Tibetan Contracts from Central Asia*（Tokyo: Daizo Shuppan, 1995）; Takeuchi, "Military Administration and Military Duties in Tibetan-Ruled Central Asia（8th-9th century）", in *Tibet and Her Neighbours*: *A History*, ed.Alex McKay（London: Edition Hansjörg Mayer, 2003）, 43-52.见武内绍人教授书后详尽的参考文献，其中包括匈牙利学者Géza Uray的开拓性研究。

52 汉语契约见Trombert，*Le crédit à Dunhuang*；藏语契约见Takeuchi，*Old Tibetan Contracts*。

53 池田温：《敦煌の流通经济》，《講座敦煌3：敦煌の社会》（东京：大東出版社，1980），297—343页，316—317页所引P.2763，P.2654。

54 Yamamoto and Ikeda，*Tun-huang and Turfan Documents*，13-18.

55 Takeuchi，*Old Tibetan Contracts*，325；Yamamoto and Ikeda，*Tun-huang and Turfan Documents*，no.257.

56 敦煌藏语占卜文书中（P.1055、P.1056）提到了钱币，所用藏语词是"dong-tse"，来自汉语"铜子"。见Takeuchi，*Old Tibetan Contracts*，25-26。

57 Takata Tokio，"Multilingualism in Tun-huang"，*Acta Asiatica* 78（2000）：49-70，特别是60—62页。

58 Lilla Russell-Smith，*Uygur Patronage in Dunhuang：Regional Art Centres on the Northern Silk Road in the Tenth and Eleventh Centuries*（Leiden，The Netherlands：Brill，2005），22；Whitfield，*Singing Sands*，318-326.

59 Ernesta Marchand，"The Panorama of Wu-t'ai Shan As an Example of Tenth Century Cartography"，*Oriental Art* 22（Summer 1976）：158-173；Dorothy C.Wong，"A Reassessment of the *Representation of Mt.Wutai* from Dunhuang Cave 61"，*Archives of Asian Art* 46（1993）：27-51；Natasha Heller，"Visualizing Pilgrimage and Mapping Experience：Mount Wutai on the Silk Road"，in *The Journey of Maps and Images on the Silk Road*，ed.Philippe Forêt and Andreas Kaplony（Leiden，The Netherlands：Brill，2008），29-50.

60 Jacob Dalton，Tom Davis，and Sam van Schaik，"Beyond Anonymity：Paleographic Analyses of the Dunhuang Manuscripts"，*Journal of the International Association of Tibetan Studies* 3（2007）：12-17. 网址为http://www.thlib.org/collections/ texts/jiats/#jiats=/03/dalton/。

61 F.W.Thomas，"A Chinese Buddhist Pilgrim's Letters of Introduction"，*Journal of the Royal Asiatic Society*（1927）：546-558；Sam van Schaik，"Oral Teachings and Written Texts：Transmission and Transformation in Dunhuang"，in *Contributions to the Cultural History of Early Tibet*，ed.Matthew T.Kapstein and Brandon Dotson（Leiden，The Netherlands：Brill，2007），183-208；Whitfield，*Silk Road*，126-127，照片见127页；Sam van Schaik and Imre Galambos，*Manuscripts and Travellers：The Sino-Tibetan Documents of a Tenth-Century Buddhist Pilgrim*（Berlin：De Gruyter，2011）。

62 Matthew T.Kapstein，"New Light on an Old Friend：PT 849 Reconsidered"，in *Tibetan Buddhist Literature and Praxis：Studies in Its Formative Period，900-1400*，ed.Ronald M.Davidson and Christian K.Wedemeyer（Leiden，The Netherlands：Brill，2006），23.

63 Takata，"Multilingualism in Tun-huang"，55-56.

64 荣新江书中有一张年表，列出了848年到1043年中每一年的大事及相关文书编号，见《归义军史研究》，1—43页。英文的敦煌历史概述见Russell-Smith，*Uygur Patronage in Dunhuang*，31-76。

65 梅维恒将自己学术生涯的很大一部分投入对变文的研究中。他的第一本书翻译并详细注释了四篇变文，Victor H.Mair，*Tun-huang Popular Narratives*（New York：Cambridge University Press，1983）。他之后的著作极大拓展了人们对世界范围内讲故事传统的理解。

66 Mair，"Lay Students"，5.

67 Mair，*Tun-huang Popular Narratives*，169.他将这件文书的年代定在856年到870年

（11页）。

68　156窟南壁，照片见马德：《敦煌莫高窟史研究》，4页，图133。ARTstor.org上图片的分辨率要高得多。

69　P.3720的译文见Whitfield，*Singing Sands*，327页，这是《张淮深功德记》的抄本，见马德：《〈莫高窟记〉浅议》，《敦煌学辑刊》1987年第2期，129页。

70　Ma Shichang，"Buddhist Cave-Temples and the Cao Family at Mogao Ku, Dunhuang"，*World Archaeology* 27，no.2（1995）：303-317.

71　Sarah E.Fraser，*Performing the Visual*：*The Practice of Buddhist Wall Painting in China and Central Asia*，*618—960*（Stanford，CA：Stanford University Press，2004），4页（画院）；37页（供养人的准备），18—19页，图1.1（窟中供养人画像的位置）；Fraser，"Formulas of Creativity：Artist's Sketches and Techniques of Copying at Dunhuang"，*Artibus Asiae* 59，nos.3-4（2000）：189-224。

72　Rong Xinjiang，"The Relationship of Dunhuang with the Uighur Kingdom in Turfan in the Tenth Century"，in *De Dunhuang à Istanbul*：*Hommage à James Russell Hamilton*，ed.Louis Bazin and Peter Zieme（Turnhout，Belgium：Brepols，2001），275-298，esp.287.

73　荣新江所著《归义军史研究》是敦煌这一时期政治史最权威的著作。

74　Moriyasu Takao，"Sha-chou Uighurs and the West Uighur Kingdom"，*Acta Asiatica* 78（2000）：28-48，特别是36—40页。

75　Rong，"Relationship of Dunhuang with the Uighur Kingdom in Turfan in the Tenth Century"，275-298.

76　这件文书尚未被广泛研究。郑炳林分析了P3547号文书，见氏著《晚唐五代敦煌商业贸易市场研究》，《敦煌学辑刊》2004年第1期，108页。另见荣新江：《归义军史研究》，8页。

77　荣新江：《归义军史研究》，8页、11页。

78　"酒"最好被翻译作啤酒。Éric Trombert，"Bière et Bouddhisme—La consommation de boissons alcoolisées dans les monastères de Dunhuang aux VIIIe-Xe siècles"，*Cahiers d'Extrême-Asie* 11（1999-2000）：129-181.

79　P2629以及另外两件相关文书的照片和录文见唐耕耦、陆宏基编：《敦煌社会经济文献真迹释录》（北京：书目文献出版社，1990年）卷3，271—276页。冯培红将这些信息制成了表格，其中省略了一些来客，见氏著《客司与归义军的外交活动》，郑炳林主编：《敦煌归义军史专题研究续编》（兰州：兰州大学出版社，2003年），314—317页。

80　冯培红《客司与归义军的外交活动》一文讨论了S1366和S2474。

81　Jacques Gernet，"Location de chameaux pour des voyages，à Touen-huang"，in *Mélanges de sinologie offerts à Monsieur Paul Demiéville*（Paris：Institut des Hautes Études Chinoises，1966），1:41-51.

82　Gernet，"Location de chameaux"，45页，P3448法语译文。

83　郝春文、宁可辑校：《敦煌社邑文书辑校》（南京：江苏古籍出版社，1997年）。

84　马德：《敦煌莫高窟史研究》，255—261页。

85　Trombert，*Le crédit à Dunhuang*，27，190.

86　Rong Xinjiang，"Khotanese Felt and Sogdian Silver：Foreign Gifts to Buddhist Monasteries in Ninth- and Tenth-Century Dunhuang"，*Asia Major*，3rd ser.，17，no.1（2004）：15-34；此文中文版见胡素馨（Sarah E.Fraser）主编：《寺院财富与世俗供养》（上海：上海书画出版社，2003年），246—260页。*Asia Major* 文中31—34页的表格特别有用，列出了各个寺院的所有商品及相关文书。

87　感谢笔者同事Peter Perdue提供这则类比。

88　Schafer, "Early History of Lead Pigments and Cosmetics", 413-438, 特别是 428 页。

89　郑炳林:《晚唐五代敦煌贸易市场的外来商品辑考》, 见氏著《敦煌归义军史专题研究续编》, 399 页。

90　*Corpus Inscriptionum Iranicarum*, part 2, *Inscriptions of the Seleucid and Parthian Periods and of Eastern Iran and Central Asia*, vol.3, *Sogdian*, section 3, *Documents turco-sogdiens du IXe-Xe siècle de Touen-houang*, by James Hamilton and Nicholas Sims-Williams (London: Corpus Inscriptionum Iranicarum and School of Oriental and African Studies, 1990), 23; Takata, "Multilingualism in Tun-huang", 51-52.

91　Turco-Sogdian Document A (P3134), 转写与分析见 Hamilton and Nicholas Sims-Williams, *Documents turco-sogdiens*, 23-30。

92　Vaissière, *Sogdian Traders*, 328-330.

93　译文见 James Russell Hamilton 的 *Manuscrits ouïgours*。

94　Hamilton, *Manuscrits ouïgours*, 176-178.

95　森安孝夫:《シルクロードと唐帝国》(东京: 講談社, 2007), 103—111 页。

96　Stein, *Ruins of Desert Cathay*, 2:38, 68, 99.

97　Aurel Stein, *Ruins of Desert Cathay*, 1912.

98　Sarah Ifft Decker translation of the original Hebrew document, 2015.

99　这一段略有修改,《以赛亚书》第 65 章第 24 节的原文是:"他们尚未求告, 我就应允。"而"你必应允我"一句出自《诗篇》第 38 章第 15 节。

100　圣经原文中没有"以色列"三个字。

101　《历代志》中的两个短语分别是"耶和华的仆人"和"神仆人", 这里用"主的仆人"替代, 意思不变。

102　儒家思想中的重要信条。

103　"卑讵斯"是佛教用语, 来自梵语 vihiṃsa, 意为"恶意, 害"。

104　"阿罗诃"即叙利亚语"神"的汉译。

105　"弥施诃"即叙利亚语"弥赛亚, 救世主"的汉译。

106　"筏"是佛经中常见的隐喻, 因为人们可以乘筏到达彼岸, 获得救赎。

107　这是一句佛偈, 意指"无量"。

108　即贝叶经, 写在被称为"波提"(pothi) 的贝叶书页上, 见于古印度和藏文经籍, 不同于古代中国的书籍。

109　此处有误, 可能是因为汉人无法释读写本上的外国文字, 才称之为"梵音", 原文应该是用叙利亚语或波斯语写成的。

110　指张议潮。

111　即一扇向北的门, 表示将士们视死如归的决心。

112　在敦煌西侧不远处。

113　亦指张议潮。

114　诸如年幼者坐在长者席位上等不符合社格的举动。

第七章

1　和田历史概况见 Hiroshi Kumamoto, "Khotan ii.History in the Pre-Islamic Period", in *Encyclopædia Iranica*, *Online Edition*, April 20, 2009, 网址: http://www.iranicaonline.org/articles/khotan-i-pre-islamic-history; *Corpus Inscriptionum Iranicarum*, part 2, *Inscriptions of the Seleucid and Parthian Periods and of Eastern Iran and Central Asia*, vol.5, *Saka Texts*, section 6, *Khotanese Manuscripts from Chinese Turkestan in the British Library*, by Prods Oktor Skjærvø (London: British

Library，2002）。下文按照学界习惯称此书为 *Catalogue*。

2　Huili，*Biography of the Tripiṭaka Master*，164；《大慈恩寺三藏法师传》，《大正新修大藏经》卷50，2053号，251a。

3　笔者关于山普鲁遗址的讨论基于 Abegg 基金会于瑞士出版的一本书，其中包含大量中文史料的译文以及中文出版物中的所有早期遗址报告的综述：Dominik Keller and Regula Schorta, eds., *Fabulous Creatures from the Desert Sands : Central Asian Woolen Textiles from the Second Century BC to the Second Century AD*（Riggisberg, Switzerland：Abegg-Stiftung, 2001）；鞍毯，见37页图39，下文中提到的刀形坑的示意图，见50页图48。

4　Stein，*Innermost Asia*，1:127；3:1022，1023，1027.

5　Angela Sheng，私下交流，2010年6月28日。

6　Elfriede Regina Knauer，*The Camel's Load in Life and Death : Iconography and Ideology of Chinese Pottery Figurines from Han to Tang and Their Relevance to Trade along the Silk Routes*（Zurich：Akanthus, 1998），110.毯子总长2.3米，宽48厘米。

7　余太山：《西域传》，94—95页；《汉书》卷96上，3881页；Hulsewé，*China in Central Asia*，96-97。

8　Helen Wang 遵从 Joe Cribb 的意见，将汉佉二体钱的年代定在一二世纪，见氏著 *Money on the Silk Road*，37-38。Hiroshi Kumamoto，"Textual Sources for Buddhism in Khotan", in Collection of Essays 1993: *Buddhism across Boundaries ; Chinese Buddhism and the Western Regions*（Taibei：Foguangshan Foundation for Buddhist and Culture Education, 1999），345-360。熊本裕注意到于阗王名与中文史料并不对应，并将前者年代定在2世纪及3世纪初，比 Helen Wang 给出的年代略晚。

9　《出三藏记集》，97a-b；Kumamoto，"Textual Sources for Buddhism in Khotan"，345-360，esp.347-348。

10　对该遗址的描述基于 Stein，*Ancient Khotan*，2:482—506页，以及图版40。

11　Rhie，*Early Buddhist Art*，276-322.关于邻近的克里雅遗址的讨论见 Debaine-Francfort and Idriss, *Keriya, mémoires d'un fleuve*, 82-107。

12　法显：《法显传》，857页b-c；Legge，*Record of Buddhistic Kingdoms*，16-20。

13　Aurel Stein，*Sand-buried Ruins of Khotan : Personal Narrative of a Journey of Archaeological and Geographical Exploration in Chinese Turkestan*（London：T.F.Unwin, 1903；repr., Rye Brook, NY：Elibron Classics, 2005），202.

14　Madhuvanti Ghose，"Terracottas of Yotkan", in Whitfield and Ursula Sims-Williams, *Silk Road*, 139-141.

15　Burrow，*Kharoṣṭhī Documents*，661号；斯坦因编号为 E.vi.ii.1，见 Stein，*Serindia*，1:276。照片及简短讨论见 Ursula Sims-Williams，"Khotan in the Third to Fourth Centuries", in Whitfield and Ursula Sims-Williams, *Silk Road*, 138。另见 Thomas Burrow，"The Dialectical Position of the Niya Prakrit", *Bulletin of the School of Oriental Studies* 8, no.2-3（1936）：419-435，特别是430—435页。该文书可能是一件更古老文书的抄本，见 Peter S.Noble，"A Kharoṣṭhī Inscription from Endere", *Bulletin of the School of Oriental Studies* 6, no.2（1931）：445-455。

16　Skjærvø，*Catalogue*，xxxviii-xl.

17　Ursula Sims-Williams，"Hoernle, Augustus Frederic Rudolf", *Encyclopædia Iranica*, Online Edition, December 15, 2004, 网址：http://www.iranicaonline.org/articles/hoernle-augustus-frederic-rudolf。

18　A.F.Rudolf Hoernle，"A Report on the British Collection of Antiquities from Central Asia, Part 1", *Journal of the Asiatic Society of Bengal* 70, no.1（1898）：32-33；Ronald E.Emmerick，*A Guide to the Literature of Khotan*, 2d ed.（Tokyo：

International Institute for Buddhist Studies，1992），6页注19。

19　Skjærvø，*Catalogue*，lxx-lxxi.

20　R.E.Emmerick，ed.and trans.，*The Book of Zambasta*：*A Khotanese Poem on Buddhism*（New York：Oxford University Press，1968），163页（对Ysarkula的命令），9页（作者自述），283页（女人的花招），285页（关于女人一章的结尾）、19页（众神的宫殿）。

21　道世的《法苑珠林》是一部编纂于668年的佛教百科全书，其中有关于女居士的部分。《大正新修大藏经》卷53，2122号，443页c—447页a。篠原亨一，私下交流，2010年6月25日。

22　H.W.Bailey，"Khotanese Saka Literature"，in *The Cambridge History of Iran*，vol.3，*The Seleucid*，*Parthian and Sasanian Periods*，ed.Ehsan Yarshater，part 2（New York：Cambridge University Press，1983），1234-1235.

23　Skjærvø，*Catalogue*，lxxiii；Emmerick，*Guide*，4-5；Emmerick，*Book of Zambasta*，xiv-xix.

24　Mauro Maggi，"The Manuscript T III S 16：Its Importance for the History of Khotanese Literature"，in *Turfan Revisited*：*The First Century of Research in the Arts and Cultures of the Silk Road*，ed.Desmond Durkin-Meisterernst et al.（Berlin：Reimer Verlag，2004），184-190，547；关于最古手稿的断代见184页。

25　英语中关于这段混乱历史的最好叙述是Kumamoto的 "Khotan"。

26　Hedin，*My Life As an Explorer*，188.在他早期的书中，赫定称此遗址为 "塔克拉玛干古城"。之后他采用了丹丹乌里克一名。Stein，*Ancient Khotan*，1:236.

27　Stein，*Ancient Khotan*，1:240.

28　Stein，*Ancient Khotan*，1:241.

29　Christoph Baumer，*Southern Silk Road*：*In the Footsteps of Sir Aurel Stein and Sven Hedin*（Bangkok：Orchid Books，2000），76-90.

30　Rong Xinjiang and Wen Xin，"Newly Discovered Chinese-Khotanese Bilingual Tallies"，*Journal of Inner Asian Art and Archaeology* 3（2008）：99-111，209-215.中文版见《敦煌吐鲁番研究》第11卷（2008），45—69页，这期有一个 "新获和田文献研究" 专栏。

31　Rong and Wen，"Bilingual Tallies"，100，2号简。

32　吉田丰对于阗作物的汉语和于阗语名字做出了最新翻译，见Yoshida Yutaka，"On the Taxation System of Pre-Islamic Khotan"，*Acta Asiatica* 94（2008）：95-126，特别是118页。这是他重要日语著作的英语缩写本，见氏著《コータン出土8-9世紀のコータン語世俗文書に関する覚え書き》（神戸：神戸市外国語大学外国学研究所，2006）。

33　Yoshida，"On the Taxation System"，104页注19。

34　P.Oktor Skjærvø，"Legal Documents Concerning Ownership and Sale from Eighth Century Khotan"，待发表论文。关于这些文书的断代，见Prods Oktor Skjærvø，"The End of Eighth-Century Khotan in its Texts"，*Journal of Inner Asian Art and Archaeology* 3（2008）：119-138，特别是129—131页。一个表格概括了这些文书，非常有用，见表44，"Contracts"，in Helen Wang，*Money on the Silk Road*，100。

35　Or.9268A；译文见Skjærvø，"Legal Documents"，61页，63页。

36　Or.9268B；译文见Skjærvø，"Legal Documents"，65—66页。

37　Helen Wang，*Money on the Silk Road*，95-106，特别是表46，"Payments Made Part in Coin Part in Textiles"，101。吉田丰认为770—790年间流通的钱币很少，这是一号文书群和二号文书群的年代，见氏著 "On the Taxation System"，117页注43。

38　Hoernle，"Report on the British Collection"，16；Helen Wang，*Money on the Silk*

Road，103.

39 丹丹乌里克的三号文书群的年代为798年。其中有些文书由官职为 tsīṣī spāta（比单纯的 spāta 级别高）、名为 Sudārrjāṃ 的官员签署。他用汉字"副"作为签名。见 Yoshida，"On the Taxation System"，97—100页。

40 这一时期的年代还未完全确定。见 Yoshida Yutaka，"The Karabalgasun Inscription and the Khotanese documents"，in *Literarische Stoffe und ihre Gestaltung in mitteliranischer Zeit*，ed.Desmond Durkin-Meisterernst，Christiane Reck，and Dieter Weber（Wiesbaden，Germany：Dr.Ludwig Reichert Verlag，2009），349-362，年表见361页；Skjærvø，"End of Eighth-Century Khotan"，119-144；Guangda Zhang and Xinjiang Rong，"On the Dating of the Khotanese Documents from the Area of Khotan"，*Journal of Inner Asian Art and Archaeology* 3（2008）:149-156；森安孝夫：《吐蕃の中央アジア進出》，《金沢大学文学部論集 史学科篇》4（1984），pp.1-85。

41 Yoshida，"On the Taxation System"，100，117.

42 此处笔者遵从吉田丰的意见。他持这种意见的理由见"Karabalsagun Inscription"，353—354页。

43 Yoshida，"On the Taxation System"，112—113页注35。

44 Takeuchi，*Old Tibetan Contracts*，118-119.

45 Yoshida，"On the Taxation System"，114.

46 Stein，*Ancient Khotan*，1:282，307-308.

47 Ursula Sims-Williams，"Hoernle".

48 Economic History Association："Measuring Worth：Five Ways to Compute the Relative Value of a UK Pound Amount，1830 to Present"，使用零售价格索引计算。网址：http://www.measuringworth.com/ukcompare。

49 D.S.Margoliouth，"An Early Judæo-Persian Document from Khotan，in the Stein Collection，with Other Early Persian Documents"，*Journal of the Royal Asiatic Society of Great Britain and Ireland*（October 1903）：735-760，特别见735—740页。斯坦因在文中说明了发现时的情形。Bo Utas 发表了最精确的译文，见氏著"The Jewish-Persian Fragment from Dandān-Uiliq"，*Orientalia Suecana* 17（1968）：123-136。

50 W.J.Fischel and G.Lazard，"Judaeo-persian"，*Encyclopaedia of Islam Three*，ed.Marc Gaborieu，vol.4（Leiden，The Netherlands：Brill，2010），308-313.网址（登录后可见）：http://www.brillonline.nl/subscriber/entry?entry=islam_COM-0400。

51 张湛、时光：《一件新发现犹太波斯语信札的断代与释读》，《敦煌吐鲁番研究》第11卷（2009），71—99页。感谢张湛为笔者提供未发表的英语译文。

52 Skjærvø，"End of Eighth-Century Khotan"，119.

53 P.Oktor Skjærvø 估计藏经洞中有2000件以上于阗语文书。2003年8月29日电子邮件。

54 Dalton，Davis，and van Schaik，"Beyond Anonymity".

55 S2736、S1000、S5212a1、Or.8212.162、P2927；Skjærvø，*Catalogue*，35-36，44-45；高田时雄：《敦煌資料による中國語史の研究》（东京：創文社，1988），199—227页。

56 P5538；H.W.Bailey，"Hvatanica III"，*Bulletin of the School of Oriental Studies* 9，no.3（1938）：521-543；修订过的译文来自 Skjærvø，未刊稿。

57 P4640；张广达、荣新江：《于阗史丛考》（上海：上海书店出版社，1993年），112页。

58 H.W.Bailey，"Altun Khan"，*Bulletin of the School of Oriental and African Studies* 30（1967）：98.

59　Rolf A.Stein，"'Saint et divin', Un titre tibétain et chinois des rois tibétains"，*Journal Asiatique* 209（1981）：231-275，特别见240—241页。

60　张广达、荣新江：《于阗史丛考》，110页。

61　Valerie Hansen，"The Tribute Trade with Khotan in Light of Materials Found in the Dunhuang Library Cave"，*Bulletin of the Asia Institute* 19（2005）：37-46.

62　有一个使团表格非常有用，见Hiroshi Kumamoto，"Khotanese Official Documents in the Tenth Century A.D"（Ph.D.diss.，University of Pennsylvania，1982），63-65。

63　《宋会要辑稿·蕃夷七》（北平：国立北平图书馆，1936年），1页b。原文为李圣文，可能是李圣天之误。

64　Hansen在"Tribute Trade"42页注5中给出了七王子文书及其译文的全部参考文献。学者们对于文书的年代是890—900年还是966年有不同意见。

65　他们带了600斤，每斤重600克。见"Table of Equivalent Measures"，in Hansen，*Negotiating Daily Life*，xiii。

66　Kumamoto，"Khotanese Official Documents"，211-213.

67　P2786；译文见Kumamoto，"Khotanese Official Documents"，122页，讨论见197页。

68　P2958；译文见Bailey，"Altun Khan"，96页。Hamilton为993年那封信提出了一个可能的日期，见氏著"Le pays des Tchong-yun，Čungul，ou Cumuḍa au Xe siècle"，*Journal Asiatique* 265，nos.3-4（1977）：351-379，特别见368页。

69　张广达、荣新江：《于阗史丛考》，18页。

70　P2958；译文见Bailey，"Altun Khan"，97。

71　Prods Oktor Skjærvø，"Perils of Princes and Ambassadors in Tenth-Century Khotan"，未发表论文。

72　IOL Khot.S.13/Ch.00269.109-120；译文见Skjærvø，*Catalogue*，514。

73　Khot.S.13/Ch.00269；译文见Skjærvø，*Catalogue*，512。

74　Kumamoto，"Khotanese Official Documents"，218.

75　Kumamoto，"Khotanese Official Documents"，225.

76　Or.8212.162.125-b5；译文见Kumamoto，"Khotanese Official Documents"。

77　P2786；译文见Kumamoto，"Khotanese Official Documents"，120。

78　IOL Khot.S.13/CH.00269；译文见Skjærvø，*Catalogue*，511。

79　P2958；译文见Bailey，"Altun Khan"，98。

80　P2024；译文见Kumamoto Hiroshi，"Miscellaneous Khotanese Documents from the Pelliot Collection"，*Tokyo University Linguistics Papers*（*TULIP*）14（1995）：229-257。P2024译文见231—235页，相关讨论见235—238页。

81　Kumamoto，"Miscellaneous Khotanese Documents"，230-231.

82　Kumamoto，"Khotanese Official Documents"，119，150，182.

83　Peter B.Golden，"The Karakhanids and Early Islam"，in *The Cambridge History of Early Inner Asia*，ed.Denis Sinor（New York：Cambridge University Press，1990），354.

84　Andreas Kaplony，"The Conversion of the Turks of Central Asia to Islam as Seen by Arabic and Persian Geography：A Comparative Perspective"，in *Islamisation de l'Asie Centrale: Processus locaux d'acculturation du VIIe au XIe siècle*，ed. Étienne de la Vaisière（Paris：Association pour l'Avancement des Études Iraniennes，2008），319-338.

85　H. W. Bailey，"Srī Viśa'Śura and the Ta-uang"，*Asia Major*，n.s.，11（1964）：1-26，P5538的译文见17—20页。

86　《宋会要辑稿·蕃夷七》，3页b；Kumamoto，"Khotanese Official Documents"，64。

87　William Samolin, *East Turkistan to the Twelfth Century : A Brief Political Survey*（The Hague : Mouton, 1964）, 81.

88　Maḥmūd al-Kāsgarī, *Compendium of the Turkic Languages*, ed.and trans.Robert Dankoff and James Kelly, vol.1（Duxbury, MA : Tekin, 1982）, 270.

89　《辽史》（北京：中华书局，1974年）卷14，162页。

90　《辽史》卷14，162页。

91　《宋会要辑稿·蕃夷七》，17b-18a；Kumamoto, "Khotanese Official Documents", 64-65。

92　Cl. Huart, "Trois actes notariés arabes de Yarkend", *Journal Asiatique* 4（1914）: 607-627；Marcel Erdal, "The Turkish Yarkand Documents", *Bulletin of the School of Oriental and African Studies* 47（1984）: 261；Monika Gronke, "The Arabic Yārkand Documents", *Bulletin of the School of Oriental and African Studies* 49（1986）: 454-507.

93　Jürgen Paul, "Nouvelles pistes pour la recherché sur l'histoire de l'Asie centrale à l'époque karakhanide（Xe-début XIIIe siècle）", in "Études karakhanides", ed.Vincent Fourniau, special issue, *Cahiers d'Asie Centrale* 9（2001）: 13-34, 特别是33页注64。

94　见 O. Pritsak, "Von den Karluk zu den Karachaniden", *Zeitschrift der Deutschen Morgenländischen Gesellschaft* 101（1951）: 270—300页，地图2。

95　对公元1000年至今的新疆历史最好的介绍是 James A.Millward, *Eurasian Crossroads : A History of Xinjiang*（New York : Columbia University Press, 2007）。

96　W.Barthold, *Turkestan Down to the Mongol Invasion*, 3d ed., trans.T.Minorsky（London : Luzac, 1968）, 401-403；René Grousset, *The Empire of the Steppes : A History of Central Asia*, trans.Naomi Walford（New Brunswick, NJ : Rutgers University Press, 1970）, 233-236.

97　Hamadi Masami, "Le mausolée de Satuq Bughra Khan à Artush", *Journal of the History of Sufism* 3（2001）: 63-87.

98　Rahilä Dawut, "Shrine Pilgrimage among the Uighurs", *Silk Road* 6, no.2（2009）: 56-67. 网址：http://www.silk-road.com/newsletter/vol6num2/srjournal_ v6n2.pdf。

99　Joseph Fletcher, "Les voies（turuq）soufies en Chine", in *Les Ordres mystiques dans l'Islam*, ed.Alexandre Popović and Gilles Veinstein（Paris : EHESS, 1986）13-26, 特别是23页。

100　［唐］慧立、彦悰、道宣著，孙毓棠、谢方、范祥雍点校：《大慈恩寺三藏法师传 释迦方志》（北京：中华书局，2000年），120页。

101　"礼""义""学""音"都与儒家有较强的联系。

102　即多闻天王，佛教四大天王之一，守护北阎卢洲。

103　即阿育王，印度孔雀王朝的君主，以大力宣扬佛教著称。

104　即塔克西拉，在今巴基斯坦，古代曾是重要的佛教中心。

105　［东晋］法显著，章巽校注：《法显传校注》（北京：中华书局，2008年），11—16页。

106　译自梵文Gomatī，意为"有很多头牛的"，也是北印度某条河流的名字。

107　佛教的七种供佛珍宝，包括金、银、琉璃、珊瑚、珍珠、玛瑙、水晶，或更便宜的 替代品，如玻璃。

108　"天"即梵文Deva之意译，"诸天"即"诸天神"。

109　Ronald E. Emmerick (ed. and tr.), *The Book of Zambasta: A Khotanese Poem on Buddhism*. London: Oxford Universiy Press, 1968, 285-293.

110　赞巴斯塔出钱让人抄写了这部书，文中多次提到他。

111　即导师，是对僧人的尊称。

112 佛教圣地之一，位于佛陀说法处附近。

113 佛教中有贪、嗔、痴、慢、疑、不正见等六根本烦恼。

114 P. Oktor Skjærvø, *Khotanese Manuscripts from Chinese Turkestan in the British Library: A Complete Catalogue with Texts and Translations*, London: The British Library, 2002, 67-68.

115 "破沙"音译自于阗语pharṣa，是乡一级的官名。

116 赢利归本金主人所有。

117 指于阗王尉迟曜。阿拉伯史料也称呼粟特城邦的统治者为德赫干，见史料25。

118 可能是一位医生，或一个有特定职业的人。

119 可能是麻扎塔格山上的一座堡垒。

120 伊斯兰世界常用的重量单位，因时间、地点以及所称量的物品不同而差别很大。

121 可能指麝香。在古典波斯语诗歌中，和田被认为是麝香的产地。

122 可能指奴隶。

123 即驻扎在喀什噶尔的汉人士卒。

124 Harold W. Bailey, "Hvatanica III", *Bulletin of the School of Oriental Studies*, 9 (1938): 528-530.

125 这一句只有梵文没有于阗文。

126 这一句的含义不明。

127 这一句只有梵文没有于阗文。

128 同上。

129 同上。

130 同上。

131 同上。

132 Kumamoto, Hiroshi, "Miscellaneous Khotanese Documents from the Pelliot Collection", *Tokyo University Linguistics Papers (TULIP)* 14 (1995): 231-235.

133 一个族群的名字。

134 官名。

135 人名或物品名。

136 汉人名。

137 汉人名。

138 物品名，借自汉语。

139 金子或者人名或物品名。

140 汉人名。

141 粟特人名或者粟特语"僧人"。

142 物品名，借自汉语。

143 这里很罕见地提及了钱币。钱币短缺时，布匹发挥了主要通货的作用。

144 也有可能是突厥语"损失"，即一张损坏了。

第八章

1 http://www.es.flinders.edu.au/~mattom/science+society/lectures/illustrations/lecture15/marco-polo.html. 于2015年5月11日访问。

2 David Morgan 的 *The Mongols*（第二版，New York: Wiley Blackwelll，2007）是最好的蒙古史入门书籍。

3 Peter Jackson with David Morgan, ed., *The Mission of Friar William of Rubruck*,

trans. Peter Jackson (Indianapolis: Hackett Publishing, 2009[1990]), 11.

4 1218年蒙古人打败屈出律并覆灭西辽后控制了今天的新疆地区。W. Barhold, *Turkestan down to the Mongol Invasion*, 3d ed., trans. C. E. Bosworth (London: Luzac, 1968), 401-403; Rene Grousset, *The Empire of the Steppes: A History of Central Asia*, trans. Naomi Walford (New Brunswick, N. J.: Rutgers University Press, 1970), 233-236.

5 Entry for "Tatars", in Christopher P. Atwood, *Encyclopedia of Mongolia and the Mongol Empire* (New York: Facts on File, Inc., 2004), 528-530. 这本书由一位知名学者撰写，是关于蒙古人的最可靠的资料来源。

6 Igor de Rachewiltz, *Papal Envoys to the Great Khans* (London: Faber & Faber, 1971), 38-39.

7 Rachewiltz, *Papal Envoys*, 87-88.

8 Rachewiltz, *Papal Envoys*, 81.

9 Rachewiltz, *Papal Envoys*, 96.

10 Christopher Dawson, ed., *The Mongol Mission: Narratives and Letters of the Franciscan Missionaries in Mongolia and China in the Thirteenth and Fourteenth Centuries Translated by a Nun of Stanbrook Abbey* (New York: Sheed and Ward, 1955), 62.

11 Dawson, *The Mongol Mission*, 64.

12 Dawson, *The Mongol Mission*, 61.

13 Dawson, *The Mongol Mission*, 63.

14 Thomas Allsen, *Commodity and Exchange in the Mongol Empire: A Cultural History of Islamic Textiles* (New York: Cambridge University Press, 1997), 13-14, 88-90.

15 Dawson, *The Mongol Mission*, 64.

16 Thomas Allsen, "Mongolian Princes and Their Merchant Partners, 1200-1600", *Asia Major* 3 (1989): 83-126; Elizabeth Endicott-West, "Merchant Associations in Yüan China: The Orto γ", *Asia Major* 3 (1989): 127-154.

17 Dawson, *The Mongol Mission*, 66.

18 Dawson, *The Mongol Mission*, 23.

19 Dawson, *The Mongol Mission*, 68.

20 Shirin A. Khanmohamadi, *In Light of Another's World: European Ethnography in the Middle Ages* (Philadelphia: University of Pennsylvania Press, 2012), 4.

21 Dawson, *The Mongol Mission*, 70.

22 Dawson, *The Mongol Mission*, 71-72.

23 Donald Ostrowski, "Second-Redaction Additions in Carpini's Ystoria Mongalorum", *Harvard Ukrainian Studies* 14.3-4 (1990): 522-550.

24 Timothy May, *The Mongol Conquests in World History* (London: Reaktion Books, 2012), 52-34.

25 Dawson, *The Mongol Mission*, 91.

26 Dawson, *The Mongol Mission*, 132.

27 Dawson, *The Mongol Mission*, 170; Jackson, *Mission of Friar William*, 201.

28 Dawson, *The Mongol Mission*, 93.

29 Dawson, *The Mongol Mission*, 171.

30 Dawson, *The Mongol Mission*, 197-201; Jackson, *Mission of Friar William*, 240-245.

31 Dawson, *The Mongol Mission*, 164.

32 Dawson, *The Mongol Mission*, 164.

33 Dawson, *The Mongol Mission*, 144-145.

34 Dawson, *The Mongol Mission*, 182; Jackson, *Mission of Friar William*, 219.

35 关于苏联考古队在1948—1949年对该遗址发掘的概述，见 E.D. Phillips, *The Mongols* (London: Thames and Hudson, 1969), 94-103。

36 Dawson, *The Mongol Mission*, 184.

37 Dawson, *The Mongol Mission*, 189-194; Jackson, *Mission of Friar William*, 226-235.

38 Jackson, *Mission of Friar William*, 282.

39 Dawson, *The Mongol Mission*, 144-145.

40 Jackson, *Mission of Friar William*, 282n2. 大都蒙古语称Dayidu，突厥语称"汗八里"，意为"大汗的居处"。

41 中国科学院考古研究所等：《元大都的勘查和发掘》，《考古》1972年第1期，19—28页。

42 Morris Rossabi, *Voyager from Xanadu: Rabban Sauma and the First Journey from China to the West* (Berkeley: University of California Press, 2010[1992]), 46.

43 Rossabi, *Voyager from Xanadu*, 43-44.

44 Igor de Rachewiltz, "Marco Polo Went to China", *Zentralasiatische Studien* 27 (1997): 34-92, especially 61-63.

45 John Critchley, *Marco Polo's Book* (Brookfield, VT: Variorum, 1992).

46 The most supportive of Marco Polo are Igor de Rachewiltz, "Marco Polo Went to China", *Zentralasiatische Studien* 27 (1997): 34-92; Hans-Ulrich Vogel, *Marco Polo Was in China: New Evidence from Currencies□Salts and Revenues* (Boston: Brill, 2013). The most cogent of the doubters is Frances Wood, *Did Marco Polo Go to China?* (London: Secker & Warburg, 1995).

47 Ronald Latham, trans., *The Travels of Marco Polo* (New York: Penguin Books, 1958), 128.

48 Latham, *The Travels*, 129.

49 中国科学院考古研究所等：《元大都的勘查和发掘》，《考古》1972年第1期，19—28页。

50 Leo Olschki, *Marco Polo's Asia* (Berkeley: University of California Press, 1960), 98; Francesco Balducci Pegolotti, *La pratica della mercatura*, ed. Allan Evans (Cambridge, Mass.: Mediaeval Academy of America, 1936).

51 Vogel, *Marco Polo Was in China*, 332-339.

52 Latham, *The Travels*, 198. 马可·波罗用了"我，马可"这句话，表明他已经将这段见闻加在由鲁斯蒂谦执笔的完整稿件中了。Stephen G. Haw, *Marco Polo's China: A Venetian in the Realm of Khubilai Khan* (New York: Routledge, 2006), 43.

53 实际上，只有一份文献指出马可·波罗曾任扬州总管。Haw, *Marco Polo's China*, 115-116.

54 Latham, *The Travels*, 141.

55 Latham, *The Travels*, 228.

56 Latham, *The Travels*, 197.

57 Ronald Latham, Introduction, *The Travels*, 17, citing the research of L. F. Benedetto.

58 Latham, *The Travels*, 214-215.

59 Paul Freedman, *Out of the East: Spices and the Medieval Imagination* (New Haven: Yale University Press, 2008), 143.

60 See section 3, "Cons and Pros for Marco Polo's Stay in China", in Vogel, *Marco*

Polo Was in China，11-88.

61 Vogel，*Marco Polo Was in China*，89-226，especially 109-113.

62 浩史悌（Stephen G. Haw）认为马可·波罗成了忽必烈汗侍卫亲军［或怯薛丹（蒙古语为keshigten，即禁卫军）］的一员，但马可·波罗不能把这件事写下来，因为这表明他臣服于忽必烈汗，会被当时的基督徒视为亵渎了基督（*Marco Polo Was in China*，4，166-168）。

63 F. W. Cleaves，"A Chinese Source on Marco Polo's Departure from China"，*Harvard Journal of Asiatic Studies* 36 (1976): 181-203.

64 de Rachewiltz，"Marco Polo Went to China"，40n14; see R. C. Rudolph，"A Second Fourteenth-Century Italian Tombstone in Yangchow"，*Journal of Oriental Studies* 13 (1975): 133-136.

65 de Rachewiltz，"Marco Polo Went to China"，47-53中详细分析了蒙古公主的这趟出行，以及罗依果（Igor de Rachewiltz）为何觉得马可·波罗的记载是可信的。

66 de Rachewiltz，"Marco Polo Went to China"，70-76.

67 Marco Polo，*The Travels*，37，43-44，121，149-150，154.

68 多年以来我一直赞同吴芳思（Frances Wood）的观点，即马可·波罗从未到过中国，但罗依果关于马可·波罗的遗嘱和金牌的文章让我改变了立场。

69 Ross Dunn，*The Adventures of Ibn Battuta: A Muslim Traveler of the 14th Century* (Berkeley: University of California Press，1989)，258-261; H. A. R. Gibb and C. F. Beckingham，*The Travels of Ibn Battuta A.D. 1325-1354* (New York: Cambridge University Press，1994)，888-910.

70 Gibb，*The Travels of Ibn Battuta A.D. 1325-1354*，896.

71 Hyunhee Park，*Mapping the Chinese and Islamic Worlds: Cross-cultural Exchange in pre-modern Asia* (New York: Cambridge University Press，2012)，157.

72 Wonhee Cho，"Beyond Tolerance: The Mongols' Religious Policies in Yuan-dynasty China and Il-Khanate Iran，1200-1368"，(Ph.D. diss.，Yale University，2014).

73 Dawson，*The Mongol Mission*，1955.

74 教皇在此插入了代表们的名字。

75 教皇重复了第一封信中关于使节的那些话。

76 Igor de Rachewiltz，*Papal Envoys*，1971.

77 Dawson，*The Mongol Mission*，1955.

78 雅罗斯拉夫二世从1238年到1247年是弗拉基米尔大公。1247年，他死在哈拉和林。

79 契丹是欧洲人对中国人的称呼，源自从907年到1125年统治草原和北京的辽朝契丹统治者。

80 Dawson，*The Mongol Mission*，1955.

81 Peter Jackson with David Morgan，ed.，*The Mission of Friar William of Rubruck*，trans. Peter Jackson，Indianapolis: Hackett Publishing，2009 [1990]，282.

82 E. A. W. Budge，*The Monks of Kublai Khan*，1928.

83 当时的法兰西国王是腓力四世（1285—1314年在位）。他是路易九世的孙子。

84 作者用伊斯兰的术语"艾米尔"（emir）来称呼贵族。

85 此处"学者"包括大学生。人数三万高得让人难以置信，因为当时巴黎总人口才十万出头。实际数字应该是三四千人。见Rossabi，*Voyager to Xanadu*，144-145。

86 宝石有很多种颜色，这种绿宝石是祖母绿。

87 Ronald Latham，tran.，*The Travels of Marco Polo*，originally 1299.

88 大都即今北京，马可·波罗称之为汗八里，即它的蒙古名字，意为"汗城"。

89 "八合识"即蒙古语的"Bakhshi"，指预言家。

90 Ronald Latham, tran., *The Travels of Marco Polo*, originally 1299.

91 两部手稿（手稿Z和手稿R）记载当地基督徒有一座教堂。

结 论

1 L. Carrington Goodrich, "Bento de Goes", entry in *Dictionary of Ming Biography*, ed. L. Carrington Goodrich and Chaoying Fang (New York: Columbia University Press 1976), 472-474.

2 Jonathan N. Lipman, *Familiar Stranger: A History of Muslims in Northeast China* (Seattle: University of Washington Press, 1997), 58-102.

3 Peter C. Perdue, *China Marches West: The Qing Conquest of Central Eurasia* (Cambridge: Harvard University Press, 2005).

4 James A. Millward, *Beyond the Pass*, 204-205.

图片来源

彩图 1 From Xinjiang Museum, ed., *Xinjiang chutu wenwu* (Excavated Artifacts from Xinjiang) (Shanghai: Wenwu chubanshe, 1975), plate 183.

彩图 2 From Volume I of *China: Ergebnisse eigener residen und darauf gegründeter studien* (Berlin: D. Reimer, 1877–1912), facing p. 500.

彩图 3 © The Trustees of the British Museum, Stein IA.XII. cl AN 00031987001.

彩图 4 © The Trustees of the British Museum, Stein IA.XII. cl AN0012869001.

彩图 5 © The Trustees of the British Museum, L. A. I. 002, AN 00009325001.

彩图 6 From *Serindia* Plate XL.

彩图 7 Wang Binghua.

彩图 8 Xinjiang Museum.

彩图 9 Author photo.

彩图 10 From *Central Asia and Tibet,* facing p.106.

彩图 11 Museum fuer Asiatische Kunst, Staatliche Museen, Berlin, Germany, MIK III 4979 V.

彩图 12 François Ory.

彩图 13 Bibliothèque Nationale de France, Manuscrits orientaux, hébrue 1412.

彩图 14 From *Xinjiang Wewuer Zijiqu Bowuguan,* plate 34–5.

彩图 15 From *Xian Bei Zhou An Jia Mu,* plate 42.

彩图 16 From *Xian Bei Zhou An Jia Mu,* color plate 8.

彩图 17 Mathew Andrews, 12/11/08.

彩图 18 Mathew Andrews, 7/8/10.

序　章

第 2 页　Xinjiang Museum, Document #66TAM61:17(b).

第 12 页　From *Xinjiang chutu wenwu*, plate 180.

第 21 页　From Chang, *The Rise of the Chinese Empire*, plate 5.

第一章

第 46 页 Courtesy of the Board of the British Library.

第 52 页 Courtesy of rock art archive, Heidelberg Academy of Sciences.

第 59 页 From *Serindia,* figure 63, Courtesy of the Board of the British Library 392/27 (89).

第 62 页 From *Xinjiang chutu wenwu,* plate 35.

第 63、64 页 Wang Binghua.

第 70 页 From *Ancient Khotan,* Page 406, plate 72.

第 77 页 Wang Binghua.

第二章

第 106 页 BNF, Manuscrits orientaux, Pelliot Koutchéen LP I + II.

第 112 页 Courtesy of the Freer Gallery of Art and Arthur M. Sackler Gallery, Smithsonian Institution, Washington, D.C.

第 113 页 From *The Art in the Caves of Xinjiang,* Cave 17, Plate 8.

第 117 页 Takeshi Watanabe, 7/25/06.

第三章

第 154 页 From Aurel Stein, *Innermost Asia,* plate XCIII detail.

第 162 页 Author photo.

第 178 页 From Yan Wenru, "Tulufan de Gaochang gucheng," *Xinjiang kaogu sanshinian,* p. 137.

第 185 页 From J. Hackin, *Recherches Archéologiques en Asie Centrale* (Paris: Les Éditions D'Art Et D'Histoire, 1931), plate I.

第四章

第 204 页 Courtesy of the Board of the British Library, Sogdian Letter #2 T.XII.A.II.2 Or.8212/95.

第 216 页 Frantz Grenet.

第 217、219 页 Guitty Azarpay, *Sogdian Painting: The Pictorial Epic in Oriental Art,* University of California Press, 1981, the Regents of the University of California.

第 221 页 © 2010 F. Ory-UMR 8546-CNRS.

第 225 页 Frantz Grenet.

第五章

第 256、258 页　Xinjiang Museum (Chang'an diagram: Document #73TAM206:42/10).

第 260 页　Cultural Relics Publishing House.

第 263 页　From figure 4A, Yang Junkai, "Carvings on the Stone Outer Coffin of Lord Shi of the Northern Zhou," *Les Sogdians de Chine* (Paris: École française d'Extrême-Orient, 2005), p. 27.

第 265、271 页　Cultural Relics Publishing House.

第六章

第 306 页　From *Ruins of Desert Cathay,* p. 188.

第 311 页　Courtesy of the Board of the British Library, 392/56 (690).

第 318 页　From Wenwu, 1978, #12:23.

第 321 页　Courtesy of the Board of the British Library, 392/27 (589).

第 332 页　Amelia Sargent, detail from Dunhuang Cave 156.

第 337 页　Amelia Sargent, detail from Dunhuang Cave 45.

第七章

第 362 页　BNF, Manuscrits orientaux, Pelliot V 5538.

第 367、368 页　Abegg-Stiftung, CH-3132 Riggisberg, inv. no. 5157.

第 370 页　From *Ancient Khotan,* Figure 65.

第 371 页　From *Ancient Khotan,* Figure 69.

第 373 页　From Plate XLVII, *Ancient Khotan.*

第 379 页　From Plate LXII, *Ancient Khotan.*

第 386 页　From *Dunhuang tuwufan yanjiu,* Volume 11 (2008), colored plate #4.

第 392 页　Amelia Sargent, detail from Dunhuang Cave 61.

结　论

第 468 页　Courtesy of the Board of the British Library, Or. 8210/p. 2.

译后记

说起来，本书的翻译起源于一封豆邮。原著刚一出版，韩森教授就寄了一本给我。我第一时间读完之后在豆瓣上晒了一下，紧接着就收到编辑张鹏的豆邮邀我翻译此书。我当时没想太多就应了下来，没承想这翻译工作比我想象的要艰难很多。

除了要克服自己的拖延症（这个最难！）以及把中文说顺溜，还有两处特别的难点。第一处难点是将原著中译为英语的汉语文献复原，这是翻译任何涉及中国古代的外文著作都绕不过的。查阅原文复原出来自然不在话下，不过这样会失掉原作者翻译时对汉语原文的解读，需要读者自己解读古文。第二处难点是地名的翻译。同一个英文地名常常依时代不同对应好几个不同的中文名字，比如高昌—西州—吐鲁番或者龟兹—库车。在翻译过程中，我尽量依据时代选取译名，但有时并不能完全做到，比如一般不把撒马尔罕称作康国。对我来说，更重要的是让读者知道文中讨论的地方在哪儿，而不是向读者炫耀我自己知道一个地方有多少个不同时代的译名。因此，我还制作了一个简要的"丝绸之路主要地名中英古今对照表"，供读者参考。

本书的最大特色是涵盖范围广，时间空间跨度都非常大，光是参考文献中就有中英法德日俄六种语言之多，涉及的死语言就更多了。要掌握这么大的跨度难度极大，作者不免有些疏漏。如读者所见，我在力所能及的范围之内对原著做了一些补充说明。由于专业的关系，我对非汉语文书的情况比较熟悉，反而对于中国古代的典章制度所知不多，因此在这方面更可能出错，请读者朋友们批评指教。

本书插图和彩图选择精当，要么是新发现或稀见的图片，要么是常见但高画质的图片。此外，本书地图制作精良，特别是其中带有地形要素，对于把握整个丝绸之路的地理非常有帮助。以上两点值得读者朋友们关注。

在翻译过程中，陈丽娜、钱艾琳、严子晗三位朋友通读了部分译稿并提出了宝贵的修改意见，在此谨致谢忱。

最后，我要感谢本书编辑，没有他的眼光、耐心和细心就没有大家面前的这本书。

张湛

2015 年 2 月 24 日

增订版译后记

经历了一些波折,增订后的《从敦煌到撒马尔罕》(原名《丝绸之路新史》)终于要跟读者见面了。

2015 年《丝绸之路新史》简体中文译本出版之后得到了不少读者朋友的批评和夸奖,非常感谢大家,尤其感谢指出译本错误和疏漏的朋友。这些问题在新版中都做了相应的订正。不过人无完人,做到完美是几乎不可能的事情,希望读者朋友们继续给我挑错。不过现如今翻译出版不易,恳请大家打分的时候手下留情,也考虑一下我翻译对的部分啊……

韩森教授是我的前辈,也是我广义上的学术同行,我们各有所长。我运用自己的专业知识,在翻译过程中对英文原版做了一点点查缺补漏的工作,丝毫不能遮蔽原作的光芒。译者与作者合作,后出转精,为读者献上更臻完美的作品,是我们的分内之事。这也是我们增订版的目标。在这一版中,韩森教授精心选取了 52 种一手材料,包括出土文献、传世文献,以及近代旅行者的记录。这些材料涉及多种古代和现代语言,把学界近百年的成果熔于一炉,让读者可以亲身感受古代丝绸之路,亲耳听到当事人的声音。这比一般的历史叙述生动,同时具有很高的学术价值。读者可以根据这些材料顺藤摸瓜找出其他材料,也可以独立做出跟作者不完全一样的解读。

为了让这些珍贵的史料更好地服务中文读者，我做了如下几项工作。

首先，我把所有来自中文的史料都还原为中文原文，并把原版中受篇幅所限省略的部分也一并给出。个别出土文书，比如史君墓志，采用了最新的质量更好的录文。其次，对于所有已经有汉译的史料，我本来想偷懒直接全文引用，但后来发现这些汉译质量参差不齐，大多有这样那样的问题。最后，我在注释中给出了汉译出处，自己则把大部分这类史料重新翻译了一遍。有兴趣的读者可以对照看看谁的版本更好。

对于原文非英语或汉语的史料，我尽量参考原文译出。比如犹太波斯语信札、于阗文契约等，是我自己从原文翻译的。粟特语的史君墓志、穆格山婚约是我参考最新英译和粟特语原文翻译的。粟特语古信札的翻译得到了粟特语权威、伦敦大学亚非学院教授辛威廉的帮助，他准许我使用他正准备出版的全部古信札的最新英译，为中文读者奉上最前沿的研究成果。南方科技大学人文科学中心研究助理教授钱艾琳帮我核对了《塔巴里史》阿拉伯语原文。芝加哥大学东方学系博士候选人何彦霄帮我核对了拉丁语和古希腊语史料原文。旅居瑞典的华人虞军帮我从瑞典语翻译了斯文·赫定作品的选段，并且改正了英译本中的错误。感谢各位对我的帮助。当然，译文中的一切错误由我个人负责。希望这些工作能为本书添彩。

如果本书激起了你对古代文明更进一步的兴趣，欢迎关注我的播客节目《天书广播》（仕喜马拉雅和苹果 podcast）和微信公众号"阿达希尔的漫游"，有更多有趣的内容等你发现。

张湛

2021 年 3 月 29 日于牛津圣安东尼学院

出版后记

提起丝绸之路，很多人的脑海中都会浮现出一幅差不多的画面：头裹纱巾、牵着几头骆驼的三五行商，在黄沙漫天的荒漠中艰难前行。这幅画面是属于哪个时代的？这些行商是哪国人？他们穿的是什么样的衣服？骆驼驮的是什么货物？行商们以怎样的频率在这条"道路"上穿行？

这些问题似乎并不是那么容易回答。这幅看似生动的画面既缺乏历史坐标，也缺乏明确的地标，实际上相当抽象。我们再想一想自己关于丝绸之路的历史印象。书本里基本是在张骞通西域的章节开始提到丝绸之路的，但是史书里记载张骞在大夏的市场上看到了邛竹杖和蜀布，这说明在所谓的"丝绸之路"上早就有着商贸往来，从何时开始已茫不可考。接下去魏晋南北朝阶段，丝绸之路上又是什么景象？盛唐两宋呢？元明清呢？

这些问题似乎更难回答。这不禁要让我们对自己发问：我们真的了解"丝绸之路"吗？

读者眼前这本书，就试图为大家呈现真实而生动的丝绸之路。作者利用了近百年，尤其是近半个世纪的考古资料，增加了数十种第一手文献材料，为读者重塑了丝路遗址上六个绿洲的风貌，并且廓除了诸多长久以来我们对丝路过于浪漫的遐想，以现实主义的笔触，描绘出了丝路历史本身所蕴含的美。

　　读者们可能首先会惊讶于，我们所引以为豪的"丝绸之路"一词，迟至1877年才由一名德国人发明出来，生活在商路上的人们却并不使用这个词。其次，丝绸也许并不是商路上的大宗商品。老普林尼痛心疾首地声称败坏了罗马纯朴道德的丝绸很有可能并非产自中国，绝大多数欧洲发现的漂亮丝绸实际上都织造于拜占庭帝国。再读下去，作者通过小心翼翼地解读丝路出土的材料向我们揭示：丝路贸易常常限于当地且规模不大，没有大量证据支持丝路上曾出现繁荣的大规模交易，官府才是丝路贸易中的主要角色！作者甚至断言：若仅以通行货物的重量或者往来人数来考察，丝绸之路是人类历史上交通流量较少的道路之一。然而又是什么赋予了丝绸之路无穷的魅力呢？毫无疑问，这个路线网络是全球最著名的东西方宗教、艺术、语言和新技术交流的大动脉，具有重要的历史意义。

　　了解这段历史，对于我们今天展开"一带一路"倡议构想是十分必要的。如果我们回顾书中给出的欧亚大陆主要交通线，我们会发现作者在书中处理的主要是这些交通线的东段，而在撒马尔罕以西尚有宽广的空间，相信那里一定会有与本书中一样有趣而迷人的故事，等待着我们去了解。

图书在版编目（CIP）数据

从敦煌到撒马尔罕 /（美）芮乐伟·韩森著 ; 张湛译. -- 北京：九州出版社, 2024.6（2024.10重印）

ISBN 978-7-5225-2927-1

Ⅰ.①从… Ⅱ.①芮… ②张… Ⅲ.①丝绸之路—考古发现—研究 Ⅳ.①K928.6

中国国家版本馆CIP数据核字(2024)第097781号

The Silk Road: A New History with Documents by Valerie Hansen

© Valerie Hansen 2012

The Silk Road: A New History with Documents was originally published in English in 2016. This translation is published by arrangement with Oxford University Press. The Publisher is solely responsible for this translation from the original work and Oxford University Press shall have no liability for any errors, omissions or inaccuracies or ambiguities in such translation or for any losses caused by reliance thereon.

著作权合同登记号：图字：01-2024-3970

审图号：GS（2024）2088号

从敦煌到撒马尔罕

作　　者　［美］芮乐伟·韩森 著　　张　湛 译
责任编辑　周　春
出版发行　九州出版社
地　　址　北京市西城区阜外大街甲 35 号（100037）
发行电话　（010）68992190/3/5/6
网　　址　www.jiuzhoupress.com
印　　刷　河北中科印刷科技发展有限公司
开　　本　880 毫米 × 1194 毫米　　32 开
印　　张　17.5
字　　数　406 千字
版　　次　2024 年 6 月第 1 版
印　　次　2024 年 10 月第 3 次印刷
书　　号　ISBN 978-7-5225-2927-1
定　　价　108.00 元